Ena Lucía Portela

CIEN BOTELLAS EN UNA PARED

Edición
Iraida H. López

- STOCKCERO -

ISBN: 978-1-934768-33-4

Library of Congress Control Number: 2010929752

Set in Linotype Granjon font family typeface.
Printed in the United States of America on acid-free paper.

Published by Stockcero, Inc.
3785 N.W. 82nd Avenue
Doral, FL 33166
USA
stockcero@stockcero.com

www.stockcero.com

Ena Lucía Portela

Cien botellas
en una pared

Índice

Prólogo

«En torno a la novela negra: Poética y política en *Cien botellas en una pared*»

I. El género policial en el posmodernismo

> *Los libros siempre hablan de otros libros*
> *y cada historia cuenta una historia que ya se ha contado.*
> Umberto Eco

En el capítulo inicial de *Cien botellas en una pared* (2002), Zeta, la narradora y protagonista aspirante a escritora profesional, nos advierte que su amiga Linda Roth está enfrascada en la redacción de su tercera novela, nada menos que titulada *Cien botellas en una pared*. La novela versa sobre un doble homicidio. Añade Zeta que las obras anteriores de Roth, «también sanguinarias y truculentas», llegarían a ser seguramente «clásicos del thriller, de la Serie Negra» (16). Los comentarios de la narradora remiten a dos atributos fundamentales de la novela que tiene en sus manos el lector, a saber, el género literario al que pretende afiliarse –el *noir*– y la relajación de las fronteras entre la realidad y la ficción, una constante en la literatura de Ena Lucía Portela. Menos obvio en el incidente citado, pero igualmente relevante si tomamos en cuenta el contexto narrativo en su conjunto, es el hecho de una literatura que hace referencia a sí misma, que no cesa de reflexionar sobre la escritura.

Aunque parezca aventurado afirmarlo, *Cien botellas en una pared* es una novela negra posmoderna. Numerosos indicios así lo indican. Desde el principio abundan las referencias a autores y personajes de la literatura policial: a Dashiell Hammett, Agatha

Christie, Raymond Chandler, G. K. Chesterton, Sir Arthur Conan Doyle, Patricia Highsmith y John Dickson Carr, y a detectives connotados de programas televisivos, de la literatura y del cine como Sherlock Holmes y Columbo. Hay incluso un sacerdote, el padre Ignacio Loyola, y un médico, Hermenegildo Frumento, que intervienen a veces en la acción para hacer un llamamiento a los principios cristianos y al sentido común, y que arrastran ecos de personajes ilustres de la ficción negra como Father Brown, el famoso clérigo de los relatos de Chesterton, y el Doctor Watson, el médico distraído de las obras de Conan Doyle —aunque ambos aquí se abstengan de involucrarse o resolver los homicidios. Un dato interesante es que el padre Brown es el personaje favorito del padre Ignacio, lector asiduo del género negro. Asimismo, encontramos elementos asociados claramente con tal literatura: violencia, crímenes, homicidios, detectives, disparos y armas de fuego, defenestraciones, enigmas, personajes misteriosos, policías ineptos y supuestas intrigas. Además, Linda Roth es una ávida lectora del género policial y los estantes de su biblioteca están atiborrados de novelas negras. Es más, en algunos ambientes recibe hasta el sobrenombre de Agatha Christie. Su narrativa es efectivamente reconocida como *noir* por los especialistas. Uno de sus relatos recibió el premio Semana Negra para cuentos policiales. Y su segunda novela, *Nocturno Sebastián,* ganó el premio Dashiell Hammett al mejor *thriller* del año, lo cual le vale a la autora una buena compensación en dólares, un codiciado viaje al extranjero y la oportunidad de explayarse acerca de los editores con quienes entra en contacto, ensañándose con ellos. Por otra parte, es indudable el sostenido interés de la escritora cubana, Portela, por autores y directores de cine que han cultivado esta modalidad, pues sus nombres aparecen repetidamente en las obras que ha publicado hasta el momento.

Pero si bien el texto de Portela revela lazos de familia con la ficción detectivesca, lejos estamos aquí de presenciar los patrones clásicos del género, tanto en el plano continental como el insular.

La novela ilustra, en efecto, las transformaciones que ésta ha sufrido como consecuencia de una aproximación posmoderna, tal vez paródica, a las fórmulas del policial. Ana María Amar Sánchez señala que su estructura original descansaba sobre el supuesto de que «una vez cometido un crimen, se desarrolla la búsqueda de la verdad y se restablece la justicia» (47), aunque en medio de los tres hitos asomaran complicaciones y confusiones, como advirtieran en su época Edgar Allan Poe y Conan Doyle (Mandel 15-16). Que el criminal recibiera su anticipado castigo demuestra la fe inconmovible en la razón y la ley que aún podía encontrarse en la sociedad decimonónica, cuando emerge y se afianza la literatura policíaca, producto del estallido de la gran metrópoli, el concomitante incremento del crimen y la constitución de los cuerpos de policía organizados con el fin de mantener el orden.

Sin embargo, hacia fines del último siglo puede observarse una transformación notable. Empezando con Jorge Luis Borges en los años cuarenta y culminando posteriormente con escritores contemporáneos como el mexicano Paco Ignacio Taibo II, el brasileño Rubem Fonseca y el argentino Ricardo Piglia, entre otros, se produce en la literatura policial iberoamericana la innovación y redefinición del perfil clásico. Tal reconfiguración abarca una mayor autoconsciencia creativa, que se distancia de los modelos canónicos sin ignorarlos del todo; el gusto por las alusiones; el desplazamiento de la responsabilidad por el delito cometido, que en la actualidad puede corresponder a las instituciones más que a un individuo; frecuentemente, la irresolución del conflicto; y, por último, un marcado sentido político vinculado a coyunturas históricas específicas (Amar Sánchez 45-61). Podemos deducir, pues, que el nuevo policial pone en duda las antiguas certidumbres sobre la autonomía y originalidad del artista, la capacidad de dilucidar el misterio, y la trascendencia, cuando no las bases mismas, de la justicia y de la ley.

Para Luis Rogelio Nogueras y Guillermo Rodríguez Rivera, ambos autores de novelas negras como *El cuarto círculo* (1976), escrita a dúo, la renovación del género había venido constatándose en obras como *The Postman Always Rings Twice* (1934), una novela de James M. Cain en la que el acusado paga una culpa que no le corresponde debido a la falta de escrupulosidad de abogados y policías. Para los dos críticos, «toda ampliación, todo enriquecimiento de un género se da también como negación de la tesis que constituye el género en un momento dado de su desarrollo» (147). Es indudable que hay tanto continuidad como ruptura. Un teórico prominente como Tzvetan Todorov matiza que «el nuevo género no se constituye necesariamente a partir de la negación del rasgo principal del anterior, sino a partir de un complejo de propiedades diferentes, sin preocuparse por lograr con el primero un conjunto lógicamente armonioso» (7). En opinión del crítico franco-búlgaro, hay obras de la literatura policial que no se ajustan a los modelos de la novela de enigma, la negra propiamente y la de suspenso, las tres categorías que él identifica como pertenecientes a esta categoría literaria, sino que se sitúan «en el margen del género, como una forma intermediaria entre novela policial y novela *tout court*» (7). Un ejemplo de este tipo intermedio de novela que Todorov cita es *The Talented Mr. Ripley* (1955), de Patricia Highsmith. A juzgar por los comentarios de Amar Sánchez resumidos arriba, la novela negra posmoderna en Iberoamérica se ubica también en espacios intersticiales e híbridos. Pese a dicho deslizamiento, ciertos requisitos básicos, comunes a todas estas obras, han persistido a través del tiempo: «There is no real consensus on what constitutes a detective novel, but most critics affirm that detective fiction is a product of mass culture, that is formulaic, and that its nucleus is the reconstruction of events leading to a criminal act» (Braham xii). Veremos que, aunque la novela de Portela se adhiere a los tres principios, presenta también algunas innovaciones, enmarcadas éstas tanto en las tendencias posmodernistas como en su propia poética.

Una evolución similar a la descrita más arriba se observa en la misma clase de literatura publicada en Cuba.[1] Para Leonardo Padura, quien se hizo merecedor en 1998 del premio Dashiell

---

1 Para un resumen de la narrativa policíaca cubana antes de 1959 ver el cuarto capítulo, titulado «Bad Black Men and Comical Chinese: The Cuban Detective Narrative 1915-1959», del libro de Stephen Wilkinson.

Hammett otorgado por la Asociación Internacional de Escritores Policiacos (AIEP),[2] los elementos constitutivos de la novela de crimen se plegaban a una sociedad empeñada, desde 1959, en generar hombres nuevos y nobles ideales como parte de los objetivos revolucionarios, pues el relato terminaba ineludiblemente con la ejemplar captura del transgresor: «[e]ste elemento moralizante y conservador, muy ligado al origen idealista y burgués de la novela policíaca, fue el que propició su fácil trasplante a las sociedades socialistas durante las décadas del setenta y el ochenta, con apenas unos retoques en cuanto a la valoración de entidades clasistas como justicia y legalidad» (*Modernidad* 13).[3] Desde luego, el vínculo del género con la literatura de masas seguramente fue un elemento propiciador de su «fácil trasplante». Algunas peculiaridades de esa nueva novela policial cubana comprendían que el delincuente se enfrentara al Estado, éste como representante del «pueblo»[4] en el poder; que el investigador fuera un policía profesional, también actuando en representación del «pueblo», no a título individual; que dicho investigador colaborara con las organizaciones de masas que apoyaban el proceso revolucionario, como los Comités de Defensa de la Revolución (CDR); y, finalmente, que el relato persiguiera una función didáctica al profundizar en los gérmenes de la criminalidad, los cuales debían ser erradicados bajo la revolución (Nogueras y Rodríguez Rivera, 152). En Cuba, la novela

---

2   La AIEP fue fundada en La Habana en 1986 por Paco Ignacio Taibo II y Iulian Semionov, entre otros. Otorga, en varios idiomas, el premio Dashiell Hammett, al que hace referencia Portela en relación con Linda Roth. Hay sucursales de la Asociación en Latinoamérica, Europa y Norteamérica, donde se conoce por el nombre de International Association of Crime Writers.

3   Para Ernest Mandel, el género jugó un papel implícitamente «moralizante y conservador» en la sociedad decimonónica en el sentido de que la criminalización de los ataques a la propiedad privada que se manifiesta en algunas obras apuntaló el principio burgués de la inviolabilidad de la propiedad individual, sirviéndole de apoyo ideológico. Ver Mandel 9.

4   Ostensiblemente, con «pueblo» se referían a la clase proletaria. De todos modos, en el discurso de la época se revela un sentido del pueblo y lo popular como preexistente y autónomo. En general, es una categoría un tanto imprecisa, de significado maleable. Según Néstor García Canclini, «... the popular [is] something constructed rather than ... preexistent ... The pitfall that often impedes our apprehending the popular and problematizing it consists in presenting it as an a priori proof for ethical and political reasons: who is going to dispute a people's way of being or doubt its existence?"» Ver *Hybrid Cultures: Strategies for Entering and Leaving Modernity.* (Trad. Christopher L. Chiappari y Silvia L. López. Prólogo de Renato Rosaldo. Minneapolis: University of Minnesota Press, 1995) 146.

policíaca fue promovida por el Ministerio del Interior, organismo que a partir de 1972 premió aquéllas que propagaran la ideología prevalente.[5] Aun un crítico comprometido con la revolución cubana como José Antonio Portuondo advirtió que esas novelas bien podrían degenerar en la «exposición apologética de la ideología revolucionaria, la propaganda elemental y primaria [y] el elogio desembozado de los procedimientos revolucionarios» (Padura, *Modernidad* 151-152, y Wilkinson, 119-120).

Padura se detiene en la contradicción que representaba el despunte, por un lado, del género de marras y, por otro, la crisis que sufría en aquellos momentos la cultura cubana a raíz del caso Padilla y la celebración del Congreso de Educación y Cultura en 1971, un año después del fracaso de la «zafra de los diez millones», el cual puso fin al periodo más experimental del proceso revolucionario (Wilkinson 70). Fue éste el año en que el poeta Heberto Padilla se vio impelido a cantar la palinodia por su libro *Fuera del juego* (1968),[6] catalogado como contrarrevolucionario, y asimismo en el que el Congreso estableció un espacio acotado para la gestión intelectual y literaria, subordinándola a la lucha de clases. Desde esta óptica, el arte debía ser un vehículo para la consecución de fines sociales.[7] Ya en junio de 1961, Fidel Castro había establecido los criterios que debían guiar la labor de los escritores y artistas en sus «Palabras a los intelectuales», cuyo axioma, «Dentro de la Re-

---

5 La convocatoria al concurso de 1972 reza así: «El concurso está dirigido al desarrollo de este género en nuestro país, por lo que las obras que se presenten serán de temática policial y tendrán un carácter didáctico, sirviendo asimismo como estímulo a la prevención y la vigilancia de todas las actividades antisociales y contra el poder del pueblo». En Enrique Sacerio-Garí, «Detectives North and South». *Proceedings of the Xth Congress of the International Comparative Literature Association* (New York: Garland, 1985). Citado por Braham 29.

6 Ver Lourdes Casal, ed. «El caso Padilla: Literatura y revolución en Cuba» (Miami: Ediciones Universal, 1971). El libro reúne artículos, cartas, entrevistas y otros documentos sobre el controvertido caso de Padilla y la política cultural cubana.

7 Ver «Discurso pronunciado por el Comandante Fidel Castro Ruz, Primer Secretario del Comité Central del Partido Comunista de Cuba y Primer Ministro del Gobierno Revolucionario, en la clausura del Primer Congreso Nacional de Educación y Cultura, efectuado en el Teatro de la CTC, el 30 de abril de 1971». La siguiente frase extraída del texto ilustra la tónica del discurso: «Para nosotros, un pueblo revolucionario en un proceso revolucionario, valoramos las creaciones culturales y artísticas en función de la utilidad para el pueblo, en función de lo que aporten al hombre, en función de lo que aporten a la reivindicación del hombre, a la liberación del hombre, a la felicidad del hombre». 30 de abril 2010 <http://www.cuba.cu/gobierno/ discursos/1971/es/f300471e.html>.

volución, todo; fuera de la Revolución, nada», sentó las pautas para el futuro.[8] Las consecuencias se sentirían también en el seno del género negro. En el lapso que media entre 1970 y 1975, denominado «el quinquenio gris»[9] por el poco valor estético del arte producido en esa época, «nace, crece y hasta se agota el modelo de la novela policíaca revolucionaria, debido a las estrechas coordenadas artísticas en que debió moverse» (Padura, *Modernidad* 152). Dichas coordenadas incluían el apego al realismo socialista, la defensa de la revolución y el esquematismo de los personajes –los restauradores del orden eran siempre «los órganos cubanos de investigación policial o de la seguridad del Estado» y los causantes del caos, «la delincuencia contrarrevolucionaria o los agentes de la CIA» (Padura, *Modernidad* 152).[10] Por esta razón, no hubo una diferencia clara entre la novela policial y la de contraespionaje (Braham 35), inspirada esta última en los frecuentes atentados y actos de sabotaje y de agresión que se llevaban a cabo por aquellos años en nombre de la contrarrevolución. Así las cosas, dichas novelas se supeditaron a las necesidades de la lucha ideológica bajo el clima polarizador de la Guerra Fría, en momentos de tensión no sólo entre Cuba y los Estados Unidos, sino a nivel mundial. En su interesante estudio sobre la ficción policíaca en Cuba, Stephen Wilkinson sugiere que ésta surgió, en la etapa examinada, no espontáneamente, por iniciativa de los escritores, sino como resultado de un esfuerzo consciente y de una motivación ulterior de parte de las instituciones. Formaba parte de todo un proyecto político en aras de la construcción de una nueva sociedad.[11]

---

8   Ver Fidel Castro, «Palabras a los intelectuales». 30 de abril 2010. <http://www.min.cult.cu/loader.php?sec=historia&cont=palabrasalosintelectuales>.

9   Ver el ensayo de Ambrosio Fornet, quien pone la frase que el mismo Fornet acuñara en perspectiva histórica. El crítico tilda la política cultural de aquellos años, la cual adoptó el realismo socialista como precepto, de «anticultural», y propuso el término para contrastarlo con «la etapa anterior, caracterizada por su colorido y su dinámica interna».

10   Para Wilkinson, el éxito y la popularidad del género se extendieron hasta los años ochenta, no hasta mediados de los setenta como indica Padura. Aunque no especifica cuál fue la producción por año, desde 1972 a 1986 las editoriales cubanas publicaron más literatura policíaca que cualquier otro país latinoamericano excepto Argentina. Ver Wilkinson 110.

11   Debido a los móviles extraliterarios, son contadas las novelas, más de espionaje que de crimen propiamente, que han permanecido. Dos de ellas son *Y si muero mañana* (1978), de Luis Rogelio Nogueras, y *Joy* (1982), de Daniel Chavarría. A diferencia de otros autores que eran periodistas, éstos eran profesionales. Ver Wilkinson 140-150.

No obstante, tal como ocurriera en el ámbito continental, a fines de los ochenta se renovó la literatura policial en Cuba gracias al intercambio con escritores afiliados a la Asociación Internacional de Escritores Policíacos (AIEP), que contribuyó a que semejante fin se lograra (Padura). Muy probablemente, las tristes repercusiones de la crisis de los noventa coadyuvaron a su nuevo auge y difusión. De acuerdo con Padura, hoy en día es «una de las modalidades literarias con mayores aptitudes para reflejar ese lado oscuro de la sociedad que es cada vez mayor, como si la oscuridad fuera su destino. Y a un destino negro bien le viene una novela negra» (*Modernidad* 157). Esta opinión la suscribe Achy Obejas, quien en la antología de cuentos cubanos editada por ella, *Havana Noir* (2007), arguye que el relato negro es el que mejor se aviene a la realidad peliaguda que viven muchos en la Isla. Obejas, quien es, por lo demás, la traductora al inglés de *Cien botellas en una pared* (publicada en los Estados Unidos en 2010 bajo el título de *One Hundred Bottles*), incluyó en la antología un cuento de Ena Lucía Portela titulado «La última pasajera», el cual constituye el núcleo argumental de una novela homónima de Portela, actualmente en proceso.

La nueva narrativa policial o el «neopolicial» que surge en los setenta en países de Iberoamérica y más tarde en Cuba «opta por las proposiciones de una contracultura definitivamente politizada, participativa, corrosiva y rebelde» (Padura, *Modernidad* 137). Se trata, además, de una novela de crimen del tipo que describe Umberto Eco en sus *Apostillas a «El nombre de la rosa»,* en la cual «se descubre bastante poco y donde el detective es derrotado» (59). Es dentro de esta vertiente del género que habría que situar la novela *Cien botellas en una pared*. Como apuntan Amar Sánchez y Padura, el policial clásico, inductivo, tenía como componente esencial el trinomio crimen, verdad y justicia, casi siempre en ese orden. A diferencia de éste, en la novela de Portela, más cerca del policial «duro»,[12] el crimen se comete al final, la verdad está sólo

---

12 Para el contraste entre el policial inductivo y el *hard-boiled* o «duro», ver Nogueras y Rodríguez Rivera, 141-148, y Mandel. Básicamente, se trata de la diferencia entre una Agatha Christie y un Dashiell Hammett o un Raymond Chandler. En la primera, la acción toma lugar en un espacio cerrado, controlado y separado del mundo que provee el ambiente del *whodunit*, mientras que en los segundos hay una apertura hacia la vida real y moderna, donde existe la corrupción, la violencia rampante y la ineficacia de la policía.

sugerida, y la justicia no se restablece, o se establece solamente una justicia poética, que es tal vez a lo más que podemos aspirar en un mundo en el que sobresalen la desigualdad y la injusticia. Todo ello pasado por el filtro mordaz del humor, la ironía, la parodia y la sátira, lo cual aporta algo nuevo al género negro.

Para colmo, el detective es un personaje de ficción dentro de la ficción que aspira inútilmente a resolver otro crimen, al mismo tiempo que ansía fugarse de Cuba. Es curioso que sólo el detective dentro de esa otra capa de ficción reciba un nombre propio, el teniente Leví; los demás, en la primera instancia de ficción, ni siquiera son dignos de ser identificados. El papel que desempeña el detective tiene serias implicaciones. Mientras que el cerebral Sherlock Holmes aplicó una lógica racional y certera al misterio planteado en *The Hound of the Baskervilles* (publicada por entregas entre 1901 y 1902), restituyendo el orden y la transparencia (Wilkinson 172), en el posmodernismo, la ambigüedad de la figura del detective añade incertidumbre sobre las expectativas y sobre el desenlace de la intriga. La falta de conocimiento y dominio del personaje provoca inquietudes (Amar Sánchez 65). Hay un crimen irresuelto, pero en lugar del individuo investido de autoridad que lleva a buen término la investigación, el detective de la novela neopolicial puede estar expuesto al fracaso. En el caso de nuestra novela, se encuentra doblemente distante del curso de los acontecimientos. No en balde el crítico Glen S. Close se refiere al período «post-detective» en su artículo sobre el nuevo policial latinoamericano, pues el personaje en cuestión ha dejado de jugar el papel romántico del que descubre, contra viento y marea, la única, incontrovertible y confortante verdad.

II. UNA ERA OSCURA: ENA LUCÍA PORTELA Y LOS «NOVÍSIMOS»

Divertir no significa di-vertir, desviar de los problemas.

UMBERTO ECO

No es de extrañar que Ena Lucía Portela opte por la aproximación posmoderna al género negro. Aunque su desencanto con el *status quo* no sea producto de los sinsabores de la sociedad neoliberal capitalista ni de las secuelas de golpes de estado brutalmente represivos, como es el caso de otros autores iberoamericanos de novelas negras, lo cierto es que los escritores de la generación de Portela no carecían de motivos para sentir en carne propia la desilusión, quizás hasta un sano escepticismo, y verter en sus obras la crítica y la reprobación. Para Jorge Fornet, son éstos «los primeros narradores posrevolucionarios, pues el proceso y el destino mismo de la revolución no parece preocuparles» (96). En su libro sobre los nuevos paradigmas de la novela hispanoamericana, el mismo crítico observa acertadamente que en ellos se verifica un desencanto análogo al de sus colegas en otros rincones de América Latina, y no sin razón. El nuevo paradigma de la novela negra en Cuba corrobora la opinión del crítico sobre la ficción cubana y latinoamericana en general.

Los escritores coetáneos de Portela, a quienes bautizaron con el nombre de «novísimos»,[13] empezaron a publicar en el momento de la peor crisis económica que haya experimentado Cuba en tiempos recientes, coyuntura que las instancias gubernamentales calificaron eufemísticamente como «Período Especial en Tiempos de Paz». Debido al cese de los subsidios económicos que ofrecieron libremente la Unión Soviética y otros países aliados hasta poco antes de 1991, año del desplome del bloque socialista, no hubo faceta de la vida cotidiana cubana que no se viera seriamente afectada. De repente escasearon no sólo el papel, indispensable para las publicaciones, sino los alimentos, los productos básicos, el transporte y la electricidad. Por otra parte, las enfermedades hicieron estragos debido a la malnutrición. Al extenderse indefini-

---

13 Entre los escritores de la misma hornada se encuentran Ronaldo Menéndez, Alberto Guerra Naranjo, Ángel Santiesteban Prats, Amir Valle Ojeda, Daniel Díaz Mantilla, Alberto Garrandés, José Miguel Sánchez (Yoss), Raúl Aguiar, Ricardo Arrieta y otros nacidos entre 1959 y 1972.

damente esta deplorable situación a causa de la inhabilidad de los dirigentes de ofrecer una alternativa viable a la crisis, y al mantenerse vigente el embargo económico de los Estados Unidos hacia Cuba, muchos sostienen que las promesas de un futuro mejor para todos los cubanos terminaron por desvanecerse. Las carencias y estrecheces crearon también la imperiosa necesidad de «resolver» a como diera lugar, instaurando un «sálvese quien pueda» que a todas luces ha tenido un impacto negativo en el tejido social. La narradora de *Cien botellas en una pared* acota que, a partir de la crisis de los noventa, «por lo menos La Habana se ha endurecido bastante. Cada cual está en su asunto, en su forrajeo, en su búsqueda particular. Escasean los favores» (246). La crisis, a su vez, trajo como consecuencia la doble moral y ciertas lacras. Anteriormente, entre 1987 y 1989, habían ocurrido varios casos de corrupción en las altas esferas del poder, algunos de ellos muy sonados (Wilkinson 165-168). Todos estos factores hicieron cambiar indefectiblemente el panorama social y urbano, y es ese nuevo rostro el que se desemboza en la novela de Portela.

El humor que atraviesa la obra hace las veces de bisturí, exponiendo descarnadamente los males de que adolece la sociedad cubana contemporánea. Críticos como Nara Araújo y Abilio Estévez han comentado respectivamente sobre la intención de «erizar y divertir» (56) o «divertir y hacer pensar» (13) que se halla en el centro de la narrativa de Portela. De ahí que el epígrafe de Umberto Eco que inicia esta sección del prólogo le venga a pedir de boca: entretener no significa ignorar los problemas. Portela ha reconocido que le gusta «que los lectores se rían con lo que escrib[e], de ser posible a carcajadas, y que de súbito peguen un brinco, vuelvan atrás y se pregunten: ¿De qué coño me estoy riendo?» (López, «Entrevista» 56). Hay más de un episodio en *Cien botellas en una pared* que bien pudiera provocar semejante reacción. Es ésta la novela de Portela más explícitamente ligada a la vida cotidiana en La Habana de fines de milenio.

Nacida en La Habana el 19 de diciembre de 1972, Portela

llegó a la adultez en medio de la crisis. Tenía apenas dieciocho años cuando publicó su primer cuento, «Dos almas perdidas nadando en una pecera», en 1990. Se graduó de Lenguas y Literaturas Clásicas (latín y griego) en la Universidad de La Habana en 1997 y desde entonces se desempeña como editora en la sección de narrativa y teatro de la Editorial Unión. Ha recibido varios premios por su ficción, que hasta el momento comprende cuatro novelas (la quinta saldrá próximamente) y dos colecciones de cuentos, además de ensayos, testimonios y crítica. La primera novela de Portela, *El pájaro: pincel y tinta china*, ganó en 1997 el premio Cirilo Villaverde que concede la Unión de Escritores y Artistas de Cuba (UNEAC). También fue publicada en España por la editorial Casiopea en 2000 y recientemente ha sido traducida al italiano. En 1999, su relato «El viejo, el asesino y yo» fue premiado en el certamen de cuentos Juan Rulfo, auspiciado por Radio Francia Internacional (el mismo que ganara Senel Paz en 1990 con «El lobo, el bosque y el hombre nuevo», texto que sirviera de base al guión de *Fresa y chocolate*, la conocida película de Tomás Gutiérrez Alea). Ya Portela se había dado a conocer como cuentista con varios relatos, entre ellos «La urna y el nombre (un cuento jovial)», que fuera incluido en la antología editada por Salvador Redonet, *Los últimos serán los primeros* (1993), la cual lanzó, como grupo, a los narradores «novísimos». Su segunda novela, *La sombra del caminante*, fue publicada en La Habana en 2001 y en Madrid en 2006.

En 2002, la tercera novela de Portela, *Cien botellas en una pared*, recibió en España el XVIII premio Jaén de Novela, y un año después obtuvo el Prix littéraire Deux Océans-Grinzane Cavour, que la crítica francesa otorga a la mejor novela latinoamericana traducida al francés en el año anterior a la adjudicación del premio. *Cien botellas en una pared* ha sido traducida hasta el momento a ocho lenguas: inglés, francés, portugués, neerlandés, polaco, italiano, griego y turco, a pesar de que la novela, profusa en lo tocante a jerga y coloquialismos habaneros, es difícil de traducir. En 2007, Ena Lucía Portela fue seleccionada como uno de los treinta y nueve escritores menores de treinta y nueve años más importantes de Latinoamérica, por lo cual participó en el evento Bogotá 39, efectuado en la capital de Colombia en el mes de agosto de ese año, en el marco de Bogotá capital mundial del libro. En dicho evento también estuvieron presentes otros escritores descollantes como el dominicano Junot Díaz, el peruano Daniel Alarcón y el mexicano Jorge Volpi. A diferencia de algunos escritores cubanos que publican sólo en el extranjero, la narrativa de Portela se publica y se lee también en la Isla. Sus novelas y cuentos han aparecido bajo el sello editorial tanto de Letras Cubanas y Ediciones Unión, como de Random House Mondadori y Éditions du Seuil, entre otros. La cuarta novela de Portela, *Djuna y Daniel*, de corte histórico, inspirada en la vida de Djuna Barnes en el París de entreguerras, fue publicada por Ediciones Unión en La Habana en 2007, donde obtuvo posteriormente el premio de la Crítica, y por Random House Mondadori en Barcelona en 2008.

Los escritores «novísimos» como Portela buscan purgar la literatura de los lastres ideológicos y extraliterarios, poniendo más énfasis en la experimentación formal. Dentro de estos parámetros, es frecuente la referencia intertextual, el uso de la parodia o el pastiche, la mezcla de la cultura letrada y la popular, y el despliegue de técnicas narrativas novedosas respecto de la literatura anterior. Los escritores persiguen también explorar la marginalidad y la otredad, sobre todo las que provienen de orientaciones sexuales consideradas «anormales». Según Araújo, «la apoteosis de la corporalidad, del erotismo, la apelación a lo obsceno, a lo abyecto y al deshecho, tópicos de la narrativa cubana más reciente, bien pudiera insertarse en una etapa de crisis de lo político, y de exacerbación de lo individual» («Escenarios del cuerpo en la narrativa de Ena Lucía Portela», 77-78).

Portela comparte con el resto de los «novísimos» el interés por la experimentación formal, evidente sobre todo en sus primeros cuentos y novelas, pero le distingue la fascinación por el lado oscuro del ser humano, incluidas la violencia y la criminalidad –aunque éstas a veces se expresen en un tono humorístico. Una característica de su obra es la ausencia de *Angst*; al contrario, si algo la caracteriza es el atrevimiento, la irreverencia, la temeridad y la transgresión, así como una aguda perspectiva crítica que aplica por igual a cualquier narrativa maestra, provenga del nacionalismo, el feminismo u otros ismos. En última instancia, va más allá de la crítica al sistema político cubano para hacer un llamado radical a la autonomía y liberación humanas a través del emplazamiento de los prejuicios y de sistemas epistemológicos que ella juzga como limitantes. En consonancia con las teorías posmodernas, cualquier metanarrativa es convocada a la palestra. Una crítica influyente como Luisa Campuzano llega a la conclusión, en un artículo publicado en 2004 sobre la literatura cubana contemporánea escrita por mujeres, que el universo narrativo de Portela es «el más nutrido, ambicioso y logrado corpus de esta década», refiriéndose al período que empieza a mediados de los noventa («Literatura de mujeres» 164). Y ello en un país donde hay una verdadera tradición de mujeres poetas, no así, aparentemente, de novelistas.[14]

Los cuentos tempranos de Portela contienen algunos de los elementos que seguirían apareciendo en mucha de su narrativa posterior, tales como la imprecisión de las fronteras entre la historia y la ficción, el uso del vernáculo cubano, el énfasis en las técnicas narrativas, la intertextualidad y la metaficción. En términos del contenido, se manifiesta el deseo erótico homosexual, la bisexualidad y el *ménage à trois*, así como la ausencia de padres y otras figuras investidas de poder. Casi todos estos elementos se ponen de manifiesto en su primera novela, *El pájaro: pincel y tinta china*

---

14 En su artículo «Más allá de un cuarto propio: trece novelas en pugna en el siglo XXI» sobre escritoras cubanas de hoy, Nara Araújo ofrece como predecesoras a Gertrudis Gómez de Avellaneda, en el siglo XIX, con sus novelas *Sab*, *Dos mujeres* y *Espatolino*, y a Dulce María Loynaz, en el siglo XX, con su novela *Jardín*. Como puede apreciarse, no son muchas las novelistas cubanas que ha consagrado el canon. Sin embargo, precisa que en los años noventa se publican más novelas escritas por mujeres que todas las que habían sido publicadas entre 1959 y 1983 y que el lugar prominente entre éstas lo ocupa Ena Lucía Portela (110), a cuya obra esta perspicaz ensayista le dedicara más de un artículo. Otras escritoras cubanas contempladas en el artículo son Aida Bahr, Marilyn Bobes, Mylene Fernández Pintado, Wendy Guerra y Anna Lidia Vega Serova.

(1999), la cual tiene como personajes a tres jóvenes, dos chicas y un chico, que se enamoran de un tal Emilio U. que se supone haya escrito una novela titulada *El pájaro: pincel y tinta china*. Se concreta allí, como en *Cien botellas en una pared*, una novela dentro de la novela que contribuye a borrar los límites entre lo real y lo ficticio, aunque no llega a constituir una *mise en abyme*, como precisa Nanne Timmer en su artículo sobre dicha obra (196).

En algunos de sus textos sale a relucir su interés por el frenesí de la violencia. Ya en *El pájaro: pincel y tinta china,* dos de los protagonistas «establecen un nexo que tiene como base la violencia física» (Araújo, «Escenarios» 78), pero es en su segunda novela donde dicha tendencia aflora más. *La sombra del caminante* (2001) es una obra distópica que comienza con un homicidio y termina con el inminente suicidio del autor del crimen. Ésta es quizás la única concesión a la justicia en una trama densa y a veces inescrutable que pasa de un incidente violento a otro. La novela presenta un universo donde las únicas certezas son el abuso y la violencia gratuita. No hay conocimiento seguro ni siquiera en cuanto al sexo de la o del protagonista criminal, quien alterna entre dos nombres, Gabriela y Lorenzo. Otro personaje importante, Aimée, una muchacha negra, al final tiene una relación erótica con el protagonista andrógino. En el fondo de la novela, según un artículo, «subyace una inadaptabilidad social que está precedida por un deseo originario de incorporarse a la totalidad y de alcanzar un Ideal de perfección establecido» (Álvarez Oquendo 79). Aunque perturbadora en lo referido a la trama, la novela mantiene el suspenso; el lector busca en vano las causas de tanta malevolencia expresada en un lenguaje que revela el dominio del oficio. La obra está ambientada en La Habana, una ciudad atrapada en la telaraña de la violencia, en medio de un panorama humano opresivo (López, «Ena Lucía Portela» 422). Obviamente, esta obra ya hace patente el interés de Portela por el género negro. Novelas posteriores de Portela verifican una apertura hacia valores humanos como la compasión y la solidaridad, aun en medio de entornos adversos.

III. Cien botellas en una pared, una novela negra

> *Que se entienda todo a través de las palabras*
> *de alguien que no entiende.*
>
> Umberto Eco

Cien botellas en una pared nos sitúa plenamente en el terreno de la novela policial posmoderna. Que parezca otra cosa, es decir, simplemente una novela, se debe a su adecuación a esas formas híbridas o intermedias que Todorov reseña en su ensayo sobre el policial. Se debe también al humor y a la intención lúdica que atraviesa los textos de Portela.[15] La obra presenta situaciones que aparentan lo que no son y viceversa. Podría parecer una parodia del género negro en el sentido posmoderno, desprovista del fin de ridiculizar o trivializar el original. Es cierto que la fórmula del policial contemporáneo se encuentra desmarcada de la intención ética original que la sustentaba, la de restaurar el orden social, pero, como se ha demostrado, semejante separación es común en la versión posmoderna de esta modalidad literaria. Si llevamos hasta sus últimas consecuencias la comparación entre ambas, la novela policíaca posmoderna en general es una versión paródica de la fórmula original al poner sobre el tapete sus viejas expectativas y, a partir de ahí, renovar el género. Comoquiera, aceptar la hipótesis de la parodia no debe desvirtuar o disminuir los objetivos críticos que indudablemente contiene la obra, objetivos que se verán a continuación.

Uno de los aciertos de la escritora es haber decidido narrar el argumento a través de alguien que aparentemente no entiende, como Adso de Melk, el narrador de *Il nome della rosa* (El nombre de la rosa), de 1980, la popular novela de Eco. Para el escritor italiano, esta estrategia clave de su poética aportó mucho a la novela, aunque haya pasado en gran parte desapercibida por la crítica, como recuerda en *Apostillas a «El nombre de la rosa»*:

> Al leer las críticas, observo que éste es uno de los aspectos de
> la novela que menos ha impresionado a los lectores cultos, o

---

15   Ver las páginas xvii-xviii del prólogo a la compilación *El viejo, el asesino, yo y otros cuentos* (2009) para ejemplos específicos de la presencia de lo lúdico en los cuentos. En general, provocar a través de las numerosas referencias, a veces muy sutiles, de índole cultural es una forma de jugar con el lector, tendiéndole un anzuelo a ver si las pilla.

al menos diría que ninguno, o casi ninguno, lo ha puesto de relieve. Me pregunto, en cambio, si no habrá sido uno de los elementos que contribuyeron a que la novela resultase legible para los lectores corrientes. Se identificaron con la inocencia del narrador, y se sintieron justificados aunque a veces no lo entendieran todo. Los restituí a sus terrores ante el sexo, ante las lenguas desconocidas, ante las dificultades del pensamiento, ante los misterios de la vida política... (40).

De igual manera, Zeta, la ingenua narradora de *Cien botellas en una pared,* expresa su perplejidad ante actitudes y reacciones que suceden a su alrededor, preguntándose a veces el por qué de las cosas que no entiende, sencillamente porque cuando uno se detiene a analizarlas, es difícil entenderlas. Por ejemplo, Zeta hace una observación «inocente» sobre el acceso a Internet del que disfruta Linda Roth: «No estoy muy segura, pero creo que esto no es del todo legal. En Cuba, quiero decir. Sólo se les permite a las instituciones estatales y a personas "autorizadas" o algo por el estilo» (228). El punto de vista –y el tono– de la que hace comentarios como el de la cita resaltan el absurdo, conminando al lector a percatarse del hecho. Como se verá más abajo, la «inocencia» de Zeta pone asimismo de relieve las divergentes actitudes generacionales dentro de Cuba, producto del devenir histórico y, por extensión, la necesidad de un cambio de guardia. Las reglas del juego han cambiado y Zeta se ocupará de hacerlo notar. Desde luego, la «ingenuidad» de Zeta no es más que una pose de la cual la dota Portela, que le permite expresar al personaje todo lo que le pasa por la cabeza, como si no se detuviera a pensar en las ramificaciones de sus comentarios.

De acuerdo con Françoise Moulin Civil, la novela adopta la forma de una búsqueda policial y de una reconstrucción de los hechos gracias a Zeta, quien aprovecha la indagación para presentar su versión de los hechos y para escribir el relato escamoteado por la historia oficial interna (189-190).[16] De esta forma, *Cien botellas en una pared* cumple con lo señalado por Todorov en cuanto a la coexistencia de dos relatos en la ficción policíaca: la his-

---

16 «*Cien botellas...* serait donc d'abord le récit de sa vie à La Havane, monté comme un témoignage. Or, il est tout autant le récit, à la manière d'une enquête et d'une reconstitution policières, de la mort violente de Moisés ..., prétexte pour Zeta d'imposer sa version des faits, d'écrire et de réécrire l'histoire cachée derrière l'histoire officielle», 189-190.

toria del crimen y la historia de cómo se resuelve el crimen –salvo que, en este caso, no es un detective el que halla la solución, sino Zeta la que se lanza a ofrecer una explicación. Aunque el texto le atribuye el relato a Linda Roth en dos ocasiones, es posible que la autora sea Zeta, como asegura Moulin Civil. La referencia a la autoría de Roth de *Cien botellas en una pared* sirve para acentuar lúdicamente el juego de espejos dentro de la ficción e incluso la porosidad del linde con la realidad, puesto que Roth y Portela comparten el mismo onomástico. Hay zonas de contacto o de superposición entre los varios planos. La narradora se encarga de demostrar hacia el final de la novela que el estilo de Roth es diferente del suyo, por lo que hay que descartar la posibilidad de que presuntamente ésta haya escrito el texto. De lo que no hay duda es que Zeta, aprendiz de escritora, narra en primera persona la novela de Portela, inclusive los fragmentos intercalados de las novelas de Linda Roth, una escritora profesional.

A través de la perspectiva de este personaje, Portela se adentrará en la capital de la Cuba dura de los años noventa, sacándole partido al *noir* para narrar al mismo tiempo aspectos singulares de la ciudad, estratagema que han utilizado otros escritores del neopolicial. Así, refiriéndose al género, el mexicano Juan Hernández Luna ha expresado: «[I]t is a genre in which an initial crime or a crooked situation allows for narration of an entire social context, a city, regardless of whether you resolve the crime or not. To hell with detectives and investigation. Crime is only a pretext for narrating cities» (149).[17] *Cien botellas en una pared* se aproxima a La Habana como «la capital del desastre» (170), poniendo en la mira una serie de lugares que han sido omitidos en las guías turísticas.

Es en medio de la urbe que se desarrolla la trama que, aunque no expuesta de forma cronológica, se extiende poco más de una década, a partir de mediados de los ochenta, con una breve incursión en los años setenta, una época peculiar, «un momento de ilusiones» (32), cuando se conocieron los padres de Zeta, un camagüeyano homosexual y una parisina existencialista, quien murió

---

17 Citado por Glen S. Close, 149.

dando a luz a la protagonista de nuestra novela. Desde un presente muy distinto, Zeta, ahora embarazada y sin empleo, vuelve sobre los hechos. Todavía vive en una cuartería o un solar, la Esquina del Martillo Alegre, denominado así porque los cuartos donde habitan los inquilinos están continuamente subdividiéndose para dar cabida a nuevos recién llegados, muchos de ellos de la región oriental de la Isla, quienes reciben el nombre de «palestinos». Como muchas casonas del barrio de El Vedado que han sufrido metamorfosis, el solar fue otrora la mansión de un oligarca que la abandonó al salir de Cuba y luego una casa de hospedaje para individuos relacionados con el Instituto Cubano de Artes e Industrias Cinematográficas (ICAIC). La Esquina del Martillo Alegre será la escena del crimen que ocurre al final de la novela, hecho que no debe tomar de sorpresa al lector atento, pues hay suficientes indicios sembrados a lo largo del texto –otra prueba de la presencia de lo lúdico en el texto.

Otros personajes importantes son Moisés, Linda Roth y Alix, apodada «Alix Ostión». Moisés, el amante misántropo de Zeta, a quien le dobla la edad, es un antiguo magistrado del Tribunal Supremo de la República, un hombre medio enloquecido y con la violencia a flor de piel que abusa de la muchacha, cayéndole encima a golpes, cintazos, mordidas, pellizcos, arañazos y empujones. Zeta, impasible y tolerante, parece disfrutar del abuso y sigue amando a su pareja. Linda Roth, una escritora judía cuyos padres y hermano se van de la Isla, profesa el feminismo a ultranza y odia a Moisés por su maltrato hacia Zeta. Linda se desenvuelve en un círculo de amistades lesbianas, como Alix, con quien tiene una relación amorosa y la que, a pesar de su naturaleza silenciosa, taciturna y sombría, jugará un papel importante en la intriga.

La relación abusiva entre Zeta y Moisés es el foco de la novela, y el suspenso sobre su resolución se mantiene hasta el capítulo final. El elemento de suspenso, crucial en la novela de crimen, se alarga en el texto gracias a peripecias –otros núcleos narrativos– que ofrecen una visión a-utópica de la actualidad cubana. Des-

correr el velo de otros acontecimientos echaría a perder el componente sorpresivo y a la vez simple del relato negro. ¿Cuál será el
desenlace de tan desigual relación? Como advierte G. K. Chesterton en «Características del relato policial», «durante toda la narración debe existir la expectación del momento de la sorpresa, y
esta sorpresa debe durar sólo un momento» (83). También apunta
que la novela policial es, «después de todo, un drama de caretas y
no de caras ... un baile de máscaras» (85) donde no todos parecen
ser lo que son, observación que vale la pena tener en cuenta hacia
el final de *Cien botellas en una pared*.

Afirma Glen S. Close que la novela policial en la etapa del
«post-detective», es decir, cuando el detective ya no juega el papel
heroico que le habían asignado antaño, lo cual acaece en el texto
de Portela, se caracteriza por su evocación de ambientes urbanos
marginales, por su representación franca de la violencia, y por su
enfoque social darwiniano y a veces antiutópico (154). Examine-
mos una por una las tres características, tal como se comprueban
en *Cien botellas en una pared*.

Los ambientes en que se manejan los personajes mencionados
arriba son propicios para explorar el submundo de La Habana,
sitios marginados donde se revierten las convenciones sociales o,
como se les califica en la novela, «islotes dentro de la isla». No sólo
se cuestionan allí las normas sociales de conducta, sino que son espacios niveladores, como el solar, la casa de la Gofia y la beca universitaria, en los cuales emerge la mezcla de lenguajes, discursos,
registros y códigos que Amar Sánchez ha identificado en la novela
policial posmoderna —aunque no sea ésta una característica exclusiva del género policial.[18] Efectivamente, en esos lugares del de-

---

18 Similar intención niveladora se pone en evidencia en otros planos, como en la
fusión de géneros y formas discursivas. Al respecto, Amar Sánchez puntualiza
que las novelas policíacas posmodernas realizan «un movimiento contradictorio
y un tanto ambiguo: se acercan a la cultura de masas y la incluyen pero, a la vez,
establecen distancia con respecto a ella. Este vínculo con las formas "bajas" se sos-
tiene en la ambigüedad de una relación que he definido como de "seducción y
traición" simultáneas: constantemente se tiende a borrar las jerarquías y a apro-
piarse de lo "bajo" para restituir de inmediato diferencias que distinguen a los
textos de esos "márgenes"» (22). En el caso de *Cien botellas en una pared*, las diferencias en relación con la literatura de masas vendrían de parte de la intertextualidad y las múltiples referencias a la literatura, la música y el arte llamados
«cultos». Además vendrían del uso de las frases en latín, y de su traducción —un
ejemplo del juego de «seducción y traición» ya descrito.

sorden, el «despelote» (de acuerdo con Zeta) o la «posmodernidad» (en la opinión de Linda), se reúnen personajes de las más variadas estirpes, cada uno acarreando su idiosincrasia. En la Esquina del Martillo Alegre, por ejemplo, es la sirvienta negra del oligarca, ya entrada en años, quien se ocupa de hacer de Zeta un «ser civilizado», según ella enseñándole a cepillarse los dientes y a no robar durofríos. Zeta, sin embargo, luego se dedicará, pese a su título universitario, al robo de autos para desarmarlos y vender las piezas. Es también allí donde se lleva a cabo una batalla campal entre la música de cornetín de Poliéster, hijo de una afrocubana y un soviético, y la de Mozart y de Schönberg propugnadas por Zeta y Linda, batalla que éstas pierden, por lo menos momentáneamente; y es asimismo allí donde se filtran por doquier los acordes de la música popular cubana de hoy, de una sonora presencia de principio a fin. Hay innumerables referencias a conjuntos, intérpretes, compositores y temas de la música popular. Como se lee en la novela, «[e]l Vedado estaba repleto de ciudadelas y se veía cualquier cosa, desde la hija del latifundista ... hasta el bandolero ... Era ya la mescolanza, el ajiaco, el carnaval» (61).

Conviven de igual forma en estos espacios el habla de los jóvenes y un lenguaje vigorosamente popular salpicado de palabras soeces, ordinarias, de toda laya, que se ha insertado con vitalidad en el dialecto cubano y, por otra parte, el registro culto, cuidado, de Linda Roth y las frases en latín de Moisés, el ex magistrado, las cuales Zeta se encarga de traducir solícitamente en notas al pie de página. Están también los vocablos o giros en inglés, francés y ruso que sobrepasan la insularidad, como sugiere Emilia Yulzarí en su artículo sobre la novela. Es el habla popular y vernácula, empero, la que predomina. Su creatividad se contrapone implícitamente al discurso convencional y descolorido de los medios oficiales cubanos al mismo tiempo que, al ser un lenguaje «diferente» de la norma, acentúa la existencia de una diversidad vibrante dentro de la nación. Por ende, pone en tela de juicio, de forma simbólica, el mito de una identidad nacional tersa y homogénea, sin fisuras, capaz de plasmarse en un discurso único. Se trata, además, de un signo de rebeldía e inconformidad que lleva irónicamente, hasta sus últimas consecuencias, la aspiración revolucionaria a borrar de la lengua cualquier rezago «burgués». Es muy probable que el uso del lenguaje popular y hasta del escatológico en novelas cubanas recientes forme parte de la batalla histórica en torno a la insigne intersección entre lenguaje y poder. Habría que añadir como otro componente de la ambientación acústica los gruñidos, el cacareo y los berridos que aportan los cerdos, gallinas y chivos que crían los inquilinos del solar, por necesidad, para su propio sustento, a los que se suman los ladridos de los perros. Todos los ingredientes mezclados crean una gran tensión que tiene su desenlace en la confrontación armada entre Linda Roth y una inquilina de la cuartería.

Mientras tanto, en el apartamento de la Gofia en Centro Habana, las jóvenes se reúnen a festejar con música, ron y cocaína hasta que los vecinos no aguantan más. Allí «se había abierto un espacio permisivo. Un sitio donde expresar con entera libertad sentimientos y deseos que muy a menudo se ocultaban o se reprimían. Un lugar donde conocerse unas a otras y tal vez pescar una pareja» (198). Y en la beca de El Vedado, lugar de residencia de los estudiantes de la Universidad de La Habana que proceden de otras provincias, irrumpen «los tatuajes, los aros en la nariz y en otros sitios, los colores psicodélicos, los pelos que más bien parecían plumas, a la moda del último de los mohicanos. Irrumpió la marihuana, no sólo el consumo, las volutas de humo dulzón que ayudan a encontrar la gracia de los chistes malos, sino también el trapicheo. Irrumpieron el jineterismo al descaro y, según rumores, las drogas duras» (248). Finalmente, irrumpe la violencia: un incidente los obliga a enfrentar la ira de los vecinos del barrio.[19]

Por los tres lugares anteriores transitan personajes diferenciados que podría decirse que anuncian, por medio de su pujante representación, un nuevo tipo de sujeto social. Jacqueline Loss observa que la novela presenta, a través del lente capitalino, una di-

---

19　El único espacio eximido del caos de la ciudad es el apartamento de Linda Roth, la escritora, que ubicado en un piso elevado, constituye un refugio o una atalaya desde la cual observar las ruinas y la devastación. Por su profesión, ascendencia extranjera y su acceso a dólares, Roth tiene aseguradas ciertas prerrogativas.

versidad sin igual: «a Havana that is varied in ways that elude the somewhat antiquated and nationalistic code of syncretism» (254). Son dichos espacios, caracterizados por la heterotopía o la otredad, poblados de individuos dedicados al trapicheo y a actividades fuera de la ley, los que reciben la atención narrativa. Como para subrayar que la novela ha sido tomada por asalto por y desde los márgenes, hay gente que por estar excluida de esos espacios de la no utopía, como la policía, los padres, los vecinos y los comités de defensa, queda desplazada del centro de atención, aunque merodee por los alrededores. No desaparecen del todo, pero tampoco desempeñan un papel protagónico.

Aparte de la evocación de ambientes urbanos periféricos, Close afirma, en segundo lugar, que la novela policial en la era del «post-detective» se distingue por su representación franca de la violencia, a la cual ya hemos aludido en lo referido a la relación entre Zeta y Moisés, y al ambiente tenso y desafiante de la Esquina del Martillo Alegre. La ficción dentro de la ficción creada en la novela, es decir, *Nocturno Sebastián*, de Linda Roth, da fe de una violencia aun más reveladora y pertinente al género negro. La segunda novela de Roth se inspira en la «realidad» del apartamento de la Gofia en Centro Habana para urdir, a partir de ahí, una historia de celos y homofobia que culmina con el asesinato del hijo *gay* de un general de brigada. El muchacho muere por asfixia después de un coito anal. Pero la violencia anida no sólo en la agresión física, sino en el desprecio y las humillaciones que debe sufrir el hijo del brigadier de parte de éste, el padre, quien luego de inscribirlo en el ejército, inútilmente, con el propósito de reformarlo, lo obliga a casarse con una joven enamorada de él, proveniente del círculo de amigos de Linda Roth. El brigadier pretende disimular la verdadera inclinación del hijo. Al censurar la creación de las UMAP (Unidades Militares de Ayuda a la Producción), campos de trabajo forzado establecidos de 1965 a 1968 para homosexuales y otros ciudadanos «de segunda clase» con el fin de «rehabilitarlos», Ambrosio Fornet señala que la idea «se emparentaba a todas luces con la visión machista de aquellos padres burgueses que mandaban a sus hijos más díscolos o timoratos a escuelas militares para que *se hicieran hombres*». El texto de Portela condena la perpetuación de las mismas actitudes prejuiciadas en una sociedad que podría haberlas superado. También desenmascara el acceso a ciertos privilegios de los que goza el brigadier y que no están al alcance del resto de la población.

Una suerte de violencia se ejerce también sobre el informe del crimen en sí, el cual se altera para eliminar cualquier referencia a los pormenores indeseables y vergonzosos, según el brigadier, incluidos en dicho documento. Y finalmente, opera asimismo en los obstáculos que le ponen en el camino al Tte. Leví, el detective encargado del caso, para que lo resuelva. El Tte. Leví identifica al asesino, pero no lo atrapa, pues el caso es archivado debido a las trabas que pone el brigadier para que se investigue a fondo el siniestro asunto. El encargado de las pesquisas es un ejemplo de los detectives derrotados mencionados por la crítica o, como coteja la narradora, «la viva estampa del fracaso» (166). Hubo un tiempo, en los primeros relatos de Roth, en que gozaba de éxito, pero de acuerdo con la escritora, era en los tiempos en que «ella aún imitaba a Raymond Chandler. Cuando leía *The Simple Art of Murder* como si fuera la Biblia y tenía fe en que las palabras no sólo eran útiles para el engaño» (166). En el presente de *Nocturno Sebastián*, sin embargo, aparece un Tte. Leví ya cambiado, consciente de su incapacidad para agarrar al culpable y hacerle pagar su delito. Se siente impotente ante fuerzas mucho mayores que él, determinadas a desvirtuar los hechos y empecinadas en que los crímenes queden impunes con tal de conservar sus ficciones. Por lo tanto, de vez en cuando el investigador «se pregunta qué coño hace todavía en La Habana, por qué insiste en su guerra contra lo que semeja un monstruo de mil cabezas, que se la arranca una y enseguida le crecen dos mientras chorrea la sangre verdosa y fétida, qué asco» (166). Como la hidra, los males contra los que lucha se reproducen, volviéndose invencibles.

Paralelamente, el doble homicidio que tiene lugar al final de la novela suscita dos versiones. La primera es la que acepta la policía sin chistar, la cual «pudiera llamarse, como el filme argentino, *la historia oficial.* La única aceptada, la menos horripilante, la visible». La segunda es la versión que ofrece Zeta, la cual conforma «*la otra historia*, la subterránea, la que se oculta bajo la oficial. La que no me creen» (266). El incidente sucede en un lugar donde «los periódicos no informaban ni hostia» (175), ya que se limitan a reportar la interpretación oficial. Al leer una de las novelas de Linda Roth que tiene como personaje al Tte. Leví, Zeta se había preguntado si acaso «podía ocurrir, *en la realidad,* o sea, en La Habana finisecular, un asesinato así de atroz y quedar impune» (172). Páginas después se convence de que «en efecto, un crimen como el que se relata en *El año próximo en Jerusalén,* u otro aún peor, perfectamente podía ocurrir en La Habana de fines de milenio y, arriba, quedar impune» (184). Si acaso le quedaba alguna duda, el final de la historia no hace sino confirmar su sospecha.

Es evidente que la discordia entre lo que se dice oficialmente y lo que sucede en la vida cotidiana forma parte del marco crítico que maneja Portela; alusiones a la misma se encuentran en otros textos suyos, como por ejemplo «Huracán», cuento incluido en *El viejo, el asesino, yo y otros cuentos.* Para Braham, los héroes del neopolicial no sólo cubano, sino también mexicano, andan tras la búsqueda de una verdad elusiva que se esconde detrás de las mentiras oficiales, los crímenes ideológicos y la hipocresía institucionalizada (13). El asunto conduce al tercer elemento del neopolicial señalado por Close, es decir, una visión social cáustica, la cual coincide, a grandes rasgos, con lo observado por otros críticos ya mencionados que han puesto el dedo en la llaga al referirse a la extendida politización de la novela policial. Por todo lo dicho hasta ahora, es evidente la intención crítica y política de la autora.

Aparte de dudar, como otros exponentes del neopolicial, del cumplimiento de la justicia, uno de sus dardos se dirige hacia el abismo existente entre las generaciones como resultado de un mundo profundamente transformado a partir de uno de esos momentos fascinantes en la historia en que las fronteras geopolíticas hubieron de re-imaginarse. Así como en «El viejo, el asesino y yo», cuento en el cual la caída el muro de Berlín crea una inmensidad entre el viejo escritor y la joven narradora, cada uno arraigado en una cartografía correspondiente a su época, en nuestra novela hay notables diferencias entre las generaciones y específicamente entre Zeta y Moisés. En este sentido, Zeta, pues, confesará su asombro ante la obsesión de Moisés, mucho mayor que su amante, por unos «ellos» que lo han enloquecido. Con tal pronombre, Moisés se refiere a un conjunto no identificado de personas que tratan por todos los medios de convencer a los demás de pensar de cierta manera. No hay nada que le crispe tanto los nervios a Moisés como «ellos», por lo que hay varios parlamentos en la novela dedicados a dichos buscadores de prosélitos. De hecho, así empieza la novela: «Si algo lo irritaba sobremanera, si algo lo predisponía a la violencia y el homicidio, era que se intentara hacerle creer cosas. ¡Ah! Su entorno se teñía entonces de rojo, rojo fuego, rojo hierro, llamaradas vibrantes y Moisés en el centro, enloquecido con cuernos y cola, una sierpe, un basilisco, un dragón, el diablo en el infierno ... Sabía que todos aquellos bellacos, miserables, imbéciles, fucking bastards, jamás conseguirían hacerle tragar ni el más diminuto de sus embelecos» (1). Moisés sabía, además, «que ni ellos mismos, los canallas predicadores, se creían una jota de sus embustes. Qué iban a creer. Porque la gente convencida –aseguraba entre alaridos y puñetazos encima de la mesa–, la gente *verdaderamente* convencida, nunca trata de convencer a nadie. No les hace ninguna falta el consenso. No se las dan de apóstoles ...» (2). Y más adelante, «[ellos], los malditos hipócritas, se regodeaban en su espuria inmortalidad. No porque creyeran en la reencarnación ni en la trascendencia ni en nada. Ellos no creían ni en la puta que los había parido. Qué iban a creer. Se limitaban a cerrar sus ojuelos cínicos para no ver el desastre que se les venía encima ...» (129). De manera sugerente, la crítica a través de Moisés se concentra en la conformidad requerida, en la confluencia de pareceres que suele exigir el medio social bajo cualquier revolución, así como en la prolongación de un estado de cosas aparentemente insostenible.

El sentido de la existencia de Moisés «se cifraba en impedir que [ellos] trataran de engañarlo, en atraparlos con las manos en la masa [y] arrancarles sus cochinas máscaras» (18). Pero entre Zeta y Moisés hay toda una brecha. Zeta confiesa cuán ajena es a la obsesión de su amante: «A decir verdad, yo no tenía la más remota idea acerca de quiénes podrían ser "ellos". Sólo se me ocurrió que, en una situación tan desesperada, quizás lo mejor fuera mantenerse al margen. No hacer caso. Laissez-faire, laissez-passer» (3). Zeta da a entender que Moisés podrá estar atrapado en un conflicto con dos bandos opuestos, ellos y nosotros, o ellos y yo, pero que el mismo no la concierne a ella (López, «Hogar, ¿dulce hogar?» 88). Para la joven, los términos del debate son diferentes. El mundo de Zeta ya no se define por la exhortación a una unidad nacional, cultural e ideológica que genera una polarización, sino por la marcada individualidad, la diversidad de criterios y la heterogeneidad –tendencias e intereses que emergen en la etapa postsoviética. De hecho, la primera vez que Zeta ve a Moisés, intuye que «provenía de otro ámbito», y aunque nunca logra averiguar con exactitud las razones de sus trastornos, imagina que su historia está «en relación con el ocaso de un mundo y la caída de los dioses» (126), es decir, en relación con el colapso de la utopía.

El anterior es sólo un ejemplo de las preocupaciones que en torno a la política cubana salen a la superficie en la novela *Cien botellas en una pared*, cuyo título mismo podría referirse al conjuro invocado para evitar tanto males personales como nacionales. Entre éstos se destacan el racismo, la prostitución o el jineterismo, la vigilancia, la corrupción, la falta de moral o la doble moral y la discriminación. Como es fácil apreciar, estamos en las antípodas de la novela policial cubana de los años setenta que culminaba con la derrota del «antisocial». La novela neopolicial posmoderna, incluida la cubana, asegura que no siempre habrá castigo. En la novela de Portela, el culpable inmediato de los homicidios no sufre el peso de la justicia. Tampoco, el o los culpables de la paranoia y la misantropía de Moisés. Por consiguiente, la causa del abuso y los crímenes queda sin sancionar. Una cita diáfana de Leonardo Padura pareciera describir lo que se encuentra en el meollo de novelas como ésta. Al referirse a las corrientes actuales del relato negro, señala que aquello que lo tipifica es «la existencia de un crimen que, como lo demuestra la realidad misma, no tiene por qué ser intrincado y cerebral para generar el propósito último de esta literatura: la sensación de incertidumbre, la evidencia de que vivimos en un mundo cada vez más violento, [y] la convicción de que la justicia es un concepto moral y legal que no siempre está presente en la realidad de la vida» («Miedo y violencia» 11).

Más allá de lo que plantea el escritor cubano, Umberto Eco elucubra sobre la metafísica de la novela negra y llega a la conclusión de que «en el fondo, la pregunta fundamental de la filosofía (igual que la del psicoanálisis) coincide con la de la novela policíaca: ¿quién es el culpable?» (59). Y tal vez porque no sabemos muy bien cuándo y dónde se origina la culpa, Eco sugiere que el relato constituye «una historia de conjetura» (59). No obstante la atractiva propuesta del escritor italiano, por el momento, Ena Lucía Portela encuentra respuestas menos metafísicas a estas interrogantes echando una mirada a su alrededor y anclando su historia en La Habana de fin de siglo. Para articular posibles respuestas, escoge la ficción, ya que, en palabras de Linda Roth, la «sublime embustera»:

> Si una cuenta estas cosas en forma de crónica, reportaje o algo así, mucha gente no lo cree. Dicen que son exageraciones, que La Habana es una ciudad aburridísima donde nunca pasa nada. Capaz que hasta algún hijoeputa te acuse de hacer propaganda política a favor del enemigo y ya tú sabes, el rollo, la jodienda estúpida ... Por eso las novelas. Se cuenta algo cierto como si fuera falso, se reorganizan los datos, se inventa un poquitín ... y ya. Todo el mundo se traga la papa (185).

Así, pues, Portela se dedica a contar «lo que tal vez no fue, pero pudo haber sido» (260).

IV. Nota sobre la presente edición

Esta edición de *Cien botellas en una pared* contiene centenares de notas al calce sobre elementos culturales, literarios, léxicos, fraseológicos e históricos con el fin de hacer más accesible el texto. Como hicimos con *El viejo, el asesino, yo y otros cuentos* (2009), una compilación de nueve cuentos y un testimonio de Portela también publicada por Stockcero, la autora y yo hemos colaborado en la redacción de las notas. Ha sido una fructífera labor conjunta cuyo resultado ofrece al lector tanto lo que denota como lo que connota cada una de las referencias, de toda índole, que aparecen en el libro. Como editora, mi responsabilidad consistió en identificar el contenido literal, académico, de la referencia, y sobre éste Portela añadió un comentario personal y expedito. Lo añadido por Portela aparece entre paréntesis, firmado con las iniciales *ELP*. Como es común en la obra de la escritora, tales referencias abarcan un extenso terreno desde el punto de vista tanto temporal como espacial, los cuales van desde la antigüedad hasta la época más reciente, y desde la Grecia clásica hasta la literatura y cultura popular de países iberoamericanos, norteamericanos y europeos especialmente.[20] Además de ilustrar su saber acerca de los temas más variados, las notas de Portela contienen pistas para el reconocimiento de recursos narrativos empleados por ella en esta obra.

Hay también en el texto innumerables notas sobre el léxico de la novela, escrita en jerga cubana. Los regionalismos y coloquialismos del argot actual, tan diferentes de los de tiempos anteriores, han sido un reto para alguien como esta editora que salió de Cuba hace décadas. Muchos de ellos no aparecen en el *Diccionario de la Real Academia* (*DRAE*), cuya vigésima segunda edición hemos con-

---

20   Ver Jorge Rufinelli, «Ena Lucía Portela», *Nuevo Texto Crítico* XXI, 41-42 (2008): 7-20. Consultar esta entrevista para referencias concretas al bagaje cultural de Portela.

sultado, para las referencias léxicas, en la página electrónica «http://buscon.rae.es/draeI/». Tal renovación es una prueba de que el lenguaje, sobre todo el popular, es un organismo vivo y dinámico, ligado a las necesidades del momento. Mención aparte merecen los vulgarismos y dichos soeces utilizados por un sector de la población, cuyo uso activo parece haber proliferado –a juzgar por su robustez en la novela. En este aspecto lingüístico específicamente, la misma empalma con otras novelas cubanas que incursionan en el llamado «realismo sucio», como las de Pedro Juan Gutiérrez y Zoé Valdés. Portela tuvo la gentileza de definir muchos de los vocablos, dichos y locuciones utilizados. Los mismos se definen la primera vez que aparecen en la novela, a no ser que por razones de polisemia se empleen de nuevo con otra acepción. El habla popular cubana se aprecia también en las características morfológicas y fonológicas de la obra. Se utilizan los diminutivos terminados en «ico» en lugar de «ito», y la caída de «d» intervocálica y de algunas terminaciones es frecuente. Así, encontramos palabras y frases como *bajitico*, *mismitico*, *notica*, *descara'o*, *guilla'os*, *arrebatá*, *paso'e conga*, *hijoeputa*, *p'acá*.

El libro contiene, además, numerosas notas referidas al tema de la música popular cubana, las cuales deben mucho a la colaboración del poeta y ensayista cubano Sigfredo Ariel, todo un experto en la materia, a quien hemos consultado con regularidad. Tanto Portela como yo le agradecemos encarecidamente su ayuda.

Un agradecimiento explícito merece igualmente Pablo Agrest Berge, nuestro editor en Stockcero, por leer cuidadosamente el manuscrito, aportar las más diversas recomendaciones y sugerencias, y apoyar en todo momento nuestras iniciativas.

Por último, vale mencionar el principio generador de la edición a dos manos de la novela, como puede comprobarse en las notas. En su reseña sobre *El viejo, el asesino, yo y otros cuentos* (2009), Madeline Cámara saca a colación el significado de la colaboración entre mujeres cubanas –una escritora, la otra, crítica– de diferentes orillas.[21] Y hace bien en resaltar el hecho, por cuanto el

---

21 Ver «Una mujer peligrosa escribe en La Habana; otra, le sigue los pasos desde New Jersey» en *La Habana Elegante* 47 (Primavera-Verano 2010). 28 de abril 2010 <http://www.habanaelegante.com/>.

persistente diferendo entre Cuba y los Estados Unidos, así como la polarización política entre los cubanos, han sido a menudo un obstáculo para llevar a cabo esfuerzos del tipo del que aquí se realiza. En este sentido, vale precisar que lo que infunde aliento a la presente edición es el amor a la literatura y una voluntad de tender puentes que ha hecho posible que a pesar de vivencias, actitudes y puntos de vista diferentes, nuestro proyecto editorial haya salido adelante.

Iraida H. López
School of American and International Studies
Ramapo College of New Jersey

Bibliografía primaria

Obras de Ena Lucía Portela

Novela

Cien botellas en una pared. Barcelona: Random House Mondadori, 2002, y La Habana: Ediciones Unión, 2003.[22]

Djuna y Daniel. La Habana: Ediciones Unión, 2007, y Barcelona: Random House Mondadori, 2008.

El pájaro: pincel y tinta china. La Habana: Ediciones Unión, 1999, y Barcelona: Casiopea, 1999.

La sombra del caminante. La Habana: Ediciones Unión, 2001, y Madrid: Kailas, 2006.

Cuento

Alguna enfermedad muy grave. Madrid: H. Kliczkowski, 2006.

«Dos almas perdidas nadando en una pecera». XVII Encuentro Debate de Talleres Literarios de la Ciudad de La Habana. La Habana: Editorial Extramuros, 1990.

«El viejo, el asesino y yo». *Revolución y cultura* No. 1, Época IV (enero-febrero 2000): 46-52.

El viejo, el asesino, yo y otros cuentos. Ed. Iraida H. López. Doral, Florida: Stockcero, 2009. Compilación crítica de nueve cuentos y un testimonio de Portela.

«Sombrío despertar del avestruz». *Unión, revista de literatura y arte* (enero-marzo 1996): 83-87. También incluido en *El cuerpo inmortal: 20 cuentos eróticos cubanos*. Ed. Alberto Garrandés. La Habana: Editorial Letras Cubanas, 1997. 113-123.

---

22   Traducida al francés, fue publicada por Éditions du Seuil, París, Francia, 2003; traducida al portugués, fue publicada por Ambar, Lisboa, Portugal, 2004; traducida al neerlandés, fue publicada por Meulenhoff, Amsterdam, Holanda, 2005; traducida al polaco, fue publicada por Wydawnictwo W.A.B., Varsovia, Polonia, 2005; traducida al italiano, fue publicada por Voland, Roma, Italia, 2006; traducida al griego, fue publicada en 2008 por Potamós, Atenas, Grecia; traducida al turco, fue publicada, también en 2008, por Dogan, Estambul, Turquía; y traducida al inglés, fue publicada por la University of Texas Press en 2010.

Asimismo, en *El ánfora del diablo (novísimos cuentistas cubanos)*. Ed. Salvador Redonet. La Habana: Editorial Extramuros, 1999. 52-63.

«Últimas conquistas de la catapulta fría». *Doce nudos en el pañuelo*. Ed. Salvador Redonet. Mérida: Editorial Mucuglifo, 1995.

Una extraña entre las piedras. La Habana: Editorial Letras Cubanas, 1999.

Ensayo (una selección)

«*Bad painting* o la "inocencia" del sujeto» (sobre los cuentos de Anna Lidia Vega Serova). *La Gaceta de Cuba* (marzo-abril 1999): 57.

«Con hambre y sin dinero» (sobre la novela *El Rey de La Habana*, de Pedro Juan Gutiérrez). *Crítica: Revista Cultural de la Universidad Autónoma de Puebla* 98 (abril-mayo 2003): 61-80.

«Con el juego de la inmundicia, con las palabras descarnadas» (sobre la novela *La falacia* de Gerardo Fernández Fe). *La Gaceta de Cuba* (septiembre-octubre 1999): 59.

«Entre lo prohibido y lo obligatorio» (sobre la novela *Todos se van*, de Wendy Guerra). *Crítica: Revista Cultural de la Universidad Autónoma de Puebla* 118 (octubre-noviembre 2006): 13-24.

«Literatura vs. lechuguitas: Breve esbozo de una tendencia». *Cuba: Voces para cerrar un siglo*. Volumen I. Ed. René Vázquez Díaz. Estocolmo: Centro Internacional Olof Palme, 1999. 70-79.

«Nadie me injurió impunemente» (sobre el cuento «The Cask of Amontillado» de Edgar Allan Poe). *Unión, revista de literatura y arte* (enero-marzo 2001): 32-35.

«Tan oscuro como muy oscuro». *Cuba y el día después: Doce ensayistas nacidos con la revolución imaginan el futuro.* Ed. Iván de la Nuez. Barcelona: Mondadori, 2001. 183-195.

«Una isla estrangulada y con la lengua afuera» (sobre la novela *Río Quibú* de Ronaldo Menéndez). *Encuentro de la cultura cubana* 50 (2008): 263-264.

Testimonio (una selección)

«Alas rotas». *SoHo* (Bogotá) 100 (agosto 2008).

«La ciudad inventada». *La Gaceta de Cuba* (marzo-abril 1999): 9.

«Rompiendo el silencio. Brevísima nota sobre Bogotá 39». *El cuentero* (La Habana) 6 (dic.-mar. 2008): 59-60.

Bibliografía secundaria

Álvarez Oquendo, Saylín. «Negro sobre blanco: blanco sobre negro... Y no hace falta Malévich». *Encuentro de la cultura cubana* 39 (2005-2006): 77-85.

Amar Sánchez, Ana María. «El crimen a veces paga: Policial latinoamericano en el fin de siglo». *Juegos de seducción y traición: literatura y cultura de masas.* Rosario: Beatriz Viterbo Editora, 2000. 45-84.

Araújo, Nara. «Erizar y divertir: La poética de Ena Lucía Portela». *Cuban Studies/Estudios cubanos* 32 (2001): 55-73.

_____. «Escenarios del cuerpo en la narrativa de Ena Lucía Portela». *Caribe: Revista de cultura y literatura* 9.1 (2006): 75-84.

_____. «Más allá de un cuarto propio: trece novelas en pugna en el siglo XXI». *Revista de estudios hispá-*

nicos 43 (2009): 109-122.

Braham, Persephone. *Crimes against the State, Crimes against Persons: Detective Fiction in Cuba and Mexico.* Minneapolis: University of Minnesota Press, 2004.

Campuzano, Luisa. «Literatura de mujeres y cambio social: narradoras cubanas de hoy». *Las muchachas de La Habana no tienen temor de Dios.* La Habana: Ediciones Unión, 2004. 142-168.

Chesterton, Keith Gilbert. «Características del relato policial». *Por la novela policial.* Ed. Luis Rogelio Nogueras. La Habana, Editorial Arte y Literatura, 1982. 80-86.

Close, Glen S. «The Detective is Dead, Long Live the *Novela Negra*!». *Hispanic and Luso-Brazilian Detective Fiction: Essays on the «Género Negro» Tradition.* Eds. Renée W. Craig-Odders, Jacky Collins y Glen S. Close. Jefferson, North Carolina: McFarland & Company, Inc., 2006. 143-161.

Eco, Umberto. *Apostillas a «El nombre de la rosa».* Barcelona: Editorial Lumen, 1984.

Estévez, Abilio. «Ena Lucía Portela: un *frisson nouveau*». Prólogo a Ena Lucía Portela, *El pájaro: pincel y tinta china.* Barcelona: Editorial Casiopea, 1998. 9-14.

Fornet, Ambrosio. «El quinquenio gris: revisitando el término». 24 de abril 2010. <http://www.criterios.es/pdf/fornetquinqueniogris.pdf>.

Fornet, Jorge. *Los nuevos paradigmas: prólogo narrativo al siglo XXI.* La Habana: Editorial Letras Cubanas, 2006.

López, Iraida. «Entrevista [con Ena Lucía Portela]». *Hispamérica* 38.112 (2009): 49-59.

_____. «Ena Lucía Portela». *Latin American Women Writers: An Encyclopedia.* Eds. María Claudia André y Eva Bueno. New York: Routledge, 2008. 421-423.

_____. «Hogar, ¿dulce hogar?: Asedios a casas de La Habana en la narrativa femenina de hoy». *A Living Legacy: CCNY Department of Foreign Languages and Literatures Undergraduate Alumni Conference*. Eds. Bettina R. Lerner and Juan Carlos Mercado. New York: Juan de la Cuesta Hispanic Monographs, 2006. 83-94.

Loss, Jacqueline. «Amateurs and Professionals in Ena Lucía Portela's Lexicon of Crisis». *Unfolding the City: Women Write the City in Latin America*. Eds. Anne Lambright and Elizabeth Guerrero. Minneapolis: University of Minnesota Press, 2007. 251-266.

Mandel, Ernest. *Delightful Murder: A Social History of the Crime Story*. Minneapolis: University of Minnesota Press, 1984.

Moulin Civil, Françoise. «La Havane brisée d'Ena Lucía Portela». *Les Villes et la fin du XXe siècle en Amérique Latine : Littératures, cultures, représentations*. Ed. Teresa Orecchia Havas. Bern: Peter Lang, 2007. 187-197.

Nogueras, Luis Rogelio y Guillermo Rodríguez Rivera, « ¿La verdadera novela policial? » *Por la novela policial*. Ed. Luis Rogelio Nogueras. La Habana, Editorial Arte y Literatura, 1982. 137-153.

Obejas, Achy, ed. *Havana Noir.* New York: Akashic Books, 2007.

Padura [Fuentes], Leonardo. «Miedo y violencia: la literatura policial en Iberoamérica». *Variaciones en negro: relatos policiales iberoamericanos*. Ed. Lucía López Coll. San Juan, Puerto Rico: Editorial Plaza Mayor, 2003. 9-21.

Padura Fuentes, Leonardo. *Modernidad, posmodernidad y novela policial*. La Habana: Ediciones Unión, 2000.

Timmer, Nanne. «Dreams that Dreams Remain: Three Cuban Novels of the 90s». *Cultural Identity and Postmodern Writing*. Eds. Theo d' Haen y Pieter Vermeulen. New York: Rodopi, 2006. 185-205.

Todorov, Tzvetan. «Tipología de la novela policial». Trad. Silvia Hopenhayn. 12 de abril 2010. <http://www.scribd.com/doc/7321679/Todorov-Tipologia-de-La-Novela-Policial>

Wilkinson, Stephen. *Detective Fiction in Cuban Society and Culture*. Oxford: Peter Lang, 2006.

Yulzarí, Emilia. «Manifestaciones de biculturalidad en *Cien botellas en una pared* de Ena Lucía Portela». *Discurso sobre fronteras - fronteras del discurso: estudios del ámbito ibérico e iberoamericano.* Eds. Alfons Gregori, Barbara Stawicka-Pirecka, Magda Potok, Amán Rosales, Judyta Wachowska. Poznan, Polonia: Universidad Adam Mickiewicz, 2009. 101-107.

Preguntas de discusión e investigación

1. Según ha expresado en una entrevista, Portela se propone «que los lectores se rían con lo que escrib[e], de ser posible a carcajadas, y que de súbito peguen un brinco, vuelvan atrás y se pregunten: ¿De qué coño me estoy riendo?». Identificar episodios de la novela que den lugar a la risa y la reflexión.

2. Un blanco de la crítica en la novela es el racismo que se experimenta en la sociedad cubana de hoy. ¿Cuáles son las actitudes racistas del pueblo cubano según se manifiestan en el texto y qué efecto tienen?

3. El personaje de Linda Roth suscribe cabalmente algunos principios del feminismo. ¿Cuáles serían tales principios y qué efecto real tienen en la novela?

4. Tanto la Esquina del Martillo Alegre como la casa de la Gofia y la beca universitaria son espacios heterodoxos, disconformes con prácticas ampliamente aceptadas. Analizar los espacios mencionados y explicar la razón de su marginalidad y su relación con el resto de la población.

5. Analizar las referencias a la música popular cubana y el papel que ésta juega en la novela.

6. ¿Presenta la novela una visión optimista o pesimista de la gente común en Cuba? Ofrecer argumentos concretos.

7. Investigar qué se entiende por «parodia» y determinar si *Cien botellas en una pared* cumple con sus requisitos. Si entendemos que la parodia es la versión burlesca de un original, ¿a qué original nos remite *Cien botellas en una pared*?

8. Comparar y contrastar *Cien botellas en una pared* con cualquiera de las novelas detectivescas de Leonardo Padura –*Pasado perfecto* (1991), *Vientos de cuaresma* (1994), *Máscaras* (1997) y *Paisaje de otoño* (1998)– como ejemplos de la politización del género negro.

CIEN BOTELLAS EN UNA PARED

Para Marilyn Bobes,
por todo.

Para Irene Gracia,
por una tarde en el museo.

Algo pequeño ha decidido vivir.
ANNA AJMÁTOVA

1. Por lo menos un tortazo

Si algo lo irritaba sobremanera, si algo lo predisponía a la violencia y el homicidio, era que se intentara hacerle creer cosas. ¡Ah! Su entorno se teñía entonces de rojo, rojo fuego, rojo hierro, llamaradas vibrantes y Moisés en el centro, enloquecido con cuernos y cola, una sierpe, un basilisco, un dragón, el diablo en el infierno. Tremendo espectáculo. Uno llegaba a temer que se muriera, así de pronto, por combustión espontánea.

No se le ocultaba el lado absurdo y hasta ridículo de su ira. Sabía que todos aquellos bellacos, miserables, imbéciles, fucking bastards, jamás conseguirían hacerle tragar ni el más diminuto de sus embelecos. Les faltaba astucia, chispa, mundo. Les faltaba clase. Les faltaba todo lo que él tenía de sobra, hasta para regalar, para hacer dulce. ¿Pero qué se habían pensado, eh? ¿Que él había nacido ayer? ¿Que era un parvulito, un chama del círculo infantil? ¿Que podían embaucarlo así tan fácil? Qué atrevidos, los malditos... Las mentiras descosidas, burdas, para mentes débiles, lo encolerizaban más, si cabe, que las simulaciones sofisticadas. Mientras más torpe el infundio, mayor la falta de respeto a su inteligencia.

Pero controlarse, en cualquier caso, le costaba una enormidad. Ya lo habían detenido varias veces por escándalo público, por abofetear a un policía de tránsito, por ripiarse[1] a trompones con tres prietos[2] del solar de Los Muchos, por lanzar una banqueta contra el espejo de un bar, por propinarle un botellazo al guajiro de la farmacia, por incendiar un hotelucho. Subversivo y pico, tanto que algunos lo llamaban El Anarquista, El Terrorista, El Que Pone La

---

1   Pelearse.
2   Sinónimo de «negros». A veces se usa de manera eufemística. (No es tan rudo como «niches», en efecto, pero tampoco es mucho más fino que «negros». El eufemismo propiamente dicho es «morenos» o «personas de color». ¿Por qué no hay un eufemismo para «blancos»? *ELP*)

Bomba, a cada rato pernoctaba en un calabozo, se pasaba la vida pendiente de juicio y su legajo penal se confundía, por el volumen, con el prontuario telefónico de Nueva York. De la cárcel no lo salvaba más que su historia clínica de paciente psiquiátrico, a la cual se añadía aquel prodigioso testimonio del Dr. Hermenegildo Frumento en el sentido de que Moisés no era, *en el fondo*, mala persona. O sea, que su nivel de peligrosidad no sobrepasaba el de un ciudadano promedio, un average man sometido a múltiples tensiones, a todas las malevolencias del trópico: el enervante calor húmedo, la llovizna pertinaz, el fango, la cochambre, la peste a podrido, los mosquitos, las guasasas[3], la impericia de los funcionarios, etcétera. En más de una ocasión había intentado estrangular a su terapeuta, pero sin demasiado éxito. Por suerte, nunca se decidió a portar armas. Se limitaba a soñar con un rifle, con una Asociación Nacional del Rifle de la que él sería presidente y máximo energúmeno. Porque ellos, los sinvergüenzas, no lo dejaban tranquilo. Ellos insistían, reiteraban, porfiaban hasta el infinito con una calma asquerosa. Y aún se atrevían a mirarlo con sorna, tan campantes, los muy hijos de mala madre, con sus ojuelos cínicos.

Sabía, puesto que era un hombre muy sagaz, que ni ellos mismos, los canallas predicadores, se creían una jota de sus embustes. Qué iban a creer. Porque la gente convencida —aseguraba entre alaridos y puñetazos encima de la mesa—, la gente *verdaderamente* convencida, nunca trata de convencer a nadie. No les hace ninguna falta el consenso. No se las dan de apóstoles. Se creen felices cuando creen dirigirse hacia lo que creen amar (esta frase me encantaba) y lo demás a la mierda. Había que ser muy inseguro, estar muy escindido y muy jodido para encaramarse en una tribuna a sentar cátedra, para mendigar la conformidad ajena, para andar a la caza de prosélitos. Así, cuando pretendían engañarlo, en realidad lo que pretendían era engañarse a sí mismos, ajustar, redondear, perfeccionar la patraña como quien introduce mejoras en el confort de su apartamento. Incapaces de respirar al aire libre, vivían en la burbuja verdosa y pestilente de la falacia.

---

3   Mosca pequeña que vive en enjambres en lugares húmedos y sombríos, según el *Diccionario de la Lengua Española* de la Real Academia (*DRAE*, de ahora en adelante). (Sí que son chiquiticas, pero… ¡cómo joden las muy cabronas! *ELP*)

Necesitaban de su fe, difícil, para alimentar la de ellos, famélica. Lejos de aplacarlo, esta reflexión lo indignaba todavía más. Conque tratando de utilizarlo, ¿eh? Puercos, mostrencos, infames, tarados. Qué rabia. ¡Ah, cuánto los odiaba!

En un apacible crepúsculo de otoño, el día del equinoccio con pajarillos cantores y ranitas en la charca, me atreví a sugerirle que no les hiciera caso, que se encogiera de hombros:

—Olvídate de ellos, moñito –le susurré al oído–, tú a lo tuyo. Nada de combatir al enemigo ni de alterarse de los nervios ni de coger ningún tipo de lucha. ¿No dices que ellos no pueden ni podrán convencerte jamás? Entonces, yuyito –lo besé en el cuello–, ¿para qué sufrir por algo que, evidentemente, no vale la pena? ¿Qué adelantas con ponerte así, mi amor? Si no te cuidas, un día de estos te va a dar un soponcio fulminante, una apoplejía, una sirimbola[4]. Te vas a quedar todo tieso, así, hecho un vegetal. Y fíjate que yo no tengo la menor experiencia en eso de atender minusválidos –muy despacio, le desabotoné la camisa–. Tienes que salir de ese círculo vicioso, moñi, tienes que salir... Estás muy tenso, muy rígido –de veras lo estaba–, mira para eso. ¿Por qué no pruebas a relajarte? Ejercicios yoga, tú sabes. «Yoga» significa tranquilidad, ecuanimidad, mucha calma y poco nervio, paz de espíritu o algo de eso, no me acuerdo... –le acaricié el pecho–. Pero bueno, lo primero es la salud. Mira, cuando ellos vean que te son indiferentes, que sus opiniones te importan un rábano, te dejarán en paz. Eso siempre pasa. Uno no les da bola y ellos se largan con su música a otra parte, a joder a otro que sí les dé bola. Prueba a hacerte el sueco, yuyi, y tú vas a ver lo que pasa, tú vas a ver, tú vas a... –lo besé en la boca.

A decir verdad, yo no tenía la más remota idea acerca de quiénes podrían ser «ellos». Sólo se me ocurrió que, en una situación tan desesperada, quizás lo mejor fuera mantenerse al margen. No hacer caso. Laissez-faire, laissez-passer.[5]

---

4   Voz cubana que significa «desmayo» o «ataque de nervios». (O algo más grave, como una embolia, un paro cardíaco o un derrame cerebral. También se usan «sirimba» y «sirimbeco». *ELP*)

5   *Laissez-faire*, frase en francés para denotar la autonomía de la gestión económica. Sus prosélitos ven con malos ojos la intervención del gobierno en el campo de la economía. *Laissez-passer* es un documento de viaje emitido por un gobierno o entidad internacional como las Naciones Unidas que equivale a un pasaporte.

Pues bien, no me hizo caso. Peor, me miró con espanto.

—¡Sal de arriba de mí! —gritó y se sacudió como si yo fuera una araña pelúa.[6] Acto seguido, me metió un puño en el estómago y el otro en un ojo para que dejara de ser verraca.[7] ¡Ah, las mujeres! Siempre instaladas en la estulticia, en la sandez, maquinando frivolidades. Las mujeres eran el colmo del mongolismo. ¿Quién las habría inventado? Eran muy brutas, las mujeres. Ni por casualidad entendían la esencia de los fenómenos, el mundo como voluntad y representación.[8] ¿Es que había que explicármelo todo? ¿Sería yo *tan* cretina? Si no les hacía caso —en pleno episodio de licantropía, Moisés enseñaba los dientes y gruñía como el lobo feroz mientras yo me arrastraba por el piso hasta colocarme lejos de su alcance, no fuera a propinarme una patada—, ellos, los rufianes, los pícaros malandrines,[9] se sentirían con derecho a creer que él creía lo que ellos querían que creyera (la náusea y el dolor no me permitieron captar el intríngulis de esa idea tan interesante), pues el que calla, otorga, y entonces actuarían en consecuencia. Sí, él los conocía bien. Pero que muy bien, como a la palma de su mano. Cómo no conocerlos, si pululaban por todos los rincones. Adondequiera que mirase, había por lo menos uno... (Miré en torno, por si acaso, pero ninguno se había colado en el cuarto.) Eran mezquinos, viles, atravesados y oportunistas. Insaciables cucarachas tragonas, una manga de sabandijas. No por gusto los tenía en la mirilla, bien vigiladitos, cosa de cogerlos en el brinco... ¿Es que no me daba cuenta de la gravedad del asunto? Con ellos todo se reducía a un juego de fuerzas, una pugna de egos a ver quién era más macho, quién estaba mejor provisto, quién segregaba la mayor cantidad de testosterona. Había que andar a cien ojos. Porque si los dejaba salirse con la suya aunque fuera una sola vez, una solita, lo

---

6   En el lenguaje coloquial, suele omitirse la «d» intervocálica de «peluda». (En género masculino sería «pelú», que es como se les llama a los frikis o rockeros. *ELP*)

7   Coloquialismo cubano que significa persona tonta, que puede ser engañada con facilidad (*DRAE*).

8   Publicada en 1818, *Die Welt als Wille und Vorstellung* (El mundo como voluntad y representación) es la obra principal del filósofo alemán Arthur Schopenhauer. Establece un diálogo con la metafísica de Immanuel Kant. (Un libro algo pesadito. Este Schopenhauer era muy inteligente, pero también muy amargado, sin gota de sentido del humor. Quizá por eso las mujeres no lo querían y los alumnos se le iban con Hegel. *ELP*)

9   Maligno, perverso, bellaco (*DRAE*).

más probable era que intentaran hacerle creer nuevas mentiras más insolentes aún que las anteriores, más apestosas, más hediondas. Y luego otras y otras y otras... La historia de nunca acabar. ¡Y a él sí que no lo cogían pa'eso! Qué va. Él tenía sus estrategias. Como decían los antiguos romanos: *Si vis pacem, para bellum.**

Mientras, yo debía dejarme de tanta lloradera y tanto artistaje, levantarme de una buena vez antes que él me levantara de un sopapo o me arrastrara por los pelos e ir al antro de los bajos (en la primera planta de la Esquina del Martillo Alegre hay un bar clandestino, el de Pancholo Quincatrece, socito mío[10], donde también se puede conseguir marihuana; yo vivo en los altos) a comprar un litro, ah, y cigarros (cuando estaba muy furioso, hecho una fiera, el moñito solía fumarse dos a un tiempo, agarraba uno en cada mano y los absorbía de manera alterna), porque no había en el mundo todo panorama tan indecente como el de una gorda subnormal y despatarrada en el suelo, con el rímel corrido, llorando lágrimas negras[11] y haciéndose la víctima, la dama de las camelias[12]. ¡Mira que yo le había salido trágica! Ni que fuera Greta Garbo[13]. Me puso el dinero en la mano y me expulsó de un empujón. Get out! No estoy segura, pero creo que Moisés me

---

* Antes de perder la chaveta, Moisés había sido un brillante jurista. Cuando lo abandonó todo, a los cuarenta y seis años, ya había alcanzado una magistratura en el Tribunal Supremo de la República. Hombre cultísimo y muy elocuente, le encantaba calzar sus discursos con latinajos. Como sé que la mayoría de las personas no tienen por qué entenderlos, están muy ocupadas y carecen de tiempo para buscar las traducciones en un diccionario, me he tomado el trabajo de buscarlas yo. Éste significa: Si deseas la paz, prepárate para la guerra. (Notica de Zeta)

10 Amigo, camarada, compinche.

11 «Lágrimas negras», el más famoso bolero-son del músico cubano Miguel Matamoros (1894-1971), autor también de «Son de la loma», entre muchísimos otros temas muy populares. «Lágrimas negras» lo interpreta hoy en día con gran éxito el dúo de Bebo Valdés y Diego el Cigala. (Himno de los borrachos cubanos, equivale a lo que es «Mi noche triste» para los beodos argentinos o «El rey» para los curdelas mexicanos. *ELP*)

12 *La Dame aux camélias* (1848), obra de Alexandre Dumas, hijo (1824-1895). (Dumas hijo la publicó primero como novela, pero su gran éxito lo alcanzó con la versión teatral. La ópera de Verdi *La Traviata* está basada en este argumento. Y es un lujo en las voces de Teresa Strata y Plácido Domingo. *ELP*)

13 Greta Garbo (1905-1990), actriz sueca, naturalizada norteamericana, que se inició en el cine mudo en los años 20. Interpretó, entre otros, el personaje principal de la película *Mata Hari* (1931), dirigida por George Fitzmaurice; de *Camille* (1936), cuyo realizador fue George Cukor; y de *Ninotchka* (1939), de Ernst Lubitsch. (Bella, lejana y enigmática, se retiró en 1941, en la cima de su carrera, llevando en lo adelante una vida de ermitaña, con un lema que me encanta: «I want to be alone.» *ELP*)

guardaba cierto rencor por el rollo con el policía de tránsito, porque le habían retirado la licencia de conducción, ¡qué injusticia!, y ahora dependía de mí (hasta cierto punto, sólo hasta cierto punto, que me quedara bien claro) para trasladarse de un lugar a otro en pos de nuevos conflictos.

Al principio de nuestra aventura, cuando él aún estaba casado y totalmente histérico porque su mujer y sus hijos no lo comprendían (yo los comprendo a ellos), supuse que si me abstenía de abrir el pico durante sus largas y ardientes peroratas en contra de los fulleros, falsificadores, perjuros, charlatanes, tahúres y embelequeros, él, en justa reciprocidad, se abstendría de pegarme. Pero no. Qué ilusa. ¿Dónde se ha visto? Callada o no, siempre me llevaba por lo menos un tortazo. Él *tenía* que dármelo porque, en su cabeza loca, yo también trataba de engañarlo. No es que me acostara con otros hombres, claro, ¿quién más se iba a fijar en semejante gorda burra con estampa de puta francesa del siglo XVIII? (Esta descripción, un tanto rococó, me parecía fascinante.) No creo, además, que la fidelidad le importara gran cosa: no era un tipo de reparar en minucias. A su modo de ver, yo trataba de engañarlo, engatusarlo y hacerlo pasar por idiota cuando fingía comprenderlo, cuando lo llamaba yuyito y moñito, cuando le cantaba aquello de «Mira que eres lindo... / qué precioso eres...»[14] o le desabrochaba la ropa con los dientes, cuando giraba a su alrededor cual satélite amoroso, ronroneando como una gata en celo, o le hacía un strip-tease para él solito (hace años que sueño con desnudarme delante de un montón de gente, encima de un mostrador o algo así, pero nunca se me ha dado la oportunidad), con música de los años cuarenta, a la luz de la lámpara de bambú con pantalla de seda roja. Cuando acariciaba su angustia, su dolor, su terrible desesperación de vivir en este mundo cruel y desalmado, repleto de enemigos.

¿Yuyito y moñito, él? ¿Un señor adusto que ya bordeaba los cincuenta, alto y fuerte, con aspecto de patriarca hebreo? ¿Qué falta de respeto era ésa, vamos a ver? ¿Qué cojones me había figurado?

---

14 Versión burlesca de la canción «Mira que eres linda» del compositor cubano Julio Brito (1908-1968). (Si el pobre Brito resucitara y oyera la versión de Zeta de su canción, volvería a morirse del susto. *ELP*)

¿Le había visto cara de maricón o qué? ¿Adónde quería llegar con todos esos arrumacos[15]? ¿O es que no me lo tomaba en serio? ¿Acaso podía yo comprender siquiera una brizna de temas tan complejos y sutiles como el argumento de autoridad (el más abominable entre los argumentos, según él, pura escolástica), la duda cartesiana, la duda kierkegaardiana (vaya palabrita) o la skepsis de Pirrón, la gran duda?[16] ¿Qué sabía una gorda culona de los estados de incertidumbre, de la precariedad de la existencia, de la insignificancia del ser ahí, del escándalo que implica la muerte? Francamente, ni hostia. Ni siquiera me hace gracia pensar en la muerte. Total, si no hay arreglo, si de todas formas nos va a agarrar... ¿Para qué tanta morbosidad? Es como vivir en agonía perpetua, muriéndose cada cinco minutos.

Algunas veces, sin embargo, esta clase de regaños me hacían preguntarme cómo era posible que yo hubiera sobrevivido en medio de tamaña ignorancia, tamaña desidia. Cómo lograba sortear obstáculos que ni siquiera veía, ir escapando envuelta en aquel desconocimiento inaudito, exuberante, sobrecogedor. Me invadían entonces los buenos propósitos: ir a alguna biblioteca, leer tratados filosóficos bien crípticos y corpulentos, henchidos de preocupación por el escándalo que implica la muerte, con muchas citas en griego y en alemán (lenguas misteriosas), reflexionar acerca de ellos, cultivar el intelecto y evolucionar hasta convertirme en una persona atormentada, sombría, taciturna... Pero la inspiración duraba poco. No es mi culpa: en el Caribe por lo general las cosas duran poco.[17] Enseguida me entraba la vagancia, la poltronería. Me dejaba seducir por la dulce complacencia del no hacer, de vegetar, de abanicarme lánguidamente recostada al poyo de la ventana, de admirar el diseño de las nubes o las pisadas de elefante en el techo o los caprichosos di-

---

15   Demostración de cariño hecha con gestos o ademanes (*DRAE*).

16   Referencias a la filosofía del francés René Descartes (1596-1650), autor del dictum «Cogito, ergo sum» (Pienso, luego existo); del danés Søren Kierkegaard (1813-1855), precursor del existencialismo; y del griego Pirrón de Ellis (365-275 a.C.), conocido por su escepticismo. (Todos dudaban, como buenos filósofos, pero de maneras bien distintas. Descartes era frío, metódico y cerebral; Kierkegaard, en cambio, era angustiado, sufrido y tormentoso, mientras que Pirrón era tremendo jodedor. *ELP*)

17   Algunas duran demasiado, como la dictadura de Rafael Leónidas Trujillo en República Dominicana, que se prolongó por tres décadas, y la de Fidel Castro en mi país, que ya ha rebasado el medio siglo. *ELP*

bujos que traza en el aire el vuelo de un moscardón. Alguien me ha contado que más o menos así es el paraíso musulmán.

Con frecuencia Moisés me olvidaba. Se perdía de la Esquina por muchos días, hasta semanas. Pagando con gasolina o con algún trabajito mecánico, yo guardaba el carro en el garaje de un vecino que me había prometido solemnemente no robarse las gomas ni los limpiaparabrisas ni el espejo retrovisor ni nada y me dedicaba a esperar con mucha paciencia, a pensar en los marañones de la estancia[18] y no en el hospital, la unidad de policía o la morgue. Si Penélope tejía y destejía un tapiz,[19] yo me aposentaba en el paraíso musulmán y tarareaba la canción de las cien botellas, esa que dice «Cien botellas en una pared... / cien botellas en una pared... / si una botella se ha de caer... / noventa y nueve botellas en una pared...»[20], luego se caía otra y quedaban noventa y ocho, luego otra y otra y así hasta el final, hasta llegar a cero. De lo más entretenido, el sonsonete era también un sortilegio para conjurar la catástrofe. Me gustaba creer que, si llegaba a cero, no ocurriría ninguna desgracia. Nunca supe adónde iba el yuyito ni el porqué (aunque esto sí me lo imagino) de los moretones, rasponazos, cortadas, pequeñas heridas que traía de vuelta. Nunca supe cuándo regresaría, ni siquiera si regresaría. Él, por supuesto, no daba explicaciones. Según sus propias palabras, se había divorciado para ser libre, no para que yo le controlara los pasos.

También tenía por costumbre desaparecer dentro de sí mismo, en los recovecos de la cólera profunda. Se sentaba en un rincón a odiar, a solas con el litro, en la misma postura del Pensador de Rodin.[21] El padre Ignacio, un viejecito casi heroico en

---

18 «Pensar en los marañones de la estancia» equivale a «pensar en las musarañas»: no atender a lo que la propia persona u otra hace o dice (*DRAE*).

19 En *La Odisea,* de Homero, Penélope, habiendo declarado que se casaría en segundas nupcias una vez que terminara de tejer un tapiz, teje y desteje dicho tapiz para dar tiempo a que regrese su cónyuge Odiseo, quien estuvo ausente de Ítaca durante veinte años. (No es que él se mereciera tanta fidelidad, pero el amor es así. *ELP*).

20 Tonada popular que provoca gran regocijo a los niños cuando la cantan y pone farrucos a los mayores cuando la escuchan. A medida que las botellas van cayendo, se van poniendo agresivos y hasta tratan de imponer censura. Qué intolerancia. *ELP*

21 *Le Penseur* (El pensador) es una de las esculturas más famosas del francés Auguste Rodin (1840-1917). Hay más de veinte versiones de la escultura, la cual se concibió como una representación de Dante ante las puertas del infierno. (Ah, ya entiendo, por eso se le ve tan atormentado al infeliz... *ELP*)

su afán de lidiar con los ochenta y tres mil pecados del barrio (el peor de todos: la violencia doméstica, el abuso con los niños), quien acepta jovial y en el fondo encantado cualquier cuchufleta[22] en relación con su apellido, nada más y nada menos que Loyola,[23] me comentó una vez que aquella escultura lo inquietaba:

—Dime tú, hija mía, ¿qué manera es esa de posarse en una silla, con la cabeza hundida y la columna hecha una jorobeta? –el padre Ignacio remedaba la pose con evidente desaprobación–. Sin contar la escoliosis que le espera, ¿qué clase de ideas pueden ocurrírsele a un hombre sentado así? Nada que no sea oscuro, atávico y destructivo. Qué pensador ni pensador. Ése no es pensador ni la cabeza de un guanajo[24], lo que es un amargado, un resentido, un envidioso, la frustración en persona. Un enemigo de la paz ciudadana. Un peligro público.

Mi Pensador, en efecto, los maldecía a todos en voz baja. Se cagaba en sus respectivas madres. Les echaba mal de ojo. Entre dientes los injuriaba, los cubría de vituperios y vilipendios, les deseaba la muerte. Un millón de muertes. Que los mordiera una cobra. Que se intoxicaran con gas metano. Que cogieran el sida. Que los aplastara un camión. Que los partiera un rayo. Eso, eso, ¡el rayo vengador! Sus manos retorcían con saña, hasta el último aliento, algún pescuezo invisible:

—Muérete de una vez, coño, muérete, muérete... –y se reía– ji ji... jaque mate... ji ji... –con aquella risita acuosa, luciferina, que me ponía los pelos de punta.

Más tarde volvía en sí, me miraba como extraviado, como a punto de preguntarme dónde estábamos y quién yo era. De pronto, ¡paf!, se desgajaba de la amnesia. Al recordar que de vez en cuando compartía la cama, la ducha y el café con otra persona, con alguien que, por muy retardada que fuera, podía verlo y oírlo de cerca, tocarlo, descubrir sus debilidades e insuficiencias, su primer y casi único sentimiento era la desconfianza. Y la cogía conmigo, como es natural, acusándome de espionaje.

---

22 Dicho o palabras de zumba o chanza (*DRAE*).

23 Tiene el mismo apellido que Íñigo López de Loyola o San Ignacio de Loyola (1491-1556), santo español fundador de la Compañía de Jesús. (Que muy santo quizá no fuera, pero mañoso y emprendedor sí. *ELP*)

24 «Ni la cabeza de un guanajo», expresión coloquial que reafirma la frase negativa que la antecede.

Moisés apreciaba las tinieblas no sólo en sentido figurado. Por causa de algún desperfecto oftálmico o cerebral, no sé, no le gustaba hablar de enfermedades (en una ocasión el Dr. Frumento mencionó la palabra «fotofobia» y su paciente predilecto lo mandó al quinto carajo), sus ojos no mantenían buenas relaciones con los rayos del sol. Le ardían, le supuraban, se le inyectaban de sangre. En la calle usaba unas gafas oscuras que le daban cierto aire de mafioso, narcotraficante o asesino a sueldo, de personaje de John Dickson Carr[25]; unos cristales como espejos diabólicos que despedazaban las imágenes y luego las recomponían de un modo algo siniestro. Cuando estaba en casa, la enorme y única ventana (el poyo me da por la rodilla, centímetro más o menos; para recostarme a él y disfrutar del paisaje después de la batalla, tengo que sentarme en el piso) debía permanecer cerrada y con la cortina negra (doble, triple, densa, impenetrable, un verdadero horror) estrictamente corrida. Él mismo se había ocupado de taponar todas las hendijas para impedir el acceso del más inofensivo rayito, de esas franjas solares donde flotan corpúsculos multicolores. Nos alumbrábamos con luz artificial aunque fueran las doce del día. En caso de apagón, con velas. Los vecinos nos atribuían la práctica de algún culto satánico. Y no me extraña, pues para completar nuestra saludable vida de vampiros sólo nos faltaba dormir en un ataúd. Increíble que no se le ocurriera también eso. En cuanto al calor, estuvimos fingiendo que no existía, lo cual en la zona tórrida es mucho fingir, hasta que alcanzó los 35°C a la sombra y la habitación se caldeó como el horno crematorio de Auschwitz.[26] Entonces el moñito dijo basta, qué país, qué recondenado país donde uno se derrite y luego se evapora, e instaló un aparato de aire acondicionado para congelarnos el culo como Dios manda. En caso de apagón, salíamos a dar una vuelta o simplemente nos asábamos.

El amor de Moisés, quien detestaba la palabra «amor», en sí misma fraudulenta, sin otro significado que un estúpido corazón

---

25 Escritor norteamericano de historias de detectives, John Dickson Carr (1906-1977) es el autor de *The Hollow Man* (El hombre hueco), de 1935. (Y también de aquella otra novela, igual de entretenida, donde todos llevaban espejuelos oscuros, haciéndose los misteriosos. *ELP*)

26 Más de un millón de prisioneros, la mayoría de ellos judíos, murió en el campo de concentración de Auschwitz, en Polonia, durante la Segunda Guerra Mundial. Además de cámaras de gas, había allí hornos crematorios.

de papel bermejo atravesado por una saeta aún más estúpida, estaba hecho de gritos, insultos y amenazas tan horripilantes que, de haber cumplido con ellas al pie de la letra, ahora yo no estaría aquí haciendo el cuento. Dominaba como nadie el arte de la humillación y la poética del escarnio, en su vocabulario no faltaba ni una entre las palabras y expresiones que sirven para denigrar al ser humano. Yo era, en resumen, la criatura más despreciable que él hubiera conocido en su vida. Un corpúsculo de la franja solar, un microbio indigno de ser tomado en cuenta. Su amor también incluía golpes, a mano limpia o con la hebilla del cinto, mordidas y pellizcos de los que marcan, arañazos, penetraciones en seco y otras delicadezas. Él esperaba, creo, que de un momento a otro yo confesara mi falsedad. Estuvo a punto de lograrlo aquel memorable día en que me agarró por los hombros y empezó a machacarme la cabeza contra la pared:

—Muérete de una vez, coño, muérete, muérete…

Ay, ahí fue donde supe cómo es que el miedo sustituye al dolor, cómo lo eclipsa y lo enrarece en circunstancias de extremo peligro, cómo una persona puede trasmutar no sólo las neuronas, sino todas sus células hasta convertirse en puro miedo, qué bella experiencia. Pero terminó por soltarme para machacarse su propia cabeza del mismo modo (entonces comprendí las insinuaciones del Dr. Frumento respecto a un cuarto con paredes acolchadas), lo cual me permitió ir en busca de un cubo lleno de agua fría y echárselo por arriba con tal de sofocar el incendio. Este incidente me afectó de manera irreversible la audición del oído izquierdo.

Mi placer, desde luego, le sonaba ficticio. ¿Por qué yo suspiraba? ¿Por qué gemía? ¿Por qué la humedad tan rápido, si él sólo aspiraba a torturarme? Y las otras señales, ¿por qué? ¿Acaso podía gustarme un tipo a quien no entendía para nada, que hubiera podido ser mi padre y que fregaba el piso conmigo? No, de ningún modo. Ni que él fuera el tonto de la Esquina. ¡A otro con ésas! Yo era como ellos, embustera y farsante, puta mala. Malísima. De las que mienten con todo el cuerpo. Desde el cansancio me observaba con sospecha, como algunos criminales observan a su perro, ese extraño bicho que los adora a pesar de todo. Encendía un cigarro, uno solo, y se ocultaba detrás del humo.

Ahora yo me pregunto si a fin de cuentas me gustaba acostarme con él. ¿Sí o no? Él estaba convencido de que no, pero la verdad es que sí. Muchísimo. Hasta lo más hondo, hasta el vértigo. Era un hombre hermoso, Moisés, con aquellos ojos grandes, negros y pendencieros, siempre huyendo de la materia luminosa, con aquella nariz de curva agresiva, nazarena, y una venerable barba blanca en el estilo de Leonardo da Vinci.[27] Su boca... En fin, hubo muchos, pero ninguno fue como él. Me excitaban su olor, su voz de bajo delirante, las atrocidades que decía y que me obligaba a repetir (en realidad no le costaba mucho trabajo conseguir un eco, *hablar* es algo que me eriza), su temperatura casi siempre febril. Su manera de caminar, tan felina, como al acecho. Hasta su aura roja endiablada. Ah, Moisés... Aún hay días en que lo extraño, sobre todo cuando llueve o hace frío y la ciudad se desmorona por allá afuera.

No resulta fácil confesar esto. A algunas personas les repugna. Mi amiga Linda, por ejemplo, piensa que soy una degenerada con media neurona cuando más y que valgo menos que una lombriz de caño sucio. Hasta se avergüenza de mí, pobrecita. Ella es una escritora profesional, una escritora *de verdad*, viajera, ambiciosa y enérgica, a sus horas feminista y con pensamientos de gran envergadura. Su tendencia a la generalización la llevaba a considerar que las golpizas con que me obsequiaba Moisés el Cavernícola hacían daño a todas las mujeres del planeta. A las actuales y a las del porvenir. Más allá del tema político, se lo tomaba como algo personal, muy a la tremenda. Ah, si un día ese ogro, cromañón,[28] esbirro, troglodita, nazi se equivocaba, si se le cruzaban los cables y por casualidad se atrevía con ella... Ja. Entonces él iba a ver, sí señor, él iba a ver lo que eran cajitas de dulce de guayaba. Casi estaba deseándolo.

---

27   El famoso autorretrato de Leonardo da Vinci (1452-1519), hecho cuando tenía unos sesenta años, lo presenta con el pelo largo y una copiosa barba blanca. (Uno de los vejestorios más hermosos de la historia de Occidente. *ELP*)

28   Proviene del Hombre de Cro-Magnon, homínido que vivió en el oeste y sur de Europa durante la última glaciación. (Que a lo mejor era un buen tipo y no tenía tan mal carácter ni era abusivo con las mujeres, pero ya se sabe lo que son los chismes y las calumnias. *ELP*)

Sí, porque donde las dan las toman y el que a hierro mata... –a veces mi amiga también participa de ese ímpetu que impulsa a los seres a emitir alaridos y dar puñetazos encima de la mesa–. ¿Pero qué se había pensado el tipejo? ¿Quién se creía que era? Tan incapaz, tan fracasado, tan insecto... Yo, de comemierda y falta de seso, le había dado mucha confianza, mucha ala. Demasiada. Y el hijoeputa, claro, aprovechaba para abusar. Pero un día le iba a llegar su Waterloo,[29] porque no todas las mujeres eran iguales de tímidas, infelices y aguantonas. Seguro no, qué coño.

Sin haberlo visto jamás, Linda odiaba a Moisés con la misma intensidad con que él los odiaba a «ellos». Hasta lo más hondo, hasta el vértigo. Como Aníbal el Cartaginés a los antiguos romanos.[30] Su mera existencia la ofendía, la sacaba de quicio. Yo, por supuesto, nunca le fui con quejas ni lloriqueos, no sólo porque mi situación, por llamarle de algún modo, no era precisamente de ésas que uno se pela por exhibir, sino también por no echar leña al fuego. Siempre he pensado que cada quien debe asumir la responsabilidad íntegra de sus elecciones y no usar al prójimo como paño de lágrimas. Pero un ojo ponchado o un labio partido resultan muy difíciles de ocultar, incluso bajo tres toneladas de maquillaje, y para colmo mi amiga es terriblemente observadora. Muy hábil, muy astuta, siempre se las ingeniaba para enterarse de todo punto por punto y cada vez se ponía más furiosa. Los machos en general, por principio, sólo merecen su desprecio, pero mi amante llegó a convertirse para ella en una cuestión de honor. O le ajustaba las cuentas y lo ponía en su sitio o dejaba de llamarse Linda Roth. Aún no consigo explicarme cómo fue que me las arreglé durante alrededor de cuatro años y medio para impedir el pavoroso encuentro, sobre todo en los meses de verano, que es cuando la gente se pone más

---

29   La derrota de Napoleón Bonaparte en la batalla de Waterloo (1815) puso fin a su dominio como emperador francés. (Es la única batalla en la historia, creo, donde el perdedor es la estrella, mientras que del vencedor, un tal Sir Arthur Colley Wellesley, duque de Wellington, casi nadie se acuerda nunca. El pobre, debe ser por su falta de carisma. O porque, a diferencia del corso, jamás escribió encendidas cartas de amor. *ELP*)

30   Acérrimo enemigo de Roma, Aníbal (247-183 a. C.) fue un gran estratega militar nacido en Cartago, al norte de lo que hoy es Túnez. (Lo de este señor con los romanos era algo que no tenía nombre, una auténtica monomanía. Claro, tampoco es que ellos lo adoraran mucho a él. Cuando se les aposentó a las puertas de la ciudad, sin que ellos lo hubiesen invitado, por poquito les da una sirimbola colectiva. *ELP*)

intransigente, más belicosa, y así evitar que mi casita acabara de transformarse en un campo de batalla. Creo que sólo por ello deberían otorgarme el Nobel de la Paz. ¿Quién hubiera vencido en ese duelo de titanes?[31] Vaya usted a saber. Lo que soy yo, no hubiera apostado por ninguno. Me hubiese limitado a esconderme debajo de la cama. Porque donde Moisés contaba con la fuerza bruta, a la manera de un orangután en la esquina roja, Linda contaba con la maldad sibilina, a la manera de una serpiente en la esquina azul. Ambos magníficos, rotundos y espectaculares.

A ella le hubiera encantado castrarlo. ¿No conocía yo la divertidísima historia de Pedro Abelardo, el retórico francés?[32] Fabuladora al fin, hizo planes y todo. Primero, dos meprobamatos disueltos en el litro. O quizá tres, considerando la complexión de la bestia. Había que aprovechar las flaquezas del adversario y ella no ignoraba que el animal era un alcohólico de grandes ligas. Después, aguardar a que la poción mágica hiciera su efecto. No apresurarse. Cautela, mucha cautela. Vigilar el paulatino descenso de los párpados, la distensión, el derrumbe de la mole. Por último, las tijeras de podar arbustos, chácata chácata, del toro al buey y asunto concluido. Muerto el perro... Ah, y el detalle artístico: se lo colocábamos en la boca, como si fuera un tabaco, ja ja. ¿No me parecía una excelente idea?

No suelo discutir con Linda (en general, no suelo discutir), porque ella es la más sabia, la más perspicaz, la que se esfuerza por llevar la luz a mi vida tenebrosa, aunque sea a punta de tijeretazos. Tampoco me gusta coartar sus iniciativas, como dice ella, desplumar las alas de su imaginación. Pero en este punto me permití subrayar algunas entre las más pequeñas dificultades de la empresa. ¿Y si se despertaba en el momento justo y nos agarraba con las manos en la masa? Se disgustaría muchísimo. ¿Y si se desangraba y se moría? Tremendo problema. ¿Podríamos hacerlo con

---

31   Referencia al filme de John Sturges *Gunfight at the O.K.Corral*, de 1956, con guión de Leon Uris, y comercializada en español con el título «Duelo de titanes». (Con Burt Lancaster como Wyatt Earp y Kirk Douglas como Doc Holliday, es uno de los westerns más famosos de la historia del cine. *ELP*)

32   Teólogo y retórico francés del medioevo, Pierre Abélard (1079-1142) sedujo a Héloïse, con quien tuvo un hijo. El tío de la joven lo castró y Héloïse entró a un convento. (Corren rumores de que poco antes le habían encajado al chamaquito recién nacido el increíble nombre de Astrolabio, que nunca estuvo de moda, lo que tal vez acrecentó el enojo del tío. *ELP*)

impunidad? Seguro no, pues nos quedaría bien difícil borrar las huellas, limpiar la sangre y ocultar el cuerpo del delito, un cuerpo de 91 kg. Quizás ella no, pero yo sí que me pondría bastante nerviosa y lo confesaría todo apenas tuviera delante el primer policía, tendrían que abofetearme para que dejara de hablar. Y luego, ¿sabía ella que en nuestro país aún se aplicaba la pena de muerte, que la mayoría de los jueces eran hombres y que, probablemente, nuestra cariñosa faena no les haría ninguna gracia, sobre todo por tratarse de un antiguo colega? Sí, él había sido juez del Tribunal Supremo y profesor titular en la Facultad de Derecho, un gran personaje. Lo de la castración, además, me parecía injusto, un tanto excesivo, puesto que Moisés nunca me había mutilado.

—Esas cosas se escriben –le dije–, pero no se hacen. Si tan empeñada estás en maniobrar con las tijeras, ¿no te parece mejor algo más simbólico? Recortarle la barba, por ejemplo...

Linda se quedó horrorizada. Levantó una ceja y luego la otra. Me miró como si yo fuera un monstruo. ¿Qué era lo que escuchaban sus simpáticas orejitas? ¿Barbudo el hombrín? Puaf. Nada tan repulsivo para ella como los pelos en la cara, el rostro de un tipo jamás sería tan acariciable como el de una muchacha. ¿Dónde había perdido yo el gusto? Las barbas andaban sobrando, cierto. Las barbas eran asquerosas. Pero, ¿conformarse con una barba cuando se podía aspirar a...? ¿Por qué rayos sería yo tan pasiva, conservadora y mentecata? ¿Acaso tenía alma de boniato? ¿O es que carecía por completo de autoestima? ¿En qué siglo estaba viviendo? Me picaba la lengua por las ganas de decirle que en el XVIII, mi siglo favorito, pero me contuve, no fuera a pensar que me burlaba o algo así. En lugar de eso, intenté desviar el rumbo de la conversación. Le pregunté por su última novela, ¿qué tal de resonancias? Elogié las dos anteriores, absolutamente magistrales, de gran impacto. Le dije que era un genio, que nadie la admiraba tanto como yo, hasta la comparé con Virginia Woolf.[33] Pero nada. Su última

---

33 Una de las figuras cimeras del modernismo británico, Virginia Woolf (1882-1941) se destacó como novelista con *Mrs. Dalloway* (La señora Dalloway), de 1925, *To the Lighthouse* (Al faro), de 1927, y *Orlando*, de 1928, y como ensayista con *A Room of One's Own* (Una habitación propia), de 1929, y *Three Guineas* (Tres guineas), de 1938. Sufría de depresiones y se suicidó tirándose al río Ouse cerca de donde vivía. (Confieso que nunca la he resistido y que la lectura de su diario no contribuyó a hacérmela más simpática, sino todo lo contrario. Me hartan sus imposturas, su mezquindad y su rostro caballuno. *ELP*)

novela, *Cien botellas en una pared*, era la historia de un doble homicidio, pero aún no sabía a quien matar —me apuntó con un dedo, como si quisiera matarme a mí—. Las dos anteriores, también sanguinarias y truculentas, ya habían crecido y caminaban solas. En algún futuro no muy dilatado, llegarían a ser clásicos del thriller, de la Serie Negra. Su agente negociaba las traducciones. Y tal vez una versión cinematográfica... He ahí un gran sueño: escribir para el cine. Porque el dinero fuerte estaba en el cine y, quién se atrevería a negarlo, el dinero era la música con que bailaba el muñeco. Por lo demás, ella *sabía* que era un genio, mucho mejor que esa lagartija inglesa tan hipocritona que yo había osado mencionar en su presencia. No necesitaba escuchar halagos ni baboserías, así que muy bien podía ahorrarme toda mi estúpida admiración. ¿Me creía yo capaz de manipularla con tales ñoñeces[34]? Qué pretenciosa, qué arrogante la gordita. Y volvió a mí. Como quien dice, al ataque. Se puso bastante sarcástica, venenosa y cruel como sólo ella sabe ponerse. Qué pena le daba mi caso. Pero qué pena. Para echarse a llorar —sonreía con la boca torcida—. Sí, porque mi drama era de los muy lacrimógenos, triste como un helado que se derrite, un culebrón para señoras jubiladas. Yo le recordaba a las mujeres de los países islámicos. (De su visita a Estambul sólo me había contado las bellezas de Santa Sofía,[35] ¿a qué se refería ahora? No me atreví a preguntar.) Pero no, porque a las mujeres de los países islámicos no les quedaba más remedio que ser como eran. En cambio, yo... Lo mío era patológico. Una especie de trauma en el cerebelo, un virus. En rigor, para ser precisa, yo me parecía más a cierto personajillo de los *Cuentos misóginos* de Patricia Highsmith.[36] A que no adivinaba cuál. Sí, ese mismo —no esperó a que yo adivinara—: «La víctima». La provo-

---

34 Ñoñerías, cosas de poca sustancia. (*DRAE*)

35 La iglesia de Santa Sofía o Hagia Sophia empezó a construirse bajo las órdenes del emperador Justiniano en 532 en lo que era entonces Constantinopla, capital del imperio bizantino. Considerada un ejemplo sin igual de la arquitectura bizantina, la iglesia, hoy museo, es famosa por su espléndida cúpula. (Me encantaría ir a visitarla, pero sospecho que mi editor en Turquía no me pagará el pasaje por más que yo trate de engatusarlo y, al menos por ahora, no me alcanza la plata para ir de turista. *ELP*)

36 Patricia Highsmith (1921-1995), escritora norteamericana conocida por sus novelas y cuentos de suspenso. Sus *Little Tales of Misogyny* (Cuentos misóginos), publicados en 1974, giran alrededor de estereotipos femeninos en los cuales las protagonistas se ven atrapadas. (Esta bruja sí que me fascina. Malévola como ella sola, asustadora empedernida, buena onda con los animales y humorista a carta cabal. Su gran personaje, el inefable Tom Ripley, es uno de mis bellacos favoritos. *ELP*)

cadora barata. La imbécil, poca cosa, retrasada mental. La que violaban una pila[37] de veces. ¿No me gustaría eso? Divino, ¿verdad? Seguro que yo arrullaba fantasías de esa índole antes de dormir. ¿Por qué no le suplicaba al Cavernícola (porque toda comunicación con él, desde luego, debía ser en términos de súplica, de rodillas y besando el piso), por qué no le imploraba que invitara a sus compinches a una fiesta privada entre ellos y yo? Por un instante quise explicarle que Moisés era un hombre muy solo, sin compinches, pero me contuve de nuevo. No se debe mortificar a las amigas.

Con voz metálica, chirriante, afilada cual navaja de matarife o cuchillo de carnicero, ella seguía en lo suyo: la víctima. Aquella putica más pintarrajeada que un payaso, peloteñido, calientapollas y masoquista a más no poder, siempre jugando con fuego… hasta que se quemaba. ¿No quería yo saber el final del cuento? Pues sí, como era de esperarse, la víctima se perdía en un país islámico. Algo lastimoso, abyecto, patético. Mujercita de basura. Qué asco.

A menudo Linda me apabullaba con sus lecturas, pero en esta ocasión, por pura casualidad, yo había leído el tal libro. Muy original, sí. Un catálogo exhaustivo de las diversas depravaciones femeninas. Todos los estereotipos. Sólo faltaba, qué raro, «La bostoniana».[38] O sea, la homosexual dominante, mordaz, totalitaria y entrometida. De más está decir que no me animé a transmitirle mi asombro a Linda. No se debe ofender a las amigas. Pero no me lo tuvo en cuenta. A pesar de mi silencio (o quizás por causa de él; me imagino que para las personas batalladoras debe resultar incómodo carecer de un contrincante a su altura), dio un portazo y se alejó durante varios meses. Ni siquiera se despidió antes de ir a la Feria de Fráncfort.[39] La llamé a su casa unas tres o cuatro veces y otras tantas me colgó el teléfono. Y lo encajé fatal,[40] porque esta muchacha tan encantadora es la persona que más yo quiero en el mundo.

---

37 Un montón. (Sinónimo de «un bolón», «un burujón», «un mogollón», «un tongonal», «un carajal», «un pingal», etcétera. *ELP*)

38 Referencia a la novela *The Bostonians*, del escritor norteamericano Henry James (1843-1916), publicada en 1886.

39 La mayor feria comercial del libro en el mundo, este evento celebrado en Fráncfort, Alemania, todos los años, generalmente comprende más de 7.000 expositores de más de cien países. (Un pandemónium donde oyes hablar en mil idiomas, todos a la vez, y al menor descuido te pierdes y se te pierden los amigos y te sientes sola en el mundo y te entra la desesperación. *ELP*)

40 Expresión coloquial, similar a «me cayó fatal». (En este caso no es que la narradora se ofendiera, sino más bien que se puso triste. *ELP*)

Ahora que es invierno y vuelvo a estar sola, aunque no será por mucho tiempo, pues algo pequeño ha decidido vivir, pienso en Moisés. No se trata de «pensar» en el sentido recto, riguroso, lógico de la palabra. Eso creo que nunca he sabido hacerlo. Qué pena, con lo importante que es. Más bien divago, dejo suelta la memoria y es ella sola, animalejo silvestre, quien fluye, serpentea, se enrosca y termina por saltar al cuello de Moisés. Hay muchas preguntas y pocas respuestas. ¿Por qué acepté sus condiciones? ¿Cómo permití que las cosas llegaran tan, pero tan lejos? ¿En qué momento perdí el control? ¿El control? ¿Es que alguna vez lo tuve? ¿Realmente estuvo en mis manos la posibilidad de impedir que sucediera lo que al final sucedió? No sé. Creo que Moisés no me odiaba. Es más, creo que en realidad yo no le importaba mucho. No le importaba nada. Su única obsesión eran «ellos», los granujas, los truhanes, los bandoleros. Los enemigos. El sentido de su existencia se cifraba en impedir que trataran de engañarlo, en atraparlos con las manos en la masa, arrancarles sus cochinas máscaras, destruir sus maquiavélicos planes, confundirlos, aplastarlos, aniquilarlos, pulverizarlos. Más que misógino, misántropo era. En su combate contra la humanidad, yo le servía de sparring. Así, cuando me golpeaba, en realidad los golpeaba a ellos. En mí, cual desdichada persona interpuesta, se resumía de manera simbólica lo peor de la condición humana, el lado más miserable de todos los terrícolas, tan repulsivos, antipáticos, nauseabundos. Romperme un dedo equivalía a la defenestración de Praga.[41] Estrangularme casi hasta la asfixia, a la matanza de Tlatelolco.[42] Si

---

41   Incidente ocurrido en 1618, en la antigua Bohemia al inicio de la Guerra de los Treinta Años, cuando fueron arrojados por la ventana de un castillo varios subalternos del emperador Fernando, duque de Estiria y ferviente católico. En la historia de lo que es hoy Praga ocurrieron otras dos defenestraciones, la primera en 1419 y la última en 1948. (Ojo, pues, con acercarse a las ventanas de los edificios altos en esa bella ciudad, no vaya a ser que alguien se embulle a seguir la tradición local y... ¡zas! *ELP*)

42   Masacre de estudiantes y trabajadores acontecida en la Plaza de las Tres Culturas en México, D.F. en 1968, diez días antes de la inauguración de las Olimpiadas. El suceso, que causó más de doscientas muertes, inspiró a Elena Poniatowska a escribir *La noche de Tlatelolco* (1971). (Año de gran turbulencia a escala planetaria aquel 1968, en que también acaecieron los asesinatos de Martin Luther King y de Robert Kennedy, el Mayo francés, las protestas estudiantiles en la Universidad de Columbia, en Nueva York, y en otras universidades norteamericanas, las manifestaciones juveniles en la República Federal de Alemania, la huelga general en Roma, y la primavera de Praga, con tanques soviéticos desfilando amenazantes por la capital de la República Socialista de Checoslovaquia, entre otros desmadres. *ELP*)

algún día (mera suposición) se le hubiera ocurrido matarme...
bueno, Hiroshima y Nagasaki.[43] Ahora que lo pienso con calma,
es posible que el pobre Moisés estuviese un poco enfermo.

43   Ciudades japonesas víctimas de ataques nucleares ordenados por el presidente
Harry S. Truman, que pusieron fin a la Segunda Guerra Mundial. (Ante la re-
nuencia del gobierno ultranacionalista del general Tojo Hideki, primer ministro
de Hiro-Hito durante la contienda, a acatar el ultimátum contenido en la Declaración de Potsdam, de la cual fueron signatarios los Estados Unidos, el Reino
Unido, China y la URSS. *ELP*)

2. La Esquina del Martillo Alegre

Tal vez resulte más amena la personalidad de Moisés, pero ahora prefiero hablar de mí, aunque sea un par de palabritas, pues en esta historia todos somos importantes y, por lo mismo, todos tenemos derecho aunque sea a una diminuta dosis de egocentrismo. Esto de que «todos somos importantes» debió ocurrírsele a alguien que sufría un devastador complejo de inferioridad, pero en fin. Mi nombre es Zeta, lo cual no deja de suscitar todo tipo de cuchufletas por parte de Linda con respecto a mi posición en el alfabeto, idéntica según ella a mi posición en la vida. Investigando por ahí, he sabido que Chaikovski[1] empleaba la zeta, supongo que una zeta un poco cirílica, en sus cartas y diarios cual cifra secreta para designar a los homosexuales, v.g. «la fiesta fue muy alegre, había muchas Z...». Por otro lado, el hecho de que la zeta apenas se use en inglés determina que en el juego del Scrabble, el de las letras que van armando un puzzle sobre la cuadrícula de un tablero donde a cada una corresponde una puntuación distinta, mi valor sea el máximo: diez tantos. Para los angloparlantes, al parecer, resulta bien difícil colocar una zeta en el lugar preciso. No me extraña que le tengan ojeriza y que debamos a Shakespeare la creación de este exquisito improperio: «Eres una zeta, ¡letra inútil!».[2] Así lo escribió en una de sus comedias, el muy

---

1   Del eminente compositor ruso Piotr Ilich Chaikovski (1840-1893), creador de *El lago de los cisnes* y *El cascanueces*, entre muchas otras obras, se ha comentado que tenía una orientación homosexual, aunque nunca lo admitió públicamente. (Sólo salió corriendo a la calle en su noche de bodas, en 1877, presa del pánico, porque su mujer, la joven y bella Antonina Miliukova, ex alumna suya en el Conservatorio y enamoradísima de él, había intentado violarlo. Todo Moscú se echó esa película. *ELP*)

2   En el acto II, escena 2, de *King Lear* (El rey Lear), William Shakespeare (1564-1616) pone las siguientes palabras en boca de un personaje: «Thou whoreson zed! thou unnecessary letter!». (Es curioso que Shakespeare tuviera esa intuición: se

rencoroso. Pero no me afecta. Por más que yo carezca de casi todas las hermosas virtudes que adornan a Don Diego de la Vega, mi firma (porque tengo una, aunque jamás la utilice) se da un aire a la marca de El Zorro[3] y eso ya es algo.

Sobre mi aspecto físico, mejor ni hablo. Ya sé que *debo* hacer ejercicios, ya sé. No los hago sencillamente porque no quiero, porque me horrorizan los ejercicios, porque me intimidan la piscina, la pista y la cancha de squash, tanto que ni siquiera me he tomado el trabajo de buscar algún pretexto más decente y mi pobre conciencia carga día y noche con esa culpa terrible. No tengo paz ni sosiego; por más que intento evadir la obligación de resolver el dilema, dar esquinazo y vivir como si tal cosa, por más que trato de olvidar el rollo de los kilogramos, no lo consigo, pues Linda me lo recuerda con particular ensañamiento cada vez que nos encontramos. ¿Treinta y cinco libras de sobrepeso? ¿Pero qué descaro es ése? ¿Por qué he descuidado mi apariencia de un modo tan infame? ¿Existirá en el mundo alguna criatura más golosa que yo? ¿Cuántas pizzas murruñosas[4] y panes con croqueta y turrones de maní me atrevo a engullir al día? ¿Por qué mejor no me dedico a los vegetales? ¿Será que nunca me miro en el espejo? ¿A quién coño me quiero parecer? Y así. Yo no digo nada por no contrariarla, pero la verdad es que no entiendo por qué los humildes e inofensivos gordinflones somos víctimas de la más feroz intolerancia, por qué se nos desprecia, se nos estigmatiza, se nos margina, se nos abuchea, a toda hora se nos tilda de ballenas,

---

ha establecido que la z es la letra menos utilizada en inglés (0.07%), seguida por la q (0.10%). Hasta la x la duplica en uso (0.15%). En cambio, en la República Helénica, que es la Grecia moderna, la z tiene muy buena prensa. Baste recordar aquella formidable película, *Z*, rodada por Costa-Gavras en 1969 sobre un guión de Jorge Semprún. *ELP*)

3   El Zorro apareció por vez primera en *The Curse of Capistrano* (La maldición de Capistrano), un relato de Johnston McCulley publicado por entregas, en 1919, en un periódico de la época. Luego reapareció en cuatro de sus novelas, siempre como la identidad secreta de don Diego de la Vega, caballero que vivió en California en el periodo colonial. (De todos los actores que lo han interpretado en el cine, mi favorito, por la milla, es Anthony Hopkins, quien aparece como un zorro viejo, decadente y con mucha clase en *The Mask of Zorro*, realizada por Martin Campbell en 1998. Aunque jamás olvidaré los ojazos azules de un Alain Delon con antifaz negro en aquel filme de Duccio Tessari de 1975, *El Zorro*, que era la película que estaban exhibiendo en los circuitos de estreno la primera vez que mis padres me llevaron a un cine. *ELP*)

4   Mal hechas, gruesas, blanduzcas. (La primera pizza decente de mi vida me la zampé en mayo de 1997, en una modesta pizzería de la Pequeña Italia, en Nueva York. *ELP*)

tanques, toninas, escaparates, bafles,[5] globos de Cantoya[6] y otras finuras por el estilo, por qué sufrimos persecución y debemos someternos de lleno al capricho de los flacos. Como diría Oliver Hardy, el Gordo siempre pierde.[7]

Desde que la conozco, mi amiga ha demostrado gran habilidad en eso de acorralar al prójimo, de agarrarlo por el pescuezo y ponerlo contra la pared. Según su ojo crítico, lo más adecuado para mí sería practicar algún deporte de combate, judo, kung fu o taekwondo, es decir, matar dos pájaros de un tiro, pues tales disciplinas no sólo sirven para quemar grasa y hacer que las personas parezcan personas –me explica en tono condescendiente, casi maternal–, también elevan la autoestima, subvierten las relaciones de poder más elementales y proporcionan a la sujeta una nueva e interesante visión del mundo.

—Qué delicia estar en capacidad de noquear a un tipo bien corpulento –dice Linda–, darle sus buenos trompones, aplastarle la nariz, desencajarle la mandíbula, romperle los dientes, crash crash crash... Fíjate que me erizo y todo –en efecto, ella se eriza–. Porque la gracia no está en hacerlo, no. ¿Para qué? Eso sería muy burdo. La gracia está en saber que, *si quisieras...* ¡Ja ja!

Partidaria del boxeo femenino, ella deplora la indigencia mental de ciertos funcionarios obtusos y mequetrefes que se obstinan en prohibirlo porque la mujer es una flor, o sea, por puro machismo. Flor ni flor. Qué abominación. Yo encuentro muy loable su afán de justicia, lo aplaudo y lo vitoreo y todo, mas, en lo que a mí respecta, estoy segura de que si un día llegara a verme con un par de guantes dentro de un ring... moriría en el acto. A

---

5 Anglicismo que denota un dispositivo que facilita la mejor difusión y calidad del sonido de un altavoz (*DRAE*). (Los hay de enormes dimensiones, grandes y gordos. *ELP*)

6 Globos aerostáticos hechos con papel de china. (Este término, en Cuba, aparte de usarse no muy delicadamente para calificar a alguien de gordinflón, también se refiere a la ropa demasiado ancha, que se infla con el aire y le baila en el cuerpo a quien la lleva puesta. *ELP*)

7 Oliver Hardy, comediante norteamericano, pareja de Stan Laurel en el dúo cómico Laurel and Hardy (El Gordo y el Flaco). Tuvieron una larga carrera en Hollywood, que se extendió de 1926 a 1957. La comicidad provenía de que el Gordo, a pesar de su aparente seguridad en sí mismo, siempre se equivocaba y quedaba malparado, mientras que el Flaco, tímido y oprimido, finalmente salía airoso. (La frase de Hardy es un reproche contra Laurel, muy en serio, luego de la separación del dúo, que no fue en buenos términos. Quien dominó siempre entre ellos, en la vida real, fue Laurel, un tipo rudo y enérgico, mientras que Hardy era más bien melancólico y depresivo. *ELP*)

lo mejor va y soy de veras una flor, una tímida violeta, una rosa opulenta, un lirio del valle, quién sabe. La flor de la calabaza. Soy muy cobardona, muy penca. Me asusta cualquiera que se proponga arrancarme los pétalos.

Inmóvil, sedentaria, fija como el musguito a la piedra,[8] desde que nací habito en un palacete del Vedado que es una joya arquitectónica, un monumento a la extravagancia, un prodigio de retazos y parches y costuras, un Frankenstein ecléctico según la moda de 1926 y hecho una ruina según la moda del año en curso. Este palacete, frente a la semiderruida y polvorienta Biblioteca de la Ciencia Cristiana, justo en la intersección de la avenida con una callejuela de mala muerte y peor fama, ha padecido tantas y tan brutales transformaciones a lo largo de casi un siglo, que uno se asombra de que aún permanezca en pie. Cualquier día se desploma, con estos huracanes tropicales... vivir por ver. Por lo pronto, el techo se filtra y suelta boronilla[9], pedazos de estuco. He pensado en usar un casco de constructor, por si acaso, no vaya a ser que un día se me estropee el cráneo. También hay grietas en los muros. Grietas verticales, de las peligrosas. En temporada ciclónica el agua entra por todos lados (excepto por la pila[10], claro) y mi vida se llena de palanganas y cubos destinados a cazar goteras. En sus inicios, aunque parezca increíble, esta preciosidad fue la residencia de alguien con mucha plata, algún anónimo oligarca dueño de centrales azucareros o vegas o cafetales o fincas ganaderas y, esto sí es seguro, un gusto muy amplio, muy abarcador, ese que inspira la felicidad de respirar bajo un tejado colonial, entre vitrales neogóticos, arcadas románicas, balaústres barrocos, rejas art nouveau y columnatas griegas de distintos órdenes. El observador más o menos entendido en arquitectura se rasca la cabeza: no logra explicarse cómo es que faltan el minarete mudéjar, la cúpula bizantina y la pirámide egipcia.

Una noche que imagino borrascosa, el oligarca desapareció.

---

8   Símil proveniente de la composición musical «Volver a los diecisiete», de la versátil trovadora, poeta y folklorista chilena Violeta Parra (1917-1967). (Espléndida en el vozarrón maravilloso de la intérprete argentina Mercedes Sosa. *ELP*)

9   Pedazos triturados de madera y otros materiales de construcción.

10   Llave del agua. (En Santiago de Cuba, nuestra segunda ciudad más poblada, se le llama «pluma» y quizás en otros lugares de la isla se le conozca por otros nombrecitos. *ELP*)

Se esfumó sin dejar rastro, como si lo hubiese escamoteado el genio de la lámpara. Aparte del Cadillac en el garaje, sólo quedó una criada, la negra Petronila Hamilton, quien, por supuesto, nada sabía. Y aunque hubiera sabido... He ahí el primer hueco en la historia de la Esquina, un hilo roto, un vacío donde proliferan las hipótesis delirantes y los argumentos descabellados, el afán de novelar. Quizás nuestro señorón, aburrido del palacete, se mandó a construir otro aún más esquizofrénico en la ribera del Almendares,[11] a unos tres kilómetros de aquí, hechizado por la idea de poseer al mismo tiempo una mansión y su reflejo. O viajó al Tíbet y allá los monjes lo convencieron de algo muy difícil de poner en palabras. O se arruinó por causa de una perjura, una gorda burra con estampa de puta francesa del siglo XVIII, o los perjuros juegos de azar y, enfermo de cáncer, terminó por colgarse del techo con un alambre de púas. O fue asesinado y desde entonces ronda su espíritu por los pasillos entre humo azul y cadenas que rechinan. Quizás esté ahora mismo detrás de mí, leyendo esta página por encima de mi hombro con oligárquica reprobación y muchas ganas de arrebatarme el lápiz. ¿Quién soy yo, tan fresca, para hablar así de él, de su vida privada? ¿Quién me dio permiso? ¿Y qué canallada es ésta de escribir con un mocho[12] miserable en unas harapientas hojas de papel gaceta?[13] ¿Por qué no hago algún esfuerzo por conseguir una computadora? ¿O al menos una máquina de escribir, algo más digno de su alcurnia en todo caso? ¡Ah, si él supiera...! Me gusta la gente que se pierde. Si yo pudiera, me perdería también.

Sobre lo que sucedió luego, nos informa una tarja de bronce (firmemente empotrada en la piedra, para que no se la roben) junto a la entrada. La casona, según parece, entre 1954 y 1961 fue sede de cierta institución, una especie de club esotérico adscrito al difunto Partido Pitagórico y vagamente llamado El Xilófono, que organizó

---

11 El Almendares es un río que fluye en la región occidental de Cuba, incluida la capital. (Desemboca en la costa norte, luego de atravesar el bosque de La Habana, a un par de kilómetros de mi casa, marcando el límite entre El Vedado y Miramar, otro barrio que, como el mío, aún conserva cierta elegancia. *ELP*)

12 Trozo (en este caso, de lápiz).

13 Papel amarillento, barato, de mala calidad. (Pues sí, era bastante maluco, pero lo recuerdo con ese afecto especial que nos suscitan algunos objetos familiares por míseros que sean, ya que me sirvió para mis primeros cuentos, poemas, dibujos, acuarelas y origami. *ELP*)

la resistencia de algunos nigromantes y pitonisas contra los meteoritos, el cometa Halley, los anillos de Saturno, los platillos voladores, el polvo cósmico, la conjunción Urano-Neptuno y otros tarecos[14] del espacio sideral que a fin de cuentas, supongo, los derrotaron. No conviene luchar contra enemigos tan poderosos. Según ellos, lo de arriba era isomorfo con lo de abajo, o sea, que el cosmos y las vidas humanas tenían la misma forma y a iguales causas seguirían iguales efectos, o algo así. Como las vidas humanas estaban un poco jodidas, ellos se lanzaron con gran ímpetu quijotesco a la guerra de las galaxias. Pero jamás contaron con el apoyo popular. Malagradecidos, los vecinos del barrio siempre tuvieron a esta gente, nigromantes y pitonisas en rebelión, por una banda de orates. ¿Qué le vamos a hacer? A decir verdad, tampoco yo he logrado encontrarle un sentido a sus actividades, si bien me parece muy correcto que no despidieran a Petronila. Tal vez no me haya esforzado lo suficiente, casi nunca me esfuerzo lo suficiente para entender lo que no entiendo. A menudo tengo la impresión de que no hay nada que entender, de que las cosas son como son y ya.

Mi tío abuelo W., el nieto del marqués (pues sí, entre mis antepasados hubo un marqués cuyo título se remonta a los tiempos del Cid,[15] de modo que por mis venas barrioteras corren algunas gotas de la más genuina sangre azul; no he de ocultarlas por más que Linda me acuse de snob), y presidente honorífico de aquel asunto, a veces desea visitarme para compartir una manzanilla y fumar en pipa y parlotear y predecir el futuro y eso, pero no se atreve el pobrecito, pues resulta que en la puerta principal, la de los bajos, un soberbio portón, no hay timbre ni nada que se le parezca y, como vivo en los altos, el único modo de acceder a mi graciosa persona consiste en llamarme desde la acera a grito pelado: ¡Zetaaaa...! ¡Zetaaaa...! ¡Zeticaaaa...! Mi tío abuelo, el nieto del marqués, se resiste al método vocinglero no sólo por considerarlo una vulgaridad y una chancletería de las peores, sino también porque al ser la avenida un sitio concurrido y él un astrólogo

---

14   Cachivaches, trastos o artefactos.
15   Rodrigo Díaz de Vivar, conocido como el Cid Campeador. Noble castellano que combatió contra los moros en el siglo XI. (No es que yo tenga algo personal en contra del valiente Ruy Díaz, más allá del escaso entusiasmo que me provocan los cantares de gesta que le obligan a uno a deglutir en la escuela, pero el hecho es que, por algún oscuro motivo, siempre estuve de parte de los moros. *ELP*)

famoso, teme que algún transeúnte lo reconozca y ahí mismo empiecen los comentarios aviesos, los chismes y las murmuraciones alrededor de tan inapropiada conducta:

—Oye, Manolo, mi socio –dirían los hablantines–, ¡a que tú no sabes a quién vi el otro día! Nada más y nada menos que al W... El adivino, asere[16], el adivino... Ese mismitico, ése. ¡Ah, si lo hubieras visto! Estaba en pleno arrebato, chillando como un loco desorbitado frente a la casa donde estaba El Xilófono... ¿Tú has oído hablar de El Xilófono, verdad? Sí, creo que es con equis. ¡Qué vacilón![17] Pues parece que al viejuco se le acabó de fundir el bombillo[18] o le aterrizaron un meteorito en el coco[19] y le aflojaron las tuercas y ahora tiene fijación con eso otra vez. Una recaída. Claro, que el vetusto tiene como cien años...

No, de ninguna manera. Mi tío abuelo, el nieto del marqués, no puede permitir eso. Es verdad que tiene como cien años, pero no quiere que lo estén diciendo por ahí. Él exige un duplicado de la llave y yo se lo daría con mucho gusto si supiera dónde está la llave. Debo reconocer que soy una de esas personas que nunca saben dónde están las cosas. Para subir a mi habitación propia no tengo más remedio que berrear[20] en el portal hasta que algún vecino piadoso me tira *su* llave. Quizás algún día encuentre la mía, pues dice Woody Allen[21] que dice Einstein[22] que el universo no es infinito. O sea, que la desgraciada llave debe estar en alguna parte. Mientras la busco, le he sugerido al candidato a visitante que

---

16 Amigo, compañero. (El uso de esta palabrita por parte de los niños estaba terminantemente prohibido en la escuela primaria donde estudié, ya que, según las maestras, su prístino significado era «conjunto de monos apestosos». *ELP*)

17 Se dice sobre una escena o persona que provoca la risa.

18 Acabó de perder la razón. (También se dice «se quemó» o «se tostó». *ELP*)

19 En la cabeza.

20 Gritar o cantar desentonadamente (*DRAE*).

21 Con un alto nivel de comicidad, las películas del director norteamericano Woody Allen (1935-), abundan en comentarios acerca de la muerte, la eternidad, el infinito y otros temas metafísicos. (Además de realizador, es actor y guionista, muy en la tradición «hombre-orquesta» de sus admiradísimos Orson Welles y Stanley Kubrick. Su verdadero nombre es Allan Stewart Konigsberg, pero a los 15 años comenzó a escribir chistes para publicaciones periódicas bajo el seudónimo de Woody Allen. *ELP*)

22 Al eminente físico alemán naturalizado estadounidense Albert Einstein (1879-1955), premio Nobel de Física en 1921, se le atribuye el siguiente aforismo: «Two things are infinite: the universe and human stupidity; and I'm not sure about the universe». (Frase que muchos repiten con gran entusiasmo, sin que nadie, al parecer, se sienta aludido. *ELP*)

emplee un xilófono en vez de gritar. Así, cada vez que yo escuche las delicadas melodías del xilófono, sabré que se trata de él y bajaré a abrirle. Pero qué va. Por algún motivo que no alcanzo a concebir, mi tío abuelo, el nieto del marqués, no acepta la propuesta.

El club esotérico se deshizo al caer en desgracia el Partido Pitagórico. Los nigromantes y las pitonisas se dispersaron, cada cual cogió su rumbo, la mayoría ya deben estar muertos. Según me contaba Moisés, esto no es raro: todos los partidos pitagóricos siempre terminan por caer en desgracia.[23] Estallan, vuelan, explotan, se revientan como pompas de jabón. No existe para ellos otro final. En ocasiones, incluso, la multitud enardecida les incendia los locales y persigue a los afiliados con palos y piedras y el propósito confeso de lincharlos, pues el público se cansa de la desfachatez y la falta de respeto y la sinvergüenzura –la voz del yuyito se volvía un bramido–, el respetable se aburre de que lo quieran embaucar, atolondrar, coger pa'l trajín,[24] embutir con insolentes mentiras pitagóricas por la mañana, por la tarde y por la noche. Esto ha venido sucediendo desde los siglos a.n.e.[25] y forma parte de la tradición oscura de la filosofía. Como decían los antiguos romanos: *Nihil novum sub sole.*[*] El latinajo me impresionó por su carga fatalista, inexorable como la cuchilla de la guillotina o los voltios de la silla eléctrica, pero a la vez me alegré en secreto (quiero decir a espaldas del moñito) de que mi bienaventurado tío abuelo, el nieto del marqués, escapara ileso de la tradición oscura, sin sufrir en carne propia las sanguinolentas y previsibles consecuencias de tales actos vandálicos.

Extinto El Xilófono y aprovechando la cercanía con las depen-

---

23   Pitágoras de Samos (582 -507 a. C.), filósofo y matemático, fundó una escuela en la Magna Grecia que ejercería una influencia notable en el partido aristocrático. Posteriormente, hubo una escisión entre miembros de dicha escuela que favorecían principios democráticos y otros que sustentaban ideas conservadoras. A los pitagóricos se les expulsó de Crotona hacia el año 500 a. C., después de que se arrasaran sus locales. (Hoy día Pitágoras es mundialmente famoso por su teorema acerca de la relación entre las longitudes de los catetos y la de la hipotenusa en el triángulo rectángulo. Del resto de las cosas que dijo, algunas bien locas, ya casi nadie se acuerda. *ELP*)

24   Frase que significa «perderle el respeto».

25   Antes de Nuestra Era. (Es la forma correcta de decir «a. C.» en la escuela marxista, ya que «C.», en opinión de Karl Marx y sus adeptos, es un puro invento que nunca existió. *ELP*)

*   No existe nada nuevo bajo el sol. (Noticia de Zeta)

dencias del entonces recién inventado Instituto Cubano del Arte e Industria Cinematográficos,[26] entre ellas una flamante cinemateca donde se exhibía todo o casi todo lo imprescindible de Méliès[27] a la fecha, mi palacete devino propiedad estatal y se convirtió en una casa de huéspedes gratuita, más o menos de beneficencia, para individuos relacionados con el cine: directores, guionistas, actrices, camarógrafos, criticones y el resto de la farándula con sus respectivos perros, gatos y amantes. Como las hormigas al azúcar, ellos acudieron de los cuatro puntos cardinales, de los más remotos escondrijos de la ciudad, de las provincias, del extranjero, hasta de abajo de las piedras. Qué tumulto. Qué bullicio. Los más ilustres provenían de Cinecittà[28], de la fascinación con el neorrealismo italiano[29], la peripecia de andar por las calles con una cámara a cuestas, siempre a la captura de escenas vívidas en locaciones auténticas o algo así. Encolerizados junto a los angry young men[30], navegaban por la nueva ola francesa en compañía de Godard, Truffaut y

---

26 El Instituto Cubano de Arte e Industria Cinematográficos (ICAIC) fue fundado en 1959, poco después de la toma del poder por Fidel Castro. Se ha dedicado a promover el cine cubano y latinoamericano a través del Festival Internacional del Nuevo Cine Latinoamericano que organiza todos los años en La Habana. (No *todo* el cine cubano, claro está, sino sólo el digerible por el gobierno de la isla, esto es, el que no contiene críticas de fondo contra éste. Vamos, que bastante censura que ha ejercido a lo largo de medio siglo. Aunque mucha menos, justo es reconocerlo, que la imperante en el Instituto Cubano de Radio y Televisión (ICRT), principal bastión de la propaganda del régimen. *ELP*)

27 Georges Méliès (1861-1938), cineasta pionero que experimentó con muchas innovaciones en el séptimo arte, dirigió más de un centenar de filmes entre 1896 y 1913. (También fue mago e ilusionista. La más célebre de sus películas es la breve, ingeniosa y llena de trucos fotográficos *Viaje a la luna*, de 1902, basada en la novela homónima de Julio Verne. *ELP*)

28 Complejo de estudios cinematográficos situado frente al Centro Experimental de Cinematografía en Roma y financiado por el Estado italiano, donde se han producido numerosas películas de los más variados géneros a lo largo de siete décadas. (También es el nombre de la pizzería ubicada en la esquina de 23 y 12, en El Vedado, al lado del ICAIC. *ELP*)

29 Estilo fílmico en boga después de la Segunda Guerra Mundial, ejemplificado en películas como *Roma, città aperta* (Roma, ciudad abierta), de 1945, dirigida por Roberto Rossellini, y *Ladri di biciclette* (Ladrón de bicicletas), de 1948, realizada por Vittorio de Sica.

30 La crítica inglesa lanzó el término «angry young men» en una reseña sobre *Look Back in Anger* (1956), la obra dramática de John Osborne, para describir a autores como el mismo Osborne, Colin Wilson y Kingsley Amis, cuyas obras rezuman desencanto y desilusión. El calificativo se deriva del título de la autobiografía de Leslie Paul, *Angry Young Men*, de 1951. (También se aplica a los realizadores más importantes del Free Cinema inglés, tales como Lindsay Anderson, Tony Richardson y Karel Reisz. Richardson dirigió en 1959 la versión cinematográfica de la obra de Osborne antes mencionada, con igual título. *ELP*)

Resnais,[31] antes de echar anclas en el cinema novo brasileño, entre la dulce bruma de las marihuanas que se fumaban con Glauber Rocha[32] sin regatearle homenajes a Howard Hawks, alias «Caracortada».[33] A mis oídos ha llegado el rumor de que odiaban a Chaplin[34] porque, según ellos, no le llegaba a Buster Keaton[35] ni a

---

31   Jean-Luc Godard, François Truffaut y Alain Resnais son tres directores de cine asociados a la Nouvelle Vague o Nueva Ola francesa. Pretendían hacer un cine de autor, más intelectual y artístico que el comercial, para lo cual buscaban un nuevo lenguaje cinematográfico. Realizaron filmes que se convertirían en clásicos de la cinematografía francesa, tales como *Pierrot le fou* (Pedrito el loco) en 1965, *Les Quatre Cents Coups* (Los cuatrocientos golpes) en 1959 e *Hiroshima Mon Amour* (Hiroshima mi amor) también en 1959, respectivamente. (Tres grandes películas, protagonizada la primera por un feúcho pero muy sexy Jean-Paul Belmondo, autobiográfica la segunda, pero con más de un punto de contacto con un estremecedor relato de Allan Sillitoe, mi preferido entre los angry young men, publicado ese mismo año, y la tercera con guión de Marguerite Duras, siempre estupenda, fuerte y suave a la vez. Señalo esos detallitos porque son *los motivos* por los que me gustan cada una de ellas, curiosamente ajenos a sus respectivos directores. *ELP*)

32   Glauber Rocha (1939-1981), director, actor y escritor brasileño, y uno de los fundadores del movimiento del Cinema Novo, dirigió *Deus e o Diabo na Terra do Sol* (Dios y el diablo en la tierra del sol) en 1964, *Terra em Transe* (Tierra en trance) en 1967 y *O Dragão da Maldade Contra o Santo Guerreiro* (Antonio das Mortes) en 1969. (Lo de las marihuanas no es una metáfora. Se las fumaba con sus amigotes cubanos aquí mismito, en los bajos de la casa donde aún vivo. O al menos es lo que se rumora. *ELP*)

33   Howard Hawks (1896-1977), director, guionista y productor norteamericano, realizador de películas tales como *Scarface* (Caracortada, el terror del hampa), de 1932, *Bringing Up Baby* (La fiera de mi niña), de 1938, *The Big Sleep* (El sueño eterno), de 1946, y *Gentlemen Prefer Blondes* (Los caballeros las prefieren rubias), de 1953. (Fue el primero que presentó en la pantalla grande a la mítica pareja integrada por Humphrey Bogart y Lauren Bacall, en *Tener y no tener*, de 1944, filme basado en la novela homónima de Ernest Hemingway. Era el director predilecto de mi padre hasta que irrumpió, ya libre del Código Hays, el arrollador Brian de Palma y, posteriormente, el aún más arrollador Quentin Tarantino. *ELP*)

34   Sir Charles Spencer Chaplin (1889-1977), conocido como Charlie Chaplin, memorable comediante y director de cine británico a quien debemos las películas clásicas *The Kid* (El chicuelo), de 1921, *The Gold Rush* (La quimera del oro), de 1925, *City Lights* (Luces de la ciudad), de 1931, *Modern Times* (Tiempos modernos), de 1936, y *The Great Dictator* (El gran dictador), de 1940, algunas de ellas mudas. Popularizó al personaje del vagabundo Charlot, a través del cual hizo una incisiva y mordaz crítica social. (Más muequero que un simio, no siempre me resulta divertido. La mejor de sus películas, para mí, es *Monsieur Verdoux*, de 1947, con argumento de Orson Welles. *ELP*)

35   Buster Keaton (1895-1966), actor cómico y realizador norteamericano del cine mudo. Entre los mejores filmes de su carrera están *Our Hospitality* (La ley de la hospitalidad), de 1923, *The Navigator* (El navegante), de 1924, *Sherlock Jr.* (El moderno Sherlock Holmes) también de 1924, *Seven Chances* (Las siete ocasiones) de 1925, y *The General* (La General), de 1927. (Esa última, sobre todo, es una de las comedias más hilarantes que he visto en mi vida. Con sus acrobacias insólitas y su rostro muy serio, grave, punto menos que solemne, este granuja se las arregla como pocos para matarlo a uno de la risa. *ELP*)

las suelas de los zapatos. Aparte de Visconti[36] y Kurosawa[37] y otros muchos cuyos nombres no cabrían aquí (igual que en el mercado de la pulga, había para escoger), la mayoría profesaban culto al dios Welles,[38] quien más tarde sería desbancado por el dios Bergman,[39] aunque también se jactaban de comprender a Tarkovski[40] y a

36   Luchino Visconti (1906-1976), director italiano de cine, teatro, ópera y ballet, reconocido como uno de los más grandes realizadores en la historia del cine por sus películas *Il Gattopardo* (El gatopardo), de 1963, con Burt Lancaster, Alain Delon y Claudia Cardinale, basada en la novela homónima del príncipe de Lampedusa, y *Morte a Venezia* (Muerte en Venecia), de 1971, con Dirk Bogarde en el papel de Gustav von Aschenbach, protagonista del relato homónimo de Thomas Mann. (Además de esas adaptaciones literarias, que constituyen sin duda sus obras maestras, dirigió otras excelentes películas, como la neorrealista *Rocco y sus hermanos*, de 1960, y el drama colosal *La caída de los dioses*, de 1969. *ELP*)

37   Akira Kurosawa (1910-1998), director, productor y guionista japonés. Uno de los cineastas más influyentes de todos los tiempos, alcanzó la fama internacional con *Rashōmon*, de 1950, y luego realizó más de veinte películas, entre ellas *Shichinin no samurai* (Los siete samuráis), de 1954, *Yōjinbō* (El bravo) de 1961, *Kagemusha* (La sombra del guerrero), de 1980, y *Ran* (Batalla), de 1985. (Estudió pintura en la Academia de Bellas Artes de Tokio. De ahí, tal vez, la impresionante belleza visual de toda su filmografía. Nunca fueron más hermosos la pequeña Mashiko Kyō y el enorme Toshiro Mifune que cuando él los captó a través de su lente en *Rashōmon*. Aún no he decidido de cuál de los dos enamorarme. *ELP*)

38   Orson Welles (1905-1985), renombrado director de cine, escritor, productor y actor norteamericano, quien trabajó, además, en varios medios de comunicación. Algunas de sus películas son consideradas obras maestras del cine de todos los tiempos, entre ellas *Citizen Kane* (El ciudadano Kane), de 1941, nominada al Oscar en nueve categorías, *The Magnificent Ambersons* (Los magníficos Amberson), de 1942, y *Touch of Evil* (Sed de mal o Sombras del mal), de 1957. (Ah, esa voz profunda y tan, pero tan convincente… No debemos criticar, pienso, a quienes se creyeron que los marcianos *en verdad* nos estaban atacando y armaron el consiguiente despelote simplemente porque él, muy joven entonces, lo dijo por la radio como narrador de una versión de *La guerra de los mundos*, de H. G. Wells. *ELP*)

39   Ingmar Bergman (1910-2007), director, productor y escritor para el cine, la televisión y el teatro, nació en Suecia y alcanzó gran fama internacional con películas como *Det Sjunde inseglet* (El séptimo sello), de 1957, *Smultronstället* (Fresas salvajes), de 1960, *Viskningar och rop* (Lágrimas y suspiros), de 1974, *Ansikte mot ansikte* (Cara a cara), de 1977, y *Fanny och Alexander* (Fanny y Alexander), de 1982, en las cuales exploró el lado trágico de la condición humana. Tres de sus filmes recibieron el Oscar a la mejor película extranjera. (Su ex pareja de muchos años y actriz en tantas de sus películas, la noruega Liv Ullmann, ya no soporta ni que se lo mencionen, alegando que ella, también directora de cine, existe por sí misma, al margen de su relación con Bergman. Yo la entiendo, cómo no, pero igual la veo frita en sus afanes de independencia. Por buenos que sean sus filmes, que ciertamente lo son, dudo mucho que ella logre desligar su nombre del nombre de su ex. Esas son las cosas que ocurrren cuando te empatas con un genio. *ELP*)

40   Andrei Tarkovski (1932-1986), realizador, escritor y teórico del cine, hizo sus primeras películas en su país natal, Rusia, y más tarde trabajó en otros países de Europa. Bergman admiraba su obra, que incluye los filmes *Andrey Rublyov* (Andrei Rubliov), de 1966, y *Solyaris* (Solaris), de 1972. (Se exilió en 1983, tras el rodaje de *Nostalgia* en Italia, por conflictos con las autoridades culturales soviéti

Miklós Jancsó.[41] En general se jactaban de muchas cosas. Eran unos jactanciosos. Discutían a voz en cuello, cruzaban aceros desde sus muy plurales e incluso antagónicos fanatismos, ensalzaban o despreciaban en tono apodíctico, argüían, recriminaban, contradecían, se desgañitaban, se emborrachaban. Creían vivir intensamente. Creían. Los imagino rebeldes, entusiastas, dinámicos, plenos de vitalidad, optimismo e ideas novedosas. Debió ser un momento de ilusiones. El ámbito, efervescente, propicio a la creación. La consigna, Gran Cine con mínimos recursos. El pronóstico, reservado. Ya muy anciana y sin muchas posibilidades de subir con éxito la escalera, Petronila perseveró. Instalada a perpetuidad en la planta baja, les preparaba café con chícharo[42], alguna que otra escuálida merienda, de vez en cuando les lavaba la ropa y se mantenía alerta para que ninguno de aquellos depravados pervirtiera a su nieto Pancholo. Eran los años duros, cuando no había nada de nada, arroz con merluza, ilusiones y va que chifla. (Nadie imaginaba que veinte años después regresarían los años duros más endurecidos todavía, sin arroz, sin merluza, sin ilusiones.) De esta época, entre famélica y bohemia, datan los tres topónimos más célebres de la Esquina: para los exactos, Villa Miseria; para los irónicos, Beverly Hills;[43] para la gente del barrio, La Cueva de las Putas y los Maricones.

En tan espléndida cuadrilla se enrolaron mis padres, más compinches que otra cosa, un par de aventureros no muy convencionales (o convencionales a su modo), brother & sister. Papá, nativo

---

cas, que no veían con muy buenos ojos su creciente fama internacional. En los regímenes totalitarios siempre resulta sospechoso todo aquello que el Big Brother, o sea, el estado todopoderoso, no puede controlar. *ELP*)

41   Miklós Jancsó, director y guionista húngaro nacido en 1921. Sus películas, como *Szegénylegények* (La ronda de reconocimiento), de 1965, *Csillagosok, katonák* (Rojos y blancos), de 1967, y *Még kér a nép* (El salmo rojo), de 1971, exploran los temas del poder y la opresión. (Fortísimo. Su ficción histórica *Sin esperanza*, de 1966, más que una película es un puñetazo en la cara del espectador. *ELP*)

42   Polvo de café mezclado con granos de chícharo tostados y molidos, mezcla a la que hubo que recurrir a causa de la escasez. (Nomás la gente del pueblo se ha disparado tal brebaje deleznable por años y años en esta isla de la supuesta igualdad, ya que los dirigentes comunistas, con escasez o sin ella, siempre han tomado su buen café. *ELP*)

43   Ciudad localizada en el condado de Los Ángeles, California, célebre por sus lujosas mansiones donde residen los «ricos y famosos», incluyendo muchas de las grandes estrellas del cine de Hollywood, y también por ser la sede de la Academy of Motion Picture Arts and Sciences, la cual patrocina los premios Oscar.

de Camagüey, de adentro de un tinajón[44], como él decía, se dedicaba a los devaneos Z con sus amigotes y sus amiguitos y, de vez en cuando, a editar películas con cuyos recortes componía luego unos simpáticos divertimentos en el estilo de Norman McLaren.[45] Mamá, nativa de París, se dedicaba a ser nativa de París. ¿Acaso los existencialistas no se dedican a existir? Ella leía *La náusea*[46] y se la tomaba en serio, quizás porque la leía en francés. Izquierdosa, hipindanga[47] y medio perturbada (sólo así comprendo que se fijara en papá, porque papá era muy notorio, muy afocante, un abanico de plumas con una Z de neón rosa incrustada en la cara), más tarde se ocupó de salir embarazada y de morir en el parto (yo nací de pie y por poco no nazco, por muchos motivos soy la viva estampa de la casualidad), dejando atrás a una gordita inocente bajo la custodia de un padre soltero, más soltero que padre, quien aún no podía creer que todo aquello le hubiera acontecido precisamente a él, tan libérrimo, tan inestable, tan incapaz de custodiar a nadie. Así, cuando por fin abrí los ojos a las bellezas de este mundo, lo primero que encontré fue una mirada de perplejidad, de asombro infinito. De angustia. De pánico. ¿Pero qué será esto que me ha deparado la mano negra del infortunio? ¿Por qué me mira? ¿De dónde salió? ¿Dónde lo pongo? ¿Y si se me cae? ¿Por qué llora, si todavía no se me ha caído? ¿Qué quiere? ¿Qué espera de mí? ¿Qué hago? ¡Ay, Dios mío! Al borde de un ataque de nervios, mi atribulado papá me cargaba con mucha precaución, como si yo fuera la bomba atómica. Miraba al cielo como los mártires cris-

---

44 Enorme recipiente de barro típico de la provincia de Camagüey, de donde proviene el padre de Zeta, el cual se utilizaba para recoger agua de lluvia. (También es muy decorativo. Y se ve cómodo. Tanto, que a veces dan ganas de meterse uno ahí adentro a dormir la siesta. *ELP*)

45 Norman McLaren (1914-1987), multipremiado realizador canadiense de origen escocés, hizo una serie de documentales y cortos animados que alcanzaron una enorme notoriedad tanto en Canadá como en Europa y los Estados Unidos, donde fue nominado tres veces al Oscar, obteniendo la estatuilla en 1953. (Aunque ni él ni su trabajo parecían especialmente furibundos, muchas de sus obras fueron exhibidas en los festivales de cine organizados por los angry young men. *ELP*)

46 *La Nausée* (La náusea), de 1938, obra del filósofo, narrador, periodista y dramaturgo francés Jean-Paul Sartre, es una de las novelas existencialistas más célebres. (Nunca vi que alguien sufriera tanto absolutamente por nada como el protagonista de esa novela. Me da mucha lástima con él, pobrecito, pero la verdad es que prefiero otros libros de Sartre, v.g. su muy simpática autobiografía, *Las palabras*, de 1964. *ELP*)

47 Vocablo derivado de «hippie».

tianos cuando se los iban a zampar los leones y canturreaba con voz lastimera: «Me abandonaste en las tinieblas de la noche... / y me dejaste sin ninguna orientación...».[48] Un espectáculo verdaderamente conmovedor. Cuando yo era muy chiquita, él me dormía con la fábula de que la malvada cigüeña me había traído de París sin que nadie se lo hubiera pedido, lo cual no deja de ser más o menos cierto.

—Ah, esa pajarraca –suspiraba–, empeñada siempre en complicarlo a uno...

Aunque abominaba de su paternidad, jamás la puso en duda. Años más tarde, cuando en su opinión yo estaba más que apta para entender las descarnadas, brutales y sórdidas realidades de la vida –le encantaba hablar en esos términos–, atribuyó mi origen a un estupro donde la víctima había sido él, pobrecito, lo cual tampoco deja de ser más o menos cierto, pues ni antes ni después de mamá hubo otras mujeres en su curriculum.

La víctima del estupro, quien creía a pie firme en la democracia y en la libertad de expresión y de reunión y de asociación y de no sé cuántas cosas más, y cuya ignorancia de los temas infantiles era despampanante (para él una niñita y un pichón de aura tiñosa venían siendo más o menos lo mismo), desde el principio me concedió total y absoluta autonomía para que yo hiciese cuanto me diera la reverendísima gana. Pudo darme en adopción, pero no lo hizo. Y yo se lo agradezco. Muy feliz, me crié como los animalejos del bosque frondoso, a lo salvaje, a lo mataperros, a lo Huckleberry Finn.[49] No guardo memoria de ninguna regla, ninguna prohibición, ningún tabú. Maloliente, piojosa y analfabeta, encantada de la vida, yo lo mismo jugaba a las bolas que propinaba ponche tras ponche a los pequeños bateadores del barrio (zurdamente, como mi héroe de aquellos tiempos, el mítico

---

48   «En las tinieblas», bolero del compositor mexicano Alfredo Gil, quien integró el famoso trío Los Panchos. (Este bolerón alcanzó una enorme popularidad, allá por los años 50, en las voces de los intérpretes cubanos José Tejedor y Luis Oviedo, uno de los mejores dúos en la historia de nuestra música popular. *ELP*)

49   Huckleberry Finn, el conocido protagonista de la novela de Mark Twain, *Adventures of Huckleberry Finn* (1884), en la cual se narran sus aventuras junto a un esclavo fugitivo, Jim, remontando el río Mississippi. (Paradigma de la libertad individual, sin familia, escuela o iglesia, Huck encarna a ese chamaquito silvestre que todos, al menos una vez en la vida, hemos deseado ser. *ELP*)

Changa Mederos)[50] que empinaba un papalote que montaba chi-vichana hasta altas horas de la noche. ¡Qué delicia! Nadie tuvo a bien informarme que esos eran juegos de varones (según Linda, no existen juegos «de varones»: llamarlos así es uno de los modos insidiosos de que se vale el sistema patriarcal para distribuir los roles a su conveniencia y perpetuar la discriminación genérica, et-cétera, etcétera), pero qué más da. Probablemente yo no le hubiera otorgado excesiva importancia a la noticia, pues la verdad es que los varones siempre me parecieron mucho más entretenidos que las hembras. *Muy* entretenidos. En otras palabras, soy de las que no se rehusan, de las que no saben decir «no, ahora no, después, luego, más tarde, quizás mañana, échate p'allá, tú, no seas des-cara'o...». De las que se abren como un compás y se riegan como un juego de yaquis.[51] De las que no pierden el tiempo con los pre-liminares y enseguida se sueltan a bailar y a gozar con la Sinfónica Nacional. Me encanta el despelote. Ni siquiera recuerdo haber sido virgen alguna vez, lo cual no parece muy correcto según el padre Ignacio, pero no puedo evitarlo, no está en mí. A lo mejor en eso salí a papá, cuestión de cromosomas, quién sabe.

En legítima defensa de sus principios, papá se había peleado a muerte con toda la familia del tinajón, esos retrógrados moji-gatos timoratos puritanos victorianos comepingas[52] (yo no los co-nozco, era papá quien los calificaba así), de modo que no hubo tías ni abuelas que ahuyentaran el relajo y pusieran un poco de orden

---

50 Santiago «Changa» Mederos, pítcher cubano que jugó con Occidentales, Habana e Industriales. También integró en varias ocasiones el equipo Cuba. (Amén de buenote y muy carismático, fue el mejor pítcher zurdo en toda la historia del béisbol cubano. Lo que se dice una leyenda. *ELP*)

51 En el juego de yaquis, las doce piezas, en forma de pequeñas estrellas tridimen-sionales, se lanzan al piso, esparciéndose, para luego ser recogidas, primero una, luego dos, y así sucesivamente hasta llegar a doce, al mismo tiempo que el jugador tira una pelotica de goma que no debe rebotar más de una vez y que también debe recoger. El juego tiene variantes conocidas en todo el mundo. La «payana» es una de ellas. En el mundo anglosajón se le conoce como «jacks». Quizás «yaquis» sea su hispanización fonética. (Cuando yo tenía unos ocho o nueve añitos, recuerdo, cogí tremendo vicio con los yaquis. Jugaba a toda hora, sola o con amiguitas. Se volvieron el sentido de mi vida. Hasta que llegué a dominarlos a la perfección, convirtiéndome en la Reina de los Yaquis. Entonces me aburrí, claro, y pasé a los palitos chinos. *ELP*)

52 Vulgarismo que significa «estúpido», más ordinario que «comemierda». (Por su carga peyorativa, que es enorme, equivale más bien a un término de factura ibérica que me hace mucha gracia: «gilipolla». *ELP*)

en mi desaforado transcurrir. Sólo W., el nieto del marqués, accedió a prestar su noble y desinteresada contribución a mi desarrollo: me llevaba a pasear, a tomar helado en Coppelia,[53] a montar los aparatos en Jalisco Park,[54] a ver los monos en el Zoo. Yo era fanática a los monos, tan jodedores. Me hubiera gustado poseer uno, aunque fuera chiquitico, pero no fue posible. No teníamos comida para darle y, según papá, para monos ya él tenía suficiente conmigo. Adversidad. Mi tío abuelo, el nieto del marqués, también me advirtió que mi horóscopo era uno de los más deprimentes y calamitosos que él hubiera levantado jamás. Según sus cálculos, nací estrellada y me esperaba una retahíla de tragedias y sufrimientos. Yo, si quería sobrevivir, debía cuidarme de Urano, no perderlo de vista. Eso me inquietó un poco, desde luego, pero no mucho: nunca me he preocupado por el futuro. De Pancholo Quincatrece, mi socito del alma, aprendí lo más útil que he aprendido en mi vida: a conducir el muy antiguo, casi fantasmal Cadillac del oligarca, una auténtica reliquia, y los rudimentos de la mecánica automotriz, o sea, a desarmar y volver a armar un vehículo sin que sobre ni falte ninguna pieza. Luego me las arreglaría con el Peugeot del astrólogo, el Mercedes de Linda y el Lada de Moisés. Si no me morí de hambre durante la crisis de los noventa, aunque poco faltó, fue gracias a este oficio. Con sus pequeñas trampas, claro. Y en él sigo, escapando.

Con tal de sustraerme a la calle lo más posible, el padre Ignacio me permitía atisbar los más recónditos intersticios del barrio a través de su telescopio, inmenso privilegio que aumentó mi ya considerable prestigio entre los chamaquitos de la cuadra. Yo aprovechaba, además, para vigilar a Urano. Es decir, para tratar de vigilarlo, porque el tal Urano me salió bastante escurridizo. No estoy muy segura, pero creo que nunca lo he visto. Luego me metí

---

53 Establecimiento ubicado en 23 y L, una de las intersecciones principales del barrio de El Vedado, donde se sirven los tradicionales helados. (Allí comencé, a edad muy temprana, mis estudios de lingüística, que es el arte de tomar helado en barquillo sin embarrarse los dedos. *ELP*)

54 Popular parque de diversiones situado en El Vedado, Jalisco Park es también el título de una balada del trovador cubano Carlos Varela. (Con un carrusel, una estrella, unos carritos locos, una montaña rusa no muy empinada y un mostrador donde te despachaban algodón de azúcar, sorbetos y otras golosinas, es un parque más bien chiquito. Pero recuerdo que de niña me parecía enorme y fabuloso. *ELP*)

en el catecismo y allí aprendí que no hay que tenerle miedo a los planetas. Excepto el nuestro, todos son inofensivos. Menos mal. Aunque sus desacuerdos ideológicos con papá eran de los que se aprecian a simple vista (una de las diversiones favoritas de papá consistía en la confesión semanal y minuciosa, con pelos y señales, de cada una de sus travesuras eróticas), el padre Ignacio lo estimaba porque nunca me pegó.

Finalmente fui a la escuela con sólo un año de atraso gracias a Petronila, quien a pesar de sus achaques se ocupó de que me bañara y me peinara y me cepillara los dientes de vez en cuando. Esto no me parecía especialmente atractivo, pero me acostumbré y llegué a convertirme en un ser civilizado, en una adicta al contrato social al extremo de dejarme arrastrar por Linda hasta la universidad, la Alliance Française y otras veleidades. Petronila también me enseñó a no robar durofríos (mientras su nieto me enseñaba a robar carros, a desarmarlos a la velocidad de un cohete y a vender las piezas, je je), a no apedrear la mata de mangos, a no meterme los deditos en la nariz y a no sacarle la lengua a las personas mayores. Mi inclinación a sacar la lengua, por cierto, ya había alcanzado proporciones alarmantes, tanto así que nunca la superé del todo. Aún hoy, en determinados contextos, me cuesta un gran esfuerzo contenerme. Lo de no halarles la cola a los gatos me lo enseñó, específicamente, un gato: ciencia empírica. En fin, que mi niñez fue un paraíso y mi papá, un gran papá. Digan lo que digan, no tengo nada que reprocharle. Ni siquiera le guardo rencor por lo del mono. Pienso que, dadas las circunstancias, lo hizo lo mejor que pudo. Ya quisieran otros haber tenido un papá como el mío, ya quisieran. Hace como diez años emigró a los Estados Unidos y lo último que supe de él fue que se había incorporado a un grupo escat, los del pañuelo carmelita que hacen cosas con la mierda, en San Francisco, y que le iba a las mil maravillas. De corazón, me alegro.

Pero el desengaño se presentó en la Esquina para cobrar lo suyo.

—Como era de esperarse –añadiría Moisés–. ¿O acaso crees tú que se puede alimentar ilusiones, o sea, imbeciladas, sin pagar el precio? Si crees eso, estás frita. Bueno, de todas maneras estás frita.

Y sí, tras los polvos que ciegan vinieron los lodos que salpican, lo que se conoce como el «decenio negro».[55] Poco a poco, entre proscripciones y persecuciones, estalinismo puro y duro según papá, se disolvió la comparsa. Los del cine se fueron mudando a otras casas y a otros países. Villa Miseria se sumergió en la penumbra (no así la miseria: se sumergió en la penumbra, entre otras causas, porque se robaron los bombillos), en el olvido, se hizo antigualla, anacronismo, algo siempre descolocado, algo de lo que no se habla. Sutil, sin escándalo, el palacete rodó por la pendiente. Descendió al nivel de solar o cuartería como ciertos palazzi renacentistas que, puro cascarón, por fuera siguen pareciendo lo que antes fueron mientras la carcoma los devora por dentro. Los recién habitantes, muchos de ellos con acento oriental y desconocedores de los usos urbanos, aportaron una nueva fauna, insólita en el paisaje citadino: gallinas, pavos, palomas, jicoteas,[56] un cerdo, un chivo con una campanita colgada del pescuezo, una jutía[57] y una especie de megaterio,[58] cruza de mastín con rinoceronte, que ladra

---

55 Entre 1971 y 1976 se llevó a cabo en la isla una política de mano dura contra lo que se considerase desviación ideológica en el terreno de la cultura. Importantes intelectuales fueron censurados o marginados como resultado de ello. Para algunos, el llamado «quinquenio gris» se extendió por toda una década, de ahí el rubro de «decenio negro». (En enero de 2007 participé en una especie de debate on line, surgido de modo espontáneo, o sea, sin el control de las autoridades culturales, sobre ese tema. Este hecho, insólito en nuestra cultura, tan ajena al auténtico debate, se prolongó por unas tres semanas, hasta que las autoridades, con sus tácticas habituales de amenazas y/o sobornos, lograron que volviera el silencio. Es lo que se conoce como la «guerrita de los e-mails». Fue interesante por la multiplicidad de voces que se escucharon, ya que también intervinieron muchos intelectuales cubanos del exilio. Fue lamentable, sin embargo, ver cómo la gran mayoría de los intelectuales residentes acá en Cuba aún se resisten a admitir *públicamente* que los horrores acaecidos durante el «decenio negro» no fueron coyunturales, sino inherentes a la naturaleza opresiva del totalitarismo, y que la responsabilidad máxima recae sobre el máximo líder, es decir, sobre Fidel Castro. *ELP*)

56 Tortugas que habitan en las Antillas Mayores. (Hay gente que las cría en palanganas porque son graciosas, juegan con los niños y jamás alcanzan las dimensiones de un galápago. También se supone que recogen todo bilongo, daño, maleficio o brujería mala que flote en el ambiente, protegiendo a las personas que viven a su alrededor. *ELP*)

57 Roedor del Caribe. (Es inteligente, limpia, afectiva y rica de acariciar, por lo que puede ser mascota. Pero no es nada frecuente que alguien tenga una en la ciudad. *ELP*)

58 Mamífero del orden de los Desdentados, fósil, de unos seis metros de longitud y

y muerde y se cree el sabueso de los Baskerville.[59] Todas estas criaturas hacen pipi y caca donde mejor les parece, como si habitaran en la floresta. Para decirlo de un modo romántico: el solar huele a jungla, a naturaleza agreste, a salvajismo. Con la jutía me llevo bastante bien. Nunca antes había visto una, pero ésta se deja acariciar y come de la mano y todo, es un animalito de lo más gracioso. El megaterio no. A ese bicho maldito he llegado a detestarlo y no me siento culpable, pues estoy convencida de que él también me detesta. Es tremendo hijoeputa, todo negro, hirsuto, con muchísimos colmillos y unos ojos colorados que meten miedo. Por su culpa me tuve que vacunar contra la rabia y tengo una cicatriz en un tobillo. Sobre esto, el padre Ignacio insiste en que debemos perdonar a nuestros enemigos, sea cual fuere su especie. Quizás dentro de mil años yo logre perdonar al megaterio.

En cuanto a los vecinos, nunca se sabe. Ninguno de ellos trabaja. Me parece que se dedican a toda clase de trapicheos, aunque en realidad no lo sé ni quiero saberlo. Creo que mientras menos uno sepa, mejor. Pero ellos no piensan igual. Qué va. Cualquiera diría que se aburren, que las telenovelas y las películas americanas con sexo, violencia y lenguaje de adultos, no alcanzan para entretenerlos. Con el pretexto de la solidaridad, y a veces sin pretexto alguno, les encanta inmiscuirse en la intimidad ajena, oír detrás de las puertas, mirar por el hueco de la cerradura, violar la correspondencia, escarbar en el latón de la basura en busca de pruebas, vigilar quién entra y quién sale, criticar los menudos hábitos y la ropa de los demás, investigar cuánto ganan, cómo lo

---

dos de altura, con huesos más robustos que los del elefante, cabeza relativamente pequeña, sin dientes ni colmillos y con sólo cuatro muelas en cada lado de las mandíbulas, cuerpo muy grueso, patas cortas, pies grandísimos, con dedos armados de uñas fuertes y corvas, y cola de medio metro de diámetro en su arranque. Vivía en América del Sur al comienzo del período cuaternario y su régimen alimenticio era herbívoro, como demuestra su dentición (*DRAE*). Es, en pocas palabras, una bestia enorme, pero inofensiva. (¿Se imaginan que fuera agresiva, con ese tamañazo? Bueno, pues más o menos así es el perro enemigo de Zeta. Aunque ella, de tanto miedo que le tiene, quizá haya exagerado un poquitico en lo del tamaño. *ELP*)

59   La tercera novela de Sir Arthur Conan Doyle, que tiene como protagonista a Sherlock Holmes, se titula *The Hound of the Baskerville* (El sabueso de los Baskerville) y fue publicada por entregas entre 1901 y 1902. (Ahí tenemos a otro perro gigantesco y con tremendo mal genio, que le cae atrás al viejo baronet hasta matarlo de un infarto y luego persigue al heredero, más joven, con el maligno propósito de merendárselo. Creo que Sir Arthur Conan Doyle gozó de lo lindo escribiendo todo eso. *ELP*)

ganan, con quién se acuestan, qué llevan en la jaba y así con todo. Uno se siente como si no tuviera hogar, como si viviese en el medio de la acera pública. Por suerte a mí todo eso me importa un bledo, pero conozco personas que se volverían locas si tuvieran que vivir aquí. Y no es paranoia mía, es así. Mis vecinos joden en grande. A cada rato me tocan a la puerta para venderme algo, desde una lata con dulce de coco hasta una cuchillita de afeitar, desde un cubo de aluminio hasta un pomo con aceite de hígado de bacalao, desde un par de chancletas plásticas hasta un carretel de hilo color naranja, cualquier cosa. Hay uno, infeliz y paliducho, testigo de Jehová, que también me toca a la puerta a cada rato, pero sólo para balbucear incoherencias sobre los caminos del Señor y eso. Yo lo atiendo porque me da lástima, porque los demás lo tratan a la patada y porque Moisés una vez le propinó un par de pescozones y lo sacó por una oreja. Un día de estos le paso la cuenta, a ver si se le quita la bobería esa.

Tras la muerte de su abuela, Pancholo se complicó enseguida. Tan huérfano como yo o quizá más, le zumbaron cuatro años por hurto y sacrificio ilegal de ganado mayor. Su crimen consistió en aguantarle la pata a la vaca, puesto que su bondadoso corazón le impedía asesinarla a sangre fría (él asegura que incluso desvió la vista), para que su cómplice la degollara sin escrúpulos de conciencia mientras cumplían ambos el servicio militar obligatorio. Lo de los carros se le daba muy bien, no sé por qué tuvo que cambiar de negocio. Los muchachos de ciudad roban carros, las vacas corresponden a los muchachos campesinos. Mi socito perdió la brújula y se embarcó.

—He ahí lo que trae la juntera –hubiera dicho Petronila–, yo se lo tenía muy bien advertido, pero este muchacho no oye consejos...

Sin embargo, la culpa no fue de Pancholo.

—No seas apañadora, m'hijita –hubiera dicho Petronila–, tú siempre lo estás defendiendo y él no se lo merece...

Pero yo insisto, pues me consta que mi socito, alérgico al uniforme verde, había perpetrado toda suerte de malabares y pica-rancias[60] con tal de evadir la obligación servicial militarista. El pobre. Se declaró asmático, hemofílico, sordomudo, pata'e plancha, psicópata, budista y hasta maricón, pero nada. Los de la oficina de reclutamiento no se chupaban el dedo gordo del pie y no le creyeron ni papa. Qué iban a creerle, con esa cara de güije[61] malandrín. Entonces, como quien se agarra a un clavo caliente, mi desventurado socito dio en quitarse la edad de un modo ob-sesivo, compulsivo, intempestivo. De ahí el apodo. Una vez que papá le preguntó cuántos años tenía (ya imagino con qué pro-pósito, por aquel tiempo la homosexualidad estaba penalizada y no era cosa de liarse con un menor), así, de sopetón, a quemarropa, el bellaco de Pancholo, que veía oficiales por doquier, se bajó con que no, con que él sí que no, mi teniente, él sí que no, él era un chama, un tierno infante, un baby de apenas quin... ca... trece añitos. Y lo miró con ojos radiantes.

—Oye, querido –le dijo papá con mucha parsimonia, tra-tando de aguantar la risa–, lo de «mi teniente» vamos a dejarlo ahí. Ahora, ¿quin... ca... trece? ¿Qué edad es ésa, mi amor? Lo que tú tienes se llama complejo de Peter Pan.[62] El niño que no quiere crecer. Y es grave, ¿sabes? Muy grave. Gravísimo. Y no te servirá de nada. Fíjate que ya te estoy viendo verde, verdecito como una lechuga...

Y el verde baby salió de la prisión más que maduro, con-vertido en un sabio, un maestro de la maraña, la envolvencia y el embaraje,[63] un licenciado en artes ocultas y subrepticias, dueño de todos los conocimientos y habilidades necesarios para jugarle cabeza a la policía y montar en los bajos un bar clandestino donde

---

60 Picardías, trampas, argucias.

61 Voz cubana que, en la tradición popular campesina, denota un duende enano que habita en las lagunas y los ríos. (Con figura de niño y cara de viejo, negro bozal y muy jodedor, no es recomendable buscarse problemas con él. *ELP*)

62 Creado por el novelista y dramaturgo escocés James Matthew Barrie (1860-1937), Peter Pan vivía al margen de la vida real, en la burbuja fantasiosa que le proveía la isla de Neverland. (Símbolo del niño eterno, capaz de renunciar a lo que sea con tal de no convertirse jamás en adulto, es decir, en alguien que debe asumir sus propias responsabilidades. *ELP*)

63 Disimulo, fingimiento, astucia.

lo mismo expende ron barato que chispa'e tren[64] (espeluznante brebaje etílico, matarratas más bien propio de la decadencia, que él, para enaltecerlo y mejor venderlo, denomina «destello ferroviario») que todos los yerbajos que uno necesite para sobrellevar esta desdicha que nos ha tocado en suerte –al filo de la madrugada, Pancholo conversa en tiempo de bolero[65]– y seguir arrastrando el triste carapacho[66] por los asquerosos andurriales de esta perra vida.

Sin contar a los habituales del antro, una partida de borrachos irredentos que anidan en el portal entre sus propios orines y vómitos y a veces cantan a coro aquello que dice «Traigo un tumbao, que me vengo cayendo... / que me vengo cayendo, de la juma que tengo...»[67], ni a la población flotante, una recua de tíos, primos, sobrinos, cuñados y suegros también con acento oriental y costumbres campestres como esa de ir a fotografiarse frente al Capitolio, en la actualidad, si no me falla la cuenta, el palacete consta de cuarenta y cuatro moradores, la mayoría de los cuales están poseídos por la fiebre de las construcciones. De dónde sacan los materiales, lo ignoro (por ahí se corre que han dejado sin tablas todos los bancos del parque de Paseo), pero lo cierto es que día a día se multiplican los tabiques, divisorias, mamparas, biombos, nichos, barbacoas, bañitos, un apartamento en el garaje, dos en la azotea, un palomar y sospecho de algún que otro pasadizo secreto. La ciu-

---

64 Bebida preparada a base de alcohol para cocinar, mezclado con agua y huevos batidos, y filtrado a través de carbón vegetal. (Se trata de alcohol metílico, que contiene muchas impurezas y afecta el hígado y el cerebro. Cuando los curdas cubiches comenzaron a ingerirlo, allá por los años 70, a alguien del gobierno se le ocurrió mezclarlo con querosene para impedir que se lo tomaran. Pero los curdelas contraatacaron inventando el procedimiento antes descrito para quitarle el sabor a querosene y seguir tomándoselo. Aunque dicen que de todas maneras sabe a rayo encendido, vaya, como si te tragaras un erizo vivo con todas sus púas. En algunas regiones del interior de la isla se le conoce con el nombre de «mofuco». *ELP*)

65 Referencia a «Conversación en tiempo de bolero», del compositor cubano René Touzet (1916-2003). (Este tema entró en el hall de la fama en la cálida, profunda y exquisita voz de la cantante cubana Elena Burke (1928-2002), alias «Señora Sentimiento». Pertenece al movimiento musical conocido como «filing» (del inglés feeling), que fusionaba el bolero tradicional con el jazz, y estuvo en boga durante las décadas del 40 y el 50. *ELP*)

66 Caparazón de las tortugas, los cangrejos y otros animales (*DRAE*).

67 Referencia a la guaracha «Traigo un tumbao», del compositor cubano Bienvenido Julián Gutiérrez (1904-1966). (La rumbera cubana María Antonieta Pons la canta y la baila divinamente en la película mexicana *El ciclón del Caribe*, dirigida por Ramón Pereda. Lo del «tumbao» significa que el curdela en cuestión viene en zigzag, haciendo eses, a punto de, como decimos en Cuba, resbalarse con una cáscara de aguardiente. *ELP*)

dadela crece hacia adentro, se torna densa, una colmena, un avispero. Hay días en que parece a punto de explotar como un siquitraque o un partido pitagórico, aunque no sé si se trata de la ciudadela o de mi cabeza. Porque ellos clavan y clavan, siguen clavando, no paran de clavar. A todas horas se escucha el toc toc toc. Como si el lema fuera «Levantad, carpinteros, la viga del techo»[68], lo que se ha desatado es una epidemia de martillazos. Toc toc toc por aquí, toc toc toc por allá. Cuando no son unos, son otros los que martillan, pero el toc toc toc es tozudo, inacabable, sempiterno. El toc toc toc es un absoluto, una presencia fija responsable del último topónimo: la Esquina del Martillo Alegre.

Cuando Virginia Woolf postulaba la importancia de una habitación propia, un refugio apartado del mundanal ruido, un lugar donde encerrarse a solas con la voz interior, el espacio vital imprescindible para que cualquier escritora lo sea, incluso una amateur como yo, no pudo siquiera imaginar la existencia de un sitio como la Esquina del Martillo Alegre.[69] Bueno, ya se sabe que la imaginación no era precisamente la principal virtud de esa lagartija inglesa tan hipocritona. (A mí no me ha hecho nada, pero dice Linda que Virginia utilizaba el feminismo como tapadera mientras le arrancaba las tiras del pellejo a Katherine Mansfield,[70] condenaba su propia egolatría en Anna de Noailles[71] y discriminaba a la ton-

68 Verso de un epitalamio de la poetisa griega Safo (600 a. C. - ?), quien los componía por encargo para la celebración de bodas en su isla natal, Lesbos. (Milenios después dio título a un relato de Jerome David Salinger, «Raise High the Roof Beam, Carpenters», perteneciente a su popularísima saga sobre los hermanos Glass, donde es utilizado en sentido irónico en referencia a la pintoresca boda de Seymour Glass con su frívola y preciosa Muriel. *ELP*)

69 Virginia Woolf denunció los obstáculos que enfrentan las mujeres a la hora de escribir en su ensayo *A Room of One's Own* (Una habitación propia) de 1929, en el cual señaló la necesidad de un espacio propio y de fondos que les permitieran dedicarse a tal oficio. (Un texto clásico de la teoría feminista, bien interesante. Considerando, desde luego, que se trata de un feminismo netamente blanco, anglosajón y de clase media, que no toma en cuenta *otras* marginalidades. *ELP*)

70 Katherine Mansfield (1888-1923), escritora muy influyente del modernismo británico, famosa por sus narraciones breves. (Sobrevalorada, según Javier Marías, opinión que no comparto. El conjunto de su obra es desigual, en efecto, pero escribió algunos cuentos magistrales. Lo que le molestaba de ella a Virginia Woolf era que su compañero, el crítico literario John Middleton Murray, la apañaba al descaro. Ja, como si Leonard Woolf no hiciera exactamente lo mismo, al menos en público. *ELP*)

71 Anna de Noailles (1876-1933), escritora francesa, autora de varios poemarios y novelas. Se relacionó con los mejores escritores de su época, entre ellos Marcel Proust

tuela de Victoria Ocampo.[72] Dice el padre Ignacio que él no tiene prejuicios, pero que todos los anglicanos son así, unos desalmados herejes.) Volviendo al tema de la habitación propia, diré que soy, en efecto, la feliz poseedora de un cuartico en miniatura con una ventana descomunal y un baño estupendo, lujosísimo con sus azulejos azules, el original de la casa... más endemoniadamente estrepitosa de la Vía Láctea. Podrá parecer un deseo mezquino, surgido de la frustración y el resentimiento y hasta de la envidia, pero no digo yo si no me encantaría ver a Mrs. Woolf escribiendo *Mrs. Dalloway* entre el cacareo de las gallinas,[73] los atronadores ladridos del megaterio tratando de comerse al cobrador de la luz o a la pobre jutía que es tan buena, las fichas del dominó contra alguna mesa, «abran paso que ahí voy, porque llevo y puedo, el sucio y la que se hinca, y te paso y te vuelvo a pasar porque tú lo que eres un macao, asere, tremendo macao»,[74] los gruñidos del cerdo que huye despavorido cuando pretenden ducharlo con una manguera a ver si le quitan un poco la peste, la guerra de los decibeles entre Compay Segundo, el Médico de la Salsa, NG La Banda, la Orquesta Revé, Paulo F. G. y su Élite, Adalberto y su Son, no sé quién y su Trabuco y la Charanga Habanera[75] en un todos contra todos a ver quién es el más bárbaro, el más vociferante, el duro de la película, sin olvidar

---

y André Gide. (Se dice que esta señorita tenía un ego sumamente hipertrofiado. Tanto, que no soportaba que ningún hombre se enamorara de ninguna mujer que no fuese ella, lo cual, no sé por qué, me resulta de lo más divertido. Es probable que Proust y Gide, que eran gays, también se divirtieran. *ELP*)

72   Victoria Ocampo (1890-1970), escritora y crítica argentina, tradujo y publicó a Virginia Woolf, así como a otros escritores europeos y norteamericanos, en las páginas de la prestigiosa revista literaria *Sur,* fundada por ella en 1931. Asimismo escribió los ensayos «Carta a Virginia Woolf» y «Virginia Woolf en su diario», y un libro titulado *Virginia Woolf, Orlando y Cía.* (Su ídolo siempre la trató de una manera condescendiente, como dejándose querer. Claro que Victoria Ocampo se lo tenía bien merecido, por babosa. *ELP*)

73   *Mrs. Dalloway* (La señora Dalloway), con abundantes monólogos interiores, describe morosamente un día en la vida de Clarissa Dalloway, muy alejada de la escandalosa realidad que rodea a Zeta. (Magnífica novela. Vamos, al César lo que es del César. Que Mrs. Woolf no reconociera el mérito de James Joyce, tildándolo de «indecente», no implica que nosotros no vayamos a reconocer el de ella. *ELP*)

74   Torpe, inepto, de escasa habilidad y/o entendimiento.

75   Cantantes y conjuntos de música popular cubana. (Timberos y salseros. Algunos son buenísimos, otros no tanto. En general se trata de música bailable, para, como quien dice, menear el esqueleto alegremente en un concierto o en una fiesta. No es cuestión de ponerlos a todo meter a las doce del día, como les encanta hacer a mis maravillosos vecinos, quienes ahora, para mi desgracia, han cogido tremendo fanatismo con una cosa estridente, monocorde y terrible llamada «reguetón». *ELP*)

a Radio Reloj que da la hora, piiiiii... doce meridiano en La Habana, Cuba, tres de la madrugada del siguiente día en Wellington, Nueva Zelanda, los berridos del chivo añadidos al din don de la campanita, las broncas de los borrachos, salpimentadas a gusto con todo un arsenal de palabritas vernáculas, expresiones folklóricas y demás estridencias, las broncas de los sobrios (igualiticas a las anteriores), como aquella estruendosa con rayos, truenos y centellas entre la dueña del megaterio y el dueño del cerdo, porque el megaterio abusivo violó al cerdo y éste a su vez le pegó la pestilencia al violador y el dueño del cerdo le dijo a la dueña del megaterio que se dejara de tanta comepingancia[76] y ella le respondió que no fuera güevón y no se jugara con ella, porque ella sí que le plantaba un festival de galletas en la carota, y se lo plantó, y él se lo devolvió aumentado y corregido, y ella sacó un cuchillo de pelar malangas[77] para pincharle la barriga y los demás se metieron para que la sangre no llegara al río, y de fondo musical el implacable, inhumano, imperecedero toc toc toc...

Y todo este barullo no es nada comparado con lo que fue en tiempos de Poliéster, que Dios lo tenga en la gloria, aunque es posible que ni el mismísimo Señor en Su infinita misericordia quiera tenerlo cerca. Al menos si yo fuera Él, no querría. De ninguna manera, ni aunque me pagaran en dólares. Hijo de negra barriotera y fugaz técnico soviético, el muchacho en verdad no se llamaba Poliéster, sino Dniéster, como el río ese que queda tan recontralejos, allá donde el diablo dio las tres voces y nadie lo escuchó.[78] «Dniéster», sin embargo, es palabra incomprensible y más aún, impronunciable, para los demás vecinos, así que Poliéster y sanseacabó. Oh, Poliéster, ¿quién te vio y no te recuerda?[79]

---

76   Acción propia del «comepinga». Ver nota 52 en este mismo capítulo. (Equivalente a lo que en España se considera una auténtica, soberana y total «gilipollez». *ELP*)

77   Alimento rico en almidón producido por una planta tropical. (Un tubérculo muy nutritivo y sabroso, que se les sirve en forma de puré a los enfermos, a los viejitos y a los bebés. En forma de frituritas es un manjar de dioses. Dicen por ahí que lo que más le gustó a Juan Pablo II de su visita apostólica a nuestra isla, efectuada en enero de 1998, fueron las frituritas de malanga. No era bobo Su Santidad. *ELP*)

78   El Dnister (Dniéster) es un río de Ucrania que desemboca en el Mar Negro. (Y el poliéster es un tejido sintético bastante burdo que se usaba mucho en Cuba, antes de la crisis de los 90, para confeccionar prendas de vestir, casi siempre de colores chillones. *ELP*)

79   Referencia al poema «Romance a la Guardia Civil española», perteneciente al cuaderno *Primer romancero gitano*, de 1928, del poeta granadino Federico García

Aquella criatura sublime se destacaba por su inagotable capacidad para producir ruidos de toda laya. Al igual que Nerón, era un artista.[80] Un énfant terrible. Un lunático del pentagrama. Un genio de la otra orilla. ¿Qué hubiera sido del mundo sin el divino Poliéster? De orejas cuadradas, de voz débil, medio tiple y con tendencia al aullido, cuando no se consagraba al bel canto, su instrumento predilecto era la corneta, sin desdeñar la tumbadora, el bongó, los tambores batá, las maracas y el güiro, lo mismo a las doce meridiano que a las tres de la madrugada del siguiente día, siempre con tremendo entusiasmo. Nunca daba pie con bola, ni por casualidad. ¡Cómo le gustaba desafinar! Linda lo llamaba El Hijoeputa Del Cornetín. Moisés le deseaba el mismo destino fatal que a sus otros enemigos, que lo mordiera una cobra y todo eso. Pancholo se alcoholizaba a más y mejor para sobrellevar este nuevo agravante de la desdicha que nos ha tocado en suerte. Los borrachos le hacían coro desde el portal. El megaterio quería comérselo con tumbadora y todo. Hasta su propia madre, tan sufrida, lo miraba con asombro. ¿Quién había visto un mulatico con menos sentido del ritmo? ¿Sería por culpa del espermatozoide soviético? Aquello no era cáscara de coco.[81] Puesto que el arte implica sacrificio, el divino Poliéster no descansaba nunca. Yo tampoco. Y no era justo, porque yo no soy artista. Creo que estuve a punto de perder también la audición del oído derecho.

Siguiendo el consejo de Linda y con la leve esperanza de que el gran percusionista, corneta y cantor mudara de vocación al comprender que la música estaba en otra parte, lejos, muy lejos de él, durante algún tiempo lo combatí con el *Don Giovanni*.[82] Así, de paso, me limpiaba las orejas. Pero la fiesta me duró lo que un me-

---

Lorca. (Lo leí cuando tenía unos trece o catorce años, cuando estaba en la secundaria, y me deslumbró. Los versos «¡Oh ciudad de los gitanos! / ¿Quién te vio y no te recuerda?» nunca he podido sacármelos de la cabeza, al igual que otros muchos de Lorca. Los octosílabos, cuando son muy buenos, se aferran a uno como si tuvieran vida propia, ya que es ése el ritmo más profundo de nuestra lengua. *ELP*)

80   Nerón (37-68 d. C.), emperador de Roma (54-68), el último de la dinastía Julia-Claudia. (Pésima reputación la de este muchacho, que ha pasado a la historia como una especie de psicópata con estrafalarias pretensiones de artista escénico y nulo talento. Quiso ser vedette y acabó en enemigo público. El Imperio Romano tuvo gobernantes más sanguinarios que él, pero ninguno tan ridículo. *ELP*)

81   No era poca cosa.

82   La ópera de Wolfgang Amadeus Mozart, con libreto de Lorenzo da Ponte, estrenada en 1787. (Muy intensa emocionalmente, a la vez que diáfana, sencilla, con un perfecto equilibrio entre la parte vocal y la instrumental, como era propio del estilo de Mozart. *ELP*)

rengue en la puerta de un colegio. Enseguidita ardió Troya. Los vecinos en pleno se rebelaron, protestaron y blasfemaron, fueron en turba a cantarme las cuarenta y armaron un show de los más sonados en la historia de la Esquina, pues aquel espantoso ruido que brotaba de mi cuartico los ponía nerviosos y les provocaba un terrible dolor de cabeza. Yo los estaba volviendo locos. Iban a acabar todos en el manicomio por causa de mi vesania. (Pensé en recomendarles al Dr. Frumento, pero no me atreví. ¿Y si se berreaban[83]? Las multitudes me asustan.) La convivencia tenía sus normas, la primera de las cuales era el respeto al derecho ajeno. ¿Lo ignoraba yo acaso? ¿Qué era aquello de martirizar así a las personas? ¿Qué habían hecho ellos para merecer eso? Corazón de ratón, capitulé de inmediato. Rendí mis banderas, me dije que la mayoría manda y, como de costumbre, traté de resignarme. Ya dije que soy penca. Pero Linda se sulfuró. ¿Cómo que resignarme? ¿Resignarme por qué? ¿A santo de qué? De eso nada. Que se resignaran las jicoteas. Ella no podía permitir que unos inmigrantes advenedizos orientales de baja estofa me metieran el pie. Problemas conmigo eran problemas con ella. Si yo era una pazguata, ella no. Qué cojones. Ella sí que no se le agachaba a nadie. Suprema encarnación de la furia guerrera, medio parecida a la dueña del megaterio y aun al mismísimo megaterio, mi amiga se apresuró a señalar que al que no quiere caldo se le dan tres tazas. Conque los inmigrantes no se tragaban el *Don Giovanni*, ¿eh? ¡Pues ellos iban a ver! Cómo no. Había que educarlos. Mozart, después de todo, era suave, fácil, popular. Sin duda, ellos necesitaban algo más agresivo, más contundente, algo que los pusiera en órbita. Y sin pedir permiso, mi ángel de la guarda los atacó a todo volumen con una de Arnold Schönberg.[84] Corramos, por el momento, un velo de piedad sobre los hechos posteriores.

---

83   ¿Y si se enojaban?

84   Arnold Schönberg (1874-1951), compositor de origen austriaco, uno de los más influyentes de la pasada centuria, creador del sistema dodecafónico de composición musical. Sus armonías, cada vez más complejas, lo llevaron a la atonalidad. Fue maestro de Anton Webern y de Alban Berg. (Son obras suyas las que describe Thomas Mann, atribuyéndoselas a un personaje de ficción, Adrian Leverkühn, en su novela *Doctor Faustus*, de 1947. Si él, Thomas Mann, no lo hubiera dicho, tal vez nadie se hubiese percatado, ya que el lenguaje de la música es de hecho intraducible al lenguaje de las palabras. Sólo se trataba, en realidad, de una aproximación imaginativa. Pero cuando Thomas Mann se lo informó a su muy admirado Arnold Schönberg, resultó que éste, para gran jolgorio del novelista, ni corto ni perezoso intentó cobrarle derechos de autor, je je. *ELP*)

3. Ella quería ser escritora

Pero quizás sea mejor que nos remontemos a los orígenes de la historia. Creo que todo comenzó junto al mostrador de la cafetería que estaba a media cuadra de la secundaria, cuando Yadelis, mi amiguita del solar de Los Muchos, me dijo que Pancholo era muy bonito. Esa fue exactamente la palabra que empleó: «bonito», y con tal naturalidad, que yo me eché a reír. A carcajadas, con todo el cuerpo, como una descosida, como no me reía desde hacía un millón de años. Como si me hicieran cosquillas con una plumita en las plantas de los pies. Casi me orino de la risa. Sin dudas se trataba de un gran chiste. Muy cómico. Porque Pancholo es mi socito del alma, casi un hermano, mi «ecobio»,[1] como él dice, y todo eso, pero lo cierto es que por más que se busque no se encontrará en todo el archipiélago (quizás ni en Jamaica ni en Haití ni en las Antillas Holandesas ni en ninguna parte) un negro más feo que él. Ni siquiera a Petronila, quien lo juzgaba desde su parcialidad de abuela, se le ocurrió jamás considerarlo «bonito». Prieto como un culo de caldero, con la frente estrecha y los ojos de sapo, con más ñata[2] y más bemba[3] que nadie, un coco para asustar a los chamas noctámbulos: «Duérmete, niño, duérmete ya... / que viene Pancholo y te comerá...», a lo mejor va y los cafres de Rhodesia lo considerarían el sujeto más guapo de la tribu, o algún antropólogo se fascinaría al tropezar entre la muchedumbre de un

---

1   Amigo, compañero, hermano. Es una palabra proveniente del léxico de la sociedad secreta abakuá. (Otros sinónimos en jerga cubana: «asere», «consorte», «monina», «ambia», «yunta», «compadre», «nagüe», «bróder», «socio», «social», «cúmbila», «vate» y «y'énica», este último en lengua yoruba. Y esto es sólo una selección de los más conspicuos. Los cubanos, definitivamente, somos un pueblo muy amistoso. *ELP*)

2   Nariz poco prominente y aplastada (*DRAE*).

3   Boca de labios gruesos y abultados (*DRAE*). (También tenemos en Cuba el verbo reflexivo «embembarse», o «enjocicarse», que significan poner mala cara como expresión de inconformidad. *ELP*)

país mestizo con la verdadera cosa africana[4], quién sabe. Aunque esto no tiene nada que ver con la belleza, tampoco seré yo quien le niegue las virtudes de su inmenso, espléndido, férreo atributo, tan seductor para cierta clase de mujeres (mayores que él, con experiencia, con dinero, blancas y más que blancas, europeas) y tan inútilmente codiciado por individuos como papá. Pero Yadelis no era cafre ni antropóloga ni mayor ni experta ni platuda ni blanca ni europea ni Z, de modo que su entusiasmo resultaba incongruente, y por lo tanto, gracioso.

Yo me reía de lo lindo y mi amiguita me observaba con desaprobación creciente, los labios apretados y el entrecejo fruncido, mientras esperábamos que nos despacharan los refrescos de naranjita. Mi risa cantarina, exuberante, frondosa como un helecho (el colmo de la vulgaridad según mi tío abuelo W., el nieto del marqués: ¿cuándo aprenderé a reírme como una señorita?, ¡helecho ni helecho!, es el maléfico Urano quien me hace reír así), se debía no sólo al gran chiste, sino también a algo muy tonto y de algún modo parecido a la felicidad. Por aquel entonces yo tenía quince años y Yadelis catorce. Ella sí que era bonita, muy bonita (aún lo es), como una modelo, como esas negras norteamericanas que salen en las películas, Whitney Houston[5] o Vanessa Williams, la que fue Miss America.[6] Podía elegir a quien quisiera. Todos los

---

4 Alusión al poema «The Life of Lincoln West» (La vida de Lincoln West), del libro *Blacks,* de 1987, de la poeta y novelista estadounidense Gwendolyn Brooks (1917-2000). En dicho poema, la figura central se regocija cuando oye decir que a diferencia de los negros asimilados, él es «the real thing», un negro auténtico. (Brooks, quien además fue una enérgica luchadora por los derechos civiles de su comunidad, recibió el premio Pulitzer en 1950 por su poemario *Annie Allen*, convirtiéndose así en la primera escritora afroamericana en alcanzar ese prestigioso galardón. *ELP*)

5 Whitney Elizabeth Houston, cantante, actriz y modelo de pasarela estadounidense nacida en 1963. Emparentada con destacadas cantantes de soul, incluyendo a su madre, Cissy Houston, a sus primas, Dee Dee y Dionne Warwick, y a su abuela, Aretha Franklin, comenzó a cantar en su iglesia en Nueva Jersey como miembro del coro juvenil de gospel a la edad de once años. Ha sido reconocida por la revista *Rolling Stone* como una de las cien cantantes más grandes de todos los tiempos. (Su affaire con drogas duras, que junto a su dolorosa desintoxicación le costó casi un lustro de oscuridad, y su posterior come back a la escena artística, me recuerdan aquel sabio aforismo de Confucio: «No nos alabamos de no caernos, sino de caernos, y volvernos a levantar». *ELP*)

6 Vanessa Lynn Williams, modelo, cantante, autora de canciones y actriz nacida en 1963. En 1984 se convirtió en la primera afroamericana seleccionada como Miss America, pero tuvo que renunciar a su título por causa de un escándalo. En su ca-

muchachos de la secundaria suspiraban por ella, igual que más tarde suspirarían encima de ella muchísimos tipos de las más diversas nacionalidades, incluido aquel magnate sueco que le propondría matrimonio y ella le diría no, por supuesto que no, qué te has creído, no seas fresco, deja la borrachera, con esa panza, tan viejo y tan cara'e guagua,[7] suelta los cien faos[8] y piérdete, pero el vikingo sería de esos que mientras peor los tratan más a gusto se sienten, se pegaría a ella cual sinapismo y los muchos del solar de Los Muchos (porque ellos son una sola familia, un clan) se pondrían de su parte y presionarían a la pobre Yadelis mañana, tarde y noche, diciéndole qué te has creído tú, no seas fresca tú, deja la borrachera tú, que tienes la cabeza llena de humo, no puedes pasarte la vida detrás del Quincatrece, que es un mono muy poco evolucionado y tremendo crápula,[9] muerto de hambre, mala ficha, matrero,[10] dónde se ha visto una jinetera[11] tan bruta, esto se cuenta y no se cree, Dios le da un millonario al que no tiene cerebro, la juventud se pasa volando, m'hijita, volando, y ahorita vas a ser un estropajo, uno tiene que proyectarse, vista larga, mucha mente, ésta es tu oportunidad, cacho de alcornoque, cuántas por ahí no la quisieran, tienes que aprovecharla aunque sea por tu hija, y así hasta lograr su propósito de deportarla a Suecia, donde la esperaba con

rrera artística ha obtenido varias nominaciones a los premios Grammy, Emmy y Tony. (Al margen de otras consideraciones, me pregunto por qué rayos la mujer más bella tiene que dejar de serlo, al menos oficialmente, por el mero hecho de fotografiarse desnuda. ¿No es, en rigor, lo que deberían hacer *todas* las participantes en un concurso de belleza? Quizá no capto el intríngulis del rollo con las fotos de la bellísima Vanessa porque en mi país no están permitidos esa clase de concursos y nunca he visto ninguno de cerca. *ELP*)

7   Desvergonzado, atrevido, impertinente. (En Cuba también decimos «cara'e palo» o «cara'e guante». *ELP*)

8   Dólares. (Circularon legalmente en Cuba desde 1993 hasta 2005. También se les llamaba «fulas» o «verdes». Tras la reforma bancaria de 2005, fueron sustituidos por los c.u.c. o pesos cubanos convertibles, cariñosamente conocidos en la calle como «cuquis» o «cucos». Muchos artículos de primera necesidad sólo pueden adquirirse con esa moneda, mientras que los salarios de los trabajadores y las pensiones de los jubilados se pagan en pesos cubanos, una moneda atrozmente devaluada por causa de la inflación. La inmensa mayoría del pueblo no percibe ingresos *lícitos* en cuquis. Y aquí en la isla, sin cuquis, se pasa hambre. *ELP*)

9   Hombre de vida licenciosa (*DRAE*).

10   Engañoso, pérfido (*DRAE*).

11   Prostituta cubana con clientes extranjeros. (En el caso de los muchachos que ejercen este mismo oficio, ya sean gays o heteros, se les denomina «pingueros». *ELP*)

los brazos abiertos una cruenta pulmonía que por poco la mata. Pero a mediados de los ochenta quién iba a imaginarse que las cosas se iban a poner así. Yadelis estaba de lo más enamorada (el amor es ciego o, por lo menos, miope) y yo supuse que Pancholo también estaría enamorado de ella, desde luego, ¿quién era él para no enamorarse de ella?, y que iban a ser felices, muy felices, onda la Bella y la Bestia[12] y todo lo demás, una telenovela suculenta. Me alegraba por ellos. Y me reía. Porque yo soy así, risueña.

Por fin nos despacharon los refrescos, en vasos de vidrio. En aquel momento no me importó que fueran de vidrio, ¿por qué habría de importarme?, tal vez ni me fijé en el detalle. A esas alturas de la vida ya mi amiguita había arribado a la convicción de que yo me estaba burlando de ella sin el menor escrúpulo, al descaro, en su mismísima cara preciosa, y estaba indignada. Eso me sucede a cada rato. Yo me río, por pura guanajería,[13] porque estoy contenta, y la gente cree que me burlo. O digo algo, cualquier insignificancia, cualquier cosita, y la gente cree que ironizo. ¿Por qué lo creen? No sé. El hecho es que se acomplejan. Se ponen muy bravos. Por ejemplo, Moisés. Una vez me aseguró –mientras daba puñetazos encima de la mesa, según su costumbre– que estábamos empantanados en el desastre, en la catástrofe, en la hecatombe, en el infierno, en la puta mierda. Como decían los antiguos romanos: *O tempora! O mores!** Que no había nada de qué reírse. Que riéndome yo parecía lo que en efecto era: una soberana imbécil. Que si me volvía a reír así, me iba a tirar de cabeza por la ventana. (Lo cual resultaba perfectamente posible dadas las dimensiones de la ventana. A través de ella podía pasar no sólo mi cuerpo, sino también el suyo. Y la muerte rondaba en caso de caída o defenestración, pues el puntal de ambos pisos es muy elevado. Sospecho del arquitecto que diseñó la ventana. Creo que debí co-

---

12   Popularizado recientemente por la película producida en los estudios de Disney, «La bella y la bestia» es originalmente un cuento de la institutriz y escritora francesa madame Jeanne Marie Le Prince de Beaumont, incluido en su libro *Le Magasin des enfants* (El almacén de los niños), de 1757. (En 1945 Jean Cocteau lo adaptó espléndidamente al cine, con un vitalísimo Jean Marais en el papel de la Bestia. Es una película muy poética, llena de imágenes surrealistas en una atmósfera onírica, donde los brazos de las lámparas que iluminan un corredor, por ejemplo, son brazos humanos vivos que se mueven solos. *ELP*)

13   Mentecatería, tontería, necedad.

*   ¡Qué tiempos! ¡Qué costumbres! (Notica de Zeta)

locar una reja. Lo que pasa es que no me gustan las rejas.) Yadelis, en cambio, no profirió amenazas. Se limitó a rociarme la cara con refresco, la muy atrevida. No me molesté por el bautizo, qué va, nunca me molesto. Me limité a hacerle lo mismo. Es decir, a tratar de hacérselo. Sí, porque ella era rápida y yo... un caracol. Un apacible, perezoso, lánguido molusco. Siempre me decía «Eres muy lenta, gordi, muy lenta para vivir en el Oeste». Esquivó con elegancia y el baño de naranjita le cayó arriba a la persona que estaba detrás de ella. Ay.

La persona era una chiquita del aula de nosotras. Una flaca de pelo rizado y nariz prominente, de bruja, con espejuelitos quevedo, mocasines italianos y un Rólex de oro en la muñeca (en nuestro país un Rólex de oro no es sólo un reloj muy lujoso, es más, mucho más, un mito, una leyenda, un símbolo de poder, yo lo identificaba porque lo había visto una vez en una revista[14]), una criatura tiesa, arrogante, que se sentaba en la primera fila y no hablaba con nadie ni miraba a nadie y sacaba buenas notas en todas las asignaturas y respondía las preguntas de los profesores con mucha suficiencia, como diciendo «Yo lo sé todo, no tienes nada que enseñarme, ¿por qué preguntas lo obvio?», y caminaba a ritmo de marcha, como los soldados del batallón de ceremonias, como los guardias de la reina de Inglaterra, como si se hubiera tragado una escoba. A Yadelis aquella muchacha le caía como una patada en el hígado.

—Tan imperfecta, tan bambollera,[15] tan cuatro ojos... Ésa se piensa que es la estrella del circo –susurraba mi amiguita–, ni que su mierda oliera a perfume... Con esa nariz de pingüino que parece que lo va a pinchar a uno... Con el tumbao de macho[16] ése... Si lo que es un pe'o mal tira'o...[17] ¡Le tengo unas ganas!

---

14   Es el reloj que usaba Fidel Castro, y por partida doble, ya que tomó el poder en compañía de su *Rolex Submariner* y al cabo de algún tiempo comenzó a usar un *Rolex President (Day-Date)* junto con el *Submariner*, en la misma muñeca. Esto está documentado por fotografías publicadas originalmente en medios de prensa cubanos y que más tarde dieron la vuelta al mundo al ser reproducidas por la revista *Life*. También usaban Rolex Mao Zedong, el Ché Guevara y Daniel Ortega, aunque jamás, que se sepa, se engancharon más de uno al mismo tiempo. No eran tan fanáticos de la marca, al parecer. *ELP*

15   Persona que se gasta mucho boato, fausto u ostentación excesiva y de más apariencia que realidad. (*DRAE*)

16   Se refiere al modo de andar hombruno del personaje.

17   Flacucha, sin curvas.

Yo, lo confieso, lo que le tenía era miedo. No sé muy bien por qué. Tal vez porque la encontraba demasiado lista, demasiado fría, demasiado adulta, distante, misteriosa, como extranjera. *Diferente.* Cuando la vi empapada de refresco tragué en seco. Al instante dejé de reírme. No sabía cómo explicar mi pésima conducta, mi insufrible excentricidad, cómo pedir disculpas. Fue un mal momento. Hubiera preferido estar a mil kilómetros de distancia. O que la tierra se abriera y me tragara. Tuve que controlarme para no sacar la lengua, lo cual probablemente hubiera contribuido a empeorar la situación. Para colmo, Yadelis empezó a reírse de una manera que no tenía nada de ingenua. A través de los cristales húmedos, la bruja del Rólex me miró en silencio, escrutadora. No sólo su nariz era puntiaguda, también sus ojos. Miró a Yadelis, que seguía en su fiesta. Volvió a mirarme. Se quitó los quevedos, los plegó y se los guardó en el bolsillo de la blusa.

—Yo... hum... hum... mira, esta niña... yo no quería... tú sabes... hum... –fue la hermosa frase que logré articular antes de que, en virtud de la Ley del Talión, esa que dice «ojo por ojo y diente por diente», mi víctima accidental me bañara en refresco de pies a cabeza. Y lo hizo con una calma asesina, como si embarrar a alguien de refresco fuera lo mismo que tomarse el refresco. Por una fracción de segundo la imaginé sacando una pistola del bolso y disparándome, pum pum pum... Qué susto. Qué malas pasadas nos juega la imaginación.

Aunque me dejó toda pegajosa, hecha un asco, tampoco ahora me molesté. ¿Con qué derecho? En rigor me lo merecía, me lo había ganado con mi mal comportamiento. De alguna manera, aquella venganza directa, inmediata y proporcional a la ofensa recibida, significó un alivio para mí, que no resisto las deudas de honor ni las enemistades a largo plazo: estábamos a mano. Las cosas no debieron pasar de ahí, hubiera sido mejor que no pasaran de ahí. Pero Yadelis no pensaba igual. No le cuadró este desenlace. Había dejado de reírse. Aquella muchacha le caía como una patada en el hígado, le tenía tirria[18] y, de repente, se le subió el

---

18   La encontraba insoportable. (También se puede decir «le tenía jiña». *ELP*)

loco.[19] Gritó algo parecido a «¡Eh, y a ésta qué pinga le pasa!»[20] y, puesto que ya nos habíamos derramado encima casi todo nuestro refresco y andábamos medio escasas de municiones, le arrebató su vaso a uno ahí (tan rápido, que el despojado siguió tomando por inercia, como si aún conservara el vaso en la mano) y se lo lanzó a la bruja de los mocasines italianos. No quiero decir que le echara refresco otra vez, no. *Le tiró el vaso.* A veces Yadelis se ponía un poco agresiva.

Por suerte, la bruja del pelo rizado tenía muy buenos reflejos. Reaccionó a la velocidad de un rayo. Gritó algo parecido a «¡La pinga[21] te la metes!» y extendió la mano justo a tiempo para rozar el vaso y desviarlo de su mortífera trayectoria. Creo que su intención era capturar el proyectil, cogerlo de aire y poner out a Yadelis, lo que los narradores de béisbol califican de «joya defensiva». Pero ya eso hubiera sido demasiado pedir. El vaso continuó su vuelo, ahora perpendicular a nosotras, rumbo al otro lado del mostrador. Las tres lo seguimos con la vista, inmóviles, en suspenso, la respiración contenida como los fanáticos del estadio que incrustan los ojos en el cañonazo que tiene pinta de jonrón: «Y la bola se va... se va... se va... ¡Se fue!». ¡Ah! Pudo haberse reventado contra la pared o contra el tanque de refresco. Pero el azar es implacable. El desgraciado vaso fue a estrellarse justo en la cara del dependiente, un pobre tipo a quien seguro no se le había ocurrido jamás que su trabajo implicaba peligrosidad. Huimos como ratas.

Aquella noche no pude pegar un ojo. Suelo dormir bastante bien, con pocas pesadillas, casi siempre referidas al megaterio: voy corriendo por un páramo desierto, iluminado tan sólo por la luna, y el monstruo me persigue, ladra y ladra que me perfora los tím-

---

19   Actuó impetuosamente, sin reflexión previa. (También se dice «se le subió lo que tenía de asturiano». Aunque esto último sólo se aplica a personas muy blancas, de esas que enrojecen cuando se enojan, tengan de asturiano o no. *ELP*)

20   Expresión vulgar equivalente a «qué rayos le pasa».

21   Vulgarismo que denota el órgano sexual masculino. (En esta isla falocéntrica disponemos de más de cien términos para referirnos al pene. Créanme, no exagero, son más de cien. «Pinga» es el más usado, aunque es una palabrota bastante fuerte. Su empleo está rigurosamente prohibido en todos los medios de comunicación masiva. Por eso la teleaudiencia cubana se divirtió en grande, hace unos cuantos años, cuando el cineasta español Pedro Almodóvar la soltó con tremendo entusiasmo en un programa sabatino de horario estelar que se transmitía *en vivo*. A la animadora del programa, pobrecita, casi le da un sirimbeco. *ELP*)

panos, exhibe los colmillos y la lengua renegrida, se babea, suelta espumarajos de rabia, avanza a pasos agigantados, se aproxima cada vez más, apesta como un cerdo violado, me alcanza, me salta al cuello y... En fin, nada grave. Pero en aquel entonces el megaterio aún no existía y lo que me agarró fue algo peor: el insomnio. Fue una noche de perros, una de las peores de mi vida. Todo había sucedido muy rápido, en mucho menos de lo que tarda contarlo (lo he contado en cámara lenta) y en muchísimo menos de lo que tardé en reponerme. Si recuerdo ahora cada detalle es porque aquella noche, a solas conmigo misma, concienzudamente me dediqué a reconstruir la escena una y otra vez, la escena íntegra desde la primera carcajada hasta el impacto del vaso, procurando no olvidar nada entre la angustia y un compulsivo afán de precisión, una y otra vez hasta el mareo y las ganas de vomitar. Yo repetía y repetía la secuencia vertiginosa en la oscuridad de mi cuarto, en la ardiente oscuridad.[22] Buscaba el error inicial, el disparate primigenio, el origen de la tragedia. Lo que de ningún modo haría de nuevo si el tiempo diera marcha atrás, si por algún milagro me fuera otorgado el privilegio de una segunda oportunidad. Buscaba mi culpa. Sin encontrarla. Todo parecía tan casual... Rezaba por que ocurriera el milagro, por que todo no fuera más que un mal sueño. Me ahogaba entre calambres, escalofríos y un terrible salto en la boca del estómago. Me fumé una cajetilla entera de cigarros. Por poco me viene un ataque de asma sin ser asmática, o un ataque al corazón sin ser cardíaca. Creo que hasta me salieron algunas canas. Muy bajito, para no despertar a papá, yo cantaba: «Cien botellas en una pared... / cien botellas en una pared... / si una botella se ha de caer... / noventa y nueve botellas en una pared...», hasta el final, hasta llegar a cero, al reguero de vidrios en el piso. (Aunque la canción no lo especifica, siempre he imaginado que las botellas son de vidrio ámbar.) Lo repetí dos o tres veces. Pero nada. No se me iba de la cabeza la imagen de aquel hombre con la cara destrozada. Sin necesidad, por gusto,

---

22 Alusión a *En la ardiente oscuridad*, obra del dramaturgo español Antonio Buero Vallejo estrenada en 1950. (Cuya acción transcurre en una escuela para ciegos y está bien, aunque no tanto como otros dramas posteriores de Buero Vallejo, v.g. *Las Meninas*, de 1960, y *El sueño de la razón*, de 1970, que tratan acerca de las vidas, bastante zarandeadas por cierto, de los pintores españoles Diego Velázquez y Francisco de Goya, respectivamente. *ELP*)

por mi estupidez. En realidad no había llegado a vérsela, pero me la figuraba y eso es peor. La cara destrozada. Por mi maldita estupidez. ¡Coño, qué fácil era hacer daño! Y luego, escapar así... Me sentía cucaracha. Creo que la idea del reguero de vidrios no ayudaba mucho.

A la mañana siguiente me encontré con Yadelis en la esquina de la secundaria. No se atrevía, no ya a entrar, ni siquiera a acercarse. Tampoco se atrevía a volver al solar de Los Muchos. En general, no se atrevía a nada. ¿Dónde había quedado su atrevimiento, su agresividad, su tremebunda osadía? Gris, opaca, temblorosa, transfigurada, parecía otra persona. Pobrecita, me dio lástima. Habló con un hilo de voz. Como yo, no había dormido en toda la noche. Se la había pasado rogándole a Ochún,[23] poniéndole asistencias, prometiéndole villas y castillas con tal de que la sacara del rollo. Incluso había llegado a amenazar a la santa del vestido amarillo con no sé cuántas inconcebibles represalias si no le resolvía el problema. Se sentía inocente, claro. *Era* inocente. ¿Acaso había hecho algo malo? Por supuesto que no. Ella nunca hacía nada malo. Pero no ignoraba que otros podían ver las cosas de otro modo. La gente, tan malintencionada, tan mezquina, tan envidiosa, siempre le buscaba los tres pies al gato con tal de armar una tormenta en un va... —no, no pronunciaría la palabra fatídica— en un jarro de agua. ¡Coño, qué fácil era meterse en un lío! De sus confianzudas relaciones con la virgencita de El Cobre me hablaba, por supuesto, sólo a mí. Nadie en la escuela debía saberlo, porque en aquel tiempo la religión se consideraba un oscurantismo, un atraso, y estaba poco menos que prohibida. Yo tampoco reconocía que soy católica y ambas nos guardábamos los respectivos secretos.

Muy bajito, para que nadie pensara que me había vuelto loca, empecé a cantar: «Cien botellas en una pared... / cien botellas en una pared... / si una bot...», hasta que Yadelis me suplicó que, por favor, dejara la mierda esa. Oír hablar de botellas la ponía aún más nerviosa, porque su padrastro era alcohólico y abusivo y los odiaba a ella y a sus nueve hermanos y la iba a matar a golpes si se enteraba de

---

23 En el panteón yoruba, Ochún es la diosa del amor y de la intimidad. Se superpone a la Virgen de la Caridad del Cobre, patrona de Cuba, en la religión sincrética; a ambas las caracteriza el color amarillo. (Ochún es muy bella, aunque algo frívola y veleidosa, nada virginal, y con cierta tendencia a meterse en líos. Se parece bastante a su homóloga en el panteón griego: Afrodita. *ELP*)

que ella estaba involucrada en una moña[24] con tiradera de vasos. Lo peor de aquel canalla es que, arriba, era policía. Acostumbrado a sopapear[25] forajidos grandes y pequeños, a machucarlos con un blackjack[26] de goma sólida. Qué horror. No sé de dónde saqué fuerzas para arrastrarla hasta la escuela. Yo también sentía miedo, no tanto de lo que pudiera ocurrirme como de lo que yo misma había hecho. Pero no podía dejarla allí, sola y abandonada, rumiando su desventura. Cuando entramos, la bruja narizona ya estaba en el aula. En la primera fila, como siempre. Ni nos miró, como siempre. Lucía muy tranquila, rozagante la bruja puntual, con el aire saludable de quien ha dormido a pierna suelta. Increíble. Si algo de teatro había en su actitud, aun así era increíble. Aquella muchacha carecía de nervios. Pensé que ella podría ser una excelente jugadora de póker, capaz de apostar a su propia madre sobre el tapete verde, capaz de ganarla con cartas malas. Qué envidia me dio.

No sabía yo muy bien hasta qué punto carecía de nervios la bruja de los quevedos. Nada la sacaba de paso. Nada la asustaba. Nada la conmovía. Era de acero. Era la reina del bluff. De eso me enteré después. Fue en el turno de Matemática, mientras el viejito se esforzaba por hacernos entender alguna de las complejidades de su ciencia, qué cosa era un triángulo equilátero o algo por el estilo, cuando empezaron a infiltrarse en el aula ciertos rumores provenientes del pasillo. Un runrún. Un blablablá. Una historia horripilante, no en forma de frases completas, sino de trozos, fragmentos, pedacitos de vidrio ámbar que nos taladraban los oídos a Yadelis y a mí. Escándalo público. Asalto. Violencia. Delincuentes juveniles. Desfiguración de rostro (eso me mató). Centro de Reeducación de Menores (eso mató a mi amiguita).

—Le dicen así —me cuchicheó al oído—, pero en realidad es como una cárcel, y peor que la de adultos. Hay unas negronas y unas blanquitas pelandrujas...[27]

---

24 Situación, evento, episodio. (En otros contextos puede tener otros significados. En la UH tuve un profesor de Historia de la Filosofía a quien apodábamos «El Moña». Aquel tipo llegaba al aula y nos decía cosas como: «A ver si abren las entendederas, partida'e socotrocos, que hoy toca meterle el diente a la moña de Kant». *ELP*)

25 Propinar sopapos (*DRAE*). (En Cuba también se usa en el sentido de sojuzgar, someter, avasallar. *ELP*)

26 Cachiporra.

27 Coloquialismo que significa «de mal vivir».

La noticia no me pareció muy estimulante. Me sudaban las manos. A ella le temblaban las piernas. Se me puso la carne de gallina, con todos los pelitos de punta. Ella se comía las uñas. A las dos nos entraron ganas de hacer caca. La jugadora de póker ahí, inmutable, como si nada. Como los cactos, que les da igual si llueve o no: ellos ni se enteran. Y así mismo se mantuvo cuando la llamaron al lugar temible donde Gran Jefe Indio Pescuezipela'o aullaba frenético detrás del buró y les ponía las peras al cuarto a los estudiantes revoltosos: la Dirección. Con toda su calma recogió el libro, la libreta y la pluma de fuente, los guardó en el bolso, le pidió permiso al viejito y salió con la frente en alto, muy oronda, muy campante, muy dueña de sí misma. El viejito se quedó perplejo. ¿Ella? ¿Precisamente ella? ¿La mejor alumna de la escuela? ¿En la Dirección? No. Imposible. *Tenía* que tratarse de un error. Los muchachos del aula también se quedaron perplejos, aunque no sé por qué tuve la ligera impresión de que se alegraban de ver a Doña Perfecta[28] metida en problemas. Hubo guiños, cejas levantadas, risitas y carraspeos. En otras circunstancias, Yadelis hubiera sido la más alegre, hubiera brincado de júbilo. Pero esta vez se demudó. Sólo atinó a mirarme como un animalito acosado, con todo el espanto del mundo reflejado en los ojos. Me imagino que así mismitico debí mirarla yo a ella, pues un frío atroz me subía por la columna vertebral para congelarme los sesos. De un momento a otro nos llamarían también a nosotras, pensé. Y no sé a Yadelis, pero lo que es a mí hubieran tenido que abofetearme para que dejara de hablar. Creo que nací para confesar crímenes, tal vez de ahí me viene eso que papá llamaba en tono burlesco mi «vocación papista».

Pero los hechos ocurrieron de otra manera. Media hora después, cuando se corrió la voz de que a Sabelotodo la habían montado en el patrullero para conducirla hasta la unidad de policía más próxima... Bueno. Eso sí fue un acontecimiento. Al viejito casi le da un terepe,[29] hubo que socorrerlo y todo. Los muchachos transitaron dulcemente de la alegría pérfida a la curio-

---

28   *Doña Perfecta*, novela del escritor español Benito Pérez Galdós publicada en 1876. (No tan amena como otras novelas de Galdós, v.g. *Fortunata y Jacinta* de 1887. Bueno, a decir verdad, me parece un reverendo plomo. Ni siquiera pude acabar de leerla. *ELP*)

29   Síncope, infarto, patatús.

sidad morbosa. Yadelis en el inmovilismo total, en la parálisis, fija como una estatua, como fulminada por un rayo. Sentí una punzada en el bajo vientre, un puño de hierro que me estrujaba por dentro. Movida por un presentimiento, me levanté de inmediato. No quería que se me manchara la saya. Y sí, en efecto, el hilillo de sangre ya descendía por la pierna con once días de adelanto.

Regresé a casa en plan zombi, sin ver nada ni a nadie, sólo formas y colores desprovistos de sentido. Oí algún claxon como si conmigo no fuera. Oí un chirrido, un frenazo, la voz irritada de alguien que me llamaba cretina, estúpida, comemierda, si lo mío era suicidarme que me cortara las venas y no le desgraciara la vida a los demás. Bah. Subí la escalera deseando que nunca se me acabaran los escalones, ascender y ascender interminablemente, hasta el cielo. Pero se me acabaron y llegué al cuarto. Papá no estaba. Me lavé, a pesar de que en medio de la batahola había llegado a parecerme fabuloso el contraste entre el rojo y mi piel. Es que soy trigueña muy clarita. No sé si tengo de negro, creo que no, aunque en esta isla nunca se sabe y es igual. Soy una blanquita pelandruja. El sol me broncea, pero no me quema ni me hace parecer una langosta hervida. Al contrario, me da un tono de lo más turístico. Eso me gusta. Tanto, que hasta pensé en hacerme regalar (¿por quién?) un vestido rojo bien afocante.[30] Quizás deliraba, pero no lo creo. Sucede que a veces, en el vórtice de la tragedia, ante la inminencia del desastre, uno tiende a concentrar la atención en los detalles, en las boberías.

Me tomé un diazepán[31] contra el dolor, contra el puño de hierro que volvía en oleadas, y otro a ver si me calmaba un poco los nervios. No hay que volverse loquito, no hay que ceder a la tentación de volverse loquito, por más que en ciertas situaciones parezca lo más cómodo, la línea del menor esfuerzo. Hay que preservar la cordura —me dije, creo que en voz alta— aunque el

---

30   Llamativo, notorio, que atrae todas las miradas. (Puede referirse lo mismo a un objeto que a la conducta o el carácter de una persona con afán de protagonismo. Aunque también hay quien afoca de un modo involuntario. Las individualidades muy marcadas tienden a ir por la vida perpetrando sin querer toda clase de afocancias, mucho más espectaculares que las de aquéllos que simplemente posan. *ELP*)

31   Ansiolítico. (Aunque no es un analgésico, Zeta lo usa como tal, ya que distiende, relaja y da sueñito, lo que tiende a aliviar algunos dolores. *ELP*)

mundo sea el primero en enloquecer. ¿La policía deteniendo a una niña, sacándola de la escuela? ¿Qué rayos era eso? Ahora las cosas han cambiado. La semana pasada, por no ir más lejos, dos muchachos de esa misma secundaria se armaron con cabillas y arremetieron de mala manera contra uno de los profesores. ¿Por qué? Muy simple: porque les caía mal. Lo zumbaron para terapia intensiva y, según se cuenta, lo más probable es que el tipo no vuelva a caminar. En mis tiempos (ya sé que hablo como una vieja, una vieja de veintiocho) eso no ocurría. El máximo atrevimiento hubiera consistido en colocar un mojón o un gato muerto en la gaveta del profe antipático, nada más. En las escuelas, que yo sepa, no había drogas ni armas. Afuera sí, claro. Afuera había de todo: sevillanas,[32] cachiporras, punzones, cuchillos, alguna que otra pistola (el alcohol y la caja de fósforos se reservaban para el suicidio o, en última instancia, para el crimen pasional), tráficos diversos y toda clase de gente con toda clase de conductas. Por optimismo o por hábito, hay personas que se hacen ideas extrañas acerca del Vedado. Cierto que en los años cincuenta fue un barrio burgués. Medio pelo en algunos sitios, pero siempre decoroso. Cierto que en la ciudad los hay mucho peores. Que Centro Habana, por ejemplo, está del carajo. Ahora, cuando yo nací (en el Sagrado Corazón, un hospital justo en el sagrado corazón de la barriada), ya el Vedado estaba repleto de ciudadelas y se veía cualquier cosa, desde la hija del latifundista que se había negado a emigrar hasta el bandolero ex convicto que planeaba atropellar a la hija del latifundista para robarle los cuadros y las lámparas. Era ya la mezcolanza, el ajiaco,[33] el carnaval. Aun detrás de su máscara de falsa respetabilidad, característica de una zona de contrastes, en la calle había cierta dureza. Pero en la escuela no. La escuela era el progreso. Allí se iba a adelantar, a aprovechar la oportunidad (al menos así lo veía Petronila), a ponerse del lado bueno en la lucha de la civilización contra la barbarie. Los maleantes no estaban en la escuela y a la policía ni le pasaba por la mente ir a pescarlos allí. Por eso, cuando arrestaron a la bruja de la pluma de fuente, yo

---

32   En este contexto, la sevillana es un arma, específicamente una navaja plegadiza. (Como las que usan los gitanos en sus broncas. Tal vez el nombre le venga de ahí. *ELP*)

33   Confusión, enredo (*DRAE*).

sentí que me quitaban el suelo de abajo de los pies, que vivía una pesadilla, que el mundo se había vuelto loco. Me tomé un tercer diazepán contra la pesadilla y caí en la cama como un tronco. Los troncos no sueñan.

Cuando me desperté, demacrada y ojerosa, hecha un desastre, era el crepúsculo. Una luz tenue, entre rosa pálido y oro viejo, suavizaba los contornos y predisponía a la calma. Quizás, un poco, a la tristeza. Lo primero que oí fue la risa de Yadelis. ¿La risa de...? Oh. ¿Y eso? Perplejidad suprema. Papá le estaba haciendo cuentos de maricones y ella se reía. Papá era un juglar, un rapsoda, un señor especialista en cuentos de maricones, se sabía miles, cientos de miles, también los inventaba y los hacía con mucha gracia, pero... Con un pie en el Centro de Reeducación de Menores, sin contar la amenaza del padrastro del blackjack, ¿aún le quedaban a mi amiguita ganas de reírse? Pues sí. Nunca la vi más contenta. Ambos celebraron mi regreso a la vigilia con enorme entusiasmo, con vítores y aplausos, como si se tratara de una resurrección o del advenimiento del Mesías. Me cantaron las mañanitas[34] a dúo (sustituyendo «mañanitas» por «tardecitas», qué par de bichos), como si en vez de tres diazepanes me hubiera tomado veinte.

—Bueno, querida, ahí tienes a la Bella Despierta[35] —exclamó el cuentero mayor—, te la obsequio, es toda tuya. A usted, marmota birladora de cigarros —me apuntó con un dedo acusador y le saqué la lengua—, le dejo el termo lleno de café. Bueno, casi lleno, y uno veinte para que se compre una pizza, que usted está muy flaquita y debe alimentarse —volví a sacarle la lengua—. No me haga muecas y atienda. El uno veinte está aquí, mire, aquí, al lado del termo. Después no me diga que no lo encontró. Y ahora, ¡jo jo!, trasladamos cámaras y micrófonos hasta...

Sólo por preguntar, le pregunté si regresaba a dormir. Me guiñó un ojo y respondió que no, claro que no: otras tierras del

---

34 Canción tradicional mexicana. (Es la que empieza así: «Estas son las mañanitas / que cantaba el rey David / a las muchachas bonitas / se las cantamos aquí. / Despierta, mi bien, despierta...» *ELP*)

35 Referencia burlesca al cuento *La Belle au bois dormant* (La bella durmiente), que Charles Perrault recuperó de la tradición oral en *Histoires ou Contes du temps passé* (Historias o cuentos del pasado), de 1697, y conocidos también como *Contes de ma Mère l'Oye* (Cuentos de mamá Oca), por la ilustración que figuraba en la cubierta de la edición original.

mundo reclamaban el concurso de sus modestos esfuerzos.[36] Me dio su besito de piquito y salió volando. Yadelis lo siguió con la vista, boquiabierta y yo diría que admirada, hasta que se perdió entre las sombras de la escalera. Aunque se conocían de toda la vida, el estilo de papá nunca dejaba de impresionarla. Qué bárbaro. Qué simpático. Qué buena gente. Se largaba y todo, sin joder la pita, sin meterse conmigo. ¿Por qué no tendría ella uno igual? ¿Por qué no permutábamos? Yo, con los muchos, con el policía. Ella, con papá. Ja ja. Y bueno, yo no debía mirarla así, con cara de tusa[37], qué poco sentido del humor –yo no la había mirado con cara de tusa, más bien de asombro–. Yo debía ser muy amable con ella, porque ella me traía la última, el gran notición. Estábamos salvadas –hizo una pausa, se levantó, sirvió café en el jarrito que servía de tapa al termo, me lo dio, me lo quitó, bebió un sorbo, volvió a dármelo, se sentó en la cama, encendió un cigarro–. Sí, salvadas. Porque había ocurrido algo un poco extraño, algo que aún no le entraba en la cabeza, pero en fin, algo muy bonito. La vida era muy bonita, igual que Pancholo –me miró de reojo y exhaló una nubecita de humo como si estuviera frente a una cámara de cine.

Después de la pachanga de por la mañana y mi súbita desaparición, ella se había quedado merodeando por los alrededores, a ver qué. A media tarde la chiquita ésa había regresado a la escuela, encaramada en el mismo patrullero, y detrás sus padres, encaramados en un Mercedes. Qué swing el Mercedes, plateado –me ofreció un cigarro, pero yo estaba harta de nicotina–. Y se había armado otra vez el titingó.[38] Los guardias le habían aclarado a Pescuezipela'o y a la subdirectora, tan pesá ella, tan chorro'e plomo, y al viejuco de Matemática, el pobre, ya estaba fósil, y a la humanidad entera, que habían cometido un error, un lamentable error...

---

36   Referencia burlesca a la carta, con fecha del 1º de abril de 1965, que el Ché Guevara le escribió a Fidel Castro a manera de despedida cuando se fue de Cuba para siempre. En ella recordaba algunos momentos significativos de su historia común y renunciaba a los cargos que ocupaba en Cuba, para proseguir la lucha revolucionaria en otros campos de batalla. (Es la famosa carta donde el Ché se compara a sí mismo con el Quijote, a quien de hecho se parece en la parte del idealismo, la bravuconería y el delirio de grandeza. Aunque el desdichado Alonso Quijano, justo es reconocerlo, jamás en su vida asesinó a nadie. *ELP*)

37   Cara de pocos amigos.

38   Alboroto, desorden, riña tumultuaria.

¿Escuchaba yo eso? Un lamentable error. El fósil había exclamado «¡yo lo sabía!, ¡yo lo sabía!». El padre de la chiquita hablaba bajitico, suavecito, pronunciando todas las letras. Era un tipo flaco, no muy alto, con espejuelos él también, y con nariz. Pero así y todo, metía miedo. Había amenazado con acusarlos a todos por «difamancia» y «calumniadera» y «detenimiento atrabiliario» y «brutalismo» policial, porque lo que eran unos «antisemillitas» que se habían pasado la «constatación» por el culo (sí, había dicho «culo», de las otras palabras mi amiguita no estaba quizás muy segura, pero de ésa sí) y él iba a elevar el asunto hasta donde tuviera que elevarlo, hasta la ONU si era preciso. Qué clase de muela.[39] El tipo hablaba rarísimo. Aparte del culo, lo único que se entendía era lo del brutalismo policial y en eso tenía mucha razón el tipo, cómo no. Brutalismo y bien. El principal de los guardias explicaba, medio nervioso, que ellos no tenían la culpa, porque el ciudadano agredido al principio había identificado a la menor y los dos testigos también, de toda la pandilla nada más la habían identificado a ella —Yadelis sonrió feliz, con todos sus dientes blancos y perfectos— y, bueno, después se habían echado para atrás. Los tres se habían equivocado, decía el principal de los guardias. Eso podía pasar, ¿no? Seguro la habían confundido con alguien que se le parecía mucho... Y ahí los había dejado mi amiguita, tratando de aplacar al tipo que pronunciaba todas las letras. ¿Entendía yo algo? Porque ella no entendía ni pitoche,[40] pero y qué. La cosa era que nadie nos había visto a nosotras, sólo la chiquita, y que la chiquita no se había ido de lengua, genial, y menos iba a hacerlo ahora, que se había virado la tortilla. Qué suerte. Qué increíble suerte. Gracias, Ochún.

La noticia corrió por la secundaria como un reguero de pólvora. La bruja siguió en su rutina, sin dirigirle la palabra a nadie. Se paseaba tan tranquila, como ajena al asunto, haciendo caso omiso de las miradas y comentarios. Pero todos, alumnos y profesores, hablaban de lo mismo durante el receso y en los cambios de turno. Así, en los días que siguieron, antes de que la

---

39   Discurso, teque.
40   No entendía un pito. (También se dice «No entender Nicomedes», que es la forma eufemística de «No entender ni cojones». *ELP*)

anécdota se convirtiera en leyenda, me fui enterando poco a poco de los pormenores. Sin preguntar demasiado, claro. Sólo aguzando la oreja, cosa de no despertar sospechas.

Resulta que sí nos habían visto, porque ciegos no eran. Como dicen por ahí: siempre hay un ojo que te ve. Pero no lo suficiente como para hacer un retrato hablado de cada una. El ciudadano agredido y los dos testigos nos habían descrito del siguiente modo: la negrita, la gordita y la de los espejuelitos, las tres con uniforme de secundaria. Yadelis se sintió muy dolida con que hubieran puesto a la negrita en primer término: siempre la jodedera con la negrita, claro, la culpa de todo la tiene el totí[41], cuánto racismo. Sin embargo, el racismo implícito en la máxima de que «todos los negros son iguales» la había ayudado cantidad. Ni el ciudadano agredido ni los dos testigos, todos blancos, estaban en condiciones de distinguir a una negrita de otra y en la escuela había gran cantidad de negritas, algunas muy bellacas. Podrá parecer raro, pero no. Conozco gente así, que ven a los negros como si fueran bultos (con los chinos pasa lo mismo), siluetas de carbón, imprecisas oscuridades, y por muy bonita que fuera, creo que no la hubiesen reconocido ni aunque la tuvieran delante. Gorditas había menos, quizás unas cuantas, pero alcanzaban para dejarme pasar inadvertida. Como gordita (y como cualquier otra cosa) soy muy corriente, nada del otro jueves, uno da una patada y enseguida aparecen veinte muchachas similares a mí. En fin, que Yadelis y yo nos perdíamos en la multitud. Pero la bruja no. Pelo rizado (auténtico, nada de cold wave, rizado desde las raíces), nariz excesiva, quevedos, un reloj espectacular... demasiados detalles. Eso es lo malo de parecer extranjera. La policía se apareció en la Dirección con esos datos y los dos testigos. Pescuezipela'o la mandó a buscar y los testigos la identificaron de inmediato. Hasta ahí, bien. Probablemente los guardias pensaron que ya habían resuelto el caso. Je je. Cuán equivocados estaban.

Esperaban una confesión veloz, aterrorizada, y los demás nombres. Ella hubiera podido decir «yo estaba de lo más pacífica,

---

41 El totí es un pájaro de plumaje muy negro y pico encorvado, que se alimenta de semillas e insectos. También se le conoce como «mayito». (El refrán dice así: «Todos los pájaros comen arroz, pero la culpa la carga siempre el totí». Nada extraño, desde luego, en una sociedad tan racista como la cubana. *ELP*)

sin meterme con nadie, y la gordita me echó refresco, porque le dio la gana, por estúpida que es, y luego la negrita me tiró el vaso, esa negrita es una fiera, si oyeran cómo se expresa, ¿qué podía hacer yo?, sólo traté de que el vaso no me diera a mí, incluso traté de cogerlo, pero no pude, y después salí corriendo y no fui a la policía porque me asusté, cualquiera se asusta con esta gentuza chusma, vulgar y solariega[42], por eso me alegro de que ustedes hayan venido hoy, ellas están en mi aula, son Fulana y Mengana». Y hubiera librado fácil. Nadie se lo hubiera reprochado, porque no éramos amigas. Nadie, en realidad, esperaba otra solución. Pero no. Optó por negarlo todo. ¿Un vaso? ¿Por la cara? ¿Ella? Ni hablar. Aunque feo estuviese decirlo, ella era la mejor alumna. Era muy correcta, muy fina. Hablaba tres idiomas aparte del español. Practicaba esgrima. Jamás se había metido en líos de ninguna clase, mucho menos de violencia. El director, allí presente, y los demás profesores podían atestiguarlo. O sea, que su palabra merecía crédito. Por otra parte, ella no había estado ayer en la cafetería. No conocía al ciudadano agredido y, por supuesto, no tenía motivos para agredirlo. Siempre andaba sola, estudiando, sin negritas ni gorditas a retortero[43]. En todo el globo terráqueo no encontrarían ellos a nadie que se atreviera a sostener lo contrario. Con el mayor respeto, los testigos debían fijarse bien –se colocó en el lugar donde había más luz, se apartó los pelos de la cara, se mostró de frente y de perfil–, debían hacer memoria con mucho cuidado, porque estaban incurriendo en un grave error, un gravísimo error de incalculables consecuencias. Ella *siempre* decía la verdad –y esa vez la dijo en presencia de los testigos, fría, impávida, convencida, sin que le temblara un músculo, sin desviar la vista. Más tarde la repetiría, la verdad, en el mismo tono delante del ciudadano agredido, sin dejarse intimidar por los múltiples tajazos, el costurón en la frente y el ojo tapado. Mostraría compasión, pero no culpabilidad.

—Oh, lo siento mucho. De veras lo siento. Me gustaría poder ayudarlo, créame. Ojalá capturen muy pronto al canalla que le

---

42   Relativo al solar, cuartería o casa de vecindad. (También se usa «chancletero» o «ambientoso», en alusión a la chusmería y vulgaridad. Ahora nuestra oficialidad cultural ha acuñado un nuevo término: «ciberchancletero», para aplicárselo a los bloggers independientes críticos del gobierno cubano, como Yoani Sánchez, la autora del popularísimo blog «Generación Y». *ELP*)

43   Traerle a vueltas de un lado a otro (*DRAE*).

hizo esto –diría muy seria–, porque un criminal así no debe andar suelto. No, no debe. Su sitio está en la cárcel.

Los guardias la condujeron a la unidad para apretarle mejor las clavijas. Aquella chamaca numerista[44] con su nariz de Pinocho, su globo terráqueo y sus tres idiomas aparte del español, no se iba a burlar de ellos. ¿Qué se había creído la muy culicagá?[45] Aquello no era un juego. Tenía que decir lo que ellos querían que dijera, sin excusas ni pretextos. No le permitieron llamar por teléfono a nadie. No la dejaron tomar agua ni orinar. La acosaron entre varios. Uno amable, paternal: «Yo tengo una hija de tu edad, ya tú ves, puedes confiar en mí, ya sabemos que fue un accidente, pero tenemos que aclararlo por tu propio bien, me cuentas lo que sabes y te vas y aquí no ha pasado nada, yo mismo te llevo hasta tu casa». A ése le sonrió. Otro, haciéndose el bobo, según la técnica del Tte. Columbo[46]: «Yo te creo, cómo no, ahora dime, ¿dónde tú estabas a la hora en que ocurrieron los hechos?». Ella ignoraba, claro está, la hora en que ocurrieron los hechos. «¿Dónde tú estabas a las once y media de la mañana de ayer jueves 9 de junio de 1987?» Ella, si mal no recordaba, iba camino de su casa. Sí, porque en la escuela habían soltado temprano. Camino de su casa. «Ah, sí. Qué bien. ¿Y cómo piensas probarlo?» Ella no pensaba probarlo de ninguna manera. Los que tenían que probar lo contrario, con el mayor respeto, eran ellos. Otro, marañero: «No tienes por qué seguir diciendo mentiras, no seas bruta, chica, ya cogimos a tus amiguitas y ya nos lo contaron todo, las dos te echan la culpa a ti, ¿no te vas a defender?, mira que te conviene». Ella los felicitaba por haber atrapado a alguien, pero amiguitas no tenía. A decir verdad, le parecía muy ridículo eso de tener amiguitas. Otro, amenazador: «Mira, si no hablas es tu problema, la que estás en candela eres tú, porque de aquí vas a ir a parar directico a Menores, a ver si te enderezan, y para que te me ubiques

---

44 Imaginativa, tramposa, que inventa historias falsas para justificar sus malas acciones.

45 Chiquilla insignificante.

46 *Columbo* es un programa de televisión cuyo protagonista, un detective interpretado por Peter Falk que aparenta ser muy distraído, tiene que probar cómo y por qué el asesino, a quien él ya ha identificado, cometió el crimen. El programa se transmitió regularmente por la televisión norteamericana de 1971 a 1978. (A esta conducta del Teniente Columbo se le llama en Cuba «Hacerse el muerto para ver el entierro que le hacen». *ELP*)

en tiempo y espacio, yo mismo voy a encargarme de hacerte la vida un yogur, ¿tú sabes por qué?, porque yo soy un tipo muy malo». Ella suspiró, apesadumbrada. Si la encerraban allí, mala suerte. Pero cometerían una gran injusticia, porque ella no había hecho nada. Sus malas conciencias no los dejarían dormir de noche. Ni tampoco de día. Y luego, qué raro, a ella le habían enseñado en la escuela que los policías eran buenos y amigos de los niños... Otro, a lo bestia: «Oye tú, qué bolá, qué es lo que te pasa, no te me estés haciendo la loca ni la caimana, que yo no creo en loco ni na' d'eso, desembucha de una buena vez, recoño, no me obligues a darte un cocotazo». A ése lo miró desde muy lejos, con desprecio celestial. ¿Un cocotazo? Bueno. Ella no podía impedírselo. Pero tampoco valía la pena. Los nazis les habían dado a sus abuelos un montón de cocotazos. Y ella no era mejor que sus abuelos para andar así por la vida, de niña linda, sin el cocotazo correspondiente. El energúmeno perdió la tabla[47] y le partió para arriba[48]. Los otros policías lo aguantaron. El energúmeno gritaba que lo soltaran, que él la iba a enseñar a respetar a la autoridá. Ella se agazapó en una esquina, cual tímido ratoncito, cubriéndose el rostro con las manos y tratando de ocupar el menor espacio posible. Y ése fue el delicioso espectáculo que se ofreció a la vista de sus padres, a quienes nada ni nadie había logrado frenar desde el aviso de Pescuezipela'o. Para ese entonces ya los testigos y el ciudadano agredido habían empezado a titubear.

Transcurrieron un par de semanas. El curso terminaba. Era noveno, el último de la secundaria, y ya andábamos en los exámenes finales. Yadelis, embarazada (de tres meses, pero recién entonces lo advirtió), había decidido no abrir un libro nunca más. Según sus propias palabras, no volvería a chocar con la letra de molde. ¿Para qué? Ella leía silabeando, contaba con los dedos y no tenía la más remota idea acerca de lo que podía ser un triángulo equilátero. No es que fuera burra, simplemente aquello no le interesaba. Su proyecto consistía en mudarse con Pancholo, atenderlo, cuidarlo, mimarlo, fabricar muchos bebés y jugar a las ca-

---

47   Se acomplejó.
48   La acometió, mostrando intenciones de agredirla.

sitas. (No parecía mala idea, pero ése fue justo el momento que mi socito escogió para aguantarle la pata a la vaca[49] y caer preso.) Su opinión acerca de la bruja se había modificado considerablemente. Cambió, como quien dice, de palo pa' rumba.[50]

—Ella se portó como un hombre, gordi, como un hombre —repetía, estremecida por la admiración; decía «hombre» como quien dice «Dios»–. Yo sabía que iba a ser así. Yo te lo dije, gordi, te lo dije una pila de veces y tú me decías que no. A mí siempre me cayó bien, siempre. Y tú, con tus prejuicios... Esa chiquita es durísima, tremenda pingúa.[51]

Yo, si antes le tuve miedo, ahora le tenía pánico. Me parecía un engendro peligroso, una especie de alien, un marciano disfrazado o algo así. No me resultaba fácil de aceptar aquella criatura invulnerable, con tanto poder personal, capaz de saltarse a la torera[52] todas las leyes humanas y divinas. Me asusta la gente que no se asusta. Pero Yadelis se tomó muy a pecho lo de la admiración, quería acercarse y todo, hablar con ella. Traté de disuadirla. ¿Acercarse para qué? ¿Hablar de qué? ¿Acaso creía mi amiguita que el engendro peligroso nos haría algún caso? ¿No era evidente que le importábamos un huevo? Yadelis se encogió de hombros. No, no era evidente. Más bien lo contrario. El engendro peligroso nos había salvado el pellejo sin pedir nada a cambio y debíamos ser agradecidas, sociales y amistosas. Insistí. ¿Y si la policía aún la vigilaba? ¿Qué tal si la veían hablando con una negrita y una gordita? Caeríamos todas en el jamo.[53] Yadelis se echó a reír y me dijo que yo veía demasiadas películas. Nada, que se le había metido entre ceja y ceja.

---

49   Ser cómplice de un delito. (El refrán dice así: «Tanto da el que mata la vaca como el que le aguanta la pata». *ELP*)

50   Ir abruptamente de un extremo a otro. («Palo» se refiere al baile ritual del culto afrocaribeño Palo Monte o Palo Mayombe. «Rumba» es un baile popular, también muy movido, pero con un ritmo completamente diferente. *ELP*)

51   Muy valiente, decidida, corajuda. (Proviene de «pinga». ¿No les había dicho que esta era una isla muy falocéntrica? Pues ahí tienen: a más testosterona, mayor osadía. El masculino es «pingú» y el plural «pinguses». *ELP*)

52   Soslayar una obligación o un compromiso (*DRAE*).

53   Caer en manos de la policía. (La frase «¡Qué clase′e peje cayó en el jamo!» se aplica cuando la policía captura a algún tipejo de muy mal comportamiento y alta jerarquía en el ámbito delictivo, por ejemplo, alguien así como Al Capone. También se utiliza en referencia a la entrada en escena, en alguna fiesta o espacio público, de alguien muy afocante. *ELP*)

Yo pensaba en el dependiente de la cafetería. ¿Y su cara qué?
Más que pensar, me torturaba con eso. Ahora sé que si uno sigue
la religión al pie de la letra no puede vivir, pero a los quince yo
estaba muy confundida. Fumar, beber, templar desaforadamente
(a veces con hombres casados, ateos y comunistas), decir malas palabras, mentir, faltar a la escuela, sacar la lengua, robar carros con
Pancholo, robar plátanos por mi cuenta... todo eso era peccata
minuta, nada que no se borrara en el confesionario. El padre Ignacio tenía manga ancha, porque no es lo mismo pontificar en
Roma que predicar en el barrio. Pero la violencia no. La violencia
era inadmisible. Era malo dañar a otra persona y punto. Esta vez
el padre Ignacio me escuchó con calma, igual que siempre. Luego
me echó tremenda descarga, tremendo rapapolvo, y me puso
como tres millones de Padrenuestros y otros tantos de Avemarías.
No funcionó. Una semana después yo seguía en las mismas, sin-
tiéndome cucaracha. Entonces el padre Ignacio me explicó que
una cosa es ser católico y otra, bien distinta, Nazarín.[54] Le pregunté quién era ése. Un loco –fue la respuesta–, un loco inventado
por el sinvergüenza de Luis Buñuel.[55] Uno que se tomaba los
Evangelios como el Quijote las novelas de caballería.[56] Uno que
no entendía que para amar al prójimo había que empezar por
amarse uno mismo. ¿De acuerdo? Claro, que si me sentía tan miserable –el padre Ignacio sonrió–, bien podía aprovechar y limpiar
la sacristía, sacudir el polvo, quitar las telarañas, fregar los bancos
y chapear la maleza del jardín... Así lo hice y dio resultado:
terminé tan cansada que no me quedaron ánimos para culparme
de nada. Tampoco pude resistirme cuando me exigió no seguir el
ejemplo de mi amiguita la pagana y continuar mis estudios en el
preuniversitario. Aunque profesó en otra orden, para mí que el

---

54   *Nazarín*, película mexicana dirigida por el cineasta español Luis Buñuel en 1959.
      (Basada en la novela homónima de Benito Pérez Galdós, de 1895, con Francisco
      Rabal, que más buenote no podía estar por aquellos tiempos, interpretando el per-
      sonaje protagónico. *ELP*).

55   Luis Buñuel (1900-1983), director de cine español, uno de los creadores más ge-
      niales de la historia del séptimo arte, autor de una serie de películas muy origi-
      nales en las que se hace patente la influencia del movimiento surrealista en com-
      binación con el mejor realismo español. (*La edad de oro*, su primer largometraje,
      realizado en 1930, fue piedra de escándalo por su anticlericalismo radical, en el
      cual habría de insistir en muchas películas posteriores. De ahí que el padre Ig-
      nacio no sienta precisamente una gran admiración por él. *ELP*)

56   Se los tomaba a pie juntillas, sin discusión.

padre Ignacio es medio jesuita, igual que su ilustre tocayo. Al dependiente de la cafetería no lo volví a ver, quizás se buscó un trabajo con menos riesgo. Su heredero siguió despachando refresco durante varios años más, pero en vasitos plásticos.

No soy elocuente. Nunca he logrado disuadir a nadie de nada. Siempre son los demás quienes me convencen a mí. Cuando Yadelis fue a expresarle su más ferviente admiración al engendro peligroso, decidí acompañarla por si las moscas. Aunque asustada, permanecí a su lado con tal de evitar una nueva escaramuza. La esperamos en el parque de Paseo, a dos cuadras de la escuela. Ella siempre pasaba por allí a la misma hora, bruja cronométrica. Apenas nos vio, sonrió de medio lado, entre pícara y socarrona. (Con el paso de los años esta sonrisa perdería su aire juguetón para volverse cada vez más sarcástica.) Se detuvo frente a nosotras como diciendo «Ah, qué bien, al fin sé decidieron», como si hubiera estado esperando por aquel encuentro. Me relajé un poco. Yadelis dijo dos o tres insensateces sin borrar la sonrisa de la cara del engendro. Hasta le dio un besito. (Mi amiguita era extrovertida y empalagosa, igual que yo. Las brumas de Malmö la han cambiado mucho.)[57] Creo que al engendro no le encantó lo del besito: de modo casi imperceptible se apartó un par de milímetros. Y habló. Tal como yo suponía, le importábamos un huevo. No era que le cayésemos mal, no. Sólo eso: le importábamos un huevo. Lo asombroso para mí no era este hecho en sí mismo, sino que lo admitiera como algo natural. Creo que a la mayoría de la gente le importa un huevo la otra gente, pero casi nadie lo reconoce y mucho menos con tal serenidad. Me pareció cínica y a la vez interesante. Ella no había mentido por protegernos, qué idea tan peregrina. Ella se entrenaba para el futuro, para ejercer lo mejor posible la profesión que había escogido.

—¿Actriz? –preguntó Yadelis.

—¿Agente secreta? –pregunté.

No, nada de eso. Las actrices y las agentes secretas recitaban guiones redactados por otros. Ella quería componer sus propios

---

57   Malmö, con 628.388 habitantes, es la tercera ciudad más poblada de Suecia.

guiones, inventar sus propias mentiras y engañar a todo el mundo. Ella quería ser una consumada farsante, una sublime embustera. Ella quería ser escritora. Y ése fue el primer gran parlamento de Linda Roth.

4. Mangos y guayabas

—Nos enseñan a comer mangos... –empezó la sublime embustera, nueve años después, su segundo gran parlamento–. No, no. Así no. Tal vez «enseñar» no sea el vocablo más adecuado –escritora al fin, siempre la preocupa el vocablo más adecuado–. Más bien *nos programan* para comer mangos. Da igual si los comemos bien o mal, poco o mucho, con gusto o a disgusto: la cuestión es comerlos. Mangos o nada. Nos programan para no admitir ninguna otra posibilidad.

Estábamos solas en mi cuarto. Para ese entonces ya papá había recesado sus transmisiones en la Esquina del Martillo Alegre a fin de trasladar cámaras y micrófonos definitivamente a Norteamérica. Vivía cerca de Dallas. Antes había estado floreando en Miami, donde debió hacerle alguna jugarreta a la persona equivocada, pues lo expulsaron a tiro limpio y con la amenaza de saltarle la tapa de los sesos si se atrevía a asomar el hocico por allá otra vez. Más tarde se mudaría a San Francisco, porque la proximidad con el aeropuerto de Love Field lo ponía nervioso, los ecos del atentado a JFK (ecos que probablemente sólo escuchaba él, aunque nunca se sabe) le recordaban el tiroteo reciente y él era un pacifista.[1] Con Linda, quien acababa de regresar de Nueva York, me había enviado mil dólares, otros doscientos para el padre Ignacio y, no sé para quién, un precioso par de botas verdes estilo cowboy con flecos rojos, tacones amarillos e innumerables adornos

---

1 Fue en el aeropuerto de Love Field en Dallas, Texas, donde el presidente de los Estados Unidos John F. Kennedy y su esposa Jacqueline aterrizaron el 22 de noviembre de 1963 a las 11:38 de la mañana. A él le dispararon de muerte menos de una hora después, cuando se dirigía hacia el centro de la ciudad. (Entre los presuntos culpables del atentado se encuentran, además de la Mafia italoamericana y los extraterrestres, varias organizaciones armadas de cubanos en el exilio que le habrían ajustado las cuentas a JFK por el embarque que les dio en 1961, al no apoyarlos con los marines en Bahía de Cochinos, como había prometido. *ELP*)

de diversos colores, sin contar las lentejuelas doradas y las incrustaciones en pedrería falsa, uno de esos delicados productos que salen al mercado cada año con la etiqueta que dice «Made in Texas by Texans». También había una carta inolvidable, tremebunda, jocosa y con bella caligrafía, una joyita epistolar donde me narraba sus aventuras y, en una postdata que incluía tres cuentos de maricones, me pedía que se las transmitiera al padre Ignacio como parte del donativo.

Por esas fechas la cosa económica no marchaba del todo bien. A decir verdad, no marchaba: se había paralizado. No sé si vivíamos al borde del colapso o ya dentro de él. Yo había perdido mi trabajito de redactora en aquella oscura revista sobre temas agropecuarios (ya no había temas agropecuarios ni papel para imprimir la revista) y no me salía nada por el lado de la mecánica. Tremendo escache.[2] El día anterior (y el otro y el otro y el otro...) me había acostado en blanco. Un vaso de agua con azúcar, un cacho de pan que parecía fabricado con arena o estropajo de aluminio y hasta ahí las clases. Ni arroz ni merluza ni ilusiones. Qué desgracia. En lugar de la canción de las cien botellas, cantaba esa otra que dice «El coco no tiene agua... / no tiene masa... / no tiene na'... / ay, no tiene na'...»[3], pues me había quedado sin fuerzas para llegar a cero. Creo que me asustaba la idea de llegar a cero. Me sentía igualita que el coco, muy afligida por el concierto de maracas en mi estómago, porque si algo nos deprime a los gordinflones son los problemas de avituallamiento.

Al igual que mucha gente, había tratado de criar un cerdito. Funesta iniciativa. Mi cerdito respondía al nombre de Gruñi, al cual añadí mis apellidos en un arranque de afecto maternal. He ahí el primer error: ponerle nombre. No me había percatado del riguroso anonimato al que estaban sometidas, sin excepción, las bestezuelas de mis vecinos. Porque nombrar es individualizar. Nombre equivale a espíritu, a personalidad propia. A lo que debe cuidarse, pues de algún modo es único e insustituible. A propósito de esto, hay una pregunta muy capciosa que dice así: «Entre la

---

2   Ruina, quiebra económica, desastre.

3   Tonada burlesca titulada «El coco» e interpretada por un dúo cómico llamado Torturación Latina (ojo al nombre) en un estelar programa humorístico de la TV cubana allá en las postrimerías del milenio pasado, que causaba espanto en los otros participantes del programa y sumo jolgorio en los telespectadores. *ELP*

Mona Lisa y un bebé, si tuvieras que elegir sólo uno, ¿a quién salvarías en caso de incendio?». Tengo mi respuesta, pero no la diré. Mejor formulamos la pregunta de otra manera: «Entre la Mona Lisa y Juan Carlos, el nietecito de la señora que vive en la otra cuadra y vende pirulíes, si tuvieras que...». ¿Y entonces? Claro, siempre quedan personas que desprecian lo mismo al ser humano que a sus más espléndidas creaciones, que colocarían el dilema en su conjunto bajo el rótulo de «humanismo mierdero», pues consideran que el mundo estaría mucho mejor sin la execrable Mona Lisa y sin el imbécil de Juan Carlos y no moverían un dedo por preservar a ninguno de los dos. Pero volvamos al cerdito.

De lo más lindo y cariñoso, a Gruñi Álvarez La Fronde le encantaba que yo lo acariciara detrás de las orejas. Vivía dentro de mi cuarto, bien protegido. Nunca lo dejé salir al pasillo para que el perverso megaterio anónimo no lo ultrajara. Comía lo mismo que yo, cualquier cosita, lo que se pudiera conseguir. Dormía conmigo en la cama. A veces conmigo y con algún amante ocasional, aunque éste invariablemente protestaba, ponía cara de asco, se declaraba alérgico a semejante compañero de almohada, decía que aquello era una puercada inaceptable y aprovechaba mi sueño para poner a Gruñi en el piso. Angelito, cuántos padrastros insensibles tuvo que soportar. Hubo uno que trató de lanzarlo por la ventana, pero lo cogí en el brinco. Le grité al rufián «¡Saca la mano, que te pica el gallo!» y rescaté al pequeño aterrorizado. Qué jodienda con la puñetera ventana, cualquiera diría que su tamaño fuera de lo común tiende a despertar los peores instintos de la gente. Y eso que Gruñi no tenía peste, pues yo lo bañaba y lo cepillaba todos los días aunque tuviera que acarrear los cubos de agua por la escalera. Juntos fuimos felices hasta que, aún muy chiquito, se enfermó y se murió. Lloré como una Magdalena, pero quizás esto fue lo mejor, porque yo nunca hubiera reunido el valor suficiente para vender o asesinar a mi mascota. No sé por qué tengo la impresión de que no soy muy hábil para la ganadería porcina.

El caso es que me moría de hambre en el centro de una ciudad con varios millones de habitantes sin nadie a quien acudir en demanda de auxilio. Después de chocar el Peugeot contra una ceiba y reducirlo a chatarra, mi tío abuelo W., el nieto del marqués, se reponía de no sé cuántas fracturas en Camagüey, con la familia del tinajón, desde donde me envió un telegrama para avisarme que Urano andaba cerca, al acecho, dispuesto el infame a lanzar las redes del maleficio cósmico sobre nuestras míseras existencias. Urano (quizá Neptuno o Plutón, no recuerdo bien), le había hecho perder el control del vehículo y era, por tanto, culpable del accidente. Con dolor de mi alma supuse que ya el astrólogo, ciego por incapaz de distinguir una ceiba a tres pasos y chiflado por empeñarse en manejar a su edad, estaba tirando los últimos cartuchazos, que le faltaba poco para guindar el piojo.[4] Pero no. Gracias a Dios y tal vez a algún planeta benévolo, mi tío abuelo, el nieto del marqués, es lo que se dice un sobreviviente. Ahí sigue, sin Peugeot y con un bastón, negado a tocar el xilófono, pero vivito, coleando y adivinando.

El padre Ignacio a veces resolvía algunos víveres a través de la Iglesia (de manera solapada los verbos «resolver» y «conseguir» habían ido desplazando al verbo «comprar» en el léxico de la crisis), pero de él dependía una colección de viejitas desamparadas y medio locas, con velos negros, rosarios y crucifijos. Entre todos se las veían bastante negras, como los velos de las viejitas, como ciertos personajes inventados por el sinvergüenza de Luis Buñuel.[5] Aquello partía el corazón. No es que me pareciera mal vivir de limosnas, pues lo que importa es vivir (no interesa para qué, no hay que preguntarse para qué, sólo vivir), pero no era justo ni factible pedirle a mi confesor que se hiciera cargo, además, de una persona joven y sana. El donativo de papá, al cual añadiría yo otros doscientos dólares, le vendría muy bien, aunque me abstuve de transmitirle las aventuras norteamericanas del pacifista. ¿Dónde se ha visto una confesión por correspondencia? Ahora, sin embargo, se me ocurre que los católicos de los países

---

4   Morir. (También se dice «colgar el sable» o «ñampiar». *ELP*)
5   Alusión a *Los olvidados*, película neorrealista dirigida por Luis Buñuel en México en 1950, sobre criaturas de las capas sociales más bajas, incapaces de escapar de la pobreza. (Bueno, no es que ellos fueran precisamente culpables de ser pobres. Fue la primera película que vi en formato DVD, en 2003. *ELP*)

adelantados quizás ya anden confesándose a través de Internet, quién sabe.

Pancholo estaba en las mismas que yo, hambreado, macilento y sin un quilo[6] en el bolsillo, en plena decadencia, sólo que a él le importa tres pepinos todo este asunto de la comida. ¿A qué venía tanto rollo por la bobería ésa de masticar y tragar? Qué perdedera de tiempo. Lo suyo es el alcohol, que me brindaba gratis en mi condición de «ecobia» (en realidad los ecobios son todos machos, forman una especie de logia o sociedad fraterna donde no caben los equívocos ni las mujeres, de manera que nada más soy «ecobia» para mi socito y sin que nadie se entere), con la añadidura de algunos yerbajos para sobrellevar esta desdicha que nos ha tocado en suerte y seguir arrastrando el triste carapacho por los asquerosos andurriales de esta perra vida. Me parece que el ron y la marihuana son buenos, cómo no. Son buenos hasta cuando de hecho no lo son, hasta cuando se trata de chispa'e tren y hierba mezclada, pero en aquella circunstancia famélica sólo servían para amenizar el concierto en mi estómago. Las resacas eran infernales.

Mientras, Yadelis agonizaba entre las brumas de Malmö. Se salvaría con ambos pulmones intactos, gracias a Dios, a la virgencita de El Cobre y tal vez a Odín, el jefe del panteón escandinavo según la enciclopedia.[7] A veces el padre Ignacio me regaña por lo que él considera mis inclinaciones heterodoxas, mi excesiva tolerancia con cuanta superstición o idolatría aparezca en el horizonte y mi persistente apego al sincretismo. Lo comprendo. Ya se había disgustado muchísimo con mi presencia en un toque de santo[8] en el solar de Los Muchos (no sé si se debe a la música, los

---

6   Sin un centavo. (También se dice «estar pasma'o», «estar palmiche», «estar en carne», o «estar bruja». Esta última forma se usa siempre en femenino, aunque el desposeído de dinero sea un hombre. Pancholo, por ejemplo, estaba bruja, lo que no significa que lo fuera. *ELP*)

7   El primero en la jerarquía divina, creador y conservador del mundo, y a la vez terrible dios de la guerra. (Además de guerrero, era intelectual y padre de familia. Se le asocia con el Zeus del panteón griego, aunque era mucho menos promiscuo que éste y heterosexual al ciento por ciento, al menos que yo sepa. *ELP*)

8   En la santería o Regla de Ocha, el toque de santo, también llamado bembé, es una ceremonia durante la cual uno o varios de los asistentes son poseídos por algún orisha del panteón yoruba, al cual sirven de portavoces. (En un bembé el orisha *elige* entre los presentes, para manifestarse a través de él, o de ella, a quien le dé su realísima gana de orisha, aun si se trata de alguna persona escéptica o atea que esté allí por mera curiosidad. Ha ocurrido, cómo no. Si se te monta Yemayá, prepárate para una experiencia bien fuerte, porque ésa agarra cucarachas con las manos y *se las come*. Probablemente sea la posesión más difícil de simular. *ELP*)

dulces, los colores o el baile, el hecho es que me atraen los toques de santo como la luz a las mariposillas; alguien me ha dicho que soy hija de Obbatalá, el jefe del panteón yoruba,[9] y reconozco que me fascina ser hija de alguien tan ilustre), luego se molestó con la referencia al planeta benévolo y después con que prestara atención al vecino testigo de Jehová, sin contar mis coqueteos con la quiromancia, la ouija, el I Ching y el tarot. Lo del panteón escandinavo, en fin, le pareció el colmo de la herejía.

—Pero, hija mía, si esa barbarie ya ni siquiera está vigente –rezongaba–. ¿Qué hacemos contigo, eh? Veleidosa, impía, frívola y, por si fuera poco, anacrónica.

Quizás yo sea tan mala cristiana que en los siglos oscuros me hubieran condenado a la hoguera, pero en aquella ocasión no me quedó más remedio que rezarle a todos, incluso a Odín, divinidad local y especializada en problemas nórdicos, pues «dying» fue el vocablo más adecuado que, para describir la condición de mi amiguita y hundirme en el espanto, encontró el inconsolable vikingo al otro lado del teléfono. Era cuestión de vida o muerte y a Yadelis yo la quiero muchísimo. Acá, sin ella, no me atrevía a salir con extranjeros. Aunque lo cierto es que ese negocio, como el del cerdito, jamás se me dio bien. Como jinetera soy un fracaso. En primera porque, aun siendo más comprensiva y más paciente que Yadelis (hay turistas que en cuestiones de sexo no saben ni dónde tienen la mano izquierda, una debe empezar por amaestrarlos, sin ofensas ni burlitas ni nada de eso, es importante contener la risa), quien busca una negrita bella difícilmente se conforma con una blanquita pelandruja a la cual le sobran algunos kilogramos. En segunda porque sé templar pero no cobrar. Se me hace muy cuesta arriba exigir un pago por hacer lo que más me gusta. Con que me inviten a comer es suficiente. Y no todos los turistas son viejos babosos. Qué va. También los hay jóvenes y buenos tipos, italianos o gallegos, que sí saben. ¿Cómo cobrarle a uno de esos? Debo ser tremenda estúpida. Según mi amiguita, el problema consiste en que no me doy a valer. Ella sí. Ella considera que todos los

---

9   Siempre vestido de blanco, Obbatalá es el orisha creador del cuerpo humano en la religión yoruba. Hijo él mismo de dioses, encarna la máxima deidad. (También equivalente al Zeus del panteón griego, fue elegido por Oloddumare –la divinidad supremísima– para bajar por una cadena desde el cielo hasta el agua primordial, llevando una caracola llena de tierra, semillas de palma y un pollo con cinco dedos, y con la misión de crear la tierra y poblarla. *ELP*)

hombres (excepto uno, el importante, el bonito, claro) *tienen* que pagar por acostarse con una muchacha, pues no se trata de un juego, sino de una pincha[10] como otra cualquiera. Traté de verlo así, pero no pude y renuncié. Tampoco le propuse a Pancholo que cobrara por mí, porque él, pobrecito, ya tenía ficha de proxeneta de cuando Yadelis, las leyes al respecto se habían recrudecido, y podían reinstalarlo en el tanque[11] en un dos por tres. Debo admitir que también me asustó el acta de advertencia que me habían levantado (a mí, justo a mí, que tantos carros he birlado impunemente), pues no me entusiasman los líos con la policía.

En cuanto a Moisés, aún me faltaban unos meses para conocerlo. No quiero decir que el yuyito se interesara en el negocio de los turistas. Él, que yo sepa, no se interesaba en ningún negocio. Aparte de sus modales un tanto bruscos, lo que le sobraba para tratar con el prójimo no era precisamente diplomacia. Casi todo el mundo le caía mal y no hacía el menor esfuerzo por ocultarlo. ¿Cómo negociar así? Las únicas personas con las que nunca se mostró agresivo fueron el padre Ignacio, quien no sólo no pretendía convencerlo de nada, sino que ni siquiera lo miraba (para el padre Ignacio mi relación con Moisés fue una especie de romance con el diablo), Pancholo, por su muy lúcida teoría del triste carapacho, y Alix Ostión, la más notoria entre las amigotas de Linda, muy callada como el apodo sugiere, quien vivió con nosotros durante algún tiempo, hasta que... Pero aún no es el turno de Alix, ya hablaré de ella más adelante. El asunto ahora es que el moñito, simplemente, me daba dinero. Pesos o dólares, siempre dinero, tal vez con el propósito de establecer entre nosotros cierta distancia o de indemnizarme por sus desmanes o, quién sabe, quizás el Dr. Frumento tenía razón y Moisés en el fondo era un tipo noble y generoso. En lo que respecta a la procedencia de este dinero, no sé. Ni idea. Él me lo ponía en la mano y ya, sin más comentarios. Una vez me atreví a preguntarle por sus misteriosas finanzas y me pellizcó en una nalga (durísimo, qué salvaje) antes de recomendarme que no fuera tan chismosa, pues la curiosidad

---

10   Trabajo, oficio.
11   Cárcel (*DRAE*). (Tengo una vecina que pasó una temporadita recluida en Manto Negro, la cárcel de mujeres, y se refiere a tal sitio como «la beca», y a sus ex compañeras de prisión como «la mafia». *ELP*)

mató al gato. Pero lo dicho: cuando Linda regresó de Nueva York, aún Moisés no había aparecido en mi vida y yo estaba en un down del carajo, pasando más trabajo que un miserable forro de catre.

Para los gordinflones, según Linda, el hambre implica cierta ventaja, cierta ganancia muy digna de ser tomada en cuenta: la pérdida de kilogramos. En aquella memorable noche de verano de 1996, luego de seis meses de no ponerme un ojo encima, ella recién descubría que tengo buena figura. Quizás demasiado voluptuosa para su gusto, pero aceptable. Ella se inclina más bien hacia el look atlético, se derrite por la belleza olímpica: durante los últimos tiempos su ídolo ha sido la superestelar multicampeona hipergloriosa ultradivina Marion Jones, la que ganó cinco medallas en Sydney con una sonrisa de oreja a oreja.[12] A Moisés también le gustaban las mujeres así, quizás porque son más fortachonas y pueden aguantar más golpes antes de caer redondas en el piso. Tal vez hasta puedan propinar algún que otro contundente gaznatón para hacer la fiesta más divertida. Como decían los antiguos romanos: *Altius, citius, fortius.** En cualquier caso, yo lucía bien distinta del galápago que Linda había dejado en La Habana seis meses atrás. No había que ponerse muy exigente con una amiga de tantos años: con un poquitín menos de culo, con las caderas un poquitín más estrechas, el vientre un poquitín más firme, las teticas un poquitín menos saltonas y la cara un poquitín menos mofletuda, yo sería casi perfecta. El «casi» porque, arriba de todo, me faltaba estatura. Un poquitín de estatura. Lo de perder kilogramos por concepto de dieta forzosa me pareció un razonamiento bastante cruel y despiadado, típico de ella. Lo del galápago, un símil interesante, porque los galápagos duran un tongonal de años, son muy longevos, y yo le profeso un gran amor a la vida.

---

12   Marion Jones (1975-), atleta estadounidense especialista en pruebas de velocidad y salto de longitud que ganó tres medallas de oro y dos de bronce en los Juegos Olímpicos de Sydney 2000. En octubre de 2007 confesó, ante un Tribunal Federal de Estados Unidos, haber consumido sustancias no autorizadas en dicha competición, por lo que fue sancionada y le fueron retiradas las cinco medallas olímpicas. (Algunos de nuestros narradores deportivos la odiaban a muerte. Uno de ellos, de cuyo nombre no quiero acordarme, durante aquellas jornadas olímpicas del milenio dio en llamar a Zhana Block, principal contrincante que tuvo Marion Jones en los 100 y 200 *m* planos, «La Esperanza Blanca», en un vergonzoso despliegue público de racismo típicamente cubano, aun cuando la inmensa mayoría de nuestros atletas son negros también. *ELP*)

*   Más alto, más rápido, más fuerte. (Notica de Zeta). (Es también el lema de las Olimpiadas de la era moderna. *ELP*)

Lo de la estatura, un enorme descaro, puesto que Linda y yo y millones de mujeres tenemos la misma: algo menos que Yadelis y mucho menos que Marion Jones.

Pero no le discutí nada, como de costumbre. No sólo porque a ninguna persona en su sano juicio se le ocurriría polemizar con ella (mi amiga siempre ha sido la mata de la elocuencia, muy sofista, muy leguleya, muy capaz de demostrar que lo verde *en realidad* es rojo y viceversa, hay quien opina que debería dedicarse a la política), sino también porque la había extrañado muchísimo y de repente aparecía con la salvación, quizás no de mi alma veleidosa, impía y frívola, pero sí de mi atribulado estómago. Nadábamos en plata y eso lo pone a uno de muy buen humor. El hechizo de los billetes de banco: todas (o casi todas) las angustias se borran como por arte de magia. Como dice el poeta, «Poderoso caballero es Don Dinero».[13] No hay mejor psicofármaco. Aparte de los mil dólares de papá, había varios miles más para cada una. Qué opulencia. Excepto en las películas donde los bandidos asaltan el banco o los narcotraficantes se caen a tiros de lancha a lancha, jamás había visto yo un tesoro semejante. Me sentía Rockefeller.[14]

El negocio de los habanos había salido a pedir de boca. Poco antes de ella marcharse, yo me había enredado con un tipo que trabajaba en la fábrica. Al tipo, muy juguetón e imaginativo, de una sensualidad humeante, le encantaba hacer locuras con los tabacos. Los detalles no vienen al caso, el hecho es que la pasé de lo más bien con él. Sólo nos acostamos un par de veces, pero le caí en gracia y me regaló dos cajas de Cohíbas para que las vendiera por mi cuenta, sin darle nada y, desde luego, sin que yo se las hubiese pedido. Ah, ojalá todos los hombres fueran así, tan dadivosos. Cada caja valía en la calle treinta y cinco dólares. Eso en la calle habanera, porque en la calle neoyorquina valía alrededor de

---

13   Célebre verso de la letrilla satírica de Francisco de Quevedo y Villegas (1580-1645), escritor del Siglo de Oro español, gran representante del barroco. (Autor, entre otros libros, de la divertidísima novela picaresca *El Buscón*, de 1603. Esta obra está conceptuada como uno de los clásicos de nuestra lengua, pero no debemos permitir que eso nos intimide a la hora de disfrutarla. *ELP*)

14   John Davison Rockefeller (1839-1937), industrial estadounidense creador de la Standard Oil Trust, primer *trust* del mundo. Se estima que su fortuna personal llegó a alcanzar los 1.000 millones de dólares. (Cuando yo era muy chiquita y no tenía noción del dinero, a veces le pedía a mi mamá que me comprara cosas que estaban fantásticamente fuera de su alcance, a lo que ella respondía con una carcajada y un «Pero ven acá, mi amor, ¿tú te piensas que yo soy Rockefeller?». *ELP*)

seiscientos. En cuanto supe el dato le llevé una de las cajas a Linda. A manera de obsequio, por supuesto, para que tuviera algo que gastar en Nueva York, donde dicen que todo es tan caro y que hay como una manita sutil, invisible y pérfida, que te va sacando la plata del bolsillo sin que te des cuenta. Mi amiga quiso saber el porqué de la diferencia en el precio. Cuando le expliqué lo de la prohibición de importar productos cubanos en los Estados Unidos por causa del embargo y todo lo demás, sus ojos brillaron intensamente detrás de los cristales.

—O sea, que es una especie de contrabando, ¿no?

—Bueno... sí. Más o menos –qué mala maña esa de llamar a las cosas por su nombre, pensé–. De Cuba se pueden sacar hasta dos cajas sin declarar. Hasta ahí es legal. En los Estados Unidos no se puede entrar ninguna. Por eso mismo es que valen tanto. Al parecer, los yanquis se despetroncan[15] por fumarse un Cohíba.[16]

—Eso está bien. Que se despetronquen... –por un instante se quedó pensativa–. Oye Zeta, y si a uno lo agarran con un cargamento, aquí o allá, ¿qué pasa? ¿Vas a la cámara de gas o algo?

—Oh, eso no lo sé. Pero me imagino que no –«cargamento», qué palabra tan desmesurada, pensé–. Al menos aquí no hay cámara de gas. Lo que hay es paredón.

Se echó a reír. Según ella, su temor a la cámara de gas era algo congénito, parte de una herencia biológica que yo, joven inexperta y la última del alfabeto, no podía comprender. A nadie le gustaba que le dieran cocotazos y lo envenenaran y lo asfixiaran y luego lo convirtieran en jabón y le cogieran la piel para pantallas de lámpara y los huesitos para fabricar botones y otras artesanías[17],

---

15   Se pirran, se desviven.

16   Los puros Cohíba cobraron fama porque a Fidel Castro se le mostraba fumando esta marca y se asociaron subliminalmente con su imagen. Son muy cotizados en todo el mundo. (Un Cohíba es «verdaderamente revolucionario» mientras que las otras marcas de habanos tienen retintines «burgueses». Según me ha contado un amigo argentino, especialista en cuestiones tabacaleras que afirma que el tabaco cubano es un milagro de la naturaleza, Sir Winston Churchill fumaba Romeo y Julieta, JFK mandó a acaparar H. Upmann antes de lo de Bahía de Cochinos, y probablemente lo que ostentaba Groucho Marx era un Montecristo A o un Partagás Lusitania. *ELP*)

17   Referencia a hechos ocurridos en los campos de exterminio nazis durante la Segunda Guerra Mundial. Dichas «artesanías» fueron atribuidas a Ilse Köhler, la esposa del coronel del ejército nazi Karl Otto Koch, conocida como «la bruja de Buchenwald».

¡ja ja! –ella se divierte con esta clase de comentarios, desafortunados y un poco tétricos a mi juicio, aunque los otros polacos que se congregan en la sinagoga también los encuentran muy graciosos, no sé, quizás hay algo que se oculta en el fondo de esa risa–. Pero bueno, hablando en serio, yo *tenía* que darle la otra caja y ponerla en contacto con el depravado de la fábrica –mi amiga no pide, ordena, hay quien opina que debió ser militar, aunque no logro imaginarla obedeciendo órdenes a su vez–, pues había decidido invertir su capital íntegro en un negocio con tan excelentes perspectivas. No quiso revelarme a cuánto ascendía el capital porque... bueno, porque no –medio maniática con el dinero, la tengo por tacaña mientras que ella, como todos los avaros, se considera ahorrativa–, pero aseguró que iríamos a la mitad con los beneficios, pues la información valía también lo suyo: ningún negocio podía prosperar desde la ignorancia. Como ya era habitual, me convenció.

Le di la otra caja y la puse en contacto con el depravado, al cual le compró no sé ni cuántas cajas, dos maletas y una mochila repletas de cajas, casi media fábrica. Al principio el tipo, quien se tenía por un mental y un fiera para los negocios, intentó clavárselas en treinta y cinco cada una, pero ella le advirtió que no se hiciera el pícaro ni el camaján[18] ni el bola de truco.[19] Le sugirió que aprovechara la oportunidad de dar un buen palo en vez de perder el tiempo tratando de estafarla: ella no había nacido ayer y sabía perfectamente que las ventas al por mayor implicaban descuento. Qué vocabulario. Creo que el tipo la tomó por una extranjera que se hacía pasar por cubana (le preguntó su nacionalidad y ella le dijo que japonesa, él no le preguntó más nada). Regatearon durante un buen rato. Él dudaba, se resistía, trataba de envolverla, ponía la cara supuestamente irónica que, según ella, ponen los machos cuando se enfrentan a una mujer que los supera. Pero mi amiga no perdió los estribos. Al contrario: parecía disfrutar el lance. Hablaba bajitico, suavecito, pronunciando todas las letras. Fue implacable. Pródiga en recursos, más fría y más

18 Persona que con astucia sabe sacar provecho para sí de una situación (*DRAE*).
19 Fullero, tramposo, estafador.

dura que el témpano que descalabró al *Titanic*,[20] terminó desplu-
mando al depravado al conseguir que se las dejara en veinte.
Nunca antes había presenciado yo tal despliegue de genio financiero. Me impresionó tanto que le propuse el mismo negocito que
jamás me animé a proponerle a Pancholo. Me miró incrédula. ¿Jinetera yo? ¿Proxeneta ella? ¿De dónde, de qué cerebro maltrecho
había brotado tan luminosa idea? ¿Quién había visto una gorda
jinetera y una flaca proxeneta? Sonrió antes de pedirme, ahora
por favor, que me dejara de indecencias.

Y se largó a Nueva York con las dos maletas y la mochila repletas de cajas. Iba invitada por el Hunter College de CUNY, la
universidad municipal, al I Encuentro de Escritoras del Caribe
Hispano o algo así.[21] En realidad el tal College en principio se había
interesado por un ciclo de conferencias de Carlos Fuentes,[22] pero el
gran mexicano había declinado cortésmente la invitación (según mi
amiga pagaban muy poco), y entonces fue que se organizó la
asamblea de las mujeres hispanas. Linda no es hispana, no tiene una
gota de sabor latino, incluso se las había arreglado para obtener un
pasaporte austríaco (después lo cambiaría por uno de la Unión Europea, rojo vino, de lo más bonito y muy útil para que no te fas-
tidien en las aduanas y poder traficar alegremente), pero escribe

---

20   Trasatlántico británico de lujo, de la White Star Line, que se hundió tras chocar
con un iceberg poco antes de la medianoche del 14 de abril de 1912, en mitad de
su viaje inaugural de Liverpool a Nueva York, lo que constituyó una de las peores
catástrofes marítimas de la historia. (Y sin duda la que más morbo despierta, ya
que ha sido tema de una tonga de libros y películas, como aquella superproducción
estadounidense, *Titanic,* dirigida por James Cameron, que arrasó con los premios
Oscar en 1998. *ELP*)

21   El I Encuentro de Escritoras del Caribe Hispano se celebró efectivamente en la
primavera de 1996 en dicho recinto, el cual forma parte de la City University of
New York (CUNY), la universidad de la ciudad de Nueva York, auspiciado por
el CUNY-Caribbean Exchange Program, que dirigió esta editora hasta poco antes
de esa fecha. (Los organizadores me cursaron una invitación en regla, pero no
pude asistir, ya que las autoridades universitarias de acá, representadas por el be-
nemérito doctor Juan Vela, por aquel entonces rector de la UH y uno de los funcionarios comunistas más timoratos y asustadizos que he tenido la desdicha de conocer, me lo impidieron. Y yo armé, recuerdo, un clamoroso belebele en la
rectoría, lo que de seguro contribuyó a cimentar en la UH mi leyenda negra de
niñita desobediente, indisciplinada, anarcosindicalista y con cierta abominable
tendencia a la crueldad verbal. Pero valió la pena: participé felizmente en el II
Encuentro de Escritoras del Caribe Hispano, que tuvo lugar en el mismo College
de la CUNY en mayo de 1997. *ELP*)

22   Escritor mexicano nacido en 1928, uno de los grandes narradores de su país. (Mi
favorito indiscutible entre todos sus libros es *Aura*, de 1962, una noveleta fantástica
y algo escalofriante donde el tema universal del vampirismo se condimenta con
el de la brujería mexicana, que es de apaga y vámonos. *ELP*)

en español. Iba por dos semanas y se quedó seis meses. Perdió, desde luego, su trabajo en la editorial. Pero eso carecía de importancia: más adelante, nadie sabía cuándo, quizás dentro de algunos años, ella *compraría* una pequeña editorial o, mejor aún, participaría como accionista en una grande y poderosa. No sé si lo dijo en serio. Tal vez sí, pues ya entonces habían comenzado sus problemas con los editores, que duran hasta el sol de hoy. Lo cierto es que de tal envergadura suelen ser sus ilusiones, aunque ella las da por certezas, como si poseyera la bola de cristal donde el futuro se distingue con la misma nitidez que el presente. Es tan absoluta su fe, tan rotunda su convicción, que me asusta la posibilidad de que fracase. Pero no se lo digo, claro. No me gusta ser pájaro de mal agüero.

Como era de esperarse, burló todos los controles de aduana. Para ir calentando los motores de la bellaquería, no declaró ni hostia en el aeropuerto de Rancho Boyeros. Si bien había previsto la eventualidad de tener que sobornar a alguien, eso no ocurrió. Su aspecto de niña buena (en cierto sentido nunca ha dejado de ser la mejor alumna) inspiraba confianza. Cambió de avión en Bahamas sin el menor percance. Y aterrizó en el aeropuerto de Newark, en Nueva Jersey. Tenía veintidós años. Nunca antes había puesto un pie fuera del archipiélago, ni siquiera de la isla grande, pero se comportó con mucha soltura y naturalidad, como si fuese Phileas Fogg, el que le dio la vuelta al mundo en ochenta días.[23] Bueno, mejor que Mr. Fogg, porque este conspicuo viajero manifestaba cierta ligera tendencia a involucrarse en toda clase de rollos y mi amiga no. Ella selecciona sus rollos. También había previsto defenderse en inglés con acento alemán, pues ya para entonces dominaba cuatro lenguas aparte del español (su talento para los idiomas resulta pavoroso) y se complacía con esos híbridos, combinaciones fraudulentas para engatusar al profano, para que el desdichado profano jamás logre adivinar el origen de quien habla, pero tampoco fue necesario. Nadie la atacó. Nadie la detuvo. Nadie le hizo el más mínimo caso. Creo que el pasaporte austríaco ayudó bastante.

---

23 Phileas Fogg es el protagonista de *Le Tour du monde en quatre-vingts jours* (La vuelta al mundo en ochenta días), la célebre novela de Julio Verne publicada en 1873. (Su accidentado viajecito representaba una proeza grandiosa en aquella época, ya que aún no se habían inventado los aviones. En la actualidad no sería nada del otro jueves. Creo que nadie le daría bola, el pobre. *ELP*)

—Claro que sí. Para triunfar en esta vida no hay nada como hacerse el europeo. El pacífico, lozano, solvente y muy correcto ciudadano de primera clase –afirmaría más tarde con cara de póker y en tono neutro, sin el menor asomo de amargura tercermundista.

Y se dedicó a vender las cajas, una a una, con tremenda paciencia por las calles de Manhattan, en bares dispersos, en discotecas, en el metro, en el barrio italiano, en el barrio chino, en Broadway, en SoHo, en la pista de patinaje del Rockefeller Center, en un restaurante de comida tailandesa, en otro de comida hindú y aun en otro, de comida griega, por la parte de Brooklyn Heights, en la librería Strand, en Chelsea, en un teatro de vaudeville en Harlem, bajo los árboles del Parque Central, en el Zoo, a la salida de la Ópera, ante los cuadros de los pintores famosos en el Met y en el MoMA, a bordo del ferry, en la Estatua de la Libertad, incluso *dentro* de la catedral de San Patricio, frente al mismísimo altar, lo cual me recordó el pasaje bíblico de los mercaderes en el templo (no sé por qué, pues nadie expulsó de allí a la sacrílega). Regateó en sus cuatro lenguas aparte del español y también en español, aunque no demasiado –la traficante sonreía–: a pesar de la prohibición y de las absurdas campañas contra el saludable hábito de fumar (ella no fuma), muchísimos neoyorquinos se despetroncaban por los Cohíbas. Literalmente se les caía la baba. Era como si nunca hubieran visto un tabaco y se hubiesen pasado la vida entera esperando por verlo. Y por fumarlo. No les importaban las leyes ni el medio ambiente ni el riesgo de contraer un cáncer de pulmón ni nada de nada. Abrían tamaños ojos, tamaña boca, revisaban, olfateaban, decían «Oh God!» y soltaban muy veloces los fulitas[24] antes de que otro vicioso se les adelantara. Así, mi amiga logró vender todas las cajas en más de setecientos y algunas en más de ochocientos. Me asombró que sus clientes llevaran tanto dinero encima, sin temor a los atracos... ¿Encima? Oh, no. Encima no. Yo no debía permitir que el subdesarrollo me mordiera de ese modo. Para evitarme la mordida del subdesarrollo, concluyó su relato ex-

---

24 Dólares.

plicándome, de lo más contenta, cómo tuvo que arrastrar a muchos hasta algún cajero automático para desplumarlos mejor. Se sentía muy feliz no sólo por el jugoso botín, sino también por su recién descubierta habilidad para el trapicheo internacional.

A su regreso lo primero que hicimos fue ir a comer a un modesto pero atractivo y muy acogedor restaurancito que se llama El Gringo Viejo.[25] Pasé por alto sus malignas insinuaciones acerca de volver a adquirir mi acostumbrada silueta de galápago y me consagré con ahínco a la masticadera, saboreo y posterior deglución de un colosal filete que casi desbordaba el plato, ¡ah, la gloria!, tostadito por fuera y medio crudito por dentro, de vuelta y vuelta, ¡qué divino!, con su abundante salsa de champiñones y sus descomunales, crujientes y amorosas papitas fritas. Ñam ñam. Qué sabroso. Qué excitante. Qué rico. Qué... Ay. Podrá parecer una barbaridad, un atavismo, una salvajada, pero lo cierto es que, después de tanto ayuno involuntario, aquel manjar me acarició por dentro de tal manera que casi me provoca un orgasmo. ¿Por qué negarlo? Soy así. Voraz, primitiva, pantagruélica, miembro de la horda. Para los vegetarianos radicales, tan ortodoxos que ya son herbívoros, como Linda, la mera visión de un buen filete chorreando sangre puede llegar a convertirse en un espectáculo dantesco. Atrincherada tras sus lechugas, coles, berros, apios, acelgas, berzas, espinacas, habichuelas y otros matojos, ella me miraba como los cervatillos a los leones: con horror. No me importa. Durante toda mi vida he pasado hambre, por momentos aguda y siempre crónica. He vivido al día, entre la maroma y el invento. Me he paseado (aún lo hago) por la cuerda floja, por un trapecio sin red que amortigüe la posible caída. Quizás suene muy dramático, pero no lo es tanto. Supongo que eso (lo de la cuerda floja) nos ocurre a todos los seres humanos, incluso a todos los seres, sólo que el hambre lo hace más evidente, más descarnado. No sé. Entre otras reglas de supervivencia, he aprendido que si se presenta la oportunidad de comer hay que aprovecharla al máximo, puesto que uno ignora cuándo volverá a presentarse. Así de sencillo.

---

25 Restaurante ubicado en la calle 21, entre E y F, en El Vedado. (Muy frecuentado por escritores y artistas, el dueño lo llamó así en homenaje a la novela homónima de Carlos Fuentes, publicada en 1985, que trata sobre los últimos años de la ajetreada y misteriosa vida del escritor norteamericano Ambrose Bierce. *ELP*)

Después del filete, me zampé una suculenta cuña de cake en compañía de tres bolas de helado de chocolate con merengue, sirope y bizcochos. Ñam ñam. Luego el café, un cigarrito y ya. La dicha de vivir, el paraíso de los estómagos contentos, el nirvana. Fue entonces cuando le pregunté a Linda qué tal le había ido con las escritoras hispanas. Enseguida supe, por la expresión de su rostro, que la respuesta sería larga.

¿Las escritoras hispanas? Ja ja. El Encuentro, que dicho así, con mayúscula, sonaba más bien a ciencia ficción, a episodio de la serie *Expedientes X*,[26] sólo había durado cuatro días. Por suerte, porque aquello era aburridísimo, fastidioso, más social que literario y un poco loquibambio.[27] En fin, lo normal. ¿Acaso podía esperarse algo diferente en esa clase de reuniones? Ella se escapaba subrepticia desde tempranito. Ponía pies en polvorosa para recorrer la Big Apple, echarle un looking a los museos y turistear un poco, lo cual significaba poner cara de asombro frente a las monumentales towers del World Trade Center[28] y otros fenómenos de la naturaleza, tirar fotos y considerar por un instante la descabellada posibilidad de adquirir alguna idiotez con el cartelito que decía «I love NY» o, mejor, «I ♥ NY», o una réplica liliputiense del Empire. Ah, y atender el business. Sobre todo eso, atender el business. Por la tarde regresaba just in time para contribuir a los aplausos finales y congratular a las escritoras hispanas por la lucidez de sus ideas, la agudeza de sus planteamientos y la elegancia de sus respectivos estilos oratorios. De la última sesión, dedicada a la lectura pública de cuentos y poemas, ya no pudo evadirse. De algún modo debía justificar los honorarios recibidos, por muy escuálidos que fueran. Así pues, leyó un breve relato de lo más es-

---

26   Popularísima serie de ciencia ficción y suspenso, centrada en los raros casos que investiga una pareja de agentes del FBI: fenómenos paranormales, avistamiento de OVNIs, criaturas extrañas, etc., que transmitió la televisión norteamericana desde 1993 hasta 2002. (David Duchovny, un actor bastante limitado, con una voz debilucha y esa mueca de arrobo que no se le borra jamás de la cara, halló, sin embargo, su lugar en el mundo interpretando a las mil maravillas al inolvidable agente Fox Mulder. *ELP*)

27   Loco, estrafalario, bizarro.

28   Desde la acera yo miraba hacia arriba y los últimos pisos de aquellos rascacielos se perdían entre las nubes. Me parecieron eternos, o en todo caso tan duraderos como un par de montañas. ¿Quién iba a imaginar lo que ocurriría allí unos años después? Desde la noche triste del *Titanic*, por no ir más atrás en la historia, está visto y comprobado que, tratándose de obras humanas, el tamaño no garantiza nada. *ELP*

peluznante, más tarde ganador del premio Semana Negra para cuentos policiales: «El caníbal que untaba mayonesa». El auditorio aplaudió, sí. No porque les agradara el caníbal –aclaró la autora–, sino porque allí se aplaudía todo. Ella hubiera podido guiñar un ojo, sacar la lengua, ponerse de cabeza o tirarse un pedo, que igual la hubiesen aplaudido. A eso le llamaban «solidaridad femenina».

La noche era otra historia. La noche neoyorquina tenía muchos rostros, algunos hermosos y otros horribles. A mi amiga le mostró uno que era a la vez hermoso y horrible. De ensueño y de pesadilla. Estremecedor. Inesperado. Turbulento. Si alguna vez fue ella inocente, en Nueva York dejó de serlo. Al amparo de las sombras (y de los anuncios de neón) algunas escritoras hispanas se transformaban, se olvidaban de que eran escritoras, mujeres con ideas, planteamientos y estilos oratorios, y salían por ahí a divertirse. Entre anhelante y desconfiada, quizás algo inquieta, ella las acompañaba. Y ocurrió lo que tenía que ocurrir. Empezó en una disco del East Village, en una disco muy peculiar y bastante locota, donde sólo había... Pero debíamos irnos –se puso de pie–. Ya era bien tarde, casi noche, y no parecía de muy buena educación quedarnos a dormir en El Gringo Viejo. Lo que iba a contarme, lo más importante –sonrió enigmática–, me lo contaría en mi casa. En la suya no, porque en la suya había una familia (recordé a su hermano Félix, el violinista, muy buen amante con su nariz protagónica, sus pelos alborotados y su circuncisión) y no estaba ella de ánimo familiar. Me enseñó el contenido de su bolso: una bellísima botella de Clan Campbell. Oh. Qué bien. Revelación mojada con whisky. Ya me pelaba por enterarme de lo más importante. Nadie como Linda para crear atmósferas de suspenso.

—...la cuestión es comerlos. Mangos o nada. Nos programan para no admitir ninguna otra posibilidad –decía poco después, mientras se paseaba por mi cuarto, a la luz de una vela por causa del apagón–. Se supone que los mangos sean lo más apetitoso del mundo...

—Y lo son –afirmé rotunda desde la cama–. No digo yo si lo son. Los mangos...

No acostumbro interrumpir a Linda, ya lo he dicho, pues sé que ella no soporta que la interrumpan y no se debe fastidiar a las amigas. Pero sus palabras me habían hecho recordar, con profundo dolor, el destino cruel de la mata de mangos que durante años había presidido la entrada de la Esquina, derramando sombra y mangos sobre nuestras vidas. A veces se ponía renuente, la mata, y pese a la interdicción de Petronila no quedaba más remedio que apedrearla para que se desprendiera de sus frutos. No lo hacíamos por maldad: a Pancholo, a Yadelis, a mí y a los otros chamas del barrio nos deleitaba hincar los dientes en la dulce perfumada masa amarilla (dulce y perfumada de una manera espesa, fuerte, violenta, casi erótica, más allá de cualquier descripción) y dejar que el jugo chorreara por las comisuras, el mentón, el cuello, el pecho, hasta los pies, hasta formar el supremo embarrotiño. ¡Ah! Los mangos nos hacían sentir empalagosos y contentos. Pero un día arribó a nuestras costas la tormenta del siglo, aquel terrorífico ciclón que duró más de una semana. No es que fuera el peor de todos, lo que pasa es que somos dados al tono apocalíptico y le llamamos «la tormenta del siglo» a cada huracán que se pasa un poco de la raya. Este se pasó bastante. Entre otras fechorías, arrambló con las tejas del palacete, hizo estallar varios vitrales neogóticos, ensanchó peligrosamente algunas de las grietas en los muros y arrancó de cuajo la mata de mangos. Allí quedó la infeliz, horizontal pero aún viva, con las raíces intactas y protegidas por terrones húmedos. Creímos que la replantarían cuando regresara la calma. No hay que ser muy botánico para saber que las matas de mangos son árboles perennes, de los que demoran un montón de años en alcanzar la mayoría de edad, o sea, en dar frutos, y por tanto no se debe permitir que mueran así como así. Pero no. De replantarla nada. Vinieron unos tipos con una grúa, la cargaron como si fuera un trasto viejo, «agarra bien a la hijaeputa» –gruñían–, y se la llevaron sin decir adónde. Papá les preguntó por qué hacían eso y ellos respondieron que «eso» era su trabajo y que se quitara del medio y no jodiera más. Nunca la volvimos a ver. Suena bastante absurdo, pero creo que hay personas que odian los árboles.

—...son lo máximo, Linda, lo máximo. No seas mala. ¿Qué tú tienes en contra de los mangos? ¿Qué te han hecho? ¿Tú no eras vegetariana hace un ratico?

—¿Vegetariana? Pero Zeta... –me miró perpleja–, ¿de qué coño tú hablas?

—De lo mismo que tú. De los mangos.

Se echó a reír. Sin dar explicaciones, como los tipos de la grúa, me sirvió más whisky. Lamentó la falta de hielo. (Apagón o no, siempre se queja de lo mismo: no hay hielo. El lío es que tampoco hay refrigerador. Si tanto necesita hielo, me parece que tendrá que ir a buscarlo al Polo Norte. Pero no le digo eso, claro. Sólo me encojo de hombros.) Extrajo un cigarro de la cajetilla en mi cartera, me lo puso en la boca y me dio fuego con la vela, porque en aquella oscuridad de los ochenta mil demonios ya se había extraviado la fosforera. Qué raro, tanta amabilidad. No le resultaba nada fácil –advirtió– contarme lo más importante. Necesitaba concentrarse para encontrar los vocablos más adecuados y evitar cualquier malentendido. Yo no debía abrir el pico inoportuno hasta que ella no terminara su relato, ¿de acuerdo? Me lo pedía en muy buena forma, así que me quité los zapatos antes de encaramar las piernas en la posición del loto y me dispuse a escuchar en absoluto silencio. De todas maneras lo hubiera hecho, pero siempre es agradable que lo traten bien a uno.

—Te decía que, supuestamente, los mangos son lo más apetitoso del mundo. Desde que uno nace le incrustan esa historia en el cerebro. En mi casa, por ejemplo. Mis padres comen mangos, los mismos mangos desde hace un millón de años, pero aún no se han aburrido y eso se les ve. Dentro de lo que cabe, mis padres son felices –sí, a mí también me daban esa impresión–. Ellos son la prueba fehaciente de lo beneficioso que resulta comer mangos. Y mi hermano. Ése es otro. Cambia de mango como de camisa. Los mordisquea y los tira enseguida. Lo único que le importa es el violín, llegar a ser un gran solista como Jascha Heifetz o Isaac Stern o Yehudi Menuhin,[29] y los mangos le sirven para descargar tensiones, para relajarse y punto. Si alguien sale lastimado, ése no es su problema. Verdad que tiene talento, pero eso no le da ningún derecho a... No creas, a veces he llegado a pensar que mi hermano es un hijoeputa. Bueno, eso tú lo sabes.

No, no lo sabía. Como en las canciones románticas, él me mintió. Él me dijo que me amaba y no era verdad. Nunca me amó. O a lo mejor sí, pero sólo por una semana. Qué más da. Esas cosas suelen decirse para acariciar los oídos y no para que uno se las crea. A mí me encanta que me las digan, sobre todo si el mentiroso tiene la voz grave, profunda, resbaladiza, de las que se cuelan por la oreja y lo sacuden todo por dentro. Siempre he guardado un buen recuerdo de Félix. Si no lo defendí entonces fue porque le había prometido a su hermanita mantener cerrado el pico inoportuno.

—Y luego están la televisión, la escuela, el cine, las novelas, hasta los dibujos animados. Por todas partes el mismo mensaje: hay que comer mangos –suspiró mientras yo comenzaba a advertir que «comer mangos» significaba, de momento, algo distinto a lo que suele significar. A veces soy un poco lerda. Y es que nunca se termina de conocer a la gente. ¿Quién hubiera imaginado que también Linda tuvo infancia, que veía los muñes[30]?–.Y el problema es que a mí nunca me han atraído los mangos. ¿Entiendes? No me gustan nada. Pero nada-nada, ni un poquito. Los mangos me repugnan. Abajo los mangos. Lo que a mí me gusta son... –lo pensó por unos instantes– las guayabas. Sí, eso es. Las guayabas –como si no le bastara con haber proferido el vocablo más adecuado, lo subrayó. Debí mirarla con cierto asombro. Porque a mí también me gustan las guayabas y no entendía por qué había que decirlo con tanta grandilocuencia. A no ser que «comer guayabas» también significase algo distinto.

—Quita esa cara de idiota y óyeme bien, Zeta. Durante años me sentí un bicho raro por ese motivo. Creía ser una extraña, la

29   Jascha Heifetz (1901-1987), Isaac Stern (1920-2001) y Yehudi Menuhin (1916-1999) son tres de los violinistas más aclamados del siglo XX. (Todos judíos, casualmente, igual que Félix Roth. *ELP*)

30   Forma abreviada del cubanismo «muñequitos», que son los dibujos animados.

única en este mundo tan alegre que no deseaba mangos sino guayabas, qué tonta. Desaproveché toda la adolescencia y quién sabe
cuántas oportunidades. Fui muy estúpida –increíble que Linda
dijera semejante atrocidad de sí misma, por poco la interrumpo
para desmentirla–. ¿Sabes lo que hice una vez? Me comí un
mango –tuve que hacer un enorme esfuerzo de autocontrol para
no decirle «Oh, pero qué gran hazaña»–. No sé qué mierda me
quería demostrar a mí misma, pero te juro que fue la peor experiencia de mi vida. Yo tenía diecisiete. Estábamos en el Pre.[31] Y no
me preguntes quién fue –me apuntó con un dedo y sonrió misteriosa–, porque no te lo voy a decir. No vale la pena. Fue horrible.
Ho-rri-ble. Aparte del dolor, lo único que sentí fue asco, por poco
vomito. Y arriba al muy imbécil le dio la locura por perseguirme,
por insistir en que estaba enamorado de mí y no sé cuántas ridi-
culeces más... –pero bueno, «comerse un mango» no podía significar «templarse a un tipo», pues en tal caso ni Félix ni su papá
comían mangos, qué rollo–. Pero ahora es diferente. En Nueva
York me comí una guayaba... –otra vez la grandilocuencia–.
Bueno, para serte franca, me comí más de una. Todos estos meses
me los pasé instalada en el apartamento de una guayaba puertorriqueña. Y fue muy bueno. Verdad que luego se puso malo,
porque la guayaba puertorriqueña pagaba todas las cuentas pero
a cambio exigía exclusividad, fidelidad y amor eterno. Qué
manera de dar lata, la muy pegajosa. La cocaína la volvía medio
loca, le daban tremendos arrebatos y llegó a amenazarme con un
revólver. Así como te lo cuento, así mismitico. El revólver estaba
descargado, pero yo no lo sabía. Me quedé inmóvil. Después le
metió una bala. Y yo ahí, tiesa, como si tuviera los pies atornillados
al suelo. Hizo girar el tambor y ya tú sabes, la ruleta rusa. Me
disparó a la cabeza... ¿Te das cuenta? *Me disparó a matar.* Luego
soltó el revólver y se puso a llorar y a decirme que yo era una in-
grata y una traidora y todo eso. Qué divertido, ¿no? Aquello me
asustó un poco, no creas –no digo yo, si hasta a mí se me habían
puesto los pelos de punta, ¿sería verdad?–, pero no cambia lo

---

31   El preuniversitario, equivalente al antiguo bachillerato.

esencial. De aquí en adelante me voy a comer todas las guayabas que pueda. Aunque me disparen comeré guayabas. Si llego a enamorarme de alguien, bien. Si no, también. Para comer guayabas no hace falta creerse enamorada. No hace falta ninguna justificación. Porque, ¿tú sabes?, comer guayabas es un hecho de la naturaleza, tan normal como comer mangos. No una enfermedad ni una extravagancia ni un crimen. Igual que existen zurdos y derechos, existen devoradores de mangos y devoradores de guayabas...

A esas alturas ya la cuestión me resultaba muy clara. «Comer», en efecto, equivalía a «templar». Desde el punto de vista del glotón, una «guayaba» era una persona de su mismo sexo y un «mango», una del sexo opuesto, así que... ¡Santo Cristo del Buen Viaje! ¡Mira que armar todo ese galimatías para decir algo tan simple! Iba a explicarle que esa historia ya me la sabía, que mi adorable papá (a quien ella conocía perfectamente) me la había contado muy temprano, primero incluso que la de Caperucita Roja y el Lobo Feroz,[32] bien rápido y bien explícito, sin mangos ni guayabas, sin subterfugios, antes que me infectaran los prejuicios. Pero mi amiga se había entusiasmado con la parte de los zurdos y los derechos. Ella no tolera muy bien el alcohol, no está acostumbrada a beber y enseguida se entusiasma con cualquier cosa. No me atreví a cortarle la inspiración. A la luz mortecina de la vela, se paseaba por el cuarto inmersa en el argumento de que yo debía comprenderla porque yo era una pobre zurda obligada a funcionar en un mundo diseñado para los derechos. Igual que yo no había elegido ser zurda, tampoco ella había elegido desear guayabas. Nadie podía negar la propia naturaleza sin perjuicio grave de la propia psiquis. Nadie debía ocultarla de los demás, porque eso nos tornaría vulnerables a cualquier chantaje. Nadie... Y entonces, en medio del apagón, como la campana que anuncia en el boxeo el comienzo y el final de cada asalto, sonó la corneta de Poliéster. Un pitazo brutal. Otro. Un

---

32　Este cuento, proveniente de la tradición oral, lo fijó por primera vez Charles Perrault en *Les Contes de ma Mère l'Oye* (Cuentos de mamá Oca), de 1697, pero su versión más conocida es la de los hermanos Grimm, de 1812. (Pues la más conocida *en Cuba* es el reguetón «La caperucita», de 2007, interpretado por el grupo Clan 537, entonces liderado por el hoy solista Baby Lores, y que empieza así: «Deja que yo te coja, caperucita… / le voy a dar las quejas a tu abuelita…». *ELP*)

brevísimo respiro y enseguida los primeros acordes de una novedosa, trepidante y muy desafinada versión de «El manisero».[33] ¡Ah! Ya me extrañaba tanta paz.

—¡Mierda! —exclamó Linda al tiempo que pegaba un brinco—. ¿Pero todavía existe? ¿Es que el hijoeputa no se va a morir nunca? Ya ni sé por dónde iba... ¡Me cago en su madre! ¿Por dónde iba, chica?

—Ibas por... Mira, Lindita, no te calientes la sangre. Si tú quieres, lo dejamos ahí. Eres... —hice una pausa para buscar el vocablo más adecuado, que desde luego no era «tortillera» ni «tuerca» ni nada por el estilo— ...eres lesbiana, ¿y qué? Por mí, como si eres caníbal y untas mayonesa. No tienes que darme explicaciones. Yo te quiero igual.

—¿Lesbiana? ¿Y esa palabra tan fina, de dónde la sacaste? —me miró con lástima—. Ya sé que me quieres y todo eso, no seas empalagosa. Y también sé que no te debo explicaciones. Pero a otras personas sí. Por desgracia. A *ellos* sí tengo que explicarles, porque no voy a estar escondiéndome dentro de mi propia casa. Esto fue una especie de ensayo, ¿tú entiendes? Un borrador que mañana mismo voy a pasar en limpio.

Así lo hizo. Ignoro cómo transcurrió la escena, pues Linda nunca me lo ha contado y tampoco me atrevo a preguntarle. Sólo sé que a los pocos meses sus padres y su hermano emigraron a Israel. Quizás también ella se marche algún día. Por ahora permanece.

---

33 Quizá el son cubano más conocido, la letra de «El manisero» se elabora a partir de un pregón. (Compuesto por el músico cubano Moisés Simons (1889-1945), es el que dice: «Caserita no te acuestes a dormir... / sin comerte un cucurucho de maní...» y le ha dado la vuelta al mundo en el especialísimo estilo de Ignacio Villa, conocido como «Bola de Nieve», y también éxito rotundo de Rita Montaner, entre otros muchísimos destacados intérpretes. *ELP*)

5. Buscando nuevas ansiedades

Enclaustrada en el estudio de este soberbio penthouse, ella sigue escribiendo su nueva novela, Cien botellas en una pared, la de los dos homicidios. Me ha dicho que no la moleste. Por ningún motivo. ¿La oigo bien? ¡Por ningún motivo! Ni aunque se cuele un dinosaurio por esa puerta —el dedo apunta y la mirada centellea—. Así explote una bomba de hidrógeno, así nos ataquen los marcianos o se caiga el gobierno, ¡yo no debo interrumpir su trabajo! ¿Me queda claro? En la despensa hay coliflor. Puedo comerla. (¿Coliflor? Puaf. Cerebros verdes.) O tomar jugo de naranja, que está en la nevera. O leer algún librito, a ver si me cultivo un poco. O escuchar música (con audífonos, claro). O ver una película en el vídeo. O fumar, aunque no debo. O resolver un crucigrama. O mirar el techo. Cualquier cosa menos fastidiarla. Ay de mí si la interrumpo. Me matará. Mi amiga no es la gran anfitriona, no le interesa perder el tiempo en chácharas inútiles. Desprecia todo lo que huela a tertulia, salón o bohemia. El tiempo, su tiempo, es sagrado. Yo entendería esto si mi vida —dice ella— tuviera algún sentido más allá del simple estar ahí, en el revoleteo.

Libros hay por doquier. En anaqueles atestados del piso al techo, tapizando paredes enteras. Encima o debajo de los muebles. Sobre la banqueta del piano vertical, confundidos con las partituras. En la cocina, entremezclados con toda clase de viandas y hortalizas. Hasta en el baño. Una vez encontré uno de sus favoritos, *El halcón maltés*,[1] dentro de la nevera. Ella aseguró que jamás lo había puesto

---

1 *The Maltese Falcon*, novela negra del escritor estadounidense Samuel Dashiell Hammett (1894-1961), publicada en 1930, fue llevada al cine por John Huston en 1941. (Película que consagró definitivamente a Humphrey Bogart por su magistral interpretación del detective privado Sam Spade. Aunque mi favorito entre los detectives creados por Hammett, quien también fue detective en la Agencia Pinkerton, es Ned Beaumont, el protagonista de *The Glass Key* (La llave de cristal), de 1931. *ELP*)

allí, que se trataba, seguro, de una sinvergüenzura de Félix. De cualquier modo, nunca vi nada igual. Cientos y cientos, miles de libros en cinco lenguas aparte del español (Linda, la bestia políglota, ya lee ruso, pero aún no se anima –dice– a soltar la muleta del diccionario). Tiene amigos en todos los continentes, incluso en Australia, y siempre le regalan libros, se los introducen en la maleta cuando está de viajera o, si no, se los envían por correo. En fin, los libros. Y las revistas. ¿Habrá leído todo esto la polilla terrible? Quizás. Por lo menos los policíacos, que entre clásicos, contemporáneos y raros, forman legión, los ha engullido de cabo a rabo. Me consta. Porque sus conocimientos de literatura sensacionalista, como los de Sherlock Holmes,[2] son muy amplios y a la vez exactos, profundos, eruditos.

No importa que me deje sola, abandonada a mi suerte cual perro callejero. Vengo porque hay silencio. Aquí en el piso veinte, cerca del cielo, adonde nadie se cuela para vender cosas o dar la lata con Jehová o pedir prestado un poquito de azúcar. Ya ha pasado la época de las náuseas y los mareos. Sin embargo, aún no me atrevo a asomarme a la terraza. Antes lo hacía. Balconeaba para echarle un ojo a la ciudad, tan blanca y bella de lejos, desde la altura que oculta la devastación, que tiende un velo de recato sobre la miseria y el horror, La Habana tornasol y en el crepúsculo rosa, con sus carros como escarabajos, sus transeúntes del tamaño de hormigas, el Malecón interrumpido por la torre del Focsa y, más allá, la bahía. Aire puro, sensación de plenitud. Vértigo. Quien me trajo no fue Linda, sino Félix. Es decir, ella me invitó al penthouse (también a Yadelis, que nunca vino porque estaba muy ocupada con los líos de Pancholo y con otros líos), pero sólo nos movíamos entre esta sala y su cuarto enorme, luminoso, con un gramófono muy antiguo, de florón, un helecho colgado de un macramé, una foto de Djuna Barnes con Thelma Wood[3] (definitoria

---

2   Detective protagonista de cuatro novelas y más de cincuenta relatos del escritor y doctor escocés Sir Arthur Conan Doyle. Tras su debut en 1897, no hubo caso criminal que no pudiera resolver. (Aún hoy llegan tongas de cartas a su dirección postal en Baker St., Londres, remitidas por personas desesperadas de todas partes del mundo que le piden ayuda. En cuanto a mí, ando a la caza de su e-mail address. Quien la tenga, ruego me la envíe a través de Stockcero. *ELP*)

3   Djuna Barnes (1892-1982), escritora estadounidense, y Thelma Ellen Wood (1901-1970), escultora de la misma nacionalidad, tuvieron una relación homoerótica muy tempestuosa en la década del 20. Wood aparece en *Nightwood* (El bosque de la noche), de 1936, la novela más conocida de Barnes, con el nombre de Robin Vote. (Y ambas reaparecen en mi novela *Djuna y Daniel*, publicada en 2008 por Random House Mondadori. *ELP*)

y emblemática, posterior al viaje a Nueva York, igual que la de Gertrude Stein con Alice B. Toklas,[4] aunque ésa la eliminó muy pronto, pues ¿qué era aquello de estar viendo caras feas apenas uno se despierta?), varios libreros repletos y otros libros debajo de la cama. He ahí el espacio más privado de Linda, su habitación propia. Mi amiga es un bicho de interiores, mujer-serpiente, animalejo agazapado que sólo se lanza a la batalla cuando está seguro del triunfo. Tuvo que ser el violinista quien me mostrara el mundo desde la terraza, aquella insólita perspectiva del paisaje urbano, con el gesto majestuoso y algo irónico de quien ofrece un reino por conquistar. Nunca había subido yo tan alto. Me senté en la baranda con las piernas hacia afuera, balanceándolas en el vacío, sin apoyar las manos. Él me sostuvo. Si llega a soltarme, hubiera sido la muerte. Para hacer algo así, creo, se precisa de mucha confianza en el otro. Yo confiaba en Félix Roth, ignoro por qué.

Pero la última vez que me asomé, sola, hará unos meses, me entraron ganas de volar. Un cosquilleo por todo el cuerpo, crujientes deseos de sentarme otra vez en la baranda, voltear de nuevo hacia la calle, ponerme de pie en el alero, despacio, todo muy despacio, en cámara lenta, respirar hondo y entonces... volar. Escuchaba la voz del precipicio, tan seductora como la de Félix o la de Moisés, una tentación casi irresistible. Lo peor es que ni siquiera sentía miedo. O tal vez sí, pero lo disfrutaba. El placer del miedo. Un diablillo de cola torcida. Se lo conté a Linda, quien levantó las cejas al dictaminar que yo necesitaba ayuda profesional. Con urgencia. Un psiquiatra y un exorcista (por lo del diablillo, para fumigarlo). A pesar de su incredulidad, mi amiga no se rehúsa a «tomar precauciones» cuando las circunstancias lo requieren. No se considera atea, sino agnóstica, lo cual significa que en su opinión Dios no existe, pero quizás sí. Esto, según el padre Ignacio, es un descaro y un oportunismo y una marrullería[5] intelectual. Pero exorcista no encon-

---

4   Gertrude Stein (1874-1946) y Alice B. Toklas (1877-1967) compartieron sus vidas durante casi cuatro décadas. Stein tituló sus memorias *The Autobiography of Alice B. Toklas*, publicadas en 1933, en honor a su pareja. Como Barnes y Wood, pasaron largos períodos en París. (Organizaban tertulias vanguardistas en su casa de la rue de Fleurus, en el Barrio Latino, y fueron estupendas anfitrionas para muchos artistas. Ahora, no se puede negar que físicamente eran un par de brujas. *ELP*)

5   Astucia tramposa o de mala intención (*DRAE*).

tramos, sólo un babalao.[6] Por su parte, el Dr. Frumento disertó sobre una personalidad, la mía, en esencia depresiva, con episodios maníacos y no sé qué más, algo latente y oscuro que muy bien podría desatarse tras aquella espantosa experiencia en la Esquina del Martillo Alegre. O sea, que estoy más loca que una cabra. Me recetó unas pastillas que no se encuentran en las farmacias de aquí (la agente de Linda se las envía desde España) y me recomendó evitar situaciones de peligro. ¿Qué podría considerarse una «situación de peligro»? No sé. Pienso en las personas, hombres y mujeres, en ese equívoco sentimiento que llamamos gratitud. En el perturbador tatuaje de Alix Ostión. En la ventana de mi cuarto, ese ventanal catedralicio... Pero no he vuelto a la terraza, por si acaso.

Así, permanezco en la sala. No me apetece leer ningún librito a ver si me cultivo un poco. Ni encasquetarme los audífonos o enfrentar un crucigrama. Quisiera fumar, pero no debo. Por la criatura. Ay. No es fácil, ya se sabe, renunciar al cigarro. Uno se queda todo ansioso, inquieto, hecho un desastre, con los nervios a flor de piel. Tal vez me coma un cerebro verde... No. Ni hablar. Eso nunca. Mejor veo una película. Revuelvo los casetes. Ah, lo mismo. Una pila de casetes, pero siempre lo mismo: clásicos del cine negro, versiones de novelas negras, thrillers de baja estofa, tiroteos, ahorcamientos, secuestros, persecuciones, puñaladas, sangre, vísceras, horrores y más horrores... Qué obsesión. A veces me pregunto cómo es que mi amiga logra dormir de noche. Y luego dicen que la loca soy yo. Bueno, confieso que antes a mí también me gustaba ver esas cosas. Pero ya no. Para truculencias tengo más que suficiente con las de la vida real.

Termino por volver a la película de la semana pasada: *Romeo y Julieta*, la de 1968, la de Zeffirelli.[7] La he visto millones de veces,

---

6   Máximo sacerdote o guía espiritual en el culto de origen yoruba, comúnmente practicado en Cuba y otros lugares del Caribe, llamado santería o Regla de Ocha. El babalao es capaz de interpretar los signos de Ifá y las enseñanzas de los orishas. (Y a menudo cobra un dineral por sus servicios, que van desde tirarte los caracoles hasta hacerte santo. No lo critico, pues yo en su lugar haría lo mismo. *ELP*)

7   Película del realizador italiano Franco Zefirelli (1923-), basada en la difundidísima tragedia de Shakespeare sobre el amor imposible entre dos adolescentes, quienes son interpretados por actores también muy jóvenes. (La he visto un mogollón de veces y siempre me provoca el mismítico efecto que a Zeta. El azar puede jugar un papel determinante en nuestras vidas, ¿quién lo duda?, pero aun así no me parece que sea, en términos de dramaturgia, un elemento lo bastante sólido como para justificar el desenlace de una tragedia. Al menos no en este lamentable caso. *ELP*)

ya casi me la sé de memoria. Tan fuera de lugar entre las otras, si Linda no la ha borrado para grabar más atrocidades y degüellos es por mí, porque sabe cuánto adoro las historias de amor, y quizás también por la música de Nino Rota.[8] Ah, los amantes de Verona. He aquí una fábula conmovedora donde sólo me estorba el desenlace, tan triste. ¿Por qué tienen que morir Romeo y Julieta, ese par de ángeles, a ver? ¿Y por qué de un modo tan azaroso y traído por los pelos? Pura crueldad del director. Ya sé que la obra original es así de miserable, ¿y qué? Si Shakespeare fue un canalla, Zeffirelli no tenía por qué seguirle la rima. ¿Qué tanto le costaba mejorar el final, eh? A fin de cuentas, una versión es una versión. Y es que hay, creo, cierta diferencia entre *leer* tragedias en un libraco vetusto, palabras, sólo palabras sobre las páginas amarillentas, y *ver* la catástrofe con nuestros propios ojitos. Nada como el impacto de las imágenes en movimiento. Y arriba, la música. Pero no hay que hacerme caso. Linda opina que soy una tonta sentimental. A ella, que es más inteligente, le fastidia que el Chacal, después de tanto aparataje, no consiguiera reventarle los sesos a De Gaulle,[9] ¡qué clase de mierda! –protesta–, pero le importa un rábano el malogrado amor de Romeo y Julieta.

Con Romeo, por cierto, me sucede algo muy poco usual: no me atrae. Quiero decir que si me lo encontrara por ahí, por las calles del Vedado, no me interesaría acercarme a él, sonreír, guiñar

---

8   Nino Rota (1911-1979), compositor italiano, autor de las bandas sonoras de numerosas películas de Federico Fellini, Vittorio de Sica, Franco Zeffirelli y otros directores de su país, y de las dos primeras partes de *The Godfather* (El padrino), la trilogía cinematográfica de Francis Ford Coppola. (Por la banda sonora de la segunda parte ganó un Oscar en 1974. Pero Coppola, en una entrevista que le hicieron en Actor's Studio, declaró que ya lo tienen harto en los restaurantes de Nueva York, donde siempre que alguien lo identifica le ponen enseguida por el audio, a manera de homenaje, esa «jodida musiquita». No es que le parezca mala, ni que odie al pobre Rota, sino que no soporta nada de nada que le traiga a la memoria la saga de los Corleone. Se entiende, ¿no? *ELP*)

9   La novela del escritor inglés Frederick Forsyth (1938-), *The Day of the Jackal* (Chacal), publicada en 1971, versa sobre un asesino internacional de sobrenombre «El Chacal» que es contratado para matar al presidente francés Charles de Gaulle. En 1973 se realizó una versión cinematográfica, protagonizada por Edward Fox. (Ni Linda ni yo tenemos nada personal contra De Gaulle. Pero de todas formas nos había encantado que el inteligente, audaz y carismático asesino de los ojos grises se saliera con la suya. Siguiendo la propia lógica de la novela, el Chacal *debió* ganar la partida. Sólo pierde, como Romeo y Julieta, por causa del azar. ¿Qué culpa tenía él de que De Gaulle fuera un tipo muy alto y de que se inclinara para condecorar a otro más bajito *justo* en el instante del primer disparo? *ELP*)

un ojo, dar un filo[10], sacarle fiesta, compartir una botella de ron, arrastrarlo hasta mi cuarto, etcétera. Raro, porque se trata de un héroe y a mí, por lo general, me encantan los héroes. Los hombres que hacen cosas locas. Vagabundos, exploradores, aventureros, caudillos, hasta los próceres de la Patria. Pero este Romeo, el de Zeffirelli, con todo su glamour y su carita preciosa, definitivamente no me atrae. Quizás por demasiado joven. Por intocable, exclusivo, obsesivo, empecinado, enjulietado y algo baboso. Prefiero al loquito Mercucio o, mejor aún, al pendenciero Teobaldo Capuleto. La primera vez que vi la película me dolió en el alma que mataran a Teobaldo, aunque sin dudas lo merecía. Teobaldo me recuerda a Moisés. Romeo, a José Javier, alias «El Titi».

De pronto pienso en JJ, en su historia singular que tal vez arroje alguna luz sobre las tinieblas del presente. Ignoro por qué lo llamaban El Titi, supongo que por su glamour y su carita preciosa. Aunque esto del aspecto físico puede resultar un engaño. En una de las jornadas del movido agosto de 1994, cuando se formó la rebambaramba,[11] el salpafuera, el tumulto en las calles (yo me encerré en mi cuarto porque soy muy penca, pero alguien me habló de un desfile nocturno de *tanques* por cierta avenida),[12] JJ y dos socios suyos secuestraron a punta de pistola una de las lanchitas que hacen el trayecto entre La Habana y Regla, con pasajeros a bordo, y pusieron proa en dirección al Norte. Es decir, hacia donde ellos creían que estaba el Norte. Sin brújula, sin comida y

10   Provocar, exhibiendo un escote muy profundo, o una saya muy corta, o abierta por un lado, etcétera.

11   Cubanismo sinónimo de «revuelta», «alboroto», «alteración», «sedición». (*La rebambaramba* es el título de un ballet creado en 1927 por el compositor, violinista, pedagogo y director de orquesta cubano Amadeo Roldán (1900-1939), cuya música está basada en sonoridades afrocubanas. *ELP*)

12   El 5 de agosto de 1994, en plena crisis económica, hubo una protesta popular espontánea en el Malecón de La Habana, la cual fue reprimida. También por esa fecha miles de cubanos se lanzaron al mar en embarcaciones endebles, muchas de ellas simples balsas, tratando de llegar a las costas de los Estados Unidos. (Motín que duró unos cuantos días, conocido como «el Maleconazo». Los tanques desfilaron en plan intimidatorio, sugiriendo muy a las claras que, frente a un bochinche general que amenazara con desestabilizar al régimen, iban a abrir fuego contra nosotros, ya sabemos por órdenes de quién, en el más puro estilo del sátrapa Nicolae Ceausescu vs. el pueblo rumano. Lo recuerdo como algo sencillamente siniestro. Y en ese mismo contexto se produjo el hundimiento en la bahía de La Habana del transbordador *13 de Marzo*, que fue embestido brutalmente por una lancha guardacostas cuando trataba de escapar hacia los Estados Unidos. Muchos civiles perecieron ahogados, entre ellos varios niños que se encontraban a bordo. *ELP*)

sin agua potable, los improvisados marineros demoraron varios días en tocar las costas de la Florida o de Key West, no sé muy bien. Suerte que les alcanzó el combustible, puro milagro en aquella travesía agónica. Uno de los rehenes, una anciana, reventó de un patatús. Pobrecita. Debió ser horrible eso de verse encañonada por un muchacho medio loco, mientras la frágil embarcación navegaba mar afuera, sacudida por las corrientes del golfo (con sólo imaginarlo me vuelven las náuseas) y rodeada de tiburones hambrientos bajo un sol achicharrante. Cuando se lo conté a Moisés, le pareció exquisito. Él, con veinte años menos, hubiera hecho lo mismo. Porque el hombre –explicaba el yuyito– necesita poner a prueba sus fuerzas, tentar los límites de su expansión, irrumpir en nuevos espacios, conquistar el océano. Como decían los antiguos romanos: *Mare Nostrum*.* Una vieja más, una vieja menos, ¿qué más da?

El Titi, único ser en esta vida que me ha propuesto matrimonio (por la Iglesia y con vestido blanco, lo cual hubiera implicado una enorme desfachatez por parte mía, pero igual entusiasmaba al padre Ignacio), también me había invitado a deambular por el Caribe junto a él en un barquichuelo destartalado, entre cómplices y rehenes y todo lo demás. Oh, sí. Fantástica luna de miel. No lo decía con estas palabras, claro. Romántico empedernido, se refería a un viaje, un crucero, un agradable cambio de aire. ¿Acaso no emigraban las aves en pos de mejores climas, en busca de alimentos? Pues sí. Dos días antes de llevarlo a cabo, me había detallado punto por punto su maravilloso plan de bucanero. A pesar de sus múltiples habilidades y sus entrenamientos de supervivencia en Tropas Especiales,[13] nunca creí que hablara en serio. Sobre todo porque su imaginación no se detenía en Miami, en un timbiriche[14] cerca de la playa, donde venderíamos Coca-Cola bien

---

*   Nuestro Mar. Se referían al Mediterráneo. (Notica de Zeta)

13   Las Tropas Especiales de las Fuerzas Armadas Revolucionarias (FAR) y del Ministerio del Interior (MININT) están entrenadas para realizar misiones que requieren de una gran destreza. Algunas participaron en la decisiva batalla de Cuito Cuanavale durante la guerra en Angola (1975-1987). (Uno se pregunta qué rayos hacían allí, no sólo ellos, sino los miles y miles de cubanos que fueron a matar y/o a morir en África en nombre del «internacionalismo proletario», que viene siendo algo así como meter la cucareta en los asuntos internos de otros países, lo que siempre ha sido uno de los pasatiempos favoritos del régimen. *ELP*)

14   Voz cubana que significa «quiosco» o «tienda pequeña». (También se usa en Puerto Rico. *ELP*)

fría, hamburguesas y chicharritas, un tropical paradise a la sombra de las palmeras salvajes. No señor. Qué simpleza. Eso se le ocurría a cualquiera. El Titi picaba más alto. Nuestro primer hijo, nacido en suelo americano y un 4 de julio[15], sería un gran triunfador: el primer presidente hispano de los Estados Unidos. Aquello me sonaba un tanto novelesco, pero en fin. De cualquier modo yo nunca hubiera acompañado en su aventura al futuro padre del futuro presidente. Robarse una lancha *sin pasajeros* no parecía mala idea, quizás hasta me fuera útil la experiencia con los carros. Pero las armas no. Adiós a las armas.[16] Dice Pancholo que quien agarra un hierro, aunque sea para impresionar a los guardacostas, siempre termina por usarlo, y no es correcto eso de andar por ahí matando gente.

Cuando lo conocí, JJ era el muchacho más bonito del Pre del Vedado. Alto y flaco, trigueño de ojos azules, las pestañas largas y rizadas y una sonrisa con hoyuelos. Un muñeco nada sexy que sólo inspiraba ganas de envolverlo en celofán, engancharle un lacito dorado, una campanita navideña o algo así, y ponerlo de adorno en una repisa. Con su aire desvalido, figurín de porcelana o alguna otra materia quebradiza, daba la impresión de que se rompería si uno llegaba a tocarlo.

—Cristal de Baccarat[17] –fue el veredicto de papá la única vez que lo vio–. Las mujeres lo van a trajinar, lo van a coger p'a sus cosas. Tiempo al tiempo. Tú verás.

Por aquel entonces las mujeres aún no se acercaban a JJ con aquellas intenciones aviesas que papá, debido a su trauma con mamá, solía atribuirnos. Me imagino que las muchachas del Pre sentían con respecto al Titi lo mismo que yo, lo que suele sentirse

---

15   Podría ser una referencia a la película de Oliver Stone, *Born on the 4th of July* (Nacido el 4 de julio), de 1989, con Tom Cruise en el papel principal. (Bueno, se supone que alguien nacido en esa fecha, en que se conmemora la adopción formal por parte del congreso de la Declaración de Independencia de los Estados Unidos, redactada por Thomas Jefferson en 1776, debe ser un gran patriota americano. Se supone, repito. *ELP*)

16   Alusión a la novela del escritor estadounidense Ernest Hemingway (1899-1961), *Farewell to Arms* (Adiós a las armas), publicada en 1929. (No es que Hem, auto-proclamado «cubano sato», estuviera muy en contra de las armas. Sólo hay que ver la manera espantosa en que se suicidó. *ELP*)

17   Se refiere al frágil cristal producido en el pueblo de Baccarat, en la región francesa de la Lorraine, desde el siglo XVIII. (Tal como van las cosas hoy día en nuestro planeta, no parece muy recomendable tener una personalidad similar a eso. *ELP*)

frente a un ser muy hermoso pero de otra especie, quizás extinta o mitológica. Una mariposa urania, un quetzal, un unicornio. Un bicho raro. A nadie se le ocurría tratar de engatusarlo. Para obtener algo de él se hubiera precisado, además, una determinación de acero. Porque JJ adoraba a su novia, no tenía ojos azules para nadie más, ni por casualidad. Su amor por Martica era un amor de acero, o al menos eso parecía. Un amor a prueba de incendios, huracanes, terremotos, erupciones volcánicas y lluvia ácida. Un Gran Amor Correspondido. Siempre andaban juntos y revueltos para arriba y para abajo, pendientes el uno del otro, besándose, tocándose, diciéndose lindas tonterías. Eran unos pulpos, la pareja más célebre y empalagosa del Pre. Romeo y Julieta. ¿Quién hubiera osado entrometerse?

A Martica la traté muy poco. Si JJ vivía en las nubes, ella habitaba en otra galaxia. Una rubia de lujo, vistosa, llamativa, exuberante, quizás demasiado adulta para el Titi. Igual que en la película de Zeffirelli, donde la Julieta es toda una mujer, al menos desde un punto de vista físico, mientras el Romeo sigue siendo un muchacho flaco y desgarbado, con andares de grillo. Buena gente, Martica. Afable, silenciosa (más que hablar, pudiera decirse que ronroneaba), la mirada soñadora. Satisfecha. Muy aburrida. Cuando explotó la bomba, o sea, cuando JJ la plantó, en las postrimerías del grado doce, Martica hizo lo mismo que hubiera hecho yo en su lugar: nada. La secuencia habitual de las mujeres mansas: primero susto, luego llanto, desesperación, melancolía, fatiga, olvido, renacimiento, nueva pareja. Cero escándalo y, desde luego, cero rencor. No lo persiguió. No se fabricó un embarazo ficticio. No se empeñó en proclamar a los cuatro vientos la sarta de mezquindades e infamias que adornaban al ingrato. No lo acusó de sádico, maricón reprimido o peste a pata. No se acostó con todos sus amigos. No contrató a un esbirro para que lo sazonara y le rompiera cuatro o cinco huesos. No le echó brujería. Ni siquiera intentó averiguar el nombre de la intrusa. Porque su Titi de los iris cerúleos la había dejado *por otra*. Así, de buenas a primeras, cual rayo en cielo sereno, Romeo se enamoró de alguna bandolera incógnita y le dio la patada a Julieta.

Después de todo, a JJ no le faltó suerte con la pobre Martica. Pudo eliminarla sin percances. A otros les va peor. Pancholo, por ejemplo, sudó tinta para separarse de Yadelis. De hecho nunca lo consiguió. Si no llega a aparecer el vikingo, aún estuvieran juntos. A mi socito no le interesaba ninguna otra mujer, sus ocasionales tembas[18] europeas sólo significaban un ingreso extra aparte del matarratas[19] y la yerba. Su problema con mi amiguita era que estaba harto. Más que harto, coño, ¡harto! ¿Por qué yo, su ecobia predilecta, no comprendía que aquella jeba[20] se pasaba de exigente, controladora, dominante, celosa? Un auténtico dictador. Yo sí comprendía, por supuesto, lo que pasa es que nunca me ha gustado inmiscuirme en la vida privada de los demás, mucho menos entre marido y mujer.

—Ay, cojones... –suspiraba mi socito. Así no había quien viviera. Aquella negra puta lo tenía hasta la coronilla. Lo llevaba a paso´e conga y sin tumbadora, a patada por el culo y a buchito de agua.[21] Bonitilla, sí, pero insoportable. Ganaba mucho dinero, sí, pero no lo dejaba ni respirar. Todo el tiempo arriba de él, dándole órdenes delante de los socios: haz esto, haz aquello, haz lo otro, cállate la boca y ve a comprar aguacates. Lo había convertido en el hazmerreír del barrio. Lo había desprestigiado. Estaba cogiendo letra de maricón. Ya ni los curdas del portal querían respetarlo. Le cantaban a coro aquello de «María Cristina me quiere gobernar... / y yo le sigo, le sigo la corriente... / porque no quiero que diga la gente...»[22]. Qué oprobio. Decidió mandarla al carajo. Pero no pudo. Yadelis no se lo permitió. Lo chantajeaba con que no

---

18   En la jerga cubana, «temba» es una persona, ya sea hombre o mujer, de edad relativamente madura. (Existe la «discotemba», que es la discoteca de los tembas, donde ponen música del ayer, no hay trapicheo de drogas duras y el ambiente en general es mucho más apacible que en una disco juvenil. *ELP*)

19   Aguardiente de muy baja calidad. (Que quizá mate a los roedores, pero no a los curdelas consuetudinarios. Esos, como el partido comunista, o sea, El Partido, son inmortales. *ELP*)

20   «Mujer» en el argot cubano.

21   Lo trataba dura, recia, rigurosamente.

22   Guaracha del compositor cubano Ñico Saquito (1901-1982), muy popular en la década del 40. (He ahí el lado jesuítico del sexismo cubiche: no importa que sea María Cristina quien gobierne… mientras lo haga en forma discreta, sin que nadie en el barrio se entere. *ELP*)

vería más a la niña, aunque el solar de Los Muchos quedara sólo a una cuadra de la Esquina. Leidi Hamilton[23] (sí, se escribe tal como se pronuncia y el apellido es el de mi socito, Francisco Hamilton, verdadero nombre de Pancholo Quincatrece) se refugiaba en mi cuarto cada vez que sus padres se entraban a piñazos.[24] Una negrita feúcha, idéntica a su papá. Vivaz, fantasiosa, inteligente, se metía a cualquiera en un bolsillo. Logró conquistar incluso a Linda, quien detesta a los niños. Las tres jugábamos al veo-veo, donde hay que adivinar algún objeto del entorno a partir de su color, y Leidi proponía objetos grises y sutiles: las telarañas del techo, el humo de mi cigarro...

—Ah, sí. Cómo no. Muy pícara –se divertía la escritora.

Yadelis le echó a mi socito unos sesenta mil brujazos,[25] hasta de los que entran por la boca, que son los más poderosos. Pero la paciencia no le alcanzó para esperar a que los brujazos hicieran efecto. Qué va. Su lema era: a Ochún rogando y con el mazo dando. Lo amenazó con darse candela[26], ir a la policía para denunciar todos sus trapicheos, cortarle la pinga cuando estuviera dormido (esto le habría fascinado a Linda), rajarle el triste carapacho a palazos. En vista de que Pancholo insistía en aquella depravación de separarse, a mi amiguita no le quedó más remedio que llevar a vías de hecho alguna de sus amenazas. Le rajó el triste carapacho a palazos. Sí, con un bate de béisbol (el mazo). Lo cogió desprevenido, a traición, y estuvo pegándole hasta que se partió el bate. Casi lo mata. Después, claro, lo cuidó en el hospital día y noche. Primero en terapia intensiva y luego en la sala de recuperación. Le llevaba dulce de leche, caramelos, bombones, marihuana y otras golosinas. Le hacía muchísimas carantoñas[27], lo

---

23 Transliteración de Lady Hamilton (1761-1815), mujer de una gran belleza que llevó una vida disoluta. Siendo esposa de Sir William Hamilton, tuvo una larga relación con Lord Horace Nelson, con quien tuvo dos hijos. Le sirvió de musa al pintor George Romney. (A saber de quién serían realmente los hijos, pues en aquella época no existían las pruebas de paternidad basadas en el ADN, je je. *ELP*)

24 Un gaznatón, un puñetazo. (Nada que ver con la acción de coger una piña y aporrear con ella al enemigo. *ELP*)

25 Hechizo, conjuro. (También se dice «polvazo», «bilongo», «amarre», etcétera. *ELP*)

26 Quemarse viva. (Forma de suicidio muy común en Cuba, sobre todo entre las mujeres negras. Da tema al cuento «Flores para tu altar», que el escritor cubano Jesús Díaz incluyó en su novela *Las palabras perdidas*, publicada en España en 1992 y aún inédita en la isla por causa de la censura política. *ELP*)

27 Halago y caricia que se hacen a alguien para conseguir de él algo (*DRAE*).

llamaba «papito riquito», se desvivía por complacerlo. Se comportaba, en fin, como la más solícita de las amantes, la que defiende lo que es suyo y no deja que se le escape. En medio de tanto amor, el papito riquito renunció a cualquier proyecto de independencia.

A JJ no le aconteció nada ni remotamente similar. Había salido en ganga,[28] de modo que su conducta durante las últimas semanas escolares, las que siguieron a la ruptura con Martica, resultaba incomprensible y hasta alarmante para quienes lo conocíamos o creíamos conocerlo. Se le veía siempre solo. Aún en las nubes, pero solo. De tránsito por nubarrones de tormenta y descargas eléctricas, presa de la angustia. O del terror, quién sabe. El caso es que lucía fatal. Desorbitados los ojos azules. Sin rasurar las tres míseras pelusas de la barba. La camisa percudida, mal abotonada por cierta rara incapacidad de hacer coincidir cada botón con el ojal correspondiente. Empezó a fumar, tanto que prendía un cigarro con el cabo de otro. Creo que si no se fumaba dos a un tiempo, como haría el moñito años después, fue porque no se le ocurrió. Si alguien se lo hubiera sugerido, tal vez lo hubiese hecho. Andaba por la vida todo despeluzado, onda erizo, como si hubiera cogido a mano limpia un cable pelado de alto voltaje. Ahora se han puesto de moda los pelos así, y hasta pintados de verde, naranja o cinabrio[29], pero en aquella época tales preciosidades todavía se consideraban extravagantes: aun contra su voluntad, el Titi fue un precursor del talaje punk.[30] Le temblaban las manos, a la manera de los borrachos profesionales cuando les falta su botellín a la hora del desayuno. A veces prorrumpía en carcajadas histéricas o se agachaba a recoger objetos inexistentes. Cazaba moscas. En fin, la locura. Como si la rubia lo hubiera despachado a él y no a la inversa.

---

28 Adquirir a poca costa o con poco trabajo una cosa apreciable.

29 Rojo vivo, bermellón (*DRAE*).

30 El *punk* fue un movimiento musical aparecido en Inglaterra en la década del 70, que surgió con carácter de protesta juvenil y cuyos seguidores adoptaban atuendos y comportamientos no convencionales. «Talaje» es la forma abreviada de «estalaje», ambas palabras del argot cubano, que significan «apariencia física», «porte», «facha», etcétera. (El Titi fue precursor del talaje punk *en Cuba*, donde esa onda ultrachirriante y feroz estuvo oficialmente satanizada hasta hace muy poco. Allá en la pérfida Albión se podía protestar, o al menos hacer el intento sin que te metieran preso, en los años 70; aquí no. Entre los escandalosos inglesitos de The Sex Pistols y los escandalosos cubanitos de Porno para Ricardo media casi una generación. *ELP*)

—Olvídate de ese cretino –me dijo Linda, tan comprensiva–. Seguro que hace todo eso para llamar la atención. En definitiva, ¿qué te importa?

Nunca había sido muy locuaz el Titi, pero su mutismo de aquellas semanas alcanzó las cumbres del absoluto. Silencio casi total, sólo interrumpido por las carcajadas y algún que otro balbuceo indescifrable. Ninguna confidencia. Ningún indicio que nos permitiera a los chismosos averiguar la identidad de su nueva y al parecer devastadora pareja. ¿Por qué no la exhibía? ¿Por qué tanto misterio? Especulaciones hubo muchas, hasta el delirio. Se habló de la esposa de un alto oficial de la Fuerza Aérea, un gorila con pespuntes azules y estrellas doradas en la charretera, que había capturado al muchacho debajo de la cama y lo había cogido por el pescuezo para pronosticarle entre sopapos una inminente orden de fusilamiento. Luego salió a relucir la hija de un diplomático extranjero que debía regresar a su país, pues lo habían declarado non grato por espía al servicio del enemigo y por prestar apoyo a los «grupúsculos»[31], entre otros crímenes. No faltó quien apostara por una chiquita inválida, insensible de la cintura para abajo, en perpetua silla de ruedas. O reclusa en alguna prisión por haber descuartizado al marido, a la suegra y a los cuatro hijos. O enferma de sida, con manchas en la piel y respirando por un tubo. O un travesti muy fino, de los que confunden al más pinto, de los que sólo se sabe que son hombres por el tamaño de los pies. Y así. Pero nada de esto pudo ser comprobado. La sucesora de Martica mantuvo su anonimato hasta el final. Las habladurías se fueron apagando y terminaron por disolverse como la sal en el agua a raíz del ajetreo con los muy próximos y terroríficos exámenes de ingreso a la universidad.

Transcurrieron alrededor de tres años, durante los cuales no volví a saber de JJ. Mi graduación del Pre coincidió con el exilio de papá. No podía llevarme con él, así que nos despedimos como buenos amigos que volverían a encontrarse alguna vez, por qué no, pero que no dependían el uno del otro para sobrevivir. Quizás

---

31 Término oficialista que se emplea para aludir despectivamente, como sugiriendo insignificancia, a los grupos opositores al régimen, tanto de derechas como de izquierdas –lo mismo da, ya que *todos* son ilegales–, acá en la isla. También se les tilda de «gusanos», «apátridas», «mercenarios al servicio del imperio» y otras lindezas. *ELP*

suene un poco frío, pero lo cierto es que esta separación no ocasionó sufrimientos a nadie. La sabia naturaleza proporciona ejemplos. Apenas el pajarito está en condiciones de volar, la pájara madre lo expulsa del nido y que se las arregle como pueda. Parece cruel, pero no. Es lo mejor para el pajarito. Si por él fuera, se quedaría en el nido hasta el fin de los tiempos, de manganzón[32] y descarado bajo el ala protectora de la pájara. Jamás llegaría a valerse por sí mismo. Y no. El pajarito debe aprender. Ahora, los conocimientos que necesita el pajarito, picardías para conseguir migajas y artimañas para despistar al gato, no son de los que se adquieren en la universidad. Nunca me interesó parquearme por allí. ¿Acaso debía pasarme la vida entera entre libros? ¿A santo de qué? Prefiero los oficios y los trapicheos a los libros. Me gusta leer, mas no por obligación. Aunque en realidad lo que más me gusta es no hacer nada. El paraíso musulmán. Pero el padre Ignacio, indignado con esta nueva herejía («las seculares malevolencias de la media luna»[33], gruñía), se dedicó a mortificarme a toda hora con la monserga del pecado que implica despreciar los dones que el Señor, el nuestro, el único verdadero, el que de ninguna manera se llama Alá, nos ha otorgado. A fin de cuentas, según él, no era yo tan burra como parecía. Muy bien podía conseguir migajas, despistar al gato y obtener un título universitario. Qué optimista, el padre Ignacio.

En septiembre de 1990 Linda y yo matriculamos en la Facultad de Artes y Letras de la UH.[34] Puesta a elegir, yo hubiera optado por una carrera técnica. Alguna ingeniería, pongamos mecánica. No sólo porque ya contaba con cierta práctica en asuntos de motores, sino también porque en esas carreras abundan los hombres tanto como escasean las mujeres. Buen coto para cazar marido: muchos candidatos, mínima competencia. No es que quisiera casarme por «cumplir con la sociedad», como las mujeres de la generación de mis padres, que debían atravesar las etapas de un matrimonio relámpago y un divorcio más relámpago todavía antes de entregarse a la sana promiscuidad (aunque siempre hubo

---

32   Holgazán (*DRAE*).

33   Símbolo del Islam. Aparece en las banderas de muchos países de confesión musulmana. (Y también en las ambulancias de la organización humanitaria Media Luna Roja Internacional. *ELP*)

34   Siglas de la Universidad de La Habana.

algunas que prescindieron de ambos trámites sin mucho lío, v.g. mamá). Si bien hay días en que me siento abrumadoramente sola, tampoco se trataba de construir una relación más o menos estable por sí misma, un compañero para las buenas y para las malas, no. Ya desde entonces, a los dieciocho, yo quería tener un hijo. Sin engañar ni obligar a nadie, un hijo con alguien que, a pesar de la crisis que ya comenzaba a asomar la oreja peluda y piojosa, accediera por las buenas a ser papá. Un deseo inexplicable, quizás algo loco, ya sé. Pero muy intenso. Para mí ser mamá significa lo mismo que para Linda ser escritora: un sentido más allá del simple estar ahí, en el revoloteo. Pero mi amiga se empeñó en atribuirme sensibilidad para las artes y talento para las letras. De ingeniería nada. ¿Dónde se había visto una ingeniera llamada Zeta? Me convenció, desde luego. Gracias a ella me supe un embrión de crítica de cine y tal vez de escritora. Por su culpa aterricé en aquella Facultad muy artística y letrada, sí, pero repleta de mujeres. El espanto. Alrededor de veinte mujeres por cada hombre. Y este hombre, para colmo, solía ser un maricón de carroza. Nada que hacer. Allí no hubiera pescado marido ni el mismísimo rey pescador.[35]

Una noche, poco antes del cañonazo de las nueve, rumiaba yo mis desventuras sentada en el muro del Malecón en compañía de una caneca[36] y un par de cigarritos perfumados, yerba de Baracoa. Mi problema era serio. Debía preparar para el día siguiente una exposición oral sobre un poema épico muy extenso y aburrido, una horrorosa longaniza llamada *La araucana*.[37] Sabía que era aburrido y horroroso por pura intuición, pues no lo había leído y sospechaba que jamás lo leería. Pero no se me ocurría ninguna es-

---

35   Juego de palabras asociado al Rey Pescador, personaje de las leyendas artúricas que sirve de inspiración a la película *The Fisher King*, de 1991, protagonizada por Jeff Bridges y Robin Williams. (Muy triste, o al menos así la recuerdo. Es que a mí, sólo de ver a Robin Williams, ya me dan tremendas ganas de llorar. Parte el alma con esa cara de payaso deprimido. *ELP*)

36   En Cuba, frasco de vidrio no muy grande que contiene cualquier clase de bebida alcohólica. (Las hay con cierta forma de nalga, para llevarlas cómodamente en el bolsillo trasero de un pitusa. *ELP*)

37   Poema épico del conquistador español Alonso de Ercilla y Zúñiga (1533-1594) sobre la conquista de Chile. (Que por aquellos tiempos aún no se llamaba Chile. El poema, en su versión completa, es un fárrago atroz que no hay quien se lo dispare, salvo su propio autor, supongo, y el gran filólogo don Ramón Menéndez Pidal. La versión abreviada, en cambio, es más potable, e incluso puede resultar amena. *ELP*)

tratagema para escurrir el bulto sin parecer demasiado barco[38]. Siempre me pasaba lo mismo, por finalista. Por meter curva[39] y dejarlo todo para última hora. Luego aprobaba por los pelos o, simplemente, suspendía. Creo que fui una pésima estudiante, varias veces al borde de la expulsión, con la carrera en el pico del aura[40]. No es por justificarme, pero el asunto de las migajas se estaba poniendo cada vez más difícil y el pajarito no podía con todo. Allí, frente al mar, con un pito[41] prendido (a expensas de que me atrapara el gato), seguía con la vista la banda luminosa que a intervalos regulares proyectaba el faro del Morro sobre la bahía. Me concentré en el sonido, también rítmico, de las aguas oscuras que rompían contra los arrecifes. Vientos del Norte, de los que refrescan (no como los del Sur, los de la Cuaresma, que enloquecen a la gente). Olor a salitre, a petróleo, a moluscos podridos. Qué calma. Ah, si el tiempo se detuviera... Poco a poco fui agarrando mi notica sabrosita, el tiempo se detuvo y me abandonaron los funestos pensamientos araucanos.

A pocos metros de mí, también encima del muro, se había aposentado un «disparador». O sea, uno de estos tipos que se masturban alegremente en los lugares públicos y concurridos, lo mismo en un portal ajeno que en una parada de ómnibus, encaramados en una mata, medio escondidos tras un latón de basura, con lombrices alrededor de los pies y guasasas alrededor de la cabeza, o emboscados en la penumbra de un cine, muy atentos a la pantalla aunque la película sea de Asterix[42] (ese show lo vi una vez en el Yara). Algunos le enseñan la pinga a las mujeres que pasan, quizás convencidos de que se trata de algo muy especta-

---

38   Cubanismo que significa «persona irresponsable». (Cuando la persona es así en grado superlativo, como es el caso de Zeta, aunque ella trate de negarlo, se le denomina «trasatlántico». También existe el verbo «barquear», que equivale a «holgazanear». *ELP*)

39   Esquivar, eludir las responsabilidades. (Sinónimo de «guillarse». *ELP*)

40   En peligro. (También se dice «en el pico de la piragua». *ELP*)

41   Cigarrillo de marihuana.

42   Asterix el Galo es el héroe de una serie muy popular de historietas francesas titulada *Astérix* o *Astérix le Gaulois*. Sus aventuras han dado tema a varias películas, algunas animadas y otras con actores. (Ver a Gérard Depardieu en el papel de Obelix, el compinche grande, gordo y fortachón, aunque no muy listo, del menudo y vivaz Asterix, es algo que no tiene desperdicio. Los niños gozan. Y yo también. *ELP*)

cular. Éste se hacía el cráneo conmigo,[43] vestida, medio borracha y de espaldas a la ciudad. Qué imaginativo. Yo lo vigilaba con el rabillo del ojo y él ahí, enfrascado en su tarea con tremendo entusiasmo. Se me ocurrió darle un filito. No muy evidente, claro, para no ahuyentarlo, porque estos pajuzos[44] suelen ser un poco tímidos y hay que tratarlos con suma delicadeza. Así, con la mayor inocencia del mundo, como por casualidad, empecé a subirme poco a poco el borde de la saya. Je je. Fue entonces cuando...

—¡Oye tú! ¿Qué es eso? ¡Pajuzo! ¡Descara'o! ¡Fuera de ahí!

Amedrentado, mi pajuzo se dio a la fuga. En un sobresalto, con el noble (pero inútil) propósito de parecer una persona decente, me arreglé la saya y tiré a los arrecifes la patica del cigarro que aún conservaba en la mano. Otra mano se posó en mi hombro.

—Oye, mi vida, tú no cambias. La misma loquita de siempre.

—¿Yooooo...? –reacción automática.

—Sí, tú. Vírate p'acá, anda. P'a que me lo digas a la cara.

Muerta de miedo, me viré. ¿Qué querría éste que yo le dijera? No le había reconocido la voz. Pero a él, sí. Enseguida. ¿Cómo no reconocerlo? Trigueño de ojos azules. Sonrisa con hoyuelos. Pelado muy bajito, casi al rape. Había subido de peso. No mucho, pero algo. Lucía mayor, menos bonito y más varonil. El uniforme de Tropas Especiales le quedaba bien. Muy bien. Un tipazo.

—¿El Titi?

—¡Ja ja! Yo mismitico. ¿No me vas a dar un beso?

Pues claro que sí, no faltaba más. Puso una mejilla, de lo más correcto él, pero lo besé en la boca. Y no fue un besito de piquito, un besito ruso, no. Fue un señor beso, con lengua y todo. A veces soy algo desinhibida. Aunque a menudo me sirve de coartada en el momento de perpetrar las más diversas fechorías, la notica sabrosita no fue el motivo de mi frescura con el ranger[45]. Qué va. Yo bebo y quemo hachís casi desde que existo (también me gusta esnifar coca, pero no me he enviciado con eso porque cuesta mucho dinero) y jamás me hubiera atrevido a asaltar de ese modo a JJ en

---

43 Se excitaba sexualmente observándola. (Mientras fantaseaba sabrá Dios con qué. *ELP*)

44 Los que se hacen la paja, vulgarismo para «masturbarse».

45 Soldado de las tropas de asalto.

nuestra época del Pre. Por aquel entonces, ya lo he dicho, no me atraía. Pero aunque así hubiera sido, tampoco hubiese tratado de echarle el guante. Primero su largo y aparatoso romance con Martica, y después su locura con la terrible desconocida, lo hacían remoto, inalcanzable, un Romeo a carta cabal. Ahora, no sabría decir qué, pero algo profundo, medular, había cambiado en él. Algo interior que se transparentaba en su nuevo look. Se le notaba más común, conforme, disponible, *resignado*. «Más hombre», diría Yadelis. Y en efecto, JJ no me rechazó. Se dejó besar y luego se echó a reír.

Muy ágil, trepó al muro de un salto justo cuando sonaba el cañonazo de las nueve. Terminamos de vaciar la caneca y compartimos mi último cigarrito de marihuana. En algún momento él se levantó y fue a comprar una botella de ron, lo cual no resultaba nada fácil sin una botella vacía (como si todas, las cien, se hubieran caído de la pared, nuestra ciudad padecía un tremebundo déficit de botellas), pero lo consiguió. Y bastante rápido, supongo que con ayuda del uniforme. Conversamos muchísimo sobre los viejos tiempos. Sobre las minucias ocurridas tres años atrás, o sea, en la prehistoria. Ahora él tenía veinte y yo veintiuno, pero nos encantaba hablar acerca de los viejos tiempos, de cuando éramos jóvenes e inmaduros y no sabíamos nada de la vida. ¿Qué había sido de nuestros compañeros de aula? Oh, cuántas historias, algunas alucinantes. Yeyo, cazador furtivo, aterrorizando a los cocodrilos y otros animalejos en la Ciénaga de Zapata. El Johnny, pelú, con su grupo de rock, o más bien de hardcore, Cangrejo Metálico (vaya nombrecito), dando conciertos en el Patio de María[46] y soñando con grabar un disco. Luisi Drácula había matriculado Medicina y ya planeaba especializarse como forense, pues se había descubierto un fanático a los cadáveres, un fiera con el bisturí a la hora de practicar autopsias. Boliche, qué sorpresa, metido a seminarista con los Hermanos de La Salle. Martica, aeromoza en

---

46   Local en El Vedado donde se celebraban conciertos de rock en los años 80 y principios de los 90. (Quedaba a unas cuadras de mi casa, en una callejuela oscura. Aunque era legal, la policía nunca lo vio con buenos ojos. Cuando cerró, en medio de la crisis, todos los que alguna vez fuimos rockeros, pelús o frikis, nos sentimos un poco huérfanos. La banda Porno para Ricardo alude a esto en su tema «¿Te acuerdas?», que junto a otros tan conocidos como «Alpidio comunista chivatón» y «El comandante», circula clandestinamente en la isla en CDs quemados de manera artesanal. *ELP*)

Cubana de Aviación para vuelos internacionales y casada con un piloto, muy feliz. El Titi se alegraba por ella, cómo no. Porque ella se lo merecía. Porque era muy noble.

Aquello sonó a epitafio. La clase de comentario donde lo que importa no son las palabras, sino el tono. Y el tono era frío, frigidaire, de supina indiferencia. El Titi nunca se había arrepentido de aquella separación, jamás había intentado volver con Martica. Ella sería muy noble, pero nada excepcional. Más bien desabrida, insípida, corriente. Una muchacha del montón. Le rogué —entre murmullos al oído, acariciadora— que no fuera injusto. Martica me parecía muy tiposa. Bastaba con fijarse en el trabajo que había conseguido. En las aerolíneas exigían buena presencia, ¿no? A mi modo de ver, Martica podía gustarle a cualquier hombre. Erizado por el susurro, por la cosquilla en la oreja, JJ se encogió de hombros. Ajá. La mustia de su ex podía gustarle *casi* a cualquier tipo. ¿Sabía yo por qué? Porque la mayoría de los tipos no sabían ni papa de mujeres. Creían saber, pero no —apartó de mí los ojos azules para clavarlos, con mucho misterio, en la oscuridad del mar—. No tenían la menor idea acerca de lo que podía ser una mujer excepcional. Para enterarse, claro, había que joderse... No sé cuánta porción de verdad contenían aquellas afirmaciones tan rotundas, pero me impresionaron. Cuestión de resonancias, tal vez. Me hubiera gustado preguntarle a JJ por *su* idea de la «mujer excepcional». No lo hice creo que por discreción, para no forzar una confidencia. En lugar de eso, lo abracé y lo besé de nuevo. A veces me asombra la colosal distancia que media entre mi atrevimiento con los cuerpos y mi respeto por las almas.

A todas estas, ¿para qué seguir hablando de Martica? Mejor yo le contaba qué había hecho con mi vida. Porque de la suya, con artes marciales, paracaidismo, entrenamiento de supervivencia, maniobras submarinas, caminadera por las paredes (cual cucaracha) y otras audacias, no tenía ganas de hablar. Aparte de sonsacar pajuzos en el muro del Malecón, ¿a qué me dedicaba yo? Le conté por arribita, sin mencionar el rollo de *La araucana*. Nos sentíamos bien, contentos, achispados, no había por qué estropear la noche, *nuestra* noche, con lamentaciones y pucheros. Ya cogería de paño de lágrimas al padre Ignacio, que para eso es mi confesor. Al ninja le hizo mucha gracia mi inconformidad sexual con la Facultad de Artes y Letras. Lo simpático –dijo– no radicaba tanto en la carencia de espermatozoides disponibles, como en mi forma carnavalesca de hacer el cuento. Yo era uno de los bicharracos más divertidos de La Habana. Capaz de levantarle el ánimo a cualquiera.

—El ánimo y lo que no es el ánimo –le susurré, otra vez al oído, mientras me deslizaba como la belladona[47] entre sus brazos.

Mi increíble revelación no pareció molestarle. Para nada. Más bien al contrario. Le brillaron los ojos azules. Así, con la mayor inocencia del mundo, como por casualidad, empecé a enroscarme con él. Je je. Todo sonrisa con hoyuelos, al principio se mantuvo a la expectativa, curioso. A ver qué bolá conmigo,[48] hasta dónde osaría llegar en un encuentro casual, allí mismo, en el muro del Malecón. Más tarde supe que otros le habían hablado de mí, con lujo de detalles, con esa mezcla de admiración y desprecio que suscitan las buenas amantes cuando no exigen nada. En el Pre yo tenía fama de puta, loca, francesa, descarada, libertina, ligera de cascos. Había muchachas que ni siquiera me dirigían la palabra, como si padeciera de alguna enfermedad contagiosa. Pero qué más da. No creo haberle hecho daño a nadie. Y me fui entusiasmando con aquel paracaidista que me había caído del cielo, con su cuerpo dúctil, flexible, fácil de manejar. Y también él se fue entusiasmando. Afloró su lado goloso, posesivo, pulpo. Me sentía amasada por ocho manos. Qué bien. La sonrisa amable, aquiescente, se le transformó en otra clase de sonrisa, de esas que me encanta arrancarle a los tipos, cuando descubrió, previa exploración del territorio desconocido, que yo no usaba blúmer[49]. Ah. Entonces, muy oportuno él, me preguntó por mi amiga, la flaca. ¿Qué había sido de ella?

Por un instante me desconcertó. Mi amiga, ¿quién? Quizás ya

---

47 La belladona, cuyo nombre científico es atropina, es una planta tóxica que produce delirio, alucinaciones y dilatación de la pupila. (Al parecer, se trata de una matica un poquito resbalosa. *ELP*)

48 A ver qué pasaba con ella, qué hacía ella.

49 Pantalón interior. (Anglicismo proveniente de *bloomers*. En España le llaman «braga». *ELP*)

entonces debí darme cuenta. Pero no. Sin despegarme del ranger, le conté, mal y rápido, que mi amiga la flaca se sentaba a mi lado en el aula universitaria, seguía siendo la mejor alumna, de vez en cuando me soplaba en los exámenes y se divertía traumatizando a los profesores con sus preguntas capciosas, las cuales tendían a demostrar que ellos eran unos reverendos ignaros,[50] analfabetos, muy poco merecedores de los títulos que ostentaban y de sus respectivas cátedras. En nombre de la brevedad, obvié el relato de la presencia, en la misma aula, de un joven árabe cuyos padres habían muerto en Gaza o Cisjordania u otro lugar de esos, de los que salen a cada rato por el noticiero, masacrados –así decía– por el ejército sionista, y de una muchacha polaca (polaca de Varsovia, no de La Habana),[51] católica ferviente, muy estricta, quienes miraban con malos ojos, como si la mirada matara, a mi amiga la flaca. Ella, desde luego, no se dejaba intimidar por tales insectos –así decía–, tan incapaces de hablar un español medianamente aceptable. De lo más oronda, se paseaba por delante de sus enemigos con un pulóver blanco que llevaba impresa en el pecho una enorme estrella de seis puntas, la de David[52], azul celeste, mientras cantaba: «Vacilón... / qué rico vacilón... / Cha cha cha... / qué rico cha cha cha...».[53] Los cubanitos, o sea, *las* cubanitas y *el* cubanito maricón de carroza correspondiente, no entendíamos demasiado aquella sorda trifulca, aquel fenómeno de que el cha cha cha (el de Jorrín,[54] antiguo socito de mi tío abuelo W., el nieto del marqués) sirviera para insultar a alguien, pues tanto el árabe como la polaca de Varsovia se enfurecían de sólo escucharlo. No comprendíamos sobre todo porque, justo es reconocerlo, en la Facultad de Artes y Letras de la UH, a pesar de sus defectos, se respiraba por aquellos años

---

50   Que no tiene noticia de las cosas (*DRAE*).

51   En Cuba se le llama «polaco» tanto al oriundo de Polonia como al judío que vive en la isla, no importa su nacionalidad. (Como el español es el «gallego» y el árabe es el «moro», aunque el supuesto «gallego» sea un gitano o el supuesto «moro» sea un persa, un maronita o un tuareg. *ELP*)

52   Símbolo del judaísmo. Aparece en la bandera de Israel, en celeste sobre fondo blanco. (Y también en las ambulancias israelíes asociadas a la Cruz y a la Media Luna Rojas Internacionales. *ELP*)

53   Popularísimo cha cha cha compuesto en 1955 por el notable músico cubano Rosendo Ruiz. (Fallecido recientemente, en diciembre de 2009. *ELP*)

54   Enrique Jorrín (1926-1987), conocido músico cubano, fue el creador del ritmo cha cha cha en 1951 con su antológico número «La engañadora». (Es el que dice: «A Prado y Neptuno... / iba una chiquita... / que todos los hombres... / la tenían que mirar...». *ELP*)

convulsos de principios de los noventa una muy particular atmósfera de tolerancia con respecto a los temas políticos, religiosos y raciales. Mas –me dije–, ¿qué podía importarle todo eso a JJ? En vez de parlotear, ¿por qué no empleaba yo la boca en algo más útil, más sustancioso, en aquella maniobra submarina por la cual me acusaban de «francesa»? Y así lo hice.

Terminamos haciendo el amor encima del muro. De la manera más discreta posible: me senté a horcajadas sobre el ninja, también sentado, y aquí paz y en el cielo gloria. Así y todo, nos gritaban improperios desde los carros que pasaban. Bueno, en realidad los veloces espectadores se metían con él, no conmigo. «¡Guardia descara'o! ¡Guardia hijoeputa! ¡Suéltala!» y luego el pitazo del claxon, muy ameno. Más concentrado que un yogui, JJ ni los oía. Tampoco notó el retorno subrepticio de mi amiguito el pajuzo, esta vez acompañado por un colega tan entusiasta como él, quienes se instalaron en posiciones estratégicas, a escasos metros del desenfreno. Con tanta gente alrededor desviando mi atención, contra toda probabilidad, llegó un instante vertiginoso en que también yo dejé de oír y de ver, pocos segundos antes de que el guardia descara'o se derramara dentro de mí y me dijera linda. Los dos fuimos felices. Tanto, que si él no me mira con azorados ojos azules, como pidiendo disculpas, yo jamás hubiera advertido que no me había dicho «linda», sino «Linda». Casi nunca me percato de las evidencias en un primer momento. Me pasan por delante carretas y carretones y no los veo. Al igual que mi tío abuelo W., el nieto del marqués, hay días en que no distingo una ceiba a tres pasos.

Ante la incógnita brutalmente despejada, ¿cuál fue mi reacción? No sé muy bien lo que sentí, pero sí lo que *no* sentí. Ni vergüenza (propia o ajena) ni rencor ni rabia ni asco ni ganas de machacar al bellaco. Frente a mí, el espectáculo de la miseria humana: un hombre que sufría y yo sin poder ayudarlo. Para eso hubiera necesitado convertirme en otra persona, en alguien muy distinto, en una «mujer excepcional». Porque las diferencias, tanto físicas como de carácter, entre mi amiga la flaca y yo son de las que se aprecian a simple vista. ¿Qué hacer? Por lo pronto, no lastimar más a aquel Romeo impenitente que se apartaba de mí con el aire desamparado de quien espera un chaparrón de (¿merecidos?) insultos. Volví a atraerlo y le comenté, si mal no recuerdo, la insospechada frecuencia con que las personas se acuestan con alguien (de hecho) y al mismo tiempo con otro alguien (en la mente, esa desconocida). Algo que no se puede controlar. Yo, por ejemplo, mientras él me acariciaba las teticas, me había dedicado a pensar en Bruce Willis. Cuando me sujetaba por las caderas, en Mel Gibson. Quién me penetró fue Andy García. Y quien se vino, Antonio Banderas.[55] Todo eso era filfa,[56] claro. Paparrucha, embuste, puro embeleco. Pero dio resultado: JJ me miró incrédulo, con cierto alivio, y luego se echó a reír, a carcajadas. Siempre reconforta encontrar a alguien más perdulario[57] que uno.

En la madrugada tardía, casi al amanecer, me acompañó hasta la Esquina. Muy gentil. No pensé volver a verlo. Pero sí, regresó. Como el asesino al lugar del crimen. Ya en mi cuarto, la pasamos en grande. Y no una, sino muchas veces. Dejé que me llamara Linda, total, si de todas formas era en ella en quien pensaba las veinticuatro horas del día y parte de la noche. Yo lo llamaba Bruce, Mel, Andy o Antonio, indistintamente, y nos divertíamos cantidad. A menudo me preguntaba por mi amiga la flaca, interesado pero tranquilo, sin mucha alteración. Yo le contaba las tropelías y desmanes universitarios de la «mujer excepcional» y él se quedaba maravillado, en éxtasis. ¿No era acaso espléndida, fabulosa, extraordinaria —decía— aquella brujita de larga nariz y personalidad eléctrica? Me asombró que no tratara de acercársele, ni siquiera de observarla a distancia. Una vez casi coinciden en mi cuarto, pero él se olió el peligro y huyó despavorido. Los detalles de su encontronazo en el Pre los ignoré

---

55   Bruce Willis, Mel Gibson, Andy García y Antonio Banderas, aunque muy diferentes entre sí, son todos reconocidos actores de cine que frisan los cincuenta años. (O sea, mucho mayores que Zeta. De que a ella le cuadran los tembas no hay duda. Pero también sucede que cuando escribí esta novela, allá por los albores del milenio, los sex symbols masculinos de nuestra generación, esto es, Wentworth Miller, Shemar Moore, Kirk Acevedo & Cía, aún no habían alcanzado el estrellato, así que tuve que apencar a los viejitos, je je. *ELP*)

56   Mentira, engaño, noticia falsa (*DRAE*).

57   Vicioso incorregible (*DRAE*).

siempre, aunque intuyo que la patada en el culo debió ser muy violenta. A ella no le comenté nada del asunto. Jamás. Ni en el 94, cuando JJ se hizo a la mar. Ni en el 96, cuando ella, en su segundo gran parlamento, incluyó una alusión al único «mango» que se había comido. Por muy amiga mía que fuese, ¿quién era yo para irrumpir de modo tan abrupto en su intimidad? Supongo que se enterará cuando lea este libro, si llego a terminarlo, si llega a leerlo, y quiera Dios que no me odie entonces.

El Titi nunca se enamoró de mí. Le hubiese gustado que eso ocurriera, incluso se esforzó por conseguirlo, pero no dependía de él. Amaba a Linda de un modo casi mágico, la idolatraba como si lo hubieran hechizado. Era la suya una pasión tan persistente que sobrevivía aun lejos de su objeto. Un Gran Amor No Correspondido. Yo no podía sustituir a la nueva Julieta, la virtual, la oculta, la fantasmagórica, la que se negaba a ser Julieta. Ni yo ni nadie. Como dice el bolero, «He besado otras bocas buscando nuevas ansiedades... / otros brazos extraños me estrechan, llenos de pasión... / pero sólo consiguen hacerme recordar los tuyos... / que inolvidablemente...».[58] Si me propuso matrimonio fue porque yo era la única mujer que él había conocido capaz de aceptar sus condiciones, de entenderlo sin sentirse ofendida, subestimada o algo así. Conmigo se hallaba cómodo, relajado, sin necesidad de fingir. Y quién sabía si quizás, con el tiempo... Por mi parte, si a JJ no le hubiese entrado la demencia aquella del pirata, me habría casado con él. Un hijo suyo, aunque no llegara a la Casa Blanca, hubiera salido hermoso (lo mismo espero del que viene en camino, el de Moisés). Recién llegado a los Estados Unidos me escribió, desde Fort Lauderdale, para contarme los avatares de la travesía. Más tarde volvió a escribir. Le había salido un empleo, muy bien pagado, como guardaespaldas de uno ahí que debía ser una especie de diablo, pues everybody quería matarlo. Después, nada. Le perdí el rastro. Dondequiera que esté ahora, le deseo suerte. Ojalá se tropiece con otra mujer como yo. Claro, lo ideal sería otra como Linda. Pero eso no es muy probable

---

58   Versos del bolero «Inolvidable», que interpreta Tito Rodríguez, apelado «El Inolvidable», entre otros cantantes. (Compuesto por el cubano Julio Gutiérrez (1918-1990), empieza así: «En la vida hay amores que nunca.../ pueden olvidarse.../ imborrables momentos que siempre.../ guarda el corazón...». Me pregunto si será cierto. Quién sabe. *ELP*)

6. La muchacha del jueves

Qué coincidencia. Pero qué increíble, perturbadora, macabra coincidencia. Recién ahora, que intento reconstruir la historia a ver si pongo un poco de orden en mi pobre cabeza, me percato de que ambos hechos ocurrieron justo el mismo día, hace alrededor de cinco años. Por la mañana lo conocí a él y por la noche, a ella. Entonces no me sorprendió mucho. ¿Quién hubiera podido imaginar lo que sucedería más tarde? Para adivino, Dios. Y mi tío abuelo W., el nieto del marqués.

Pero no nos hagamos ilusiones. Conocer, lo que se dice conocer, en el sentido de que alguien nos revele *todos* sus secretos, sus mecanismos y resortes ocultos, sus complejos y frustraciones, sus más recónditos anhelos, de que alguien se despoje ante nosotros no sólo de la ropa, sino también de la piel, músculos, órganos, hasta quedar en puro esqueleto, hasta volverse previsible, no llegué a conocer a ninguno de los dos. En realidad nunca he llegado a conocer a nadie de esa manera. Ni siquiera a los más próximos: papá, el padre Ignacio, W., Petronila, Pancholo, Yadelis, Linda... Ni siquiera a mí misma. Estos retratos no son más que aproximaciones. Ora nítidas, ora borrosas. Fragmentarias siempre. Después de todo, quizás la coincidencia no sea tan notable: se reduce a que tropecé con ellos, sólo eso, por primera vez el mismo día. Ambos me resultan, ahora que ya no están, más inescrutables que nadie, profundamente desconocidos.

Aquella mañana de tímido invierno tropical, en enero de 1997, salí bien tempranito. Iba al puesto de viandas, a ver si por una de esas casualidades de la vida me empataba con las papas. Me sentía muy feliz porque Yadelis, allá lejos, entre las brumas de Malmö, había sobrevivido a la pulmonía, al pánico y a la nostalgia que la estrangulaban desde su primer segundo en aquella tierra inhóspita, gélida y umbrosa, como poblada por espectros, donde nadie miraba a nadie en la calle (al menos no a los ojos), se prohibía armar bulla y todo el mundo hablaba jerigonza. Para festejar la noticia había invitado a Pancholo y a Leidi Hamilton a zamparnos entre los tres una grandiosa cazuela de papitas fritas. A mi socito del alma nunca le han interesado las papitas, ni fritas ni crudas. ¿Papitas? ¿Cómo que papitas? ¿Qué infantilismo era ése de fiestar con papitas? –protestaba mientras relucía en sus pupilas, como siempre, el vago contorno de una botella de ron–. ¿Acaso no podíamos organizar un guateque[1] de personas normales, un fetecún[2] de los que en verdad ayudan a seguir arrastrando el triste carapacho por... etcétera? Sí podíamos, por supuesto, sólo que yo prefería complacer *primero* a la niña. Pobrecita. Quizás me equivoque, levante una calumnia, invente una monstruosidad y cometa una injusticia, pero tengo la impresión de que a menudo sus papás no la tomaban en cuenta.

Camino al puesto de viandas, yo pensaba en países lejanos, desarrollados, razonables. Medía los pro y los contra de mudarse a otra latitud, sacaba mis cuentas. El frío abusivo, nevoso y ventoso, onda congelador, no me atrae mucho. Nunca he viajado a ninguna parte, pero he visto películas con paisajes de nieve y he oído algunas historias del mundo bajo cero, casos espeluznantes de gente que se queda tiesa en Alaska, violácea en las costas del Báltico o con tremendas ganas de suicidarse en las noches blancas de San Petersburgo. Qué miedo. Tampoco sé idiomas: un little English con mucho acento, cuatro o cinco palabrejas en francés y va que chifla. Cuando algún extranjero me habla jerigonza, me limito a sonreírle, beatífica, para que el infeliz no se sienta incomprendido. Podría estarse cagando en el coño de mi madre, que no me entero. Esto de la sonrisa, por cierto, no siempre da buenos resultados.

1 Voz caribe que significa fiesta casera, generalmente de gente joven, en que se merienda y se baila (*DRAE*). (Acá en la isla no se usa mucho lo de merendar, sólo se toma ron o, si no hay, algún bebistrajo alcohólico, y se pone la música a todo meter aunque moleste a los vecinos. *ELP*)
2 Sinónimo de la anterior. (También se dice «güiro» o «pachanga». *ELP*)

Hubo un tipo muy bruto, creo que holandés o sudafricano bóer[3], no estoy segura, en mi época de correrías con Yadelis, que creyó que me estaba burlando de él (yo, que nunca me burlo de nadie) y me espantó una clase de galleta[4] que todavía me la siento. Al final, ni siquiera me apasionan las pieles más blancas que la mía, esas epidermis blancuzcas, translúcidas, color tripa de pescado, con pecas y pelitos rojizos o rubiancos, no. Pero también hay cosas buenas. Además de la comida y los adelantos, claro. La prohibición de armar bulla, por ejemplo. Me encantaría ver, aunque fuera por un huequito, a mis vecinos de la Esquina del Martillo Alegre viviendo en Malmö. Allá, en el mutis septentrional, en la sigilosa aurora, ¿cómo se las hubiera arreglado el divino Poliéster para componer sus opus?[5]

Por tales rumbos andaban mis pensamientos cuando lo vi. De pronto, bajo los flamboyanes del parque John Lennon,[6] que entonces aún no se llamaba así. El tipo que más me ha gustado en la vida, el mejor amante, el filósofo, el salvaje, el misterioso, el diabólico, el más loco entre los locos, se paseaba de un lado para otro hablando solo. Caminaba cinco o seis pasos, zancadas largas, se detenía, daba media vuelta, cinco o seis pasos más, ahora en dirección contraria, otra vez media vuelta, y así. Las palabras no se entendían, apenas se escuchaban, puro murmullo. Los gestos denotaban ira, mucha ira, sobre todo al mover los brazos como aspas de molino o asumir pose de boxeador y tirar un gancho. Al rato se posó, cual mariposa en la flor de la calabaza, una mariposa colérica sobre la flor ígnea, en el mismo banco donde años después colocarían, con mucha alharaca, una efigie sedente[7] y despreo-

---

3 Se dice de los habitantes de origen holandés de Sudáfrica (*DRAE*).

4 Le dio una gran bofetada. (También se dice «torta», «yilda o «galletazo»». *ELP*)

5 Obra que se numera con relación al conjunto de la producción de un compositor (*DRAE*). (Es un sustantivo neutro de la tercera declinación latina, por lo que el plural vendría siendo «opera». Pero en esta novela quien sabe latín es Moisés, no Zeta. *ELP*)

6 Parque de El Vedado, sito en las calles 6 y 17. (Ocupa toda una manzana, tiene muchos árboles además de los flamboyanes y es un lindo parque, pese a la ridícula estatua de John Lennon, ubicada allí el 8 de diciembre de 2000 en conmemoración del vigésimo aniversario del asesinato del autor de «Working Class Hero». *ELP*)

7 Sentada. (Está de lo más apoltronado en un banco, feliz de la vida. Que las canciones de los Beatles, como todo el pop en inglés y el jazz y en general toda la «música del enemigo», estuvieran tácitamente prohibidas en Cuba durante la «década prodigiosa» es, según nuestra oficialidad cultural, un errorcillo sin importancia de algún funcionario subalterno que más vale echar al olvido o, mejor aún, algo que jamás ocurrió. *ELP*)

cupada del ex Beatle, a la cual algún jodedor (o fetichista en la onda retro) le robaría los espejuelitos al poco tiempo.[8] Allí siguió en su parloteo, el gran tipo, golpeando fantasmas. Nada de esto me sorprendió demasiado, pues La Habana está repleta de personas indignadas que hablan solas.

Pero me detuve. Desde el primer momento había captado mi atención. No por el soliloquio furibundo, ni por las bellezas o fealdades de su espíritu, que desde luego ignoraba, sino por su contundente anatomía de alrededor de un metro noventa y cerca de doscientas libras, muy bien distribuidas al parecer. Oh. ¿De dónde había salido esto? (Sí, recuerdo que pensé «esto» en lugar de «éste».) Una obra de arte. Un coloso vivo. Un dios griego. Nada que ver con Apolo, más bien Zeus, tal como aparecía en el altar de Pérgamo:[9] el jefe del panteón, el líder, el patriarca, el temba bien conservado que seducía a todas las mujeres y fulminaba con su rayo a todos los traviesos. Un milagro de la Creación. Uno de esos Hombres que, con sólo verlos, me hacen comprender al ciento por ciento las inclinaciones de papá y a la vez preguntarme qué carajo encuentra Linda en las muchachas. Nunca me atrevería, desde luego, a decirle semejante cosa *a ella*.

Me acerqué un poco, no pude evitarlo, y a la admiración siguió el asombro. ¿De qué sentina, basurero o plan tareco[10] había brotado mi coloso del monólogo feroz? ¿Cuánto tiempo llevaba de juerga, de fuga o de pelea? Porque la barba platinada, aún corta, era lo único limpio en aquella majestuosa figura. Su pulcritud contrastaba con los tirabuzones grises, un poco grasientos y desperdigados en todas direcciones, a comoquiera van los mangos. Con las gafas oscuras de cristales polvorientos, con rayones y una multitud de huellas dactilares impresas en la super-

---

8   Ya se los han birlado tres veces. Quizá sería mejor que le pusieran lentes de contacto. *ELP*

9   Zeus, dios del rayo y del fuego, figura principal del panteón griego, aparece luchando contra tres gigantes en el monumental altar de Pérgamo, construido en la antigüedad y actualmente pieza principal del Museo de Pérgamo de Berlín. Apolo, dios oracular, representa el ideal del joven imberbe y, como tal, no proyecta la fuerza de su padre Zeus. (Dos bellezas diferentes que responden al mismo canon. Yo, como Zeta, prefiero a Zeus. No es que Apolo esté mal, pero siempre he tenido la impresión de que se cree cosas. *ELP*)

10   Sitio público donde se acumulan tarecos, chatarra y otros desperdicios que la gente saca de sus casas. (Esto se hacía con frecuencia antes de la crisis de los 90, no recuerdo con qué finalidad. Ahora ya no se estila, quizá porque buena parte de La Habana se ha convertido en un gigantesco plan tareco. *ELP*)

ficie húmeda... ¿de rocío? Con el traje Armani,[11] lustroso de tanto
churre, con pelusas y confetis y hojitas y guisasos[12] y otras inmundicias sobre el azul oscuro del saco y la camisa que alguna vez fue
blanca. Todo él embarrado aquí y allá, hasta los zapatos de cuero
fino, de algo que lo mismo podía ser sangre, fango o salsa de
tomate. Qué esplendoroso desastre. No me hubiera extrañado si
de repente empezaban a salirle cucarachas de algún bolsillo.

Uno ve pordioseros en la calle, oleadas de mendigos, gente pidiendo limosna en la puerta de la iglesia, en las cafeterías, en la
cola del «camello»,[13] en cualquier sitio. Lisiados, leprosos, anormales, vagabundos, artistas callejeros y hasta profetas del Apoca-
lipsis.[14] Pero no así. No con una bella barba plateada, no con ese
cuerpo que se adivinaba tan fuerte, no con traje Armani y zapatos
de cuero fino. Aquel hombre provenía de otro ámbito. Supuse que
le había ocurrido algo malo, tal vez horrible. A todos los pordioseros les suceden cosas horribles, por supuesto. Porque la marginalidad suele ser una caída, un dejarse rodar por la pendiente para
terminar en ese hoyo que asusta y a la vez atrae. Lo sé muy bien.
Y también sé que no todos caen desde la misma altura. Algunos
se magullan más, otros menos. Están, incluso, los que no sobre-
viven al impacto. Aquel hombre tan hermoso venía de muy arriba.
¿Qué lo había conducido hasta allí? Eso lo ignoro. Nunca logré
averiguar el intríngulis (qué digo el intríngulis, ni siquiera lo superfluo) de su historia horripilante, otra más, que imagino en re-

---

11 La línea de Giorgio Armani, dirigida sobre todo a los hombres, se caracteriza por
    chaquetas informales y holgadas que estilizan la figura. En los años 80 abrió una
    nueva sección donde sus diseños se confeccionan *prêt-à-porter* (en serie), a precios
    más bajos y más asequibles para el gran público. (Tengo un amigo que de joven
    fue modelo de Armani. Pero ahora es un escritor famoso y no quiere que se di-
    vulgue lo del modelaje, sabrá él por qué. Así que no puedo revelar su nombre.
    ELP)

12 Voz cubana referida al fruto erizado de espinas que tienen algunas plantas sil-
    vestres. (Que se te engancha en la ropa y/o en el pelo con malévola facilidad. ¡Y
    cómo hinca! *ELP*)

13 El «camello», medio de transporte público urbano, llamado así porque el vehículo
    parecía tener dos gibas, se utilizó hasta hace poco en La Habana. (En uno solo de
    ellos cabían alrededor de 7 u 8 millones de pasajeros, apeñuncados unos arriba de
    otros. Y ahí adentro te encontrabas en abundancia los ingredientes básicos de una
    película de acción prohibida para menores, o sea, sexo, violencia y lenguaje de
    adultos. Ahora, sin embargo, hemos progresado, pues nos trasladamos felizmente
    en las Yutón, que son unas guaguas mucho más civilizadas provenientes de China.
    ELP)

14 Los que predicen el fin del mundo. (Como pinta la cosa, no digo yo si van a pre-
    decirlo. *ELP*)

lación con el ocaso de un mundo y la caída de los dioses.[15] A la admiración había seguido el asombro y al asombro siguió la lástima. Me senté a su lado. Quizás el problema todavía no era insoluble. Quizás necesitaba ayuda. Podría acompañarlo a un hospital o hasta su casa, si tenía casa. O avisar por teléfono a su familia, si tenía familia, si encontrábamos algún teléfono público que sirviera para algo. O invitarlo a comer papitas fritas en la Esquina. O lo que fuera. En ese momento histórico no me detuve a pensar que podía involucrarme en una tragedia. Así es como los idiotas nos metemos en problemas.

Lo de la lástima cometí el error, otro más, de contárselo tiempo después, en mi cuarto. ¿Cómo iba yo a sospechar que se ofendería tanto? De un bofetón me tiró en el piso y estuvo dándome patadas y más patadas hasta que todo se puso oscuro y dejé de verlo. Porque yo era tremenda estúpida –gritaba–, cretina, degenerada, palurda, verraca. Porque yo no entendía una cabrona hostia de nada. ¿Quién cojones era yo para tenerle lástima, a ver, quién? ¿Acaso me creía superior? ¿Qué repinga[16] sabía yo, gorda imbécil, de su vida? ¿Cuándo, en qué momento de nuestra era, me había dado él tanta confianza? ¡Lástima! ¡Nada menos que lástima! ¡Yo, con mi culo grandísimo! No, si lo que le entraban eran ganas de matarme. De cortarme en pedacitos, empaquetarme en una sábana y lanzar el bulto al Almendares. Porque él *se sabía* un Hombre, en el sentido que Nietzsche le había otorgado al término. Porque la lástima, la puñetera y repugnante lástima cristiana era, según Nietzsche y según él, un sentimiento de putas...[17]

---

15 *La caduta degli dei* (La caída de los dioses), película dirigida por Luchino Visconti en 1969, cuyo título alude a la ópera homónima de Richard Wagner. (Trata acerca del desmoronamiento del *establishment* que existía en Alemania antes del ascenso al poder del nacionalsocialismo, en tanto que «el ocaso de un mundo» hace referencia a un relato del escritor austríco Franz Werfel sobre el mismo tema. Claro que el drama de Moisés no proviene de ahí, sino de *otro* derrumbe: el del Muro de Berlín en 1989, seguido por la disolución de la URSS en 1991. Esto no sólo hundió a mi país en una crisis económica devastadora, sino que implicó una aguda crisis existencial para todos aquellos que se habían creído el cuento de hadas del comunismo. Cuando Fidel Castro, ferviente admirador en su juventud de Benito Mussolini, giró hacia un nacionalismo extremo en su afán por conservar el poder totalitario, con lo que se puso al descubierto la auténtica naturaleza del régimen cubano, los comunistas que no eran cínicos simplemente se quebraron. *ELP*)

16 Qué diablos, qué demonios, qué coño. (Con una connotación muchísimo más soez. *ELP*)

17 Friedrich Nietzsche (1844-1900), uno de los filósofos más influyentes del siglo

Así, por culpa de mi lengua larga, de la susceptibilidad del Hombre y también de Nietzsche, otro loco furioso, acabé flotando no en el Almendares, pero sí en el cuerpo de guardia del hospital Fajardo con dos costillas fracturadas, un cruento dolor de cabeza, brazos y piernas, estómago, riñones, sangrando a chorros por la nariz, en fin, un guiñapo, un aura matada a escobazos. El médico, muy joven, quizás un estudiante, pretendía levantar un acta y avisar a la policía, que la unidad quedaba ahí mismito, cruzando la calle. No lo convencí de que me había resbalado escaleras abajo al patinar con una cáscara de plátano. ¿De plátano? ¡Vamos! ¿Quién iba a tragarse aquella patraña tan absurda? Insistía en que yo no tuviera miedo al energúmeno que me había llevado en el carro (vaya, qué gentileza) y me esperaba afuera, aunque su sitio era la cárcel. O la sala de psiquiatría. O el cementerio. Yo lo ignoraba entonces, pero más tarde supe que el energúmeno los había mandado a todos a freír tusas:[18] que pensaran lo que quisieran y a la mierda, partida de maricones, ¿o acaso también ellos andaban necesitando su buena golpiza? Qué show. A la hora de montar sus espectáculos nunca le importó cuán cerca estuviera la unidad de policía. Me faltaban fuerzas (y temperamento) para discutir con el médico joven, coraje para contar la verdad por muy evidente que ésta fuera, imaginación para inventar otra fábula. Menos mal que apareció otro médico más viejo, con cara de aburrimiento, y le dijo a mi protector que me dejara tranquila. Para jodienda –me pareció escuchar– ya habían tenido más que suficiente con la muchacha del jueves, sí, de la semana pasada, el mediquito no estaba, no, un horror, figúrate tú, una muchacha a la que... Me zumbaban los oídos, del resto de la historia sólo entendí la palabra «ácido».

A pesar de aquella magistral lección de filosofía, jamás alcancé a comprender qué había de malo en sentir lástima por el infortunio del prójimo. Aunque no sepamos nada acerca de él,

---

XIX, elaboró el concepto del *Übermensch* o superhombre, un individuo intrépido, dueño de sí mismo, que establece sus propias normas morales y está libre del sentimiento de la lástima y la compasión. (Ha sido muy malinterpretado, tanto por sus apologistas como por sus detractores. Él nunca postuló que hubiese que exterminar a los judíos, por ejemplo, ni tampoco hay noticias de que practicara la violencia doméstica. *ELP*)

18 Los había mandado a todos al diablo. (También se dice «a freír espárragos», «pa' casa del carajo» o, de modo un poquito más contundente, «a que les den por el culo». *ELP*)

aunque tal vez no debiera importarnos, aunque probablemente se lo merezca. Sobre todo si esa lástima apenas dura unos segundos, si de repente se transforma en deseo, tal como ocurrió aquella mañana, bajo los flamboyanes del parque John Lennon, cuando me senté junto a mi coloso vagabundo aristócrata en desgracia y respiré su olor. ¡Ah! Ya sé que no es correcto eso de andar por ahí oliendo a la gente para adivinar qué colonia usan o cuántos días llevan sin bañarse. Pero hay aromas que se imponen por su intensidad. Se cuelan por la nariz con mucha fuerza, se nos instalan dentro sin que podamos impedirlo y, una vez allí, despiertan lo que duerme, trastornan, excitan, envician. Así, aquella mixtura de sudor y algún perfume muy viril, caro, seco y francés, en modo alguno dulzón, y emanaciones etílicas y algo más, algo indescifrable. Peste a mierda según Linda y azufre según el padre Ignacio. Pero no. Qué bellacos. Ni la peste a mierda ni el azufre son indescifrables ni ellos olieron nunca a aquel hombre.

A todas estas, mi dios griego seguía en sus murmullos. No daba señales de haber advertido mi presencia. Fascinada por el olor, por lo delirante de la situación, escuché algunas de sus palabras. La muerte. Con voz de bajo, hablaba de la muerte. De escribir un libro sobre la putrefacción del cadáver, de cómo el tipo se iba poniendo verdinegro y pestilente mientras los bichos se lo comían, gusanos rechonchos y voraces, también ratas, y el tipo ahí, sin poder expulsarlos, de cómo estallaba la barriga indecente de funcionario del ministerio, de burócrata hijoeputa, ¡pof!, y llegaban más y más bichos al banquete fúnebre, enormes cucarachones blancos, un batallón de sabandijas pululantes que lo cubrían de pies a cabeza, y el tipo ahí, horizontal, indefenso, jodido... Ji ji... jaque mate... ji ji... –por primera vez oí su risita acuosa, luciferina, su única risita, y por primera vez me puso los pelos de punta–. Sí, hubiera sido bueno escribir el libro –suspiró–, insertar unas cuantas fotografías a todo color y luego dedicárselo a uno de ellos, a alguno que aún estuviera vivo, añadiendo al nombre del estimado futuro occiso un R.I.P.,[19] a manera de advertencia, o

---

19 Siglas de *Requiescat in pace* (Descansa en paz), inscripción habitual en las lápidas de los cementerios católicos. (Como la necrópolis de Colón, aquí en El Vedado. *ELP*)

mejor, un «In memoriam»... Ji ji... Porque sabíamos que vendría, la pelona –sentenció en tono cavernario–, pero no cuándo. Podía agarrarnos en cualquier momento. Como decían los antiguos romanos: *Mors certa, hora incerta.** Aunque los mentirosos se obstinaran en que no. ¡Coño, cómo que no, si eso era más viejo que andar a pie! Ah, pero ellos no. Qué va. Ellos no se iban a morir nunca. Ellos, los malditos hipócritas, se regodeaban en su espuria inmortalidad. No porque creyeran en la reencarnación ni en la trascendencia ni en nada. Ellos no creían ni en la puta que los había parido. Qué iban a creer. Se limitaban a cerrar sus ojuelos cínicos para no ver el desastre que se les venía encima. Para no ver los gusanos ni las ratas ni los cucarachones blancos. No podían, los muy pendejos,[20] con el miedo que se los estaba comiendo por una pata. Y pretendían, claro, que él, justo él, actuara del mismo asqueroso modo. Ah, los farsantes. Pero ya verían. Sí, ya verían los rufianes, granujas, miserables, canallas, fucking bastards.

—Porque la muerte... –encendió un cigarro medio destartalado, que soltaba picadura por ambos extremos, y se volvió hacia mí–. ¿Y tú? ¿Qué miras? ¿Sabes algo de la muerte?

—¿Yo? No.

Me hubiera gustado añadir «No tanto como usted», pero no me atreví.

—¿Ah, no? Entonces lárgate.

—¿Cómo dice?

—¿Tú eres sorda o comemierda? Que te largues, digo.

—Pero... ¡por qué? ¿Lo estoy molestando o algo?

—¿Por qué? Porque sí. Porque me da la gana. Y sí, me estás molestando. A mí no me gusta que me miren –gruñó–. El que quiera mirar, que vaya al zoológico y mire a los monos. Dale, dale, vete.

Me levanté. Nunca me habían botado de esa manera, como quien dice, a cajas destempladas. Si no le gustaba que lo mirasen, bien podía meter la cabeza en un cartucho. O en una bolsita de polietileno, pensé. Pero no quería irme. No quería dejarlo allí,

---

* La muerte es cierta, su hora no. (Notica de Zeta)

20 Cobardes. (También se dice «pencos», «pencones», «ratas», «pendejos» y «amarillos», entre otros vocablos. *ELP*)

solito, hablando de la pelona y todas las porquerías, con su barba platinada, su traje Armani hecho una piltrafa, su voz de bajo, su olor. No quería dejar de olerlo. A veces me comporto como los perros, que les da igual si los patean, siempre regresan moviendo el rabo (el megaterio no, ése es un fucking bastard). Me volví a sentar a su lado.

—Oiga, mire, no se ponga así. Yo no voy a molestarlo ni nada, yo lo único que...

—Ah, no. Esto sí que no. ¿Qué es lo que tú quieres, mamita? A ver, dime. ¿Quieres que te... –y dijo una barbaridad terrible, sobre sexo, muy explícita y estridente, sucia, soez, vulgar. Inolvidable.

Enmudecí. Debo haberme sonrojado. No porque me espanten esas finuras que la gente de mi barrio profiere lo mismo cuando se entran a besos que cuando se entran a piñazos. Qué me van a espantar. Las he oído millones de veces. En realidad me paso la vida oyéndolas, pues en la Esquina del Martillo Alegre suenan a cada momento. Tan acostumbrada estoy, que ya me entran por un oído y me salen por el otro, no significan nada. Si aquella se me quedó adentro, incrustada en el cerebro, plena de significados, fue porque la dijo *él*, con tremendo vozarrón, mirándome a la cara a través de sus gafas puercas. Porque él estaba buenísimo. Porque desde el fondo de mi corazón romántico me hubiera encantado que sus palabras se volviesen realidad, que me hiciera aquello que proponía. ¿Lo habría dicho en serio? ¿O sólo quería horrorizarme para que me largara de una vez? Se me ocurrió comprobarlo.

—Oye, sí –No tenía sentido tratar de «usted» a alguien que me hablaba de aquella forma, aunque me llevara más de veinte años y supiera mucho de la putrefacción del cadáver y de los antiguos romanos y todo eso.

—¿Sí qué?

—Nada, eso mismo, que me gusta la idea –Le quité un guisaso del saco.

Por un instante se quedó inmóvil, como indeciso. Tiró el cabo del cigarro. Me miró de arriba abajo varias veces. No con la expresión de quien revisa una mercancía antes de comprarla. Más bien con la del fabricante de ataúdes cuando, a ojo de buen cubero, toma las medidas de algún futuro cliente. Lógico, ¿no era su tema la muerte? Por fin sonrió. Sardónico, pero con unos dientes increíbles, más blancos y más limpios que la barba, nada pordioseros.

—Ven acá, niñita, ¿tú te estás burlando de mí?

Ay, ¿por qué será que todo el mundo siempre piensa lo mismo? ¿Tendré estampa de bufón? Me dieron ganas de sacarle la lengua. Pero me controlé y, en lugar de eso, puse una cara muy seria, tratando de parecer una persona seria, y le dije que no. ¿Por qué habría de burlarme? Me miró de arriba abajo otra vez, me miró a los ojos. Y extrajo sus propias conclusiones.

—Tú eres medio loquita, ¿eh?

—No. Qué va.

Me eché a reír. Después de todo resultaba gracioso que un tipo que parecía recién salido de un latón de basura, del alcantarillado o las profundidades de Cayo Cruz,[21] un tipo que hablaba solo en medio del parque y se peleaba con seres invisibles bajo los flamboyanes, se preocupara por mi salud mental. Pero no le gustó que me riera. Al contrario. Se puso bravo. Mis carcajadas frondosas le sirvieron para confirmar su hipótesis inicial: yo me estaba burlando de él. Me agarró por un brazo con suma violencia, me clavó los dedos. No me reí más.

—Oye, oye, suelta, que me duele. ¡Suelta!

De soltar, nada. Apretó con más fuerza. Me hacía daño. Yo pugnaba por quitarme aquella manaza de encima, pero en vano. Como si fuera de hierro. Con la otra garra me dio unas palmadas en los cachetes y empezó a desabrocharme los botones de la blusa. Allí mismo, en plena mañana. Traté de impedírselo, juro que traté, pero no pude. Los desabrochó todos, incluso arrancó uno. Qué animal. Y luego preguntándome si yo estaba loca. Pasó un viejo con una jaba[22] y un periódico, nos miró boquiabierto.

---

21 Cayo Cruz es el basurero de la ciudad. (Lo han cambiado de lugar varias veces, cuando la cosa se ha puesto demasiado infernal e imposible de manejar. Actualmente se encuentra en Calle 100 y Autopista del Cotorro, en las afueras de La Habana. Montañas y montañas de basura, un paisaje portentoso. *ELP*)

22 Bolsa con asa. (También llamada «jabuco», sirve para acarrear los mandados que te venden en la bodega y en la carnicería por la «libreta de abastecimiento», que nos abastece cada vez menos, y todos los víveres que uno consiga forrajear por ahí. Las personas precavidas de este pueblo nunca salimos a la calle sin llevar como mínimo una, vayamos adonde vayamos, por si las moscas. *ELP*)

Después echó una ojeada en derredor. Gracias a Dios no había un policía por todo aquello. El viejo apuró el paso. El animal miraba mis teticas, que brincaban con el forcejeo. Esto me dio vergüenza, no sé por qué. De tanto mirar se le cayeron las gafas, las pisó y las escachó sin darse cuenta. Los cristales sonaron «crash» y el coloso dijo «bah». Sus ojos eran grandes y negros. Su rostro, sin las gafas churriosas, muy atractivo. Seguía apretándome el brazo. Me dolía mucho, pero eso a él no le importaba. Supe que me dejaría una marca (y que Linda lo descubriría enseguida, para enfadarse, desde luego, porque a veces ella actúa como si fuera mi madre o algo así). Con la otra garra me manoseaba las teticas, pellizcaba los pezones, muy duro también. Murmuraba cosas que nada tenían que ver con la muerte. Me plantó un beso en la boca, medio mezclado con una mordida, que me dejó un sabor a sangre, a óxido y algo más, algo indescifrable. Sentí que me ahogaba. No podía respirar. Ni su olor maravilloso ni el aire contaminado de la ciudad ni nada de nada. Era demasiado.

—Suéltame, por favor, suéltame, es en serio... –Creo que grité–. ¡Suéltame!

Se detuvo. Sin soltarme, claro. Qué locura. En la vida hay personas que se aferran a los objetos con mucha desesperación, pero jamás nadie se había aferrado *a mí* de aquella manera. En cierto modo, me sentí halagada. Volví a respirar. Me miró, otra vez sardónico. Parpadeaba mucho, como si le ardiera la luz en los ojos.

—Pero bueno, ¿en qué quedamos? ¿Sí o no?

—Sí, pero no aquí. Suéltame, anda, no seas malo... ¡Coño, me duele!

—¿Por qué no aquí? –Apretó más, como si fuera un esbirro o un inquisidor tratando de hacer hablar a un prisionero.

—¡Ay! ¡Qué sé yo! Por aquí pasa una pila de gente y es de día y nos van a recoger en el patrullero y nos van a clavar una multa por escándalo público y eso... ¡Aaaaaay!

—Por escándalo... ¿nada más?

—Sí. Por recholata[23] en la calle. ¿Te parece poco? Por atentar

---

23   Coloquialismo cubano que denota «barullo» o «alboroto». (En este contexto significa más bien «despelote» o «relajo». Aunque en nuestro código penal no se utiliza ninguno de estos términos para tipificar delitos. Un código penal es algo muy serio, incluso en Cuba. *ELP*)

contra la moral y las buenas costumbres y el copón divino... ¡Aa-aaaay! –A mí también me ardían los ojos, quizás por las ganas de llorar.

—Vaya, vaya, qué palabras, así que la putica sabe de leyes... –De pronto se iluminó–. ¿Y por violación? ¿Me llevarían preso *a mí* por violación? ¿Tú me denunciarías?

A pesar de mi desventura, no pude reprimir una sonrisa. La palabra «violación» me recordó la peripecia del megaterio y el cerdo, bronca posterior incluida, muy reciente por aquel entonces. La fiera belicosa, tan similar a este hombre, que le coge el culo al manso gordinflón, tan similar a... Bueno, mejor dejarlo ahí. ¿Para qué hacer comparaciones?

—Oye, no es por ofender, pero yo creo que tú estás un poco fundido[24]. ¡Qué violación ni qué ocho cuartos! Yo *nunca* he denunciado a nadie, para que lo sepas.

Pareció decepcionarse. Quién sabe cuáles eran sus fantasías, sus cráneos[25] secretos con la violación y la denuncia y el arrebato. Me soltó. Al fin. Me froté el brazo. Y los pezones, que me dolían muchísimo también. Él, entre parpadeo y parpadeo, observaba todas estas maniobras con cierto interés.

—Me gusta verte haciendo eso. Eres muy descarada, ¿lo sabías?

Sí, lo sabía. Pero me avergonzó de nuevo, no sé por qué. Siempre he sido tremenda exhibicionista, pero *él* me intimidaba. Bien lejos estaba yo de sospechar cuánto me costaría adaptarme a él, dejarme llevar por él, desinhibirme del todo con él. Mi dios griego, el tipo más difícil que he conocido. Me abroché a la carrera los botones que quedaban. Miré por el piso, buscando el que me había arrancado, pero nada, perdido para siempre. De pronto recordé algo.

—Oye, tú me gustas, de verdad que sí –le dije–, pero ahora tengo que ir a ver si resuelvo unas papas ahí. Si por mí fuera, no iría... –Le quité otro guisaso del saco–. Pero se lo prometí a la niña, ¿tú entiendes? Papitas fritas. Si tú quieres ven conmigo. Después vamos a mi casa, aquí cerquita, y tú también comes papitas. ¿Qué tal?

---

24   Loco, demente. (También se dice «tosta'o», «quema'o», «quimba'o», «quendi», «sopla'o como una cafetera», etcétera. Acá los locos se dan silvestres, así que hay decenas de palabras para nombrarlos. *ELP*)

25   Inventivas, quimeras, fantasías. (De contenido sexual en este caso. Es lo que Sade llamaba «manías». *ELP*)

Entre parpadeo y parpadeo, me miró sorprendido.

—¿La niña? ¿Tú tienes una hija?

—Ay, no. Ojalá. Es mi sobrinita, la hija de mi hermano...

—¿Vives con un hermano?

—Más o menos. En realidad estoy sola –puse cierto énfasis en el dato–. Pancholo vive en los bajos, en una especie de... Bueno, en los bajos. Yo, en los altos. En un cuartico, no te vayas a pensar que es la gran cosa... Y por fin, ¿qué? ¿Te embullas? Di que sí, anda.

Increíblemente dijo que sí. Sólo añadió que yo no debía acostumbrarme, pues su tendencia en general era decir que no. Desde muy joven –se puso de pie– había aprendido a pronunciar el «no». Primero la ene y luego la o. Qué delicia. Le fascinaba la sonoridad de la palabra, tan voluptuosa. Echó a andar, muy seguro de sí mismo y de sus zancadas largas, en dirección contraria al puesto de viandas. Caminé tras él para explicarle, pero se detuvo junto a un Lada[26] marrón, a un costado del parque. Imaginé que lo abriría con una ganzúa o un trozo de alambre, pero no. Lo abrió con una llave que se sacó de un bolsillo. Debí suponerlo. Mi coloso no era un vagabundo común. Provenía de otro ámbito, de uno donde las personas poseían carros y los abrían con llaves que sacaban de sus bolsillos. El Lada, además, se parecía a su dueño: sucio, con la pintura descascarada, la antena torcida, los parabrisas cubiertos de polvo y caca de pájaros. Por dentro olía a vómito. En consideración a sus ojos grandes y negros, al parecer lastimados por la luz, me ofrecí para conducir. Aprovechó para soltar un «no». Y un bufido. Sus ojos –dijo– no eran problema mío. Nada de lo suyo era problema mío. Tal vez por esa misma encantadora razón fue que se negó de primera y pata a revelarme su nombre.

—Pues yo me llamo Zeta. Se escribe con zeta, ¿sabes?

Me miró de reojo. Íbamos camino al puesto de viandas, yo le indicaba. Llegamos, bajé sola y capturé las papas. ¡Ja! Sin duda era mi día de éxitos, mi gran día. Porque en La Habana la hora de las papas es más incierta que la hora de la muerte. Me sentía tan feliz que le di un montón de besitos a mi dios griego. Me miró ceñudo,

---

26 Automóvil fabricado en la antigua Unión Soviética que solía importarse. (Quedan muchos todavía rodando por acá, al igual que los diminutos Polski y los Moscvitch. Una industria feúca, pero sin duda muy sólida y resistente. *ELP*)

aunque sin rechazarme. Luego me llevó hasta la Esquina. Pero no aceptó la invitación. No quiso ni subir a mi cuarto. No comería papitas fritas. No, de ninguna manera las comería. Porque él –dijo– ya estaba muy viejo para esas estupideces. Y tampoco le gustaban los niños, por muy inteligentes y sobrinitos que fueran. ¿Para qué las personas tenían hijos, a ver? Él no podía explicarse tamaño disparate. Porque todos los hijos eran unos inútiles, empezando por los *suyos* –aseguró–, ese par de imbéciles, tarados, mostrencos,[27] igualitos a la madre. Me fijé en la alianza en el anular del coloso justo en el momento en que Leidi salía del bar clandestino, me descubría aún dentro del carro y se acercaba corriendo. Aquella negrita flacucha, con las pasas[28] paradas, gritando «¡Papitas! ¡Papitas!», debió conmoverlo de algún modo (él jamás lo admitiría), pues una ligera sonrisa aleteó en sus labios.

—Mira para eso –murmuró entre dientes–. No conviene hacerla esperar. Yo me voy.

Me bajé del carro. Ni corta ni perezosa, Leidi se puso a halarme la saya. «¡Dale, tía, dale! ¡Mira que tú eres lenta!» Me asomé por la ventanilla. ¿Volvería a verlo? Ojalá no le diera por volver a decir que no. «¡Dale, tía! ¡Deja eso!» Sí, volvería a verlo. Quizás mañana, o pasado mañana, o la semana entrante. «¡Tía, por favor! ¡Que llevo un millón de años esperándote!» Él vendría.

—Mi nombre es Moisés. Ah, y se escribe con ese, con dos eses –Y se fue.

—¡¡¡Tengo hambre!!! –aulló Leidi como si fuera el Demonio de Tasmania.[29]

—Ya voy, chica, ya voy.

Si Petronila estuviera viva, pensé, esta criatura no andaría así, con las pasas desorbitadas. Pero no había remedio. Porque yo no sé peinar esa clase de pelo. Una vez traté y qué va, los gritos de la

---

27 Ignorante o tardo en discurrir o aprender (*DRAE*).

28 Cada uno de los mechones de cabellos cortos, crespos y ensortijados de las personas de raza negra (*DRAE*). (También se le llama «el paserío» o, más románticamente, «la pasión». *ELP*)

29 Nombre con que se conoce a un marsupial carnívoro de piel negra que habita en Tasmania, isla que pertenece a Australia. (*Taz-Mania* es una serie de dibujos animados producida por la Warner Bros. y difundida por la Fox, que narra las aventuras de Taz –El Demonio de Tasmania– en un país imaginario llamado Tazmania. Este amiguito siempre tiene hambre y arma unos revolicos increíbles. *ELP*)

niña debieron oírse en Hong Kong. Me asusté. Me pareció atroz
que sufriera de ese modo por culpa mía. Mejor dejarla que viviera
su bohemia. Me había gustado que Moisés, con sus dos eses, no se
extrañara de mi familia negra. Mucha gente lo niega, pero en este
país hay un racismo del carajo. Antes, cuando yo era chiquita, se
disimulaba un poco. Ya ni eso. Cada quien tiene derecho a sus prejuicios, no digo que no. Pero resulta bastante desagradable cuando
algún blanco los exhibe delante de uno, con tremenda naturalidad,
como dando por descontado que uno piensa exactamente lo
mismo: que los negros son la peor basura que existe sobre la faz
de la Tierra. Moisés tenía un criterio más amplio. Para él, según
supe más tarde, la peor basura sobre la faz de la Tierra, la más
baja y abyecta, la más repulsiva y nauseabunda, eran los seres humanos. Todos y cada uno, sin distinción de raza.

Poco después de las papitas fritas, a media tarde, apareció Linda
en visita relámpago. Aclaró que sólo iba a quitarme cinco minuticos
de mi precioso tiempo. Andaba *muy* apurada. Esa noche tenía un
compromiso, un compromiso ineludible, y aún no había resuelto un
pequeño detalle. Tal vez yo pudiera ayudarla. ¿Conservaba, por casualidad, las botas de cowboy que mi papá me había enviado con
ella seis meses atrás? Sí, chica, las de la etiqueta que decía «Made in
Texas by Texans». Aquellos artefactos verdes con flecos rojos, tacones amarillos e innumerables adornos de diversos colores sin
contar las lentejuelas doradas y las incrustaciones en pedrería falsa...
—me inquietó su capacidad de memoria visual—. Había transcurrido
un buen tiempo, sí, por desgracia. El suficiente para venderlas, cam-
biarlas por arroz o frijoles negros, arrancarles con saña las lentejuelas y las incrustaciones y los flecos, comerlas hervidas como
Charlot y compañía en *La quimera del oro*,[30] hasta lanzarlas por esa
ventana tan descomunal y que tantos deseos daban de tirar cosas por
ella, de modo que le cayeran arriba, ¡plaf!, y le machucaran el ca-
bezón hueco al Hijoeputa Del Cornetín. ¿Había hecho yo algo de
eso? Sería una pena, pues ella las *necesitaba* y venía a comprármelas
al precio que yo quisiera. Dentro de lo razonable, por supuesto.

---

30 En la película *The Gold Rush* (La quimera de oro), de 1925, el vagabundo Charlot
se ve obligado a hervir sus propias botas para luego comérselas y así calmar el
hambre. (Si hubiera vivido en la Cuba posterior a la caída del comunismo en
Europa del Este, posiblemente habría tenido que hacerlo de nuevo. *ELP*)

Me quedé más boquiabierta que el viejo de por la mañana, el que paseaba por el parque con su jaba y su periódico. Las botas las conservaba intactas, nuevecitas en su caja, sin estrenar. Quizás ni habían perdido aún su olor americano. No las guardaba por ninguna razón en particular, no tenía planes con ellas. De momento, gracias a Dios, no me hacían falta. Bien podía regalárselas a Linda. Pero no la imaginaba usándolas. Si hubiera sido Yadelis, bien. A la flamante esposa del vikingo le encantaban los colorines, los brillos y las afocancias, onda perico.[31] A ella le quedaban bien. Pero, ¿a Linda? Como no se tratara de una fiesta de disfraces...

—¿Y bien? –se impacientó.

—No, nada. Quiero decir, sí. Ahora te las doy.

Las sacó de la caja y les echó una ojeada, admirativa, satisfecha, como quien encuentra justo lo que andaba buscando. Volvió a guardarlas, no sin antes acariciar los flecos. ¿Cuánto pedía yo por ellas? Yo no pedía nada. Qué pedir ni pedir. Se las obsequiaba de todo corazón. De haber sabido que le gustaban tanto, mucho antes se las hubiera regalado. ¿No iba a probárselas? Pues no, no hacía falta. No eran de su talla –señaló–. Casi, pero no, sobraba alrededor de medio punto, con sólo verlas se daba cuenta. Ella tenía muy buen ojo para los zapatos. A la Gofia le quedarían bien. La miré interrogante. ¿A la quéeeee...? A la Gofia. Por su cumpleaños. Porque esa noche la Gofia celebraría su trigésimo aniversario en la alegre compañía de sus amigas y enemigas, todas juntas en el celebérrimo apartamentico de Centro Habana, y lo menos que ella podía hacer era... ¿Pero qué había creído yo? ¿Que ella, Linda Roth, traductora y novelista, futuro Premio Nobel, se pondría esos chirimbolos[32] tan folklóricos y esperpénticos en sus delicados piececitos? ¿Por quién la tomaba? ¿Por Janis Joplin[33] o por una chica

---

31 Tan llamativo como el plumaje de un perico.

32 Objeto de forma extraña que no se sabe cómo nombrar (*DRAE*). (O sea, algo ante lo que hasta el propio Adán se habría quedado sin palabras, posiblemente rascándose la cabeza. *ELP*)

33 Janis Joplin (1943-1970), cantante y compositora norteamericana que cultivó una imagen de rockera rebelde. (Una de las mejores intérpretes de blues de todos los tiempos, según la revista de crítica musical *Rolling Stone*. Sin embargo, su interpretación de «Summertime» es a mi juicio muy poquita cosa si la comparamos con la de, por ejemplo, Ella Fitzgerald. Vamos, que el amor es ciego pero no sordo. *ELP*)

Almodóvar?[34] Los obsequios, según ella, no debían agradar a quien los hace, sino a quien los recibe.

De lo más divertida, insistió en pagarme los chirimbolos. Era el cumpleaños de la Gofia, no el suyo. Yo era muy manirrota, desprendida, dispendiosa, despilfarradora, en resumen, una calamidad. No iba ella a aprovecharse de mis defectos. Si yo no quería dinero, lo cual le resultaba hondamente incomprensible, pero en fin, ella podía darme cualquier otra cosa. Dentro de lo razonable, por supuesto. Lo pensé. Me interesaba el helecho que ella tenía en su cuarto, colgado de un macramé. O su pluma de punto fino. O el volumen con las historietas de Mafalda.[35] Lo pensé mejor y le propuse, a cambio de las botas, que me dejara ir con ella a la fiesta de por la noche. Yo no conocía a la tal Gofia, cierto. Aunque me encantaba su nombre, suponiendo que ése fuera su nombre (no lo era, más tarde supe que se llamaba Ana Cecilia), nunca antes la había oído mencionar. Ni a ella, ni a sus amigas y enemigas, ni a su apartamentico celebérrimo. Pero podía llevarle una botella de ron. Porque me privan los cumpleaños, bodas, bautizos, descarguitas, etcétera. Las pachangas en general. Bailar, tomar, hacer chistes, reírme de los chistes que hacen otros... ¿Le gustaba el ron a la Gofia?

Mi amiga dudó. Claro que a la Gofia le gustaba el ron. Y la marihuana. Y la merca. Y los relajos de toda índole. Era muy jovial, muy bailadora y pachangosa, la Gofia. En cierto sentido se parecía mucho a mí. Hum. Pero sólo en cierto sentido. Yo... bueno,

---

34   Muchas de las películas del director, guionista y productor de cine español Pedro Almodóvar (1949-) están pobladas de personajes interesantes y estrambóticos. (Son un puro zoológico, sobre todo las primeras, que marcaron el estilo personalísimo del cineasta. A esto se refiere su compatriota, el trovador Joaquín Sabina, en su canción «Yo quiero ser una chica Almodóvar», que empieza así: «Yo quiero ser una chica Almodóvar... / como la Maura, como Victoria Abril... / un poco lista, un poquitín boba... / ir con Madonna en una limousine...» *ELP*)

35   Mafalda es el personaje más célebre de las numerosas historietas creadas por Quino, seudónimo del artista argentino Joaquín Salvador Lavado (1932-). (La simpática Mafalda odia la sopa. En una de las historietas, recuerdo, ella anhelaba que Fidel Castro celebrara la sopa para que así la prohibieran en Argentina. Eso, desde luego, ocurrió antes del arribo de los Kirchner a la Casa Rosada. Pero igual deseo lo mismo que la simpática Mafalda: que Fidel Castro elogie la sopa, que la tilde de heroica y revolucionaria, que asegure que no hay en el mundo todo manjar más delicioso y antimperialista, pues de esa manera muchos de mis compatriotas que están pasando hambre acá en la isla, tal vez podrían, al menos, tomar sopa. Digo «tal vez» porque no es seguro, sólo una posibilidad. *ELP*)

digamos que yo podría sentirme algo incómoda en aquella fiesta. Como intrusa, descolocada, fuera de lugar. Algo así. No porque la anfitriona me tratara mal. Eso no. La Gofia trataba muy bien a todo el mundo, incluso se pasaba de amable. Pero... ¡Bah! –Linda chasqueó los dedos, como si sus propias palabras la aburrieran más allá de lo soportable–. Qué tanto lío. Ni que me fueran a comer. Yo era adulta, ¿no? Decidido. Íbamos juntas al cumpleaños de la Gofia. A las ocho ella pasaría a recogerme en un taxi. Sí, taxi, porque ella no se iba a meter con el Mercedes en esas calles como boca de lobo, llenas de baches, sin un sitio seguro donde parquear. Por el botellín no tenía que preocuparme, ya ella había comprado uno de Havana Club. Entonces, a las ocho. ¿Me quedaba claro? A las ocho. No a las ocho y cinco, mucho menos a las y diez. Sí –me miró adusta–, porque yo era muy informal, remolona, y los taxímetros no perdonaban...

A las ocho y veinte, bajé. El claxon había estado sonando de modo intermitente y Linda me esperaba en la acera con cara de pocos amigos. Aun así, berreada conmigo y mi lentitud, incapaz de aguardar pacíficamente dentro del taxi, estaba preciosa. Con un vestido muy corto, satinado, color salmón, de mangas largas. Zapatos oscuros, elegantísimos. Maquillaje ligero, de modo que las pestañas no chocaran contra los cristales de los queveditos. Domesticada la melena del león de la Metro.[36] Hay días (y noches) en que la flaca hace honor a su nombre, pensé. No porque en general sea fea, no. Sólo que a menudo cuesta mucho trabajo darse cuenta de que no lo es. A diferencia de Yadelis, que deslumbra desde el primer momento, que brilla como el sol de agosto, que no puede entrar en ningún sitio sin atraer la atención de los presentes, que sería la candidata perfecta para Miss Cuba si ese concurso existiera, a Linda hay que mirarla varias veces. Hay que *descubrirla*. En ese aspecto se parece bastante a Félix. Y luego está lo que JJ llamaba «la belleza de la inteligencia». La inteligencia, según él, es la principal virtud de las personas, la única que puede sustituir a las otras, algo así como el as de los naipes. Cuando la inteligencia es ver-

---

36   Es el león rugiente que aparece en el logotipo de los estudios cinematográficos de la Metro-Goldwyn-Mayer. (El pobre, parece manso como un gatico hogareño. Siempre me he preguntado qué vil jugarreta le habrán hecho los malandrines esos de la Metro para que lanzara su primer apático rugido, que suena como si dijera: «Ustedes me aburren, sois un montón de babosos…». *ELP*)

dadera, no una pose ni el mero resultado de haber leído muchos libros, derrama una especie de luz sobre su afortunado poseedor, lo favorece muchísimo, hace que lo veamos de un modo diferente.

—¿Qué tú miras? –gruñó–. Si vas a decirme lo bien que luzco, mejor cállate. En este preciso momento me caes muy mal. ¡Eres tremenda payasa!

No me dirigió la palabra en todo el trayecto. Ni siquiera para criticarme el escote, profundo a pesar de la frialdad ambiental, o los labios pintados de rojo fuego. Cuando le propuse pagar yo el taxi, me echó una mirada asesina. Yo, con mis burdos y malvados prejuicios antisemitas –farfulló–, creía que ella sólo pensaba en el dinero. Y no. Cuánta sandez. No se trataba del dinero, sino del orden. La seriedad. La puntualidad. Claro, que yo no tenía ni puta idea de tales conceptos. Pagó el taxi y nos bajamos en una callejuela medio tenebrosa, perpendicular a Infanta. La música atronadora, creo que Adalberto y su Son, aquello de «A bailar el toca-toca... / yo te toco y tú me tocas... / a bailar el toca-toca...», indicaba el camino hacia el fiestón de la Gofia.[37] Subimos por una escalera en penumbras, empinada y apestosa, que me recordó la del palacete. En el primer descanso, bajo la luz macilenta de un bombillo de muy pocos watts, tropezamos con un muchacho en jean y camisa de cuadros. Venía bailando, repitiendo el estribillo de Adalberto, con un vasito en la mano. Saludó a Linda con gran entusiasmo.

—¡Eh, asere! ¡Qué bueno que viniste! –La voz, aunque ronca, era de mujer–. Ya tenías a la Gofia nerviosa.

—¿Nerviosa? ¿La Súper Gofia Voladora? Sí, cómo no. Ya te creo.

El ambiguo personaje se echó a reír. Me miró con el rabillo del ojo.

—Oye, asere, ángel, es en serio. Es que allá arriba te están esperando desde hace rato. La muchacha esa... –Volvió a mirarme con el rabillo–. Tú sube y verás. Yo vengo enseguida. Voy un momentico a la esquina.

---

37   Adalberto Álvarez y su Son es la popular orquesta de salsa creada por este pianista, director y compositor cubano. La pieza en cuestión se titula «A bailar el toca-toca».

Trató de escabullirse escaleras abajo, pero Linda le sujetó una manga.

—Oye, oye, Danai, párate ahí. ¿Qué modales son esos? Ella es Zeta –Señaló hacia mí–. No le tengas miedo... –Qué barbaridad, pensé, nunca me habían presentado así–. ¿Quién me está esperando?

Danai me sonrió levemente, sin miedo. Luego se volvió hacia mi amiga.

—La muchacha del jueves. Creo que se llama Alix, no sé.

7. ¡Buen aniversario, chiquita!

Lo que sucedió en el celebérrimo apartamentico de Centro Habana me parece ahora bastante confuso. También me lo pareció entonces, sólo que aquella noche yo aún no pensaba en contar la historia y me importaba un bledo la confusión. Quizás los relatos deban ser inteligibles, pero la vida ciertamente no lo es. Sobre todo cuando uno se integra sin mayores tropiezos al ambiente festivo de una sala casi a oscuras, donde los rastrojos de luz provenientes del mínimo pasillo que conduce al baño y a la otra habitación apenas permiten distinguir unos pocos muebles alineados junto a las paredes y una multitud de siluetas, danzantes en el centro, arracimadas por los rincones o cogiendo un respiro en el balcón. Sobre todo cuando uno se emborracha de lo lindo, se mete varias rayas de coca, se va del aire, se ríe, se divierte, goza, baila con la Gofia y tal vez con sus amigas y enemigas aquello de «Yo soy normal, natural... / yo soy normal, natural... / pero un poquito acelera'o...».[1] En esas condiciones, en el epicentro de la pachanga, ¿cómo podría saber uno lo que pasa en realidad?

Apenas entramos, Linda y yo, cuando alguien gritó «¡Ahí está el ángel!» y varias siluetas se abalanzaron sobre ella para saludarla, creo, para tocarla y estrujarla y comérsela a besos, onda bacanal, con tanto frenesí que casi le arrancan los paquetes y la ropa y todo. Mi amiga retrocedió unos pasos. Luego intentó huir hacia adentro, quizás para esconderse en el baño o debajo de alguna cama, pero no pudo. Rápida, me entregó la jabita con la botella de Havana

---

[1] De «Soy normal», que interpreta la popular orquesta cubana de salsa Los Van Van. (Con Mario Rivera, alias «Mayito Van Van», como solista. Dicen las malas lenguas que Mayito baila como los blancos, el pobre. Pero a la hora de cantar ya son otros cinco pesos. Tiene una voz de negro viejo, siendo todavía joven, que es la gloria. *ELP*)

Club[2], no fuera a ser que se la rompieran tan impetuosas fanáticas. A mí, por suerte, ni me miraron. En medio del tumulto se escuchó una voz de contralto, una voz que recuerdo autoritaria:

—¿Dónde está mi Agatha Christie?[3] ¡Es mía! ¡Me la van soltando ya! ¡Pero eso es ya!

Alguien la tomó por un brazo y la arrastró hacia adentro, hacia la luz. Ella viró la cara hacia donde yo estaba y me indicó que la siguiera. Me deslicé entre el molote,[4] sin perderla de vista, sujetando la jabita con ambas manos. De algún modo llegué a la otra habitación, donde ya Linda se sacudía el vestido, se arreglaba el peinado maltrecho frente al espejo de la cómoda y gruñía. Qué tipas más comemierdas, qué aparatosas, qué se habrían creído, ni que ella fuera una estrella de cine, coño. A su lado, una mulatica espigada, en un short de mezclilla bastante ripioso,[5] cortísimo y ajustado, una blusa de seda azul, cuello alto, mangas largas, hombreras, un dragón chino vomitando llamaradas áureas en medio del pecho, y el pelo recogido en tres moños, verde perico el de la izquierda, rojo mamey el de la derecha y amarillo pollito el del centro, se mordía los labios pintados de negro. Me dio la impresión de que trataba de contener la risa. En la cama, sentada en la posición del loto y con un kimono de felpa, una muchacha pecosa y pelada al rape se dedicaba pertinaz a la contemplación del techo.

—Llegó el ángel... Llegó el ángel... –repetía–. Llegó el ángel...

—Ángel mierda –rezongó mi amiga–. Estas cosas nada más le pasan al ángel de Sodoma.[6]

---

2 Marca de ron cubano mundialmente famosa.

3 Narradora y dramaturga británica, Dame Agatha Christie (1890-1976) es autora de alrededor de ochenta novelas detectivescas que han sido traducidas a más de cincuenta idiomas. (Creadora de dos ilustres detectives: el belga Hércules Poirot, que es un poquitico pedante, pero muy agudo, y la inglesa Miss Marples, una viejecita de lo más simpática y tradicionalista, partidaria, como la propia Agatha Christie, de la pena de muerte. *ELP*)

4 Voz cubana que designa un conjunto de personas aglomeradas en algún lugar (*DRAE*). (También se usan «molotera» y «matazón» con igual sentido. *ELP*)

5 En argot cubano significa «muy desgastado», «harapiento». Para otras acepciones de la palabra, ver capítulo 1, nota 1; capítulo 9, nota 18; y capítulo 10, nota 37. (También se dice «ripia'o» y, en grado superlativo «ripiajango». Aunque, cuando se trata de una pieza de ropa, no implica necesariamente una destrucción total al punto de inutilizar la prenda por completo. *ELP*)

6 Alusión a la novela *El ángel de Sodoma*, de 1928, del escritor y diplomático cubano Alfonso Hernández Catá (1885-1940), una de las primeras en la literatura hispá-

Segura de no equivocarme, saqué la botella de la jabita y se la tendí al dragón chino.

—Feliz cumpleaños... Gofia.

—¡Oh! –Se volteó hacia mí con una sonrisa de oreja a oreja y un diente medio manchado de pintura negra–. Muchas gracias.

Agarró el botellín por el pescuezo y lo abrió, muy desenvuelta ella, sin preguntarme quién yo era ni nada. Dejó caer un chorrito en el piso, para los santos, y sirvió dos vasos. Me tendió uno. ¿Por qué íbamos a brindar, a ver? Sólo ella y yo, claro. Porque a Marilú, curda de nacimiento y más soplada que una cafetera, no le hacía ninguna falta. Y Agatha Christie con alcohol en vena era un peligro público, ja, hasta la mirada se le ponía tenebrosa detrás de los espejuelos... –Me guiñó un ojo y Linda dijo «Brrrrr» mientras Marilú insistía en lo del ángel–. Así que ella y yo, las únicas personas respetables que quedábamos en todo el puñetero... De pronto se interrumpió. Miraba por encima de mi hombro con el entrecejo fruncido y los tres moños erizados, como si hubiera visto al fantasma de la ópera[7].

Me volví sospechando una bromita, pues aquella Gofia multicolor me parecía de repente muy adicta a las bromitas, pero no. Allí, en el umbral, sobre un fondo de oscuridad bullanguera, se recortaba una figura de veras espectral. «Extraña» es la primera palabra que se me ocurre para describirla. Muy pálida, muy alta, muy joven. Casi una niña que hubiera alcanzado de pronto el metro ochenta, o casi, y no supiera qué hacer consigo misma, con tan desmesurada estatura. De apariencia frágil. Etérea. Ojerosa. Vestida de negro. Con el cabello endrino, ala de cuervo, cayendo en cascada hasta la cintura. Era la suya un aura inquietante. De sonámbula, bruja medieval, gitana taciturna. Sentí una opresión en el pecho,

---

nica en abordar el tema de la homosexualidad. (Cuando el ángel aterriza en Sodoma, según rumores bíblicos, los sodomitas le prodigan un recibimiento similar, quizá un poco más agresivo, al que las amigas y enemigas de la Gofia le hacen a Linda. *ELP*)

7   Referencia a *Le Fantôme de l'Opéra* (El fantasma de la Ópera), obra del escritor francés Gaston Leroux, que empezó a publicarse por entregas a partir de noviembre de 1909. Ha dado lugar, desde entonces, a varias adaptaciones, incluido el musical de Andrew Lloyd Webber que se estrenó en Londres en 1986 y que ha gozado de una gran popularidad en Broadway hasta el día de hoy. (El tipo ocultaba su rostro deforme tras una máscara. Verlo sin ella, así de sopetón, era algo que te ponía los pelos de punta. *ELP*)

un escalofrío. Sentí miedo. No sé por qué, pues entonces ignoraba el vínculo atroz que se establecería (que quizás ya se había establecido) entre aquella criatura y yo. Apuré el ron de un solo trago.

—Te buscan, nené –masculló la Gofia.

Linda se apartó del espejo, aún con cara de tusa por lo del asalto. Al ver a la gitana, su gesto se dulcificó. De acíbar se hizo almíbar. Esbozó una sonrisa muy rara en ella. Tierna, amable, sin sombra de sarcasmo. Fue algo súbito. Una transfiguración. Antes de esto, sólo la había visto conmoverse con Leidi Hamilton. Pero de un modo más bien maternal, quizás porque Leidi también posee «la belleza de la inteligencia» y muy pocas oportunidades para hacerla valer. Entre mi amiga y mi sobrinita existía, aún existe, una gran afinidad: ambas son inquietas, ambas son flacas, ambas son tramposas, ambas se impacientan conmigo, la grande le enseña a la pequeña que las mujeres negras no tienen por qué sentirse inferiores a nadie ni permitir que nadie las trate como inferiores, le presta los libros de Alice Walker[8] y también los de Toni Morrison,[9] más difíciles de leer para una niña de doce años, pero en fin, para que vaya cogiendo tamaño de bola.[10] A Leidi le encanta todo eso. Se siente adulta, respetable, tomada en serio. El único defecto de tía Linda es que no cocina papitas fritas. Pero no importa. Para algo tiene que servir tía Zeta, ¿no?

---

[8] Alice Malsenior Walker (1944-), narradora, ensayista y poeta estadounidense, además de activista por los derechos civiles. La mayor parte de sus obras tratan sobre la vida de mujeres negras oprimidas y sumidas en la pobreza. Su novela *The Color Purple* (El color púrpura), de 1982, obtuvo el American Book Award y el premio Pulitzer en 1983, y fue llevada al cine en 1985 por Steven Spielberg. (Es de lamentar la posición favorable al régimen de mi país que mantiene esta excelente escritora. Ella, al igual que otros destacados intelectuales afroamericanos, parece creer que la miseria, la opresión y el racismo son patrimonio exclusivo de los Estados Unidos. *ELP*)

[9] Chloe Anthony Morrison (1931-), narradora y ensayista estadounidense. En 1977 su novela *The Song of Solomon* (La canción de Salomón) ganó el National Book Award. *Beloved*, novela que le valió el premio Pulitzer en 1988, fue su consagración definitiva. Premio Nobel de Literatura de 1993. (Una de las «escritoras», usando el término en el mismo sentido que Linda Roth, o sea, aplicado lo mismo a mujeres que a hombres, más extraordinarias que he tenido la suerte de leer en mi vida. *ELP*)

[10] Expresión coloquial cubana calcada de «tamaño de carro», que es lo que deben tener los choferes para maniobrar bien a la hora de parquear. (En este contexto significa algo así como prepararse para enfrentar la propia problemática vital. Una niña, sobre todo una niña negra, ha de saber que no es inferior a nadie, pero que en una sociedad racista muchos van a tratarla como si lo fuera. *ELP*)

Lo de la gitana fue distinto. Menos razonable. Si yo no estuviera convencida de que tía Linda es cuerda, lúcida, sensata y hasta pragmática, pensaría que aquello fue delirante. Que el extravío mental de mi amiga ya había comenzado antes de aquella noche en la fiesta de la Gofia. Unos años después, en su tercer gran parlamento, me diría:

—Sí, me enamoré de un fantasma, de alguien que no existía ni existirá jamás. Sucede. Las escritoras inventamos patrañas porque somos una banda de neuróticas –dice «escritoras», pero se refiere lo mismo a las mujeres que a los hombres–. Sabemos que dos más dos son cuatro porque no estamos locas, pero no nos gusta. Preferiríamos que fueran cinco. O nueve, o dieciocho, o la raíz cuadrada de menos uno, qué más da. Cualquier cosa excepto cuatro. Y urdimos tramas, enredos, fabricamos espacios donde eso ocurre. Y está bien. A veces hasta nos pagan por hacerlo. El problema, el verdadero problema, que no tiene nada que ver con la truhanería de los editores ni con la ceguera de los críticos ni con el alma palurda y rastacuera[11] de los funcionarios que abogan por la censura ni con la mediocridad, la intolerancia, la envidia, la hipocresía y otros alacranes que deambulan por la ciudad letrada, el problema realmente grave comienza, creo yo, cuando pretendemos trasladar nuestras fantasías al mundo real, a esa tierra árida y opaca donde dos más dos son cuatro, sólo cuatro, siempre cuatro y no hay arreglo. O sea, cuando quedamos atrapadas en nuestra propia telaraña, cuando nos creemos nuestras propias mentiras. O las de otra escritora, que viene siendo más o menos lo mismo. Hay escritoras fatales que la enganchan a una y le viran la existencia al revés, se la exprimen cual naranja, se la machacan cual diente de ajo, se la retuercen como hace con los cuerpos Afrodita Sáfica, la diosa del amor.[12] La mejor de todas, a mi juicio, fue aquella campesina pobre, ignorante, hosca, fea, que murió en plena ju-

---

11   Se aplica a personas incultas, adineradas y jactanciosas (*DRAE*). (Adinerados no sé, pero de que nuestros comisarios culturales son incultos, jactanciosos e incluso prepotentes, no me cabe la menor duda. *ELP*)

12   Afrodita es la diosa del amor en el panteón griego. (Mi diosa predilecta, quizá porque sus altares nunca se tiñeron de sangre. Una de sus advocaciones, Afrodita Urania, inspiraba el «amor griego», que es la atracción homosexual masculina. Afrodita Sáfica, quien debía inspirar la pasión lésbica, jamás fue mencionada por los antiguos. Así que a Linda Roth no le quedó otro remedio que inventarla. El nombre, desde luego, viene de Safo, la trovadora de la isla de Lesbos. *ELP*)

ventud sin conocer el éxito.* No creas que trato de impresionarte con argumentos del Salvation Army[13]. Para mí esas cosas en general no cuentan, son aleatorias. Al que le tocó, le tocó. Sólo que ella consiguió transmutar sus muchas imposibilidades en una ficción extraordinariamente poderosa, dura, sólida, *convincente*. Yo tal vez no hubiera cambiado mi vida por la suya, pero sí por la de uno de sus personajes. ¿Te das cuenta, Zeta? ¡Vivir dentro de una novela! Ahora me parece absurdo y hasta idiota, pero entonces no me lo parecía. Nada, que me tragué la papa entera, con cáscara y todo. Luego conocí a aquella muchachita del pelo negro y fue el caos. Creí haber encontrado, ¡por fin!, a Heathcliff, el gitano taciturno.[14] Pero la realidad...

La realidad, en el cuarto de la Gofia en una noche de enero de 1997, era que Linda se había quedado hipnotizada, embobecida, lela, muy distinta de sí misma (al menos de su yo habitual), con los ojos clavados en los ojos de aquel ser que me ponía tan nerviosa y le erizaba los tres moños a la anfitriona.

—Llegó el ángel... –dijo Marilú.

—¡Y dale Juana con la palangana![15] –se despertó mi amiga–. Acabo de llegar, mi amor. ¿Qué tal si te esperas un segundito?

—Sí, m'hijita, cómo no, siéntate, acomódate, que estás en tu casa... –masculló la Gofia–. ¿Quieres que te eche fresquito con un abanico?

---

*   A Linda le privan las citas bien sutiles, los acertijos y las adivinanzas. Como ella es un genio, le importa un rábano si los demás la descifran o no. Cuando dijo esto de la mejor escritora, yo no supe a quién se refería. Otras personas pudieran hallarse en la misma situación y a ellas les aclaro que se trata de Emily Brontë, la autora de *Cumbres Borrascosas*. (Notica de Zeta).

13   Ejército de Salvación, organización internacional religiosa y caritativa dedicada a la propagación de la fe cristiana y al auxilio de las personas necesitadas. (Algunos críticos, al proclamar la excelencia de una obra literaria o de un autor, apelan a argumentos extraliterarios, que en este caso serían lastimeros, lacrimógenos y sentimentaloides, v.g.: el infeliz no tenía ni donde caerse muerto, el infeliz cuidaba con gran devoción a su madrecita enferma, el infeliz se pegó un tiro y la sangre salpicó el manuscrito de su novela, etcétera. *ELP*)

14   Uno de los protagonistas de la novela *Wuthering Heights* (Cumbres borrascosas) de 1847, de la escritora británica Emily Brontë (1818-1848). (Su demoníaco, alucinado y febril amor hacia Catherine Earshaw, que se prolonga más allá de la muerte, me lleva a imaginar lo que pudo haber sido la relación sexual entre ellos, algo que, para desgracia de ellos mismos y del resto de los personajes de la novela, jamás ocurrió. *ELP*)

15   Expresión coloquial cubana que comunica exasperación a causa de la repetición de algo o la insistencia de alguien. (O sea, a causa de una «cantaleta», «matraquilla» o «machuqueta». *ELP*)

—Oye Gofia, no seas perra... –dijo Linda.

—¿Perra yo? Sí, claro, yo soy perra. Yo nací en una perrera... ¡Jau jau!

Las dos se echaron a reír mientras la muchacha del umbral permanecía en silencio, imperturbable, fija como una estatua, la muchacha de la cama anunciaba por enésima vez el arribo del ángel y yo... bueno, yo me servía otro vasito de Havana Club, me sentaba en la única silla que había en el cuarto y encendía un cigarro. Algunas cabecitas se asomaban a la puerta, hacían muecas, aullaban o soltaban una carcajada y desaparecían entre la oscuridad y la salsa a todo meter. Linda abrazó a la Gofia ladradora, «¡Buen aniversario, chiquita!», y se besaron en la boca. Luego se apartó, mi amiga, y fue en busca del paquete que había dejado encima de la cómoda. De paso, se miró en el espejo. El gran beso (en realidad fue un beso bastante normal, sólo que yo nunca había visto a dos mujeres besándose en la boca) le había embarrado de negro los labios y sus alrededores.

—Mira para eso... –dijo, muy divertida–. Una que viene de lo más decentica, limpiecita, arregladita, y enseguida la pervierten...

La Gofia desempaquetó el regalo. Pegó un grito descomunal en cuanto vio las botas. ¡Oh! Dio saltos y brincos. ¡Oh! Qué divinas. ¡Oh! Eso, eso, eso mismitico, exactamente eso y no otra cosa era lo que ella había estado deseando desde el día de su nacimiento, desde la perrera de los guaguaos.[16] ¡Jau jau! Nadie era tan buena, tan cariñosa, tan especial como su nené, su Agatha Christie, su polaquita con espejuelos, su ángel exterminador,[17] *su jeba*. Al decir esto último miró con sorna a la muchacha del umbral, quien permanecía inalterable, muda como un ostión. Volvió a besar a Linda, la Gofia saltarina, en la boca, en la barbilla, en el cuello. Volvió a enroscarse con ella, a despeluzarla y embarrarla de negro. Cuando le metió una mano por debajo del vestido, siempre mi-

16   «Perritos» en el habla infantil. (La primera mascota que tuve, en mi época de preescolar, era una fox terrier que se llamaba, muy perrunamente, Guaguaíta. *ELP*)

17   Una de las películas más conocidas de Luis Buñuel, *El ángel exterminador*, de 1962, es también una de las más enigmáticas. (El tal ángel, que carece de rostro, parece ser una especie de voluntad invisible, pero muy poderosa, que impide a los personajes realizar cualquier tipo de actividad, por simple que sea, jodiéndolos bastante. Acá en esta novela es sinónimo de amante fatal o rompecorazones. *ELP*)

rando a la muchacha del umbral, yo... bueno, yo me serví otro vasito. Mi amiga, hecha un desastre, le puso las botas («los chirimbolos», pensé) a la Gofia, le propinó una nalgada que sonó muy fuerte y le pidió, por favor, mamita, cosita, perrita, por favor, chica, entiende, por favor, no seas bruta, Ana Cecilia, cojones, que la dejara atender a Alix.

—Llegó el ángel... –dijo Marilú mientras yo, disimuladamente, aplastaba la colilla contra el piso a falta de otro cenicero.

No sé si furiosa o triste o contenta, quizás todo a la vez, la Gofia taconeó. Con una mano agarró el botellín y con la otra me agarró a mí, con mucha violencia, por el mismo brazo que ya me había lastimado Moisés por la mañana. Muy fuerte físicamente, de un tirón me levantó de la silla. Por poco se me cae el vaso. ¡Ay! Dios mío, ¿qué le estaba pasando a la gente? ¿Por qué la cogían conmigo de esa manera?

—Esto sí que me encanta –dijo–, que me boten de mi propio cuarto. Pero no me importa, ¿captan el mensaje, putas? ¡No me importa! Hagan ustedes lo que les dé la gana, lo que les salga de sus respectivos chochos,[18] que yo me voy con mi gordita que me acabo de conseguir... –Y me remolcó fuera de allí al tiempo que Linda me dedicaba un gesto no sé si tranquilizador y alguien, ¿quién sería?, anunciaba el desembarco del ángel.

Yo, a decir verdad, estaba muerta de miedo. Por eso vacié el vaso otra vez de un solo trago, como si fuera vodka, que arde mucho menos que el ron en la garganta, pero emborracha igual. Fue como si me tragara un erizo vivo, una bola de fuego. ¡Agrrrr! En fin, que me di a la bebida miserablemente mientras Adalberto cantaba desde los bafles «¿Quién apagó la luz, eh?... / ¿Quién apagó la luz?...»[19] y la Gofia me conducía al centro de la sala, donde las siluetas danzantes. Cuando me pasó el brazo por la cintura me entraron ganas de orinar. ¿Qué significaría aquello de ser la gordita que ella se acababa de conseguir? ¿Qué esperaba de mí? Tal vez yo debía explicarle que no, con mucha amabilidad, desde luego, pero que no, de ninguna manera, que ella estaba con-

---

18   Vulgarismo para «vulva» (*DRAE*).

19   Uno de los estribillos del tema «A bailar el toca-toca», de Adalberto Álvarez y su Son. (No se sabe quiénes ni cuántos eran. Sólo que se tocaban unos a otros en medio de la oscuridad y que, muy probablemente, se divirtieron muchísimo. *ELP*)

fundida, que... ¡Ay! Sentí una punzada en la vejiga, como si me clavaran alfileres. En serio necesitaba orinar. Perentoriamente. En medio de la penumbra, el tumulto y la sofocación, le pedí que me dejara ir un momentico al baño. Me miró con ojos pícaros. Conque al baño, eh? Pues claro que sí. Enseguida *íbamos* para allá.

Dando tumbos entré a un baño de reducidas dimensiones, con poceta en lugar de bañadera, pero muy limpio. Ella se coló detrás de mí, contentísima, y le pasó el pestillo a la puerta. Ay, mi madre. En otras circunstancias le hubiera aclarado que yo prefería orinar sin público. O al menos no delante de una mulatica espigada con un dragón chino en medio del pecho, una botella de ron en la mano y tres moños en la cabeza. Pero estaba muy apurada. Si me ponía a explicarle mis preferencias en aquel momento, me orinaba encima, seguro. Así que la ignoré. Me senté en la taza con la vista fija en sus botas que habían sido mías. Le quedaban bien, como si las hubieran fabricado expresamente para ella. Tenía piernas musculosas, de deportista, igual que Linda. Salió por fin el chorrito que no era para los santos. Uf. Qué alivio.

—Así que tú tampoco usas blúmer... ¡Ja ja! ¡Qué cómico!

Tal vez la miré con asombro, no sé.

—¿Cómico? Mira, Gofia, yo...

—Sí, chica, sí. No es por nada. Es que yo tampoco lo uso... –Se sentó en el borde del bidé–. Es incomodísimo, ¿verdad? Yo nada más me lo pongo cuando estoy con la regla.

—Sí, sí, claro, yo también.

A veces uno encuentra afinidades insospechadas, incluso en el baño. Aquella mujer me caía bien. Me asustaba un poco, pero me caía bien. Siempre me han gustado las personas desinhibidas, espontáneas, que hablan con naturalidad, sin complejos, de las cosas del cuerpo. No me refiero a quienes lo hacen de un modo hostil, para impresionar, hacerse los bárbaros o herir los oídos del prójimo circunspecto. No, eso no. Son las personas en verdad francas las que me simpatizan, las que me recuerdan a papá. Como Petronila murió cuando yo aún era niña, le tocó a él, pobrecito, explicarme qué era la menstruación y otras novedades que afloran en la adolescencia. Ahora pienso que probablemente tuvo que documentarse en alguna biblioteca, pues no era muy especialista en temas femeninos. Pero hablaba claro, eso sí, en letra de molde, sin metáforas ni rodeos. Al pan, pan, y al vino, vino. Igual que la Gofia, quien ahora me observaba con sus ojos castaños, de esos muy claritos, casi transparentes, como el guarapo.

De pronto me sentí bien, más relajada, sin el menor deseo de levantarme de la taza y salir huyendo. Bebió a pico y me pasó la botella. Bebí con menos apuro que antes. La huella roja de mis labios se mezcló en el cristal con la huella negra de los suyos.

—Oye, gordi, me caes bien —declaró—. Así que vamos a meterle mano al asunto. Dale, antes que las fieras de la sala se pongan a tocar la puerta y a joder y eso.

—¿Meterle mano al asunto? —me alarmé—. Ay, Gofia, no. Tú estás equivocada. A mí no me gusta meterle mano al asunto.

—¿Ah, no? ¿Con esa cara? ¡Ja ja! No te me hagas la santica, gordi, que yo no nací ayer. Yo soy la Gofia en La Habana y tengo lo que tú necesitas. Deja que pruebes.

Ay, mi Dios del cielo. ¿Cómo explicarle sin ofenderla que no, que ella no tenía lo que yo necesitaba?

—Mira, Gofiecita, yo te lo agradezco muchísimo, pero el problema es que...

—¡Qué problema ni problema! Tú prueba y luego me dices.

Se puso de pie. Yo, aterrada, volví a beber. Sólo me faltaba sacarle el espíritu a la botella. Si las cosas seguían así, pensé, yo iba a salir de aquella fiesta convertida en alcohólica. Y anónima, porque ni de mi nombre me iba a acordar. Ella me miraba, toda sonriente, medio seductora, como diciendo «Ven, ven al guiso…».[20] Creí que se quitaría la ropa o que trataría de quitármela a mí o algo por el estilo. Pero no. A veces el exceso de imaginación nos juega muy malas pasadas. La Gofia en La Habana se sacó de un bolsillo del short un papelucho doblado. Lo desplegó delante de mí y me lo mostró. Polvo blanco. Me puse una pizquita en la yema del me-

---

20 Expresión con que la anima a participar. (No se sabe muy bien en qué, lo cual pone a Zeta sumamente nerviosa. *ELP*)

ñique y lo probé. Pues sí, ella sí tenía lo que yo necesitaba. Me sentí más estúpida que nunca. Pero no se dio por enterada. Linda me hubiera leído el pensamiento, ella no. O tal vez sí, pero no dijo nada. También hay personas generosas que te perdonan la vida y no te machacan. Se sentó en el suelo, hizo las rayas en el borde de la poceta. En ese momento llamaron a la puerta, pero no nos importó. Me deslicé junto a ella y le metimos mano al asunto.

En este punto es donde los recuerdos se fragmentan. Se superponen, se distorsionan, se confunden. Se riegan como los cristalitos en colores de un calidoscopio o los vidrios de las cien botellas en el piso. Quizás porque no soy adicta, porque sólo tropiezo con ella de Pascuas a San Juan, no sé, el hecho es que la merca[21] me saca del aire bastante rápido, mucho más que el alcohol o la marihuana. Me pone en la estratosfera, en el paraíso, en el más allá. Me sienta de maravilla. Mejor que eso, sólo he probado otra cosa.

—A ver, cuéntame –dijo la Gofia desde el piso, indiferente a los golpes en la puerta.

Ocurrió por casualidad, en el tiempo de mi romance con JJ, cuando mi primer embarazo. Yo no sabía que estaba embarazada y no me cuidé. Debí hacer algún movimiento extraño, cargar algo muy pesado, quién sabe. La cuestión es que tuve un aborto espontáneo en el mismo primer mes. Así, de pronto. Me dolía muchísimo, había sangre por todos lados, cantidad de sangre. Estaba sola en mi cuartico y asustada y me arrastré como pude hasta el hospital Sagrado Corazón. Allí comprobé, como tantas veces en la vida, que las desgracias nunca llegan solas: el aborto había sido incompleto. No me preguntaron nada. No había nada que preguntar. En el mismo cuerpo de guardia me practicaron una regulación[22], la cual, como todo el mundo sabe, se realiza sin anestesia. No entiendo por qué. Se supone, o al menos eso opinan los médicos, que se trata de un dolor soportable. Yo, como no soy médico, me reservo mi opinión. Si no pataleas ni te pones histérica, el asunto dura menos de cinco minutos. Pero cinco minutos de pe-

---

21 Cocaína.

22 Procedimiento abortivo por aspiración, que se realiza cuando el embrión tiene menos de cuatro semanas. Pasado ese tiempo, hay que aplicar otros métodos. (Posiblemente sea la variante de aborto menos riesgosa, pero el dolor puede ser muy intenso, en dependencia del umbral de cada mujer. *ELP*)

sadilla. Entre el dolor soportable, el miedo, la debilidad, la culpa y el zumbido de la máquina, me sentía en el mismísimo infierno. Pero me porté bien, como toda una mujercita. Quizás por eso alguien se compadeció de mí y me trajo, después que apagaron la desdichada máquina, aquella pastillita blanca, diminuta, y un vaso de agua.

—¿Qué es eso? –preguntó otro alguien.

—Nada, un analgésico –fue la respuesta.

En unos instantes el analgésico me quitó el dolor. Claro, para eso sirven los analgésicos. Pero no sólo me quitó el dolor en el bajo vientre, sino *todo* el dolor. Las pequeñas molestias con que vivimos siempre sin hacerles mucho caso, que nos acompañan día a día y sólo advertimos cuando ya no están. El miedo. La debilidad. Hasta la culpa, lo cual no es cáscara de coco. Porque a menudo no podemos precisar con exactitud de dónde procede, o quizás porque en el fondo no queremos saberlo, es muy difícil borrar la culpa. La confesión ayuda, claro, pero aun así es difícil. ¡Y he aquí una simple pastillita que arrambla con ella en un abrir y cerrar de ojos! Y sin aspavientos. No hubo euforia ni éxtasis ni alucinaciones con elefantes rosados[23] ni viajes a Iztlán[24] ni nada de eso que algunos llaman «experiencias interesantes». Lo que hubo no sé muy bien cómo explicarlo. Fue como un cambio de perspectiva. Un mirar los problemas, los arrastres y las jodiendas desde otro ángulo. Un reajuste en la interpretación de los estímulos: lo que antes juzgué horrible ahora lo juzgaba normal, natural, de lo más aceptable. Un sentimiento de armonía conmigo misma y con el universo. Fue la paz. La acogedora, dulce y exquisita paz. La felicidad. Si yo pudiera, me tragaba una pastillita de esas todas las mañanas.

—Morfina –dictaminó la Gofia recostada a la pared de azulejos–. El que te la dio, o es un imbécil o está loco o le caíste muymuy bien.

---

23 Eufemismo que remite a la alucinación provocada por el exceso de alcohol. Se dice que el primero en usar el término fue el escritor estadounidense Jack London en su obra autobiográfica *John Barleycorn*, de 1913. (Nunca los he visto, pero supongo que los elefantes rosados deben ser más agradables de contemplar que las alimañas asquerosas que normalmente «ven» las víctimas del *delirium tremens*. *ELP*)

24 Alusión a la novela de Carlos Castaneda *Journey to Ixtlan*, de 1972, en la cual Iztlán es un lugar mítico o metafórico para el hechicero, es decir, para el individuo que ha alcanzado un grado superior de conocimiento acerca del mundo sobrenatural. (A Iztlán no se llega por barco ni por avión ni por tren. Las únicas vías son los hongos alucinógenos y ciertos ejercicios físicos. *ELP*)

Volvieron a escucharse los golpes en la puerta. Creo que en ningún momento habían dejado de sonar.

—¿Por qué tú dices eso? Yo no me acuerdo ni de su cara. Si lo veo por ahí, no lo reconozco. Pero me parece una buena persona.

—¿Buena persona? ¡Ja ja! Qué lindo tú lo dices. ¡Claro que sí, buena persona! Porque la morfina cuesta carísima. Un ojo de la cara. Eso, si la encuentras. Porque hay días en que no te empatas con ella ni en las misas espirituales.

—¿Ah, sí? ¿Qué tú sabes?

—¿Yoooo? ¡Yo no sé nada! –La Gofia miró el techo–. Ven acá, gordi, ¿de dónde tú saliste así, tan desinformada? ¿Tú no ves películas? Si te tragas una pastillita de esas every day, enseguida te enganchas. No hay vuelta atrás. Empiezas a necesitar dos y luego tres y cuatro y luego jeringuilla que tú conoces y no piensas en otra cosa y así hasta que te descojonas... –pareció espiar dentro de sí misma–. A lo mejor vale la pena, quién sabe. Si a fin de cuentas... ¡Ay, chica, ya! ¡Qué morbosidad! ¿Tú quieres deprimirte o qué?

No estoy segura, pero creo que los golpes en la puerta se fueron volviendo cada vez más violentos, como si alguien hubiera perdido la paciencia definitivamente y pretendiera derribarla a patadas y piñazos. El gran estrépito. ¿Se estaría desmoronando la ciudad por allá afuera? Qué espanto que hubiera un cataclismo, un terremoto, la guerra nuclear, y uno en el baño, de zombi, en la morbosidad, especulando sobre las ventajas y desventajas de la morfina. Me eché a reír. En algún momento la Gofia se levantó, con toda su calma, onda caracol, y abrió. Había gente, una pila de muchachas, cabecitas burlonas (me atrevería a jurar que una de ellas me sacó la lengua, y le respondí con lo mismo, claro está, ¿qué se habría figurado?, ¡venir a bailar en casa del trompo!25), ja ja, cabecitas joviales, una de ellas con antifaz plateado, otra con un gorro de cartón, cabecitas curiosas, aullidos, rebuznos, carcajadas, ja ja, una tromba26 de salsa, «Deja que Roberto te toque... / deja

---

25 Alardear de alguna habilidad o talento en presencia de algún especialista en la materia de que se trate. (Lo que hizo Maia Plisiétskaia a fines de los 60, cuando vino a Cuba junto a un elenco del Bolshói a bailar nada menos que *Carmen*, frente al público de Alicia Alonso. *ELP*)

26 Hecho o suceso producido bruscamente y con fuerza o con violencia (*DRAE*). (Acá, al abrirse la puerta, lo que se cuela de súbito en el baño es un gran estruendo salsoso. *ELP*)

que Roberto te pase la mano...»[27]. En primer plano estaba Danai con sus jeans y su camisa de cuadros, quien a viva voz acusó a la Gofia de bandolera y egoísta, sinvergüenza, descará, que siempre se encerraba en el cochino baño con cualquier pelandruja y se lo cogía todo para ella sola y no le daba nada a nadie, de perra que era, perra tuerca, mala ficha, malagradecida, y además tarrúa –manoteó en la cara de la Gofia, casi la toca–, sí, tarrúa y bien, porque la polaca maricona y corruptora de menores prácticamente se estaba jamando a la niñita ésa delante de Marilú, pobre Marilú sin pelo, tan sufrida, tan infeliz, viendo aquel espectáculo indecente, ¡del coño de su madre!, si lo que eran unas puercas, degeneradas, cínicas, asquerosas, tortilleras de mierda...

La Gofia le sonó un par de galletas a Danai. Pensé que se formaba la trifulca, la riña tumultuaria, de modo que me escondí en la poceta, rauda y veloz, no fueran a pegarme también a mí. Pero la sangre no llegó al río. Las galletas tuvieron, creo, un efecto sedante y la belicosa Danai se apaciguó de inmediato. Era más rollo que película.[28] Se ablandó tanto que se puso a llorar en el hombro de la Gofia, quien debía comprenderla, sí, debía comprenderla –sollozaba como hubiera sollozado Pancho Villa,[29] si alguna vez lo hizo, mientras la moñuda le pasaba la mano por la espalda y le decía «Ya, ya, no hay lío, asere, ya pasó, ya pasó, ya...»–, porque ella, Danai, se sentía mal, muy mal, en un escache[30] terrible, en un down de la repinga, con tremendas ganas de morirse, de matar a la puta, de romperle la cara a trompones, de re-

---

27 Estribillo del tema homónimo del salsero cubano Cándido Fabré, interpretado por Isaac Delgado y su grupo. (No es que Roberto ande por ahí manoseando al prójimo con fines libidinosos, como se insinúa, sino que se trata de un santero que al tocar a las personas las alivia de toda clase de males y enfermedades. *ELP*)

28 Era alardosa, se hacía la guapa, la valiente. («Más rollo que película» es el equivalente cubiche de «Mucho ruido, pocas nueces». *ELP*)

29 Francisco Villa o Pancho Villa (1878-1923), seudónimo del líder revolucionario mexicano Doroteo Arango. Creó y lideró durante años la mítica División del Norte, en Chihuahua. (Por su rebeldía, su coraje y su integridad a prueba de vaivenes políticos, viene siendo algo así como el macho por antonomasia. No quiero decir que una mujer no pueda participar de esas cualidades, pero a nosotras no se nos exige tanto, al menos en la cultura hispana. A los hombres sí. Y muy pocos han logrado encarnar ese papel tan a la perfección como Pancho Villa. *ELP*)

30 Ver capítulo 4, nota 2. En este contexto significa «estado depresivo». (Que lo mismo puede ser causado por el abandono de la persona a quien amamos, como es el caso de Danai, que por falta de plata, de trabajo, de vivienda, de energía eléctrica, de comida, de agua por la pila o de futuro, entre otras carencias habituales en la mayor de las Antillas. *ELP*)

torcerle el pescuezo, de cualquier cosa, qué sabía ella, qué mierda, en mala hora uno se enamoraba de quien no se lo merecía... Y así. Dejé de escucharla. Me perdí dentro de mí misma, en el estribillo de las cien botellas mezclado con el estribillo de Roberto y con otros estribillos, con algún bolerón no muy optimista, como ese que dice «No voy a llorar... / porque la vida es la escuela del dolor... / donde se aprende muy bien a soportar... / las penas de una cruel desilusión...».[31] Me recuerdo allí, con la cabeza llena de ruido, agazapada en una esquinita de la poceta. Por el momento a salvo. Lejos del futuro. De las malevolencias de Urano. De Moisés y sus enemigos invisibles. De mi segundo embarazo. De Alix y su tatuaje y su perpetuo silencio. De la ventana de mi cuarto, aún sin la cortina tan negra y espesa que años más tarde no dejaría saber, así de pronto, en la penumbra del amanecer, un 19 de diciembre, si la ventana estaba abierta o cerrada.

—Oye, gordi, ¿qué tú haces ahí?

—Yo... hum... hum... ¿Yo? Nada.

—Bueno, pues sal –La Gofia me tendió una mano–. Vamos a bailar, dale.

Yo había estado pensando, creo, en las musarañas. Pero no sólo en ellas, tan entretenidas, sino también en lo complicado, en lo abstruso que podía llegar a resultar, en un ambiente sólo de mujeres, y de mujeres apasionadas, el asunto de quién amaba a quién o quién estaba celosa de quién o quién le iba a armar un escándalo a quién. A quién le iban a romper la cara a trompones. Las posibilidades se multiplicaban, podía darse cualquier combinación. Y, desde luego, cualquier malentendido. No me atrevía a salir de mi refugio. No sin garantías.

—Dime, Gofia, ¿Danai se puso brava conmigo?

—¿Contigo? –Me miró extrañada–. No, mi corazón, no. ¿Cómo se te ocurre? Contigo no. La loca esa está empingá[32] con Agatha Christie porque... Bueno, porque Agatha Christie no le

---

31 Del bolero «Deuda», del compositor cubano Luis Marquetti (1901-1991), interpretado por el mexicano Luis Aguilar y el ecuatoriano Julio Jaramillo, entre otros. (Es el que empieza: «Por qué tú eres así.../ si el alma entera te di.../ y te burlaste tranquilamente de mi pasión...». Además de sus múltiples y variadas interpretaciones, existe una versión genial en tiempo de cha cha cha. *ELP*)

32 Enfurecida, indignada. Es uno de los vulgarismos derivados del vocablo ordinario «pinga». Ver capítulo 3, nota 21. (Estar «empinga'o», o sea, enojadísimo, es el resultado de haber cogido «un soberano empingue». *ELP*)

hace mucho swing o algo de eso. Creo que se acostaron una vez, no sé. Danai es muy trágica, muy decadente, le encanta sufrir.

—Bueno, pobrecita, ¿no? –suspiré aliviada.

—¿Pobrecita? Qué pobrecita ni qué cojones. Estúpida es lo que es. Verdad que la polaca arrebata a cualquiera, es una gran tipa, una mujer excepcional... –En ese punto pensé algo parecido a esto: ¡Hum!–. Por algo le dicen el Ángel Exterminador. Pero, fíjate, por eso mismo hay que tomársela con calma, con mucha calma. Sin alteraciones ni showcitos ni nada de eso. Si tratas de controlarla, ¡zas!, se te va. Ella es así. Si te gusta, bien, y si no... Ay, pero yo creo que estoy hablando más de la cuenta... –Me guiñó un ojo y volvió a tenderme una mano–. Dale, gordi. Sal de ahí y vamos a bailar. Y no te preocupes. Tú tranquila. Si alguien se mete contigo, tú verás el yiti[33] que le bajo. ¡Perra galúa por el tronco de la oreja![34] ¡Ja ja!

Aquello no sonaba demasiado tranquilizador para mi alma pacífica y enemiga de las reyertas, pero en fin. Nos fuimos a bailar al centro de sala, en la casi total oscuridad, niebla densa que sólo se aclara más o menos cuando los ojos se acostumbran. Allí, en el vórtice de la pachanga, con la Gofia marcando el paso y los bafles incrustados en las orejas, pasé mis mejores momentos. Ella bailaba bien, muy bien, como se debe, que no es como la gente piensa. Hay quien cree por ahí que todos los cubanos, por el solo hecho de ser cubanos, somos expertos bailadores y le metemos a la salsa en la mismísima costura. Pero qué va. De eso nada. Algunos son tiesos como palos de escoba (JJ), otros tienen la oreja cuadrada, van por un lado y la música por otro (Poliéster), otros abusan de los movimientos lúbricos, tal parece que tiemplan[35] en la vertical (Yadelis), otros son muy técnicos, pero no tienen una gota de swing, porque la salsa no les nace de adentro (Linda), otros, en fin, con-

---

33 Coscorrón. («Bajar un yiti», equivale, en términos de riña callejera cubiche, a «rayar un cocotazo», lo cual denota una conducta algo incivil, aun cuando el recipientario del coscorrón, cocotazo o yiti se lo tenga bien merecido. *ELP*)

34 Sinónimo de la expresión anterior. (En grado superlativo, ya que una «galúa», máxime si se la califica de «perra», es mucho más brutal y estremecedora que un simple yiti. *ELP*)

35 Voz cubana que significa «realizar el coito» (*DRAE*). (Se la considera una palabrita medio chabacana, aunque no tanto como «singar», que significa lo mismo. Salvo Pedro Juan Gutiérrez y Zoé Valdés, pocos escritores de mi país se han atrevido a encajar esta última en algún libro. *ELP*)

sideran que el baile es una estupidez (Moisés) y una perdedera de tiempo (Pancholo). Yo, modestia aparte, soy la estrella. Una vez, hace una bola[36] de años, bailé en La Tropical[37] con Pedrito Van Van,[38] que es la superestrella, y nos hicieron un círculo para mirarnos y todo el mundo aplaudió. Fue mi gran noche. Pues bien, la Gofia bailaba igual que Pedrito. Sin perder el ritmo jamás, dueña de todo su cuerpo, suave, sinuosa sin vulgaridad, equilibrada, elegante, en sintonía, perfecta. Después supe que era una profesional, bailarina de cabaret, y que se ganaba los faos dándoles clases a extranjeros.

—Que nunca aprenden –me dijo–, porque son unos ñames[39], más burros que el carajo, pero a mí no me importa, mientras paguen...

Además de bailar, bajamos otros botellines de las más diversas estirpes. Desde el más abyecto matarratas hasta el Johnny Walker, etiqueta negra, que mi estimada y precavida pareja de baile tenía escondido en un hueco de la cocina, allí donde nadie metía la mano por miedo a las cucarachas. Y nos dimos otros paseítos por el baño, para esnifar y cargar la batería, sin excluir a Danai, no fuera a darle otra vez el arrebato. Cogí tremendo suene. Me sentí la Súper Zeta Voladora. Qué rico.

En medio de todo este tropelaje pasé varias veces junto a la puerta entornada del cuarto de la Gofia. No resistí la tentación de echar una ojeada. ¿Qué estaría ocurriendo por allá? Nada. Ningún espectáculo indecente. Al menos no para mí. A esas alturas de la vida, con tanto alcohol en el torrente sanguíneo y tanta cocaína en el alma, no sé qué hubiera podido parecerme indecente.

---

36 Un montón. Ver otros sinónimos en capítulo 1, nota 36.

37 Espacio al aire libre en La Habana, donde se ofrecen conciertos de música bailable. Hay un documental de David Turnley sobre este sitio, *La Tropical*, de 2006. (Muchos artistas se han presentado allí con gran éxito, pero el máximo astro, el que más ha hecho enloquecer al público en toda la historia de La Tropical, ha sido, sin discusión, el legendario sonero cubano Benny Moré (1919-1963), también conocido como «El Bárbaro del Ritmo». *ELP*)

38 Pedro Calvo Jr. (1941-), salsero cubano que fue vocalista de Los Van Van desde 1973 hasta 2000. (Luego de su ruptura con Juan Formell, director de Los Van Van, fundó la agrupación La Justicia. Al disolverse ésta, poco después, no se amilanó. Dando muestras de un inquebrantable espíritu justiciero, fundó otro conjunto de salsa llamado La Nueva Justicia. Pedrito, a diferencia de su ex colega Mayito, sí que sabe bailar. *ELP*)

39 Coloquialismo cubano que denota a las personas que dan muestras de escasa inteligencia, cultura o instrucción (*DRAE*).

Cada vez que atisbaba en el interior de la habitación, veía una escena distinta. Linda y la gitana besándose. Linda sentada en el borde de la cama, la gitana arrodillada en el piso, frente a frente, mirándose a los ojos. La gitana tratando de quitarse la ropa y Linda, sin espejuelos, tratando de impedírselo. La gitana, aún arrodillada, sin su blusa negra, con el pecho cubierto por la cascada de su pelo negro, y Linda sacudiéndola por los hombros. La gitana otra vez con la blusa puesta, deshecha en llanto, y Linda de brazos cruzados. Lo único fijo era Marilú, pecosa, kimono de felpa, coco liso cual bola de billar, los ojos incrustados en el techo, anunciando el aterrizaje del ángel. No entendí nada. Quizás no había nada que entender.

En una de esas la Gofia me descubrió en el espionaje y también ella se puso a vigilar. Sólo por hacerme la media[40], sólo por eso... —se reía bajito—. Porque el panorama lo que le daba era sueño. ¡Ja ja! Qué aburridas aquellas pericas. Qué cheas.[41] Qué falta de imaginación. Más locotas éramos ella y yo, con nuestra onda mirahueco. ¡Ja ja! Pero qué tedio... —bostezó—. No, si lo que le entraban eran ganas de meterse ahí, con las tres en la cama, bueno, con las dos, porque Marilú no contaba, y armar el gran pastelón. Sí, para poner la bola en movimiento. A ver si les quitaba la sanguanguería[42] esa del baboseo y la taquicardia y el tú me quieres y yo te quiero, mi amorcito de mi corazoncito. ¡Ja ja! Como si la hubiera escuchado, Linda dirigió la vista hacia nosotras. Se puso los espejuelos para vernos bien. Pensé que se molestaría y traté de escurrir el bulto, pero la Gofia me retuvo. Me agarró, claro está, por el mismo brazo de la otra vez. Ahora yo iba a ver —susurró en tono maligno— lo que era inmadurez de la buena. ¡Ja ja! Linda, muy divertida, nos saludó con la mano. La gitana también nos vio. Se puso de pie, rápida. Con tremendo ímpetu caminó hacia la puerta. Casi doblada de la risa, la Gofia le cedió el paso. Yo no tuve tiempo de hacer lo mismo. Como decía Yadelis, soy muy lenta para vivir en el Oeste. Ni frágil ni etérea, la gitana me apartó de un empujón. Qué fuerte. Qué clase de furia

40   Acompañar.
41   Personas de mal gusto. (Fuera de moda, faltas de swing, picúas. *ELP*)
42   Tontería, mentecatería. (También se usa «sanguangá». *ELP*)

silenciosa. No me puse brava ni nada, creo que ya me estaba acostumbrando a que todo el mundo me apachurrara. Linda se levantó y fue tras ella.

—Alix, Alix, no te acomplejes, chica, ven acá... ¡Alix!

Pero la Gofia se cuadró en medio de la puerta.

—Déjala que se vaya, nené, déjala.

—¿Qué tú dices? —Mi amiga miró a la Gofia con incredulidad—. Quítate del medio.

—No exageres, ¿está bien? No exageres. Bueno es lo bueno, pero no lo demasiado. No tienes que correr detrás de ella delante de todo el mundo. Mira, si tú quieres yo voy mañana a la beca[43] y la capturo y te la traigo amarrada de pies y manos. Tú sabes que yo por ti hago lo que sea. Lo mismo me como un pan con hielo que me tiro por un quinto piso. Pero no corras detrás de ella. No me hagas eso, por favor. Hoy no.

Linda, escrutadora, observó a la Gofia de ojos transparentes.

—Está bien —Levantó las manos como diciendo «Me rindo»—. ¿No queda un roncito por ahí? Estoy muerta de sed.

—Llegó el ángel...

Y se aflojó la tensión. Tras la fuga de Alix sentí, qué raro, como si me hubieran quitado un peso de encima. No puedo asegurarlo, pero sospecho que la Gofia sintió algo semejante. Volvimos a bailar, a beber, a divertirnos. Durante el resto de la noche, hasta bien entrada la madrugada, Linda se comportó como si lo ocurrido no tuviera la menor importancia. Le había fascinado —confesó— lo del pan con hielo. Qué romántico. Le cantamos el Happy Birthday To You a la Gofia. Medio borracha, de lo más entusiasta, mi amiga se lo cantó en alemán. La muchacha del antifaz quiso saber cómo se decían un montón de obscenidades en alemán. Linda, en un tono muy sensual, desde una esquina del balcón adonde la salsa llegaba atenuada, nos obsequió a todas con una sarta de jerigonzas. Danai y yo aplaudimos. La muchacha del antifaz trató de repetir las jerigonzas, pero no pudo. La Gofia se quedó pensativa y luego dijo que, si bien aquello no sonaba del

---

43   Subvención para realizar estudios o investigaciones (*DRAE*). Por extensión, este término se aplica en Cuba al edificio donde se albergan los estudiantes procedentes de otras provincias. (También puede tener, irónicamente, otros significados. ¿No se acuerdan del comentario que hice a la nota 12 del capítulo 4 de este alegre librito? Pues si quieren, vayan y miren. *ELP*)

todo mal, ella prefería *hablar* en cubano. (Aparte, mi amiga me confió que se trataba de un poema de Heine.)[44] No recuerdo más detalles, pero sé que la pasamos bien. A eso de las tres y media, el vecino de los altos bajó a protestarle a la Gofia por el ruido. Porque lo tenían hasta la coronilla —el tipo ladraba igualito que el megaterio— con aquellos güiros[45] escandalosos. Él no se metía en la vida de nadie, no señor, pero qué cabrona jodienda vivir en los altos de un bayú.[46] Hacía años que no dormía. Comprensiva, la Gofia dio por terminada la fiesta. «No hay lío, maestro, no se sofoque.» Y calabaza, calabaza, cada una para su casa.

Ella no hablaba más de la cuenta. Al contrario. Es una de las personas más discretas que he conocido. Conversa de mil tonterías y da la impresión de tener la lengua muy suelta, pero no es así. En realidad posee un talento especial para detectar lo más importante y reservárselo por más borracha o sonada que esté. Aquella noche, por ejemplo, no me dijo que sabía quién yo era. Demoró varios meses en contarme que por la tarde, antes de ir al cumpleaños, Linda le había advertido por teléfono que la acompañaría su mejor amiga. Una muchacha medio guanaja.[47] Más lenta que una babosa. Más asustadiza que un conejo. Graciosita de cara, pero con unos cuantos kilos de más. Extrovertida. Confianzuda. Fiestera. Buena gente hasta el empalago. Risueña por gusto y un poco burlona, pero incapaz de agredir a nadie. Ciento por ciento heterosexual. O sea, un desastre. Pero así y todo, su mejor amiga.

No sólo me ahorró la Gofia tan halagüeña descripción. Tampoco me contó cómo había conocido a Linda, recién llegada de Nueva York, en el Club de Esgrima. Que mi amiga hubiera sido una tiradora excelente si no hubiese malgastado tantos años

---

44 Heinrich Heine (1797-1856), poeta romántico alemán. (Una vez oí versos de Heine en un filme alemán sin subtítulos. No entendí ni hostia, pero me encantaron. Sonaban espléndidos, muy musicales, nada que ver con órdenes militares ni arengas políticas, lo único que había escuchado hasta entonces en esa lengua. *ELP*)

45 Instrumento musical del Caribe, que tiene como caja una calabaza de güira. Aquí alude a las fiestas de la Gofia. (Es lo que en ambientes más finos se conoce como «motivitos». *ELP*)

46 Prostíbulo (*DRAE*). (En la isla también se usa el verbo «embayusar», que significa distorsionar la forma de algo, ya sea una fiesta, una conversación o cualquier otra actividad humana, confiriéndole características de bayú, o sea, ruido, caos, despelote, que originalmente no tenía. El «embayusamiento» de las cosas es una práctica habitual entre cubanos. *ELP*)

47 Tonta.

practicando con el sable, un arma sólo para hombres, muy pesada. Que Linda prefería el sable porque, si llegaba a perder la tabla, es decir, si llegaba a tomar al contrincante por un enemigo personal, podía agarrar el arma por la hoja y golpear al hijoeputa con la cazoleta, algo no muy factible con la espada o el florete. Que aquel asunto del sable le había resultado muy erótico a ella, a la Gofia. Que Linda era muy buena cama,[48] loquísima, creativa, parlanchina, pero una bruja sin sentimientos.[49] Que se acostaba con cualquiera por pura diversión, por juego, por relajarse, pues lo único que en realidad le importaba eran sus novelas policíacas. Que era muy destructora y siempre dejaba un rastro de lágrimas y sufrimientos detrás de sí, muchas víctimas que luego iban a que ella, la Gofia, les diera psicoterapia. Que la tormentosa relación entre ambas había durado unos meses y estaba a punto de concluir, pues lo de Alix iba en serio, había que estar ciega para no verlo. Que ella, la Gofia, no le guardaba rencor a Linda. Que aquello tal vez sonaría ridículo, pero que Linda era el amor de su vida y siempre podría contar con su apoyo, para cualquier cosa, now and forever.

De todo eso me fui enterando poco a poco, en el transcurso de varios años. Porque la Gofia y yo llegamos a ser muy buenas socias. Aún lo somos, aunque no nos veamos muy a menudo. Hace más o menos un año, cuando la situación se volvió muy tensa, al rojo vivo, y yo acogí a Alix en mi cuarto, Linda se puso como una fiera. Ay, el tigre de la Malasia.[50] Porque yo no tenía derecho –no gritaba, pero mordía las palabras–. Porque aquello era una traición, una sórdida puñalada por la espalda. ¿Acaso para líos no me bastaba con el energúmeno barbudo? Me iba a pesar por el resto de mi vida. Porque ella no volvería a poner un pie en la Esquina del Martillo Alegre mientras aquella imbécil estuviese allí.

---

48   De buen desempeño sexual. (También se dice «buen palo», o «buena hoja». *ELP*)
49   Referencia al tema «La bruja», del músico cubano José Luis Cortés, director de la orquesta NG La Banda. (Las letras de este compositor, más conocido como «El Tosco», quien es, dicho sea de paso, un gran virtuoso de la flauta, le valieron hace algunos años ser acusado de machista y orillero. Pero a mí me cuadran. ¿Saben lo que es una «bruja sin sentimientos», según El Tosco? Pues esto: ¡Una intelectual! *ELP*)
50   Con dicho apodo se conoce a Sandokan, protagonista de varias novelas de aventuras del prolífico escritor italiano Emilio Salgari (1862-1911). (También autor de la saga del Corsario Negro y de otros libros que me hicieron muy feliz cuando chamaquita. *ELP*)

Para ese entonces ya Alix no era «aquella muchachita del pelo negro», sino «aquella imbécil». La Gofia, en cambio, sí me entendió. Se burlaba de mi tendencia a la piedad. A la puñetera y repugnante lástima cristiana, como diría Moisés. De mi inclinación a considerar «pobrecitos» a los demás, que en realidad eran, según ella, unos hijoeputas. Me llamaba Madre Teresa de Calcuta.[51] Insistía en que me cuidara día y noche. Ya que había metido la pata,[52] yo debía dormir con un ojo abierto y el otro cerrado (lo intenté, de veras lo intenté, pero no pude, se me cerraban los dos), yo debía mantenerme alerta. Porque Alix no era hijaeputa, no, pero sí demente, chiflada, una lunática peligrosa que podía desgraciarme la vida en un dos por tres. Pero en el fondo me entendió. Yo sé que la Gofia me entendió. Porque ella había vivido su tragedia, la vivía todos los días. La tragedia de Marilú, que fue también la suya y la de otras personas. Algo espantoso. Algo de lo que nunca me dijo ni media palabra. Algo de lo que sólo llegué a enterarme gracias a Linda, quien tampoco sabía demasiado.

---

51 La Madre Teresa (1910-1997), cuyo verdadero nombre era Agnesë Gonxhe Bojaxhiu en lengua albanesa, fundó la orden Misioneras de la Caridad en Calcuta. Le concedieron el premio Nobel de la Paz en 1979 y fue beatificada tras su muerte por Juan Pablo II. (Lo menos que podía hacer Su Santidad, luego de haber enviado en la década del 80 a las monjas de su orden, sin preparación ni explicación alguna, a atender a los enfermos de SIDA en Nueva York. Éstos las recibieron con burlas y agresividad, lo que no es de extrañar si recordamos las primeras declaraciones de Juan Pablo II acerca del SIDA. *ELP*)

52 Ya que se había equivocado.

8. El año próximo en Jerusalén[1]

Las tribulaciones del Tte. Leví no tienen fin. Ariel Leví, protagonista de los relatos y novelas de Linda, no pasa de los cincuenta años. Pero aparenta unos quinientos. De tantos palos que le ha dado la vida, como suele decirse, a uno le cuesta concebir que alguna vez fue joven, incluso niño. Es un tipo flaco, no muy alto, con espejuelos y una larga nariz que le da aspecto de hurón. Habla bajitico, suavecito, pronunciando todas las letras. Así y todo, mete miedo. Intimida a los delincuentes sin necesidad de tocarles un pelo. Conoce la calle. Astuto, perseverante, con buena memoria, gran capacidad de trabajo y el olfato exquisito que distingue a los mejores sabuesos, parecería destinado al triunfo. Pero de eso nada. Le falla la suerte. Y cuando a un detective, ya sea privado o de la policía, le falla la suerte, está frito. Así, el Tte. Leví jamás resuelve un caso. Descubre al asesino, pero no logra echarle el guante. Siempre hay algo que se interpone.

Al principio no le iba tan mal. Consiguió cazar al caníbal que untaba mayonesa. Pero ese cuento, según Linda, es muy inmaduro, juvenil, ingenuo. Una tentativa de los tiempos –añade– en que ella aún imitaba a Raymond Chandler. Cuando leía *The Simple Art of Murder* [2] como si fuera la Biblia y tenía fe en que las

---

1 Algunas festividades judías, como el Yom Kippur, culminan con la frase «El año próximo en Jerusalén» por el significado, tanto literal como simbólico, que reviste esa ciudad para el judaísmo. (Alude a la *Aliyah*, o sea, el retorno a Palestina. De frase ritual derivó en consigna política con el surgimiento del sionismo en 1895, tras la publicación en varias lenguas del libro *El estado judío*, del doctor Théodore Herzl, escrito a raíz del *affaire* Dreyfus. La Ciudad Santa, capital histórica del pueblo hebreo, fue reunificada bajo administración israelí en 1967 y declarada capital de Israel en 1980, aunque ese estatus aún hoy no está reconocido por la ONU. Yo la considero, simplemente, «mi otra ciudad». *ELP*)

2 Ensayo del escritor estadounidense Raymond Chandler (1888-1959), publicado por primera vez en 1944 y luego añadido como prólogo a una colección de cuentos

palabras no sólo eran útiles para el engaño –dice esto como si hablara en voz alta consigo misma, tal vez por eso no la comprendo bien–, qué ilusa. Luego el cielo se fue nublando para el Tte. Leví. Se puso fatal. Se desgració. Las adversidades comenzaron a cercarlo hasta que lo hundieron, al parecer definitivamente, en el pantano del infortunio. El tipo sufre muchísimo. Y no es para menos. Le tocan unos crímenes horrendos, espantosos, de esos que le quitan a uno el apetito (recuerdo la siguiente frase: «No había visto heridas como ésas desde el choque de trenes…»), y él ahí, de monigote, paralizado, impotente, como si tuviera una venda en los ojos y las manos amarradas. Qué calamidad.

Deprimido y más solo que una ostra, el Tte. Leví no duerme bien a pesar del agotamiento. Sus noches, cuando no persigue forajidos, oscilan entre el insomnio y la pesadilla. Se afeita si se acuerda, no conversa con nadie, fuma cual chimenea, a veces bebe más de la cuenta y luego vienen la resaca, la migraña y las ganas de ahorcarse. Es, en resumen, la viva estampa del fracaso. De vez en cuando se pregunta qué coño hace todavía en La Habana, por qué insiste en su guerra contra lo que semeja un monstruo de mil cabezas, que se le arranca una y enseguida le crecen dos mientras chorrea la sangre verdosa y fétida, qué asco. No encuentra una respuesta. Pero no acaba de irse. Quizás ya sea muy tarde para eso. Va y la energía ya no le alcanza para emprender un largo viaje, quién sabe. Todas sus historias terminan con él asomado a la terraza de su penthouse, fumando un cigarrillo lento (lo veo entre volutas de humo, sombrío, endurecido, amargo; lo imagino como si fuera una película), mientras mascula:

—Qué va. No aguanto más esta mierda. El año próximo en Jerusalén.

La primera novela de Linda, que se titula precisamente así, *El año próximo en Jerusalén*, apareció a mediados de 1997, publicada por una modesta editorial de Barcelona. El contrato, según ella, fue leonino. Lo sabía cuando lo firmó, de modo que no hubo mala fe por parte de nadie. Una escritora joven, quizás demasiado joven,

---

con el mismo título. Gira en torno al imperativo de crear situaciones verosímiles y realistas en la novela negra. (Poética en tono de manifiesto, no exento de sentido del humor, donde se establece como paradigma del nuevo género la obra de Dashiell Hammett, muy admirada por Chandler y por millones de lectores, entre los que me encuentro. *ELP*)

casi desconocida y procedente de un país periférico, sí, periférico, subdesarrollado, primitivo, silvestre, porque ella era cubana aunque su pasaporte dijera otra cosa, que el papel lo aguantaba todo –me explicó–, no podía aspirar a más en su primer contrato. Así eran los negocios –concluyó–: a veces, frente al más poderoso, no había más que dos opciones: conformidad o renuncia. Lo tomas o lo dejas. Sin involucrar, por supuesto, sentimientos de ninguna índole. Mi amiga suele encontrarse a gusto en los ambientes fríos, secos, insensibles, por alguna razón le parecen más honestos, y a partir de ese criterio se puso de acuerdo con el dueño de la pequeña empresa. ¿Cómo criticarlo si ella en su lugar –reconoció– hubiera actuado del mismo modo? El tipo, además, le endulzó el purgante. Es decir, le costeó el viaje a España, la alojó en hoteles caros, la invitó a pasear en su yate, a ver una corrida de toros y un concierto de los tres tenores,[3] le regaló un hermoso ramo de rosas búlgaras (a ella no le interesan para nada las flores, pero apreció el gesto), le presentó a sus amigos, se comportó, en fin, como un gentleman. Y nada de eso figuraba en el desgraciado contrato.

Con el editor, un político de izquierda, la historia fue distinta. Mi amiga, como el padre Ignacio, asegura no tener prejuicios contra esta gente. Nada más detesta la sola mención del término «izquierda». Le suena a trasto polvoriento, enseguida le entran deseos de estornudar. Estaba bien defender los derechos de las minorías étnicas o religiosas, las mujeres, los gays, los minusválidos, los niños, los animales y... las plantas –sonrió vegetariana y me hizo recordar el triste destino de la mata de mangos–. Estaba bien que los obreros hicieran huelgas y los campesinos de los países atrasados lucharan por la reforma agraria. Estaba bien oponerse a la conflagración nuclear. Sí, todo eso estaba muy bien. Pero un político de izquierda también podía ser, según ella, un individuo que actuaba en los negocios de la misma manera que el «capitalista salvaje» –saboreó esas dos palabras–, a navajazo limpio, a

---

3 Tres de los tenores más célebres del siglo XX, José Carreras, Plácido Domingo y Luciano Pavarotti, dieron juntos una serie de conciertos alrededor del mundo entre 1990 y 2007, año en que falleció Pavarotti. En 1997, ofrecieron un concierto en Madrid. (Además de arias de óperas, solían interpretar canciones populares, a veces en compañía de estrellas del pop, lo que en opinión de Alfredo Krauss, otro famosísimo tenor, era tremenda payasada. A mí, en cambio, sí me cuadraba esa onda. Pavarotti, sobre todo, con aquella pinta de capo mafioso, me parecía un tipo muy atractivo. *ELP*)

dentelladas, con la única diferencia de que había que soportarle sus escrúpulos de conciencia, verdaderos o no. Sus continuas justificaciones. Su paranoia. Sus pajas intelectuales. Su necesidad de creerse bueno, desinteresado, noble y generoso, un filántropo, un angelito bajado del cielo, aunque para ello tuviera que subvertir los significados de todas las palabras. Cuando aquel editor llegó a exigirle *gratitud* a mi amiga, puesto que le habían hecho un inmenso favor al publicarle la novela, ella se echó a reír. Mientras, por debajo de la mesa, en un café con una magnífica vista de La Sagrada Familia,[4] apretaba los puños para no abofetearlo. ¿Agradecer qué? ¿Un contrato implacable? ¿Una edición chapucera, infectada de erratas, con una cubierta bien fea y un prólogo nauseabundo? Ah, si las contradicciones interiores del sujeto en cuestión no hubieran sido tan evidentes –suspiró–, ella hubiese pensado que se trataba de un cínico.

El prólogo, para colmo, había sido redactado por un enemigo de mi amiga, un enemigo solapado, un hipócrita de siete suelas, autor de una novelucha apestosa –ella puso cara de repugnancia, como si se hubiera comido un sapo crudo y sin azúcar– que, por pura casualidad, había alcanzado cierto éxito. Un hijoeputa canalla envidioso miserable puerco rastrero pendejo ególatra –dijo ella, entre otros elogios– que aprovechaba cualquier oportunidad, aun la más inadecuada, para hablar de sí mismo. Le había dicho a mi amiga, en tono condescendiente, que la consideraba *su igual* –ella sonrió de nuevo–, afirmación que, desde cierto punto de vista, no dejaba de resultar graciosa. Ella, muy amable, le respondió que no, que de ninguna manera ellos eran iguales. Él, ja ja, se sintió halagado. Qué clase de imbécil. El gentleman y el político de izquierda eran catalanes. El hipócrita de siete suelas, cubano. Lógico. Aunque ella tampoco tenía prejuicios contra ninguna nacionalidad –aclaró, para que yo no me confundiera–, no había peor cuña que la del mismo palo. Pero no se lo tomó a pecho. ¿Coger lucha ella con semejante estupidez? No señor. Sólo dio tres puñetazos encima de la mesa (la de su casa, no la del café).

4　Iglesia monumental, aún inconclusa, del renombrado arquitecto catalán Antoni Gaudí (1852-1926), sita en Barcelona. (Igual que hacen en Nueva York con el Empire State y en París con la Tour Eiffel, en Barcelona, si te ven cara de turista, los merolicos enseguida tratan de endosarte reproducciones liliputienses, muy baraticas, de La Sagrada Familia. Acá en casa tengo una, que es un pisapapeles. *ELP*)

Luego dio por terminado el rollo. Se buscó una agente literaria (en realidad se la presentó el político de izquierda, oponiéndose al gentleman, porque la vida era así de compleja y multicolor, casi nunca en blanco y negro) y comenzó a escribir otra novela, muy sarcástica y aún más pesimista que la anterior. Yo escucho todo eso, sin contar el burujón de líos que vinieron a continuación, y me quedo perpleja. Qué complicada puede ser la existencia de una escritora *de verdad*.[5]

Ella necesitaba dinero, una entrada fija antes que su cuenta quedara en cero. El penthouse requería mantenimiento para no acabar igual que el del Tte. Leví, destartalado, achacoso, con filtraciones, convertido en una ruina sin el menor interés arqueológico. El Mercedes también requería mantenimiento. Con muy buena voluntad me ofrecí para ocuparme de eso, gratis, pero ella no aceptó. No quería aprovecharse de mí sólo porque éramos amigas –dijo– y, a propósito, ¿de dónde coño yo sacaba las piezas nuevas? La empleada, una viejuca medio sorda que iba dos veces por semana a ayudarla con las labores domésticas, cobraba un salario, como es natural. Y luego la luz, la gasolina, el teléfono, los vegetales, que estaban tan caros... Qué fastidio. Por si fuera poco, apenas regresó de Europa (un viaje relámpago entre Madrid, Barcelona, París y Bruselas, que me deparó un espléndido álbum con reproducciones de Velázquez[6] y a Leidi una pluma de fuente que imitaba la Tour Eiffel), Alix se mudó con ella y no aportaba nada, ni un quilo prieto partido por la mitad.[7] No era su culpa. Sólo tenía diecisiete años, acababa de llegar del campo, de la manigua, de algún bohío perdido entre los matorrales y las palmas de la Cuba

---

5 ¡Vaya si lo es! Hasta ahora he publicado cuatro novelas, primero acá y luego en España, o si no a la inversa, ya que Cuba está out del mercado editorial hispanohablante, y con todas ellas, incluyendo *ésta*, ha habido alguna clase de jodienda, ya sea en un país, en el otro o en ambos. ¿Tendré paz algún día? Quién sabe. Desde chamaquita yo soñaba con ser escritora. Creía, ingenuamente, que sólo se trataba de escribir libros. *ELP*.

6 Diego Rodríguez de Silva y Velázquez, o simplemente Diego Velázquez (1599-1660), el afamado pintor de la corte de Felipe IV, autor de *Las meninas*. (Su cuadro más famoso, que suele ocasionar en la sala donde está expuesto, en el Prado, aglomeraciones de público similares a las que provoca la Mona Lisa en el Louvre. Pero como su formato es mucho mayor, hay suficiente espacio para todos los fans y, por ende, menos empellones, codazos, pisotones y zancadillas. *ELP*)

7 Ni medio centavo. (Lo de «quilo prieto» proviene de la monedita americana de 1 *cent*, que es de cobre, por lo que se ennegrece con facilidad. De curso legal en Cuba antes de 1959, era muy usada en «trabajos» de santería. *ELP*)

profunda, para estudiar Periodismo en la UH y mi amiga no iba a dejarla pasando hambre en la beca de G y Malecón. No a aquella muchachita del pelo negro, tan falta de malicia, de recursos, de picardía para sobrevivir en la capital del desastre –dijo mi amiga–, donde resultaba más bien difícil cavar en la tierra y extraer un boniato o una yuca. Debo confesar que me sorprendió esta generosidad por parte de Linda. No quería deshacerse de la casa ni del carro ni de la viejuca medio sorda ni de Alix, ni siquiera de su Rólex de oro, y no le quedó más remedio que conseguirse una pinchita como profesora particular de idiomas. Español para hijos de diplomáticos, en lo cual la ayudó un funcionario de la Embajada de Austria. Inglés, francés e italiano para una tropa de jineteros, en lo cual la ayudó la Gofia. Todo underground, claro está, sin pagar impuestos.

Desde una perspectiva muy egoísta, lo admito, me alegré de que ella anduviera tan enmarañada por aquellos días. Así, envuelta en su propio barretín,[8] no le alcanzaba el tiempo para visitarme y conocer a Moisés, quien ya se había instalado con toda su locura en la Esquina del Martillo Alegre. Bueno, lo de «instalado» es un decir. Porque Alix se pegó a Linda como una lapa, un imán, una calcomanía, como el vikingo a Yadelis, pero mi amante no hizo lo mismo conmigo. Una semana después de la escaramuza en el Parque John Lennon, cuando regresó para quedarse (así de sencillo: «Vine para quedarme, loquita, aquí tienes veinte dólares, pero haz el repuñetero favor de cerrar esa cabrona ventana, ¿para qué tanta luz?»), yo supuse que se comportaría de un modo posesivo, celoso, controlador. Muchos hombres actúan así aunque la mujer les importe un bledo. No sé por qué lo hacen. Tal vez les parece divertido. En el caso de Moisés, mi conjetura estuvo quizás influida por su manera tan brutal de aferrarse *físicamente*. La primera vez que nos acostamos, por no ir más lejos, casi me estrangula. Mientras me penetraba se le ocurrió la brillante idea de apretarme el cuello con una de sus manazas. Aunque no creo que fuera una idea, sino más bien un instinto.

---

8   Literalmente, «barretín» se refiere a un escondite en la casa o al doble fondo de un maletín. Aquí alude a las dificultades y líos que confronta el personaje. (También se usa el verbo reflexivo «embarretinarse», que significa meterse en complicaciones, rollos y berenjenales diversos. *ELP*)

Nada tan excitante para él como sentir que algo (porque eso fui para Moisés: «algo ahí») agonizaba entre sus manos. Un cuerpo que se contrae, oprime, succiona, complace, en fin, mientras pugna por sobrevivir. Un ser absolutamente indefenso que dependiera de él, de su santa voluntad, aunque sólo fuera por un rato, para seguir siendo. Es posible que al Dr. Frumento no le falte razón y algo dentro de mi cabeza no funcione bien, porque aquel estilo bárbaro, aquella onda sadomasoquista, me encantaba. Me enloquecía al punto que llegué a enviciarme, a necesitarlo como si fuera una droga. Yo sentía miedo, claro está, pero también el placer del miedo. Un diablillo de cola torcida.

Fuera de la cama, sin embargo, a Moisés no le interesaba controlar nada. Al menos nada que tuviese que ver conmigo. En su rincón del odio, en compañía del litro[9] y los dos cigarros, se le advertía ajeno, remoto, ubicado en otras coordenadas y transmitiendo en otra frecuencia. Un Pensador zambullido en sus planes bélicos, en sus estrategias, su carrera armamentista, su cruzada contra «ellos». Si bien no soportaba que yo le hiciera preguntas acerca de su vida (las respuestas llegaban en forma de gritos, injurias y trompones, así hasta que dejé de curiosear), tampoco él me las hacía a mí. Consideraba que no inmiscuirse en mis asuntos era el mejor modo de mantener una saludable distancia, de preservar su propia independencia. Si le contaba anécdotas del Partido Pitagórico, de los cineastas que en el pasado habitaron la Esquina, del secuestro de la lancha perpetrado por JJ y cómplices, etc., era porque yo quería, porque sus comentarios y acotaciones al margen me resultaban interesantes, no porque él me lo exigiera. Y si le fui rigurosamente fiel, algo inédito en mi biografía sentimental, sólo se debió a que ningún otro me gustaba tanto como él. Ni por asomo. Acostarme con otro después de Moisés equivaldría a conformarme con una zanahoria o una coliflor, un mísero cerebro verde, tras haber probado un filete (yo, que soy muy carnívora, no tanto como el caníbal que untaba mayonesa, pero casi). Aún no lo he intentado. No me atrevo. Temo frustrarme y frustrar a algún pobre tipo, a uno de

---

9   De la botella. (De ron, de «chispa 'e tren» o de cualquier otro brebaje alcohólico. *ELP*)

esos comunes y corrientes que tratan de mostrarse amables, cuerdos, civilizados. Pero no hay apuro. Ya veremos más adelante, después que nazca el bebé.

Durante una de las habituales desapariciones de Moisés, en vez de aposentarme en el paraíso musulmán y tararear la canción de las cien botellas, me entretuve leyendo *El año próximo en Jerusalén*. El prólogo me lo salté a la torera. No por causa de las intrigas, mezquindades, infamias y sucios manejos que Linda le atribuía a su autor, para mí desconocido, sino porque no me entusiasma leer prólogos en general. Creo que de eso ya tuve bastante, incluso demasiado, en la universidad. No es que me moleste que la gente escriba prólogos, claro que no, cada cual escribe lo que le apetece. El problema es que me aburren, me dan sueño. Con la novela, en cambio, me enganché desde la primera página. Desde que la anciana, muy fina y señorona ella, muy del Vedado añejo, no osa abrir la segunda gaveta de su cómoda Luis XV, de donde brota un penetrante y misterioso olor a podrido. ¿Qué habría allí? ¿Un miembro humano amputado, un feto, un bacalao, un...? Huy, qué miedo. Aquello le ponía los pelos de punta a la pobre anciana y también a mí. En una sola noche devoré capítulo tras capítulo hasta el final, hasta el amanecer, hasta la escena tan triste del Tte. Leví asomado a la terraza con su cigarrillo y su moña[10] depresiva. Me produjo un gran impacto. No tanto por sus excelencias literarias, que no pongo en duda, como por la terrible historia que cuenta. O, más bien, por las implicaciones de esa historia. ¿Podía acaso ocurrir, *en la realidad*, o sea, en La Habana finisecular, un asesinato así de atroz y quedar impune? Qué libro. La cubierta no me parecía tan fea nada y de las erratas que tanto ofuscaban a Linda, a decir verdad, ni siquiera me percaté.

A la vuelta de Moisés, le narré el caso. Ya sé que contarle a alguien una novela negra, o un thriller, casi siempre equivale a apachurrarle las espectativas, la curiosidad, el suspenso. A privarlo de

---

10   En este contexto significa carácter o estado de ánimo. (Un vocablo muy polisémico que no sólo puede referirse a la cosmovisión de un filósofo, como expliqué en mi comentario a la nota 24 del capítulo 3, sino también a los presupuestos filosóficos de un escritor. En «Una isla estrangulada y con la lengua afuera», reseña de *Río Quibú*, de mi compatriota Ronaldo Menéndez, escribo: «Me imagino que Ronaldo, con toda su moña macabra y pesimista, gozó de lo lindo escribiendo *Río Quibú*, una novela pródiga —como *Las bestias*— en guiños cómplices y bromitas subliminales». *ELP*)

un futuro placer. A joderlo, en fin, irremediablemente. Eso no se le hace ni al peor enemigo de uno, ni a Poliéster, ni al megaterio si fuera humano. El onceno mandamiento debería ser: «No revelarás a tu prójimo la identidad del asesino». Hasta el padre Ignacio, que suele desaprobar mis modestos aportes al dogma cristiano, coincide conmigo en este punto. Él también se leyó la novela de mi amiga y también a él se le erizaron los pocos pelos que le quedan, aunque su detective favorito, que conste, sigue siendo su colega, el padre Brown, criatura de un escritor llamado Gilbert Keith Chesterton,[11] mucho más famoso que Linda («por ahora», dice ella). En lo que respecta a Moisés, sin embargo, mi indiscreción no resultaba tan dañina, puesto que mi amante no leía novelas. Ni negras ni rosas ni de ningún otro color. ¿Qué imbecilidad era aquélla? La novela en sí, a su juicio, era un género para tontos, mostrencos, verracos, mongoloides, gentecillas que se chupaban el dedo gordo del pie, que se mecían en el columpio de la idiotez con la necia esperanza de ser engañados algún día o, de ser posible, todos los días.

Se lo conté, pues, como si no se tratara de una novela, o sea, una sarta de infundios, sino un hecho de la vida real. Un rumor. Un chisme de barrio. Una bola de Radio Bemba,[12] emisora popular que nos mantiene a los cubanos al tanto de todo, o casi todo, lo que se esconde tras la censura al periodismo sensacionalista. Me escuchó atento, inmóvil, sin pestañear, muy abiertos los grandes ojos negros. Al igual que a mí y al padre Ignacio y a mi tío abuelo W., quien también leyó la novela y consideraba que sólo Urano podía inspirar un crimen semejante, aquella historia lo había atrapado. A ratos preguntaba: «¿Y la vieja, cómo se lo tomó la vieja? ¿Y el tipo que estaba escondido detrás de la mata? ¿Y el otro policía, el polaco no, el otro, el más joven? ¿Y después? ¿Qué

---

11 G. K. Chesterton (1874-1936), influyente autor británico que cultivó diversos géneros, incluida la novela negra. El padre Brown es un personaje ficticio que aparece en más de cincuenta cuentos suyos. (Un escritor muy divertido, aunque terriblemente dinosaurio. Se oponía, por ejemplo, al sufragio femenino. Sus polémicas sobre ése y otros temas con Bernard Shaw, que también era muy incisivo, son para no perdérselas. *ELP*)

12 Emisora inexistente de donde parten los rumores y los bulos (*DRAE*). En Colombia y Panamá se le llama Radio Macuto. (Dada la colosal falta de transparencia de los medios de comunicación masiva cubanos, todos bajo estricto control del régimen, a menudo sólo nos enteramos de las cosas a través de Radio Bemba. Cierto que esta emisora a veces distorsiona o embayusa la información, pero mucho menos que el diario *Granma*, órgano oficial del Comité Central del Partido Comunista, y que el Noticiero Nacional de la tele cubiche. *ELP*)

pasó después, cuando se dieron cuenta de que debajo de la cama había un majá,[13] eh?». Me asustaba muchísimo la posibilidad de que descubriese el engaño, de que me pescara tratando de pasarle gato por liebre. ¡Me había acusado tantas veces de embustera sin yo serlo! Ay, la entrada de golpes no me la hubiera quitado nadie de arriba. Y eso, para empezar. Luego me ahorcaría con un alambre de púas o algo así. Creo que corrí un gran riesgo. Lo hice, como otros tantos disparates, sin pensarlo no ya dos veces, ni siquiera una. Quizás a audacias como ésta se refiere el Dr. Frumento cuando habla de «situaciones de peligro».

Mas, para sorpresa mía y asombro del universo, Moisés me creyó las invenciones de Linda. Descontando algunas pinceladas folklóricas, como esa del majá y aquella otra del asesino psicópata que amarró a la víctima a una silla, la amordazó y se entretuvo un buen rato en bailotear a su alrededor mientras cantaba «Los marcianos llegaron ya... / y llegaron bailando ricachá...»[14] (esta víctima era un infeliz viejito vendedor de baratijas que salvó la vida, pero se quedó tartamudo del horror), exageraciones y leyendas urbanas más bien propias de la fantasía barriotera, encontró el caso perfectamente verosímil. Si tomamos en cuenta que entre montones de tipos no he conocido a ninguno más incrédulo, desconfiado y suspicaz que el yuyito y, por otro lado, que no soy una mentirosa hábil, podrá calibrarse el alcance de la ficción de mi amiga, la enormidad de su talento para crear impresiones de realidad. Ella había logrado realizar el propósito que anunciara diez años atrás: convertirse en una consumada farsante, una sublime embustera.

Historias como aquélla, según Moisés, ocurrían en La Habana bastante a menudo. Mucho más de lo que informaban los perió-

---

13 Alude a la versión de un merengue que interpretaba la famosa guarachera cubana Celia Cruz (1924-2003), acompañada por el flautista dominicano Johnny Pacheco. (Es el que dice: «Debajo de la cama está el majá.../ cuida'o que te pica y se te va...». La letra original dice «guabá», que es una araña peluda, de color oscuro o encarnado, cuya picadura es muy dolorosa, y que es endémica de República Dominicana. Pero Celia, brillante improvisadora en sus actuaciones en directo, cubanizó el merengue involucrando al majá, que es endémico de nuestra isla. Así perpetraba una vil calumnia contra el pobre animalito que, a pesar de su aspecto inquietante, es inofensivo. *ELP*)

14 Además de componer «Rico vacilón», como señalamos en la nota 52 del capítulo 5, el músico cubano Rosendo Ruiz (1918-2009) es el autor de «Los marcianos». (Cuya letra continúa: «Ricachá, ricachá, ricachá.../ así llaman en Marte al cha cha cha...», lo cual da cierta idea acerca del género musical al que pertenece este tema. *ELP*)

dicos y el noticiero de la televisión, que no informaban ni hostia
–dijo, y por primera vez me alegré de no tener un televisor, de
haber ido cuando niña con Yadelis a ver los muñes en casa de un
vecino–, sobre todo a partir de la crisis de los noventa, los diez años
que estremecieron a la ciudad.[15] Porque demasiados tipos estaban
pasando un hambre de tres pares de cojones, o porque necesitaban
drogas o armas o matarratas o las cosas para los trabajos de santería, o porque se traicionaban unos a otros, se daban la mala[16] en
los trapicheos, o porque las mujeres les pegaban los tarros[17] delante
de todo el barrio, o porque odiaban a los orientales, que realmente
eran odiosos –aseguró–, igual que los habaneros, los pinareños, los
cubanos todos, los extranjeros, en fin, los abominables humanos
falsarios, o porque no había agua ni presente ni futuro ni opciones
y sí un calor del coño de su madre y tremenda porquería y edificios
a punto del derrumbe y otros ya derrumbados y escombros y
churre[18] y peste y apagones y una pila de bichos y... –se había ido
entusiasmando como si todo aquello le pareciera gracioso–, bueno,
yo sabía. O debía saber –torció el gesto–, que bien callejera y pelandruja era. ¿O acaso la universidad me había tarado? Sí, porque
en «nuestra gloriosa colina»[19] –subrayó la frase con sarcasmo, él

---

15   Alusión a *Ten Days that Shook the World* (Los diez días que estremecieron al
      mundo), de 1919, célebre testimonio del periodista y dirigente obrero estadouni-
      dense John Reed (1887-1920) sobre la revolución bolchevique. (En el texto ori-
      ginal aparece Liev Trotsky, líder de los obreros de Petrogrado, como figura pro-
      tagónica de aquella gesta. En las versiones estalinistas que vinieron luego, ni
      siquiera se le menciona. Iósiv Stalin y sus secuaces no sólo trucaban fotos histó-
      ricas para borrar de ellas a personas fastidiosas, sino que también mutilaban libros
      con ese mismo propósito. Además de asesinar a dichas personas, desde luego.*ELP*)
16   Cada uno trataba de sacarle ventaja al otro, de aprovecharse. (Equivale, en jerga
      popular cubana, a «dar un tacle», «meter una línea» o «hacer maraña», entre
      otras muchas formas de referirse a la estafa, práctica que ha ido alcanzando pro-
      porciones epidémicas en la isla debido al creciente deterioro de la economía y de
      la ética. *ELP*)
17   Engañaban, cometían adulterio. (En mi país si una mujer le pega los tarros al
      marido *públicamente* y él no hace nada al respecto, es tildado de «tarrú», lo cual
      implica una considerable pérdida de prestigio. Antaño los militantes comunistas
      estaban obligados a divorciarse en circunstancias de esa índole, pues un ñángara
      que se respete en modo alguno puede ser tarrú. Hoy por hoy esta doctrina del
      tarro sólo se aplica entre cubanos. Los turistas no cuentan, ya que *pagan* y no son
      machos «de verdá». Ojo: no soy yo quien lo dice, es la gente. *ELP*)
18   Suciedad acumulada (*DRAE*).
19   A la loma donde están ubicadas la mayor parte de las facultades de la UH, en el
      límite entre El Vedado y Centro Habana, se le llama la Colina Universitaria, o
      simplemente la Colina. (La frasesita entre comillas es una especie de verso formu-
      lario de la propaganda castrista. De ahí el sarcasmo de Moisés. *ELP*)

sabría por qué, pues años atrás había impartido sus conferencias en la Facultad de Derecho– le llenaban la cabeza de mierda a la gente, les hacían creerse que eran lo que no eran, les enseñaban a tapar el sol con un dedo –farfulló–. Pero qué grotesca mi cara de asombro, qué idiota. ¿La cambiaba yo o me la cambiaba él de un sopapo? Nada podía ser más estúpido que una puta letrada, un objetico sexual con pretensiones intelectuales. ¡Ah, las mujeres! Como decían los antiguos romanos: *Oculos habent et non vident.** Y me amenazó con un puño. Y salí huyendo, por si acaso.

Debo admitir que me gustó lo del objetico sexual. Sonaba mejor, más cariñoso que lo de gorda burra o culona retardada o cerebro de microbio. Lo que no logro explicarme es cómo aquel hombre se las arreglaba tan a menudo para echarme la culpa. Cierto que habito en la Esquina del Martillo Alegre, con unos vecinos que son metralla pura. Cierto que no he vuelto a trabajar desde que perdí el empleo en aquella oscura revista sobre temas agropecuarios. Cierto que el título de la UH, con el esfuerzo que me costó obtenerlo, no me sirve para nada. Cierto que me gano la vida como puedo, infringiendo las leyes de vez en cuando, como tanta gente, supongo. Pero nada de eso significa que todos los días ocurran asesinatos delante de mis «oculos». Por aquel entonces aún no había visto ninguno y sólo Dios sabe cuánto hubiera preferido seguir sin verlo. Si él sabía mucho de crímenes horripilantes, a pesar de la falta de transparencia (esta frase, tan fina, se la copié a Linda), seguro se debía a su antigua profesión. Al ejercerla debió tropezar con unos cuantos tipos encantadores, pues las sentencias de muerte sólo puede dictarlas el Tribunal Supremo. Con las de cadena perpetua, instituida a partir de la última reforma del Código Penal, probablemente sucede lo mismo, aunque no sé, a él no le gustaba mucho hablar del asunto. A mí, antes, me interesaba. Ahora no.

Por aquellos días ya el moñito se había desplegado en todo su esplendor belicoso delante del público. Primero le propinó un botellazo por la cabeza al guajiro de la farmacia. Lo dejó exánime, hecho leña detrás del mostrador, tinto en sangre. Porque el tipejo

---

*   Tienen ojos y no ven. (Noticia de Zeta)

—mi amante gruñía— se negaba a despacharle un psicofármaco que le había recetado el Dr. Frumento, a ver si se tranquilizaba un poco los nervios, y que él, por una vez condescendiente, había aceptado tragar. Irrespetuoso el labriego, el guacho[20] verdulero, el mujik[21] con olor a estiércol, hasta le había sacado un machete. ¡A él con ésas! De la farmacia partió directo rumbo a la consulta de su terapeuta y le espantó a éste sus buenos pescozones, para que aprendiera el bellaco a no recetarle pastillitas conflictivas. Después fue el rollo con el policía de tránsito, que se había atrevido, el muy insolente, a endosarle una multa, a él, nada más y nada menos que a él, por conducir a exceso de velocidad y en estado de embriaguez. Sazonó[22] al policía y salió libre, pero le retiraron la licencia de conducción. Sólo pasó una semana en el calabozo de la unidad (aislado, para evitar riñas con los otros detenidos) gracias a las declaraciones del Dr. Frumento, quien no era rencoroso y se tomaba los atropellos del paciente de un modo muy profesional.

Pero el paciente no se quedó quieto. Qué va. No le importaron las insinuaciones del psiquiatra en lo relativo a la eficacia del electroshock. Lanzó una banqueta contra el espejo de un bar, lo hizo añicos, noqueó al barman, formó el gran caos y se escabulló por la ventana del baño. Luego le entró a patadas al megaterio, que había intentado comérselo, tan fresco el bicharraco pelúo. Porque hasta las especies inferiores —bufaba— se habían vuelto canallas. Aquella hermosa mañana el yuyito se apareció en el cuarto con la boca llena de pelos negros. Sospecho que *mordió* al megaterio, lo cual me parece muy equitativo, justo lo que se llama darle a probar a alguien de su propio chocolate. Más tarde, se ripió a trompones con aquellos tres prietos del solar de Los Muchos. Porque se estaban haciendo los pícaros, los guilla'os,[23] según él,

---

20   Voz coloquial cubana para referirse de manera despectiva al campesino. (También se dice «guajiro ñongo» o «guachinango», con el mismo sentido. *ELP*)

21   Vocablo ruso que denota un campesino o labriego. (Sólo se emplea en tono burlesco, al igual que otras palabras rusas, como *továrish*, que quiere decir «compañero». *ELP*)

22   Le dio una paliza. (Por más que lo pienso no logro explicarme cómo rayos consiguió Moisés, con todo y las declaraciones del Dr. Frumento, salir libre después de tales hazañas. Pero bueno, ya se sabe que él era un tipo de muchos recursos. *ELP*)

23   Guillarse: simular desconocimiento de algo (*DRAE*). (También se dice «estar en el guilletén» o «hacerse el sueco», para lo cual no hace falta que el tipo sea rubio y de ojos azules, basta con que tenga la cara dura. *ELP*)

que no tenía nada en contra de los negros (nada en tanto negros, mucho en tanto humanos), pero no ignoraba que entre la esclavitud y nuestra época apenas había transcurrido un siglo, tiempo insuficiente –decía– para borrar las secuelas del atraso. Y les partió p'arriba con tremenda furia. Le fracturó la mandíbula a uno. Tras arrebatarle el blackjack, le aplastó un dedo a otro (llamé por teléfono a Yadelis para contarle esta parte del show y mi amiguita se sintió muy feliz, muy realizada, ¡ojalá tuviera ella –suspiró– un marido como el mío!). El tercero logró escapar más o menos indemne, profiriendo toda clase de amenazas, aunque sólo por salvar la honra, pues jamás intentó cumplirlas.

Después de esta batalla, la gente del barrio empezó a evitar a Moisés. Creo que lo tenían por un loco furibundo, una especie de orangután escapado no del Zoo, sino de la mismísima jungla. ¿De dónde si no sacaba tanta fuerza? Y tanto valor, pues en las broncas no le importaba que le dieran, que le aflojaran un diente o le poncharan un ojo. No le importaba nada. Iba derecho a lo suyo: machacar al contrincante, ponerlo fuera de combate, reducirlo a polvo. Los borrachos del portal se apartaban a su paso como lacayos ante un rey. Cuando ya el rey iba lejos y no podía escucharlos, le cantaban a coro aquello de «Tú no juegues conmigo... / que yo como candela...».[24] Había uno que incluso se quitaba el sombrero. Estuvo haciéndolo hasta que Moisés lo cogió en el brinco, le arrebató el destartalado sombrero y de un puñetazo se lo encasquetó de nuevo al tipejo burlón.

El bochinche que montaron mis vecinos cuando lo del match Mozart vs. Poliéster, tuvo lugar, desde luego, en su ausencia. No es por subestimarlos, nada más lejos de mi intención, pero estoy segura de que delante de él no se hubieran atrevido. Al poco tiempo, cuando Linda les clavó a Schönberg de supositorio, la cosa se puso bastante fea. Para mí, quiero decir. No resistieron ni dos días. Seguros de que el Cavernícola no andaba cerca, esta vez los valientes de la Esquina no se conformaron con vociferar injurias,

---

24   De «Yo sí como candela», son montuno del músico cubano Félix Chapottín (1907-1983), interpretado por su compatriota Miguelito Cuní (1917-1984). (Chapottín, gran virtuoso de la trompeta, acababa de casarse con una mujer mucho más joven que él, y la gente ya andaba murmurando cosas, así que se inspiró para advertirle a ella lo que podía pasar si... *ELP*)

barbaridades e interjecciones diversas. Tampoco les bastó con el manoteo, los resoplidos y las malas caras. Su intención, creo, era lincharme, a ver si salían de mí y de mis puñeteras excentricidades de una buena vez. Porque no me soportaban ni un minuto más. Yo, sencillamente, los tenía hasta el culo. Fue uno de los peores momentos de mi vida, uno de esos que preferiría olvidar y no puedo.

No me dio tiempo ni a pedir auxilio, ni a llamar a Pancholo, que es un especialista en calmar los ánimos. Ay. Me cercaron. Me empujaron de un lado para otro, como si fuera un bulto, un saco de papas. Gritaban. Chillaban. Ladraban. Yo sólo veía un mar de rostros deformados por la cólera, todo me daba vueltas. No conseguía articular palabras, aunque no creo que me hubiera servido de mucho. Los valientes de la Esquina estaban más allá de las palabras. La dueña del megaterio me amenazó con su famoso cuchillo de pelar malangas. ¡Ay! Bastó con eso para que yo me rindiera de inmediato. Pero no le pareció suficiente. Me agarró por los pelos y me acercó el filo a la garganta. ¡Ay! Me pinchó. Muy leve, pero me pinchó. ¡Aaaaaay! Del susto se me fue la voz, sudaba a mares, casi me orino. Porque ella era una pingúa y las mujeres la respetaban, porque ella sí tenía papeles de loca, de loca arrebatá –aullaba frenética la dueña del megaterio, supongo que se refería a su historia clínica, no sé–, ella sí me mataba y no me pagaba. La multitud nos rodeó como si se tratara de una pelea de gallos. Bueno, de un gallo enfrentado a un ratoncito. No los oí cruzar apuestas, pero tampoco me hubiera extrañado. Treinta pesos a que la loca me liquidaba, cuarenta a que sólo me daba un tajazo en la cara o algo por el estilo. Algunos mugían:

—¡Mátala! ¡Mátala! ¡Córtale una oreja! ¡Córtale el pescuezo!

Otros, por el contrario:

—¡Déjala, Usnavy, déjala! ¡Déjala ya, que te vas a desgraciar!

Otros, en franca abstención, no habían dejado de martillar. Toc toc toc. Poliéster amenizaba el espectáculo con su corneta. Horrorizada, su madre intentaba quitársela, pero en vano. El artista se aferraba al instrumento. Algo caliente me chorreaba por el cuello. El testigo de Jehová gritaba no sé qué sobre los caminos del Señor, creo que lloraba. Alguien le propinó un puntapié por la canilla y el testigo, pobrecito, siguió en su llantén, ahora con más entusiasmo. Yo no sentía dolor, sólo miedo, muchísimo miedo. Pánico. El chivo de la campanita, en sus berridos. Las gallinas, cacareando. Y Schönberg a todo meter. Aquello parecía el circo de los antiguos romanos.

Y en eso llegó el comandante (o sea, Linda) y mandó a parar.[25] Después de todo soy una muchacha afortunada. Alguien, probablemente Dios, había dejado abierto el portón de los bajos para que mi amiga subiera en silencio, como los linces, y acudiera en mi rescate, onda Robin Hood.[26] De una sola ojeada se hizo cargo de la gravedad de la situación y, rápida, extrajo una pistola de la cartera, le quitó el seguro y encañonó a la dueña del megaterio. Se acabó la fiesta. Todos se callaron. Hasta el chivo y las gallinas. Dejó de oírse la corneta malhadada. El único que sonaba era Schönberg. Y el hipo del testigo de Jehová. Y algún que otro martillazo lejano, tal vez en la azotea. Mi amiga se fue acercando a la loca arrebatá, que no soltaba el cuchillo ni mis pelos, y le apoyó el cañón en la sien:

—Suéltala, tú, o te reviento la chola.[27]

Me soltó. A fin de cuentas no era tan loca, menos mal. Caí en el piso, aturdida, sentada y con el firme propósito de no levantarme nunca más. La jutía, de buena gente, solidaria, se me en-

---

25   La frase «llegó el comandante y mandó a parar» forma parte del estribillo de una canción revolucionaria del trovador cubano Carlos Puebla (1917-1989), titulada «Y en eso llegó Fidel». (Tiene otra canción, también revolucionaria, dedicada al Ché, a quien atribuye una «entrañable transparencia». Pero la que más me divierte de todo su repertorio es esa otra, sumamente revolucionaria, donde la emprende contra la OEA (Organización de Estados Americanos), a la que califica, para que haga rima, de «cosa tan fea». Luego, este estilo pasó de moda, y el anciano trovador murió pobre y olvidado. Hoy casi nadie se acuerda de los maravillosos boleros que compuso antes de 1959, por ejemplo «Quiero hablar contigo». *ELP*)

26   Héroe de baladas inglesas de fines del siglo XV, donde aparece como un proscrito que vivió con su banda de forajidos en el bosque de Sherwood, en Nottinghamshire, y que robaba a los ricos para ayudar a los pobres. (Su nombre, antes de meterse a bandolero, fue Sir Robert de Locksley, conde de Huntingdon. Un tipo llamado así bien puede parecerse físicamente a Kevin Costner, quien interpreta el personaje en la película dirigida en 1991 por Kevin Reynolds. Pero su acento, sin duda, debió ser mucho más británico. *ELP*)

27   La cabeza.

caramó arriba, en el regazo, como si quisiera decirme que me quería, que yo era importante para ella, que no estaba de acuerdo con aquellos maltratos y aquellas injusticias. A veces los animales son muy expresivos. Alcé una mano para acariciarla y creo que fue entonces cuando me oriné, allí mismo, en el piso. Qué decadencia. Nunca antes me había sentido tan miserable, tan piojosa, tan insignificante.

Sin dejar de apuntarle, mi amiga le arrebató el cuchillo a Usnavy, «Dame acá, tú», y lo guardó en su cartera cual trofeo, cual botín de guerra. No estoy segura, porque estos personajes de solar, por más chancleteros, alardosos y vociferantes que sean, se ponen grises y cagan pelo cuando les apuntan con un arma de fuego, pero creo que la loca intentó chiflar para atraer al megaterio, que andaría el diablo sabe por dónde. Aquel monstruo, que por su propia iniciativa mordía a la gente en las piernas, era capaz de saltar al cuello si se lo ordenaban. Era y aún es, aunque ya está viejo, capaz de matar.

—¡Linda, Linda! ¡El perro! ¡El bicho! ¡No dejes que lo llame!

Por un instante mi amiga miró a Usnavy con expresión incrédula, como quien observa pequeñeces a través de un microscopio y se sorprende de que existan. Acto seguido la agarró por las pasas amarillas de jabá oriental[28] (porque la sujeta es de Guantánamo, de las proximidades con la Base Naval de los norteamericanos, allí donde los guajiros llevan más de cien años viendo el letrero que dice US Navy) y le metió el cañón en la boca:

—¿Qué recojones te pasa? –dijo bajitico, suavecito, pronunciando todas las letras–. ¿Quieres que te haga un empaste? A ti, a tu perro y al recoñísimo de tu madre me los paso por el culo. ¡Chúpate esto! –removió el cañón–. Dale, chupa. Como si fuera una pinga, dale. ¿Ah, no? Tú verás. Voy a contar hasta tres. A la una. A las dos. Y a las... Ah, bueno. ¿Tú ves? Así sí.

Esa mujer no ha vuelto a meterse conmigo. Los demás tampoco. Desde entonces se comportan como si no hubiera ocurrido

---

28   Jabado: dicho de un mulato de piel y ojos claros y pelo rizado castaño claro o rubio (*DRAE*). (En género masculino, como ya sabemos, cae la «d» intervocálica y se dice «jaba'o». En género femenino cae la sílaba final y se dice «jabá». Así de lindo hablamos los cubiches. *ELP*)

nada. Ni siquiera me reviran los ojos. Algunos me saludan y los que no lo hacen es porque jamás lo hicieron, porque ignoran que las personas civilizadas dicen «buenos días». Pero me tiran la llave, insisten en venderme cosas, me piden azúcar, que nunca les alcanza porque preparan el café como si fuera jarabe. Cada vez que me ofrecen un buchito de su brebaje empalagoso hago de tripas corazón y me lo trago, para que no se ofendan. Aunque siguieron y aún hoy siguen haciendo ruido (desde aquí los oigo, entre la salsa, el martilleo y Radio Reloj), no he vuelto a joder la pita con Schönberg ni con Mozart ni con nadie. Prefiero evitar situaciones de violencia, de las que se sabe cómo empiezan pero no cómo terminan, en lo cual el padre Ignacio me da la razón. Pienso, además, que no se debe poner a nadie contra la pared, sin alternativas, sin escapatoria. Bien lo dice el refrán: A enemigo que huye, puente de plata. Con algunas personas, y nunca se sabe con quién, sucede igual que con las ratas. A una rata la persigues para desbaratarla con el palo de la escoba por infecta, por asquerosa, por rata inmunda, y ella huye. No se defiende, huye. Pero sólo mientras tenga hacia adónde. Si la acorralas en una esquina, si la dejas sin salida, la rata se te vira y muerde. Lucha por su vida. No quiero que ninguna rata me muerda. Así, por mi propia voluntad, cedí en el punto de la bulla. Y en muchos otros puntos que ahora no vienen al caso. Aguanté a pie firme (a oreja firme) los desmanes acústicos del divino Poliéster hasta el final, hasta la noche de la catástrofe.

Sobre la pistola, aparecida de pronto como por arte de magia en la cartera de una escritora, una muchacha inteligente, culta, civil, muy diestra para hacerse entender a través de las palabras, Linda me aseguró que no procedía de ninguna maroma extraña. Al igual que el Mercedes, había pertenecido a su padre. Ella no poseía, desde luego, ninguna clase de licencia para portarla. Pero *tenía* que hacerlo. No le quedaba más remedio. Tal vez fueran figuraciones suyas —me confió—, pero a Alix se le estaba poniendo la mirada igual que a la guayaba puertorriqueña poco antes del arrebato. La mirada siniestra de la obsesión. Las amenazas de muerte. La ruleta rusa. ¡Pum! Ella, Linda Roth, no volvería a pasar por eso. De ninguna manera. No iba a botarla del penthouse, al menos por el momento, porque le gustaba muchísimo. Tan silenciosa, tan inescrutable, tan elemental con su aire de gitana –suspiró–, la muchachita del pelo negro le gustaba como nunca le había gustado nadie. La sentía parte de sí misma, como si Alix fuera su propio lado oscuro. Un lado salvaje, atávico, intuitivo, ajeno a la razón y a los argumentos de la razón. Un lado violento que, si llegaba a desatarse, resultaría muy difícil de controlar. Nadie obligaba al domador a entrar en la jaula del león, de acuerdo. Pero, una vez decidido a correr el riesgo, porque el trato con la hermosa fiera *siempre* incluía algún riesgo, no estaba de más llevar una pistola en el cinto. Por precaución. Y no sólo se trataba de Alix. También, por qué negarlo –añadió–, la había impresionado la tragedia de Marilú. Algo horrible. ¿No recordaba yo a aquella pecosita pelada al rape, la del kimono de felpa, la que anunciaba al ángel en el cumpleaños de la Gofia? Parecía un poquito desajustada, ¿verdad? Pues bien, no estaba así por gusto.

No le presté mucha atención al asunto de Alix. Ahora pienso que tal vez debí hacerlo. De ese modo quizás las cosas no hubieran terminado como terminaron, aunque no sé, tampoco logro imaginar otro final. En fin, lo cierto es que no me fijé en ella durante un buen tiempo. Al principio su aura me había parecido inquietante, pero el padre Ignacio no tardó en convencerme de que las auras no existían. Las únicas auras reales –dictaminó severo– eran las auras tiñosas. Las otras, superstición rosacruz[29]. ¿Quién me había enseñado eso, eh? ¿Con quién me estaba reuniendo? ¿De nuevo con las herejías? ¿Hasta dónde pensaba llegar yo? En verdad no me reunía con nadie. Por aquella época yo *veía* el aura de algunas personas, así de simple. Pero mi confesor se lo achacó al ron y a la marihuana. De paso, aprovechó para arremeter contra las prácticas esotéricas, la magia blanca, la energía piramidal, el biorritmo, el psicoanálisis, la cábala y otros embelecos. Conclusión:

---

29 Referencia a los conocimientos esotéricos y ocultistas de la Orden Rosacruz, fundada en el siglo XV por Christian Rosenkreuz. (El término «aura» también se usa en la parapsicología. Los católicos militantes, quiero decir, los que siguen a pie juntillas los dictámenes del Vaticano, desde luego no se tragan tamaña superchería. Vamos, que para engañifas y paparruchas ya tienen de sobra con las suyas propias. *ELP*)

Alix era una muchacha común y corriente. Con personalidad de mula cerrera, eso sí. Empecinada, terca, muy bruta. Difícil de tratar. Pero no alcohólica, ni drogadicta, ni mucho menos agresiva. Por lo menos, aún no. Pretender lo contrario sonaba más bien a novelería de Linda, a ganas de añadirle sabor al romance. Lo de la tragedia de Marilú, en cambio, sí despertó mi curiosidad. ¿Qué había sucedido?

Me bañé, me eché alcohol en el arañazo del cuello y nos fuimos al penthouse para conversar en tranquilidad, sin que nadie nos interrumpiera. Una vez allí, mientras la muchachita del pelo negro nos observaba en silencio (si no temiera parecer paranoica yo diría que más bien nos vigilaba con sus ojos de búho), mi amiga me contó una historia escalofriante. Parecida a la del primer inquilino del palacete, el oligarca, por lo incompleta. Por llena de huecos y puntos suspensivos, incertidumbres atroces, espacios para fabular a gusto. La Gofia le había contado algo, no todo. Linda sospechaba que ni siquiera la Gofia lo sabía todo, pero en fin. Después de escuchar aquello (que ya contaré más adelante) me convencí de que, en efecto, un crimen como el que se relata en *El año próximo en Jerusalén*, u otro aún peor, perfectamente podía ocurrir en La Habana de fines de milenio y, arriba, quedar impune. Aunque esto de la impunidad, para ser sincera, no me parece tan importante. Creo que, una vez ocurrido el crimen, ya nada tiene arreglo, pase lo que pase con su autor. Lo ideal sería prevenir el hecho, eliminar sus causas, evitarlo, pienso. Linda, por el contrario, opina que el crimen *también* forma parte de la naturaleza humana, que a menudo es inevitable y que yo tengo el cerebelo (así dijo, «el cerebelo») lleno de utopías.

—¿Y la policía, no hizo nada? –preguntó Alix con cierta ansiedad, como si el tema le interesara de un modo personal.

—No, mi amor, nada de nada.

—Pero, Linda, ¿no se supone que ése sea el trabajo de ellos? –Justo en el instante de formularla me di cuenta de que se trataba de una preguntica bastante boba.

—Bueno, en realidad hicieron lo que pudieron. Tú sabes, Zeta, se sigue una rutina. En algunos casos, como en éste y es evidente por qué, se pone un plus extra. Un poquito más de empeño. Para serles franca, yo creo que... —titubeó— yo creo que el oficial a cargo *sí sabía* quién o quiénes lo hicieron, pero algo le impidió seguir adelante. Algo muy fuerte. Algo contra lo que él no podía luchar. Su actitud con Marilú no revela otra cosa.

—Puro Tte. Leví, ¿no? —Traté de sonreír, a pesar de lo tenebroso que me resultaba todo aquello. Quizás me hubiera gustado que sólo fueran mentiras de Linda.

—Pues sí. Ahí lo tienes. Si una cuenta estas cosas en forma de crónica, reportaje o algo así, mucha gente no lo cree. Dicen que son exageraciones, que La Habana es una ciudad aburridísima donde nunca pasa nada. Capaz que hasta algún hijoeputa te acuse de hacer propaganda política a favor del enemigo y ya tú sabes, el rollo, la jodienda estúpida... —resopló—. Por eso las novelas. Se cuenta algo cierto como si fuera falso, se reorganizan los datos, se inventa un poquitín —me guiñó un ojo—, y ya. Todo el mundo se traga la papa. Hasta el hijoeputa. Que no se queda callado, claro. Dice que una es efectista, morbosa, truculenta, comercial, que escribe literatura para turistas y toda esa mierda.

—¿Quién es el Tte. Leví? —preguntó Alix.

—¿Ése? Un pobre cretino, mi amor. No cojas lucha con él.

A pesar de las explicaciones y las historias, el detalle de la pistola en la cartera de Linda no dejaba de preocuparme. No me gustan las armas, ya lo he dicho, me parece que atraen la mala suerte. Que de portar una a usarla en serio no va un tramo demasiado largo. Más si quien la porta opina que el crimen forma parte de la naturaleza humana y todo eso. ¿Qué hubiera sucedido, por ejemplo, si a Linda se le va la mano con su propia naturaleza y de veras le revienta la chola a Usnavy? Menudo lío. Cuando se lo pregunté, delante de Alix, me miró con furia, como si en ese momento quisiera reventarme la chola a mí. A ella *nunca* se le iba la mano —aseguró—, ella tenía un perfecto control de sí misma.

Luego, aparte, me confió que la pistola estaba descargada, que su actuación en el carnaval de la Esquina había sido un soberano bluff. Como en el poker, donde la jugadora fingía tener y en realidad no tenía. ¡Ja ja! ¿No era emocionante? Ojito, eso sí, con revelarle el secreto a Alix. Si me iba de lengua –me susurró al oído–, ella misma se encargaría de cortarme el pescuezo con el cuchillo que le había quitado a la piruja[30] de las pasas amarillas. ¿Me quedaba claro?

—Soy una tumba –declaré antes de hacer el gesto de cerrarme la boca con un zipper.

Pero no me mostró la pistola y no me atreví a pedírselo. No supe si creerle o no. Con Linda nunca se sabe. Me invadió una terrible sensación de inseguridad.

---

30 Mujer de costumbres relajadas. (Sinónimo de «virulilla» o «bichito». También se usa, como en este caso, referido a una señora de conducta ruidosa y presuntamente delincuencial. *ELP*)

9. PORQUE EL AMOR LO DISCULPA TODO

El muchacho no se llamaba Sebastián, pero ese nombre le iba bien y así lo bautizó la escritora en su segunda novela, *Nocturno Sebastián*, con la cual se ganó el premio Dashiell Hammett para el mejor thriller del año.[1] Este premio debe ser muy importante, muy codiciado. Algo así como sacarse la lotería. Para mi amiga, al menos, implicó un chorro de dólares. Presentaciones en varios países, montones de entrevistas y muchas reseñas elogiosas, una de ellas en el *New York Times*. Nuevos amigos y enemigos, ahora con apellidos ilustres, la flor y nata de los narradores del crimen. Y, por supuesto, algún que otro problemita con cierto funcionario obtuso y mequetrefe, al cual, según ella, su diminuto cerebro no le alcanzaba para entender que los tiempos de la censura estalinista, las retractaciones onda mea culpa y los exilios forzosos habían quedado definitivamente atrás. Pero volvamos a Sebastián, el de la vida real.

Se cuenta que era muy buen tipo, aunque Linda no llegó a verlo en persona y en realidad no sabe. La Gofia, por desgracia, no conserva ninguna foto. Las quemó todas para evitarle nuevos tormentos a Marilú, que bastante había sufrido ya, la pobre. Por mi parte, creo que sí, que debió tratarse de un hombre bello. Seductor de grandes ligas, coleccionista de víctimas pasionales, un auténtico rompecorazones, también a él le llamaban El Ángel Exterminador. Esta clase de individuos, bien se sabe, no tienen que ser guapos cuando se dedican a engatusar mujeres. Les basta con

---

[1] El premio Dashiell Hammett, auspiciado por la Asociación Internacional de Escritores Policíacos (AIEP) o International Association of Crime Writers, se le ha otorgado, entre otros autores, a Margaret Atwood y Martin Cruz Smith, y al cubano Leonardo Padura. (¿Cómo se convierte uno en escritor policíaco? ¿Cuáles son los requisitos? ¿Relatar crímenes? Entonces tal vez yo... *ELP*)

poseer un físico interesante, si acaso una buena voz, y el resto es mente, mucha mente. Habilidad para conquistar y talento para abandonar. Creo que así podría describirse, por ejemplo, a Félix Roth. Pero Sebastián era gay.

Por lo que recuerdo de papá y de algunos de sus amigotes y amiguitos, conversaciones en voz baja y conciliábulos secretos escuchados desde la penumbra, me da la impresión de que los homosexuales suelen mostrarse mucho más exigentes que las mujeres en lo que respecta a la belleza masculina. No podría asegurarlo, desde luego, va y se trata de un prejuicio mío. Pero en el caso de Sebastián no hay duda de que las cosas funcionaban así. Aparte de un cuerpo apolíneo y un rostro de galán de cine, ¿cuál otro podría haber sido el gancho de aquella criatura tímida, huidiza, sin una sola neurona dentro de su cabecita? Desde la secundaria cogió la costumbre de esconderse detrás de la Gofia, quien lo defendía y se fajaba con los varones para que no lo maltrataran ni le dijeran «pajarito». El rubio hijo de un general de brigada y la mulatica de Centro Habana en chancletas habían coincidido en una escuela de deportes, donde él practicaba polo acuático y ella esgrima. A partir de ahí, amigos para siempre. A esas escuelas —me aseguró Linda—, asistían lo mismo muchachos de barrio, con aptitudes para el deporte y aspiraciones de salir del barrio, que muchachos de «buena familia», sin aptitudes para nada, cuyos padres aspiraban a salir de ellos.

La Gofia lo quería muchísimo, pero el brigadier no estaba nada conforme con el hecho de que su hijo, su único hijo, sangre de su sangre, educado con tanto esmero y sacrificio en una sociedad nueva y justa y luminosa y no sé qué más, fuera un mariconcito de mierda. Porque así lo llamaba, entre otras delicadezas. Durante años le hizo la vida un yogur.[2] Lo mortificaba, lo ofendía, lo humillaba, lo perseguía todo el tiempo, llegó a pegarle. No camines así, no cruces las piernas, quítate la camisa, no te mires más en el espejo, métete las manos en los bolsillos, no veas la telenovela sino la pelota, búscate una novia, caza lagartijas, fájate con aquel

---

2   Se la hizo muy difícil. (También se podría decir «le hizo la vida un buñuelo». A saber qué tienen de malo el yogur y el buñuelo. A mí me gustan mucho. *ELP*)

negrito o seré yo quien te suene un trompón[3], y así. La madrastra, una especie de cero a la izquierda apenas diez años mayor que el muchacho, no se atrevía a defenderlo. Quizás temía que también le sonaran un trompón a ella, por apañadora y cómplice. La comprendo. Porque si Moisés les hubiera sacudido el polvo a sus hijos (no mariconcitos de mierda, pero sí un par de inútiles, zopencos, lerdos, mentecatos, sandios y retrasados mentales en opinión de su papá), si los hubiera masacrado en mi presencia, no creo que yo hubiera osado entrometerme. Qué va. Ni loca. A nadie se le puede exigir tamaña valentía. Bueno, sólo a... Pero Linda se encogió de hombros cuando pregunté por la mamá de Sebastián.

No es que el brigadier fuera exactamente un depravado, no. Contra la opinión de la Gofia, quien lo considera un psicópata, un monstruo de crueldad, perverso, inhumano, criminal y sádico, me parece que se trata de un tipo bastante común. Sí, uno da una patada y salen diez mil idénticos a él. Porque mucha gente desprecia a los maricones, tanto en la sociedad nueva y justa y luminosa como en las otras. Durante siglos los han acosado y jodido. Porque la mayoría de las personas, según Moisés, no toleran la diferencia. Ninguna clase de diferencia. Como decían los antiguos romanos: *Homo homini lupus.** (Él, por el contrario, no toleraba absolutamente nada. Ni la diferencia ni la semejanza. Aborrecía a los maricones con el mismo ímpetu que a los demás. ¿Para qué distinguir a unos de otros, para qué –gruñía–, si *todos*, homos y heteros, eran unos degenerados hijoeputas?) No digo que esté bien discriminar a nadie, claro que no. Sólo que el brigadier no inventó la homofobia. Esta palabrita, «homofobia», me la enseñó mi papá cuando yo era niña. Significa, según él, «horror al pájaro» y es una enfermedad. Me atrevería a asegurar que el brigadier, enfermo de horror al pájaro, deseaba lo mejor para su hijo. Sólo que «lo mejor» es un concepto algo relativo y semejante sutileza difícilmente cabe en una cabezota militar. También él debió sufrir con

---

3   Un golpetazo. (Con el puño cerrado. También se usan «tromponazo» y «trompá», que es «trompada» en cubiche y denota el acto de incrustarle a alguien un puño en el centro de la cara, para que el agredido, como dice un amigo mío boricua, stop the shit. *ELP*)

*   El hombre es el lobo del hombre. A propósito de este famoso latinajo, Linda nos propone la siguiente versión: La mujer es la loba de la mujer. No olvidemos que para ella «mujer» significa «ser humano». (Noticia de Zeta)

toda aquella jodienda. Linda, por extraño que parezca, concuerda en esto conmigo. Aunque no sin cierta amargura.

—Tampoco en otras cabezotas –dice–, que se supone sean más inteligentes.

En cualquier caso, a manera de última gestión, último intento de enderezarle el tronco al árbol que nació torcido, el brigadier metió al chiquillo en el Ejército. De cabeza, a los dieciséis años, en una compañía artillera. A ver si lo reformaban allí, si lo convertían en un hombrecito correcto. Ordenó, desde luego, que lo trataran con el máximo rigor, sin contemplaciones, sin piedad. La Gofia no estaba muy al tanto de los detalles, pues por aquellos días murió su mamá, que Dios la tenga en la gloria, tras una larga y penosa agonía, ella se hundió en la depresión y dejó la esgrima y la escuela y todo. Aún así, le daba mucha lástima la desgracia de su amigo y mucha rabia la malevolencia del psicópata. Debió ser una época oscura para el pobre Sebastián, un medioevo lleno de funestos presagios.

Linda, en cambio, presiente que los funestos presagios no se cumplieron, que en realidad no hubo tal desgracia. Veamos. Se suponía que Sebastián, entre otras interesantes actividades, se pasara el día entero a pleno sol propinándoles mandarriazos[4] a los tanques para quitarles el fango, ya tieso, pétreo, en cascotes[5], que se les había adherido en el transcurso de las maniobras nocturnas o algo así. Tal vez el brigadier creyó que esa terapia inducía cambios en la orientación sexual. Hay personas muy crédulas. Pero resulta que el jefe de la compañía necesitaba un secretario en la oficina, alguno de los muchachos que supiera escribir a máquina. Las computadoras, por aquel entonces, aún no estaban de moda. Nuestro lindo soldadito no sabía escribir a máquina, pero al menos sabía escribir, mérito que no ostentaba a cabalidad ninguno de los otros. Con la esperanza de escurrir el bulto, el gran escritor exageró un poco el alcance de sus habilidades y se postuló como secretario. Fue aceptado de inmediato, sin pruebas ni nada. Para que no le descubrieran la mentira ni lo enviaran de vuelta a los mandarriazos y los cascotes, el impostor practicaba con ahínco

---

4   Golpes dados con una mandarria o con cualquier tipo de martillo (*DRAE*).
5   En trozos.

todas las noches, hasta altas horas de la madrugada, en una vetusta Underwood a la que le faltaba la zeta. Pero bueno, qué importancia podía tener una simple zeta... –Linda sonrió burlesca al decir esto, qué malvada, sospecho que la vetusta Underwood sí tenía zeta, ¿por qué no habría de tenerla, a ver?–. Y así hasta que aprendió, apenas en un par de semanas. Después de todo, quizás no fuera tan bobalicón. El terror a los tanques no hizo de él un macho tropical, pero sí un experto mecanógrafo, muy veloz.

El jefe de la compañía se justificó ante el brigadier –esto ya es pura especulación de mi amiga– con el sólido, certero, irrebatible argumento de que la patria, en aquella hora decisiva, en aquel momento histórico, frente a las agresiones cada vez más brutales del enemigo imperialista, requería no sólo de artilleros, sino también de un secretario. ¿Y de dónde sacar otro, si los demás reclutas eran una banda de ñames que le tenían miedo a la máquina de escribir? El brigadier se berreó. Qué rabia no poder explicarle a aquel oficial tan miope que el miserable secretario, hijo suyo para mayor infortunio, era un mariconcito de mierda que merecía no ya propinarles mandarriazos a los tanques, sino que los tanques le pasaran por arriba, que lo aplastaran cual cucaracha. Le hubiera gustado embarcarlo para África, donde el paludismo y la malaria y los animales feroces, donde la guerra caliente, para que las hordas de Savimbi[6] se lo comieran crudo. Pero tuvo que mantener el pico cerrado, pues hay cosas de las que no se habla fuera del hogar. Un hombre de verdad no tiende al sol los trapos sucios de su familia. Primero muerto.

En un principio esta hipótesis de Linda no me parecía del todo convincente. ¿Por qué el jefe de la compañía se había atrevido a desafiar tan al descaro a un superior? ¿Acaso los militares no cumplían órdenes? ¿En realidad necesitaba *tanto* de un secretario? ¿O se había vuelto loco de repente? ¿Por qué lo había hecho? ¿A ver, por qué? Justo porque no era miope, ¡ja ja! –respondió ella, muy

---

6   Jonas Savimbi (1934-2002), líder militar de las fuerzas guerrilleras de la UNITA, las cuales lucharon contra las fuerzas del MPLA, que fueron apoyadas por la Unión Soviética y Cuba durante la guerra de Angola. (Savimbi, al igual que José Eduardo dos Santos, líder del MPLA, estudió en Cuba, en la llamada Escuela Superior de Guerra Máximo Gómez, donde ambos fueron discípulos del Ché Guevara. El Ché dictaminó que Savimbi, no Dos Santos, sería «el futuro de África». *ELP*)

contenta de seguir desplegando las alas de su imaginación–. Porque sabía lo que era Sebastián, incluso más que el propio Sebastián. Porque sacaba su ventaja del conflicto. Porque el muchacho era quizás tan bello y tan ingenuo que valía la pena correr el riesgo de irritar a la fiera. Probablemente lo pagó caro, más tarde, pues el brigadier no debía ser de los que olvidan las afrentas con facilidad. En cierto sentido el jefe de la compañía fue la primera víctima de los encantos del Ángel Exterminador. Así, gracias a ellos y no tanto a su velocidad como mecanógrafo, el pequeño patriota se mantuvo en la oficina, tranquilo, protegido, limpiecito, durante los tres años que duraba entonces el servicio militar.

Al salir del Ejército ya Sebastián había definido su vocación: quería ser peluquero estilista, de los que hacen obras de arte en las cabelleras femeninas. Al oír eso, el brigadier perdió los restos de paciencia que le quedaban y lo expulsó de la casa. Qué peluquero ni qué obras de arte ni qué cojones, semejante sinvergüenza no podía ser hijo suyo. Aunque ambos, el padre y el hijo, se parecían muchísimo físicamente según la Gofia, el brigadier, entre furioso y medio trastornado, en un paroxismo de horror al pájaro, dio en acariciar la sospecha de que su primera esposa le había pegado los tarros diecinueve años atrás con el carnicero de la esquina. Hubiese dado cualquier cosa con tal de que fuera cierto.

El sinvergüenza se asiló en el aún no celebérrimo apartamentico de Centro Habana. Por aquel entonces vivía la abuela de la Gofia, quien lo recibió con los brazos abiertos y toda clase de mimos y carantoñas y dulces de leche. Esta señora –cuenta su nieta– era la inocencia personificada. No sabía nada de maricones ni de tuercas ni de nada y creyó que a la venturosa Ana Cecilia le había caído del cielo un novio rubio de ojos claros, un yuma[7] como los de las películas (las películas de su época, un yuma como Robert Taylor[8], el que trabajó con Greta Garbo en *La dama de las ca-*

---

7   Término del lenguaje coloquial cubano que denota al estadounidense blanco y en general a cualquier blanco extranjero, hombre o mujer, de cualquier nacionalidad. (Salvo los rusos y otros eslavos, a quienes se les llama «bolos». Así pues, la guerra fría, en jerga cubiche fue la tenaz e insidiosa confrontación yumas vs. bolos. Por mi aspecto físico, infrecuente en la isla, muchos acá me toman por extranjera, a veces por yuma y a veces por bola, indistintamente. No me ofendo en ninguno de los dos casos. *ELP*)

8   Actor de cine estadounidense (1911-1969). (Entre sus películas más exitosas están *Quo vadis?*, realizada en 1951 por Mervyn Le Roy sobre la novela homónima de

melias),[9] inmejorable oportunidad para adelantar la raza. Hasta les cedió el cuarto, el único del apartamentico, y se fue a dormir a la sala. Si hubiera sido un negro... ¡ja ja! —se divierte la Gofia— lo hubiera sacado a patadas por el culo. Porque la abuelita, que Dios la tenga en la gloria también a ella, era peor que el Ku Klux Klan.[10] La venturosa Ana Cecilia y su novio rubio le siguieron la corriente, pobrecita, ¿para qué desengañarla?, y compartieron la cama durante algún tiempo. La abuela murió en paz, con la gratificante sensación que proporciona el deber cumplido, mientras la Gofia le hablaba de un supuesto embarazo, de un futuro biznieto blanquito y rubiecito, yumita. Al día siguiente Robert Taylor fue a dormir a la sala.

No es que la Gofia hubiera dejado de quererlo. Para nada. Sólo que dormir con él era algo terrible. Porque las noches de Sebastián estaban llenas de pesadillas, quizá pobladas por monstruos horripilantes y vampiros y fantasmas y todo eso. Quién sabe. El caso es que gemía. Aullaba. Se revolvía. Formaba un barullo con las sábanas. Insistía en que no lo mataran. Que no lo mataran, por el Santísimo Sacramento, que no lo mataran, que él se iba a portar bien. Pero no se portaba bien. Al menos no en la cama. Le daba empujones, patadas, codazos y rodillazos a la pobre Gofia. No fueron pocas las veces que ella terminó en el piso de un puntapié. Luego, al despertar, el bello durmiente no recordaba nada de sus violentas aventuras oníricas. Cuando ella le describía los incidentes nocturnos, él la miraba con cara de asombro. Qué va. Aquello no había quien lo aguantara. Los locos dormían en la sala.

Por lo demás, la convivencia con Sebastián no resultaba difícil. La Gofia se consiguió una novia (porque ella, en el amor y

---

Henryk Sienkiewicz, y *Ivanhoe*, de 1952, dirigida por Richard Thorpe y basada en la novela homónima de Sir Walter Scott, ambas disfrutadísimas por mí en el programa televisivo «Historia del cine». Robert Taylor, por cierto, no era rubio, aunque es posible que la abuelita de la Gofia lo viera así. *ELP*)

9   En inglés, esta película de George Cukor, estrenada en 1936, se titula *Camille*. Está basada en la novela *La Dame aux camélias*, de Alexandre Dumas, hijo. Ver las notas 12 y 13 del capítulo 1. (Trabajar junto a Greta Garbo fue para Robert Taylor una experiencia tan inspiradora que, según él, nunca la olvidó. En verdad es muy perceptible para el espectador la tremenda química que había entre ellos. *ELP*)

10   Organización secreta creada en la segunda mitad del siglo XIX para defender la supremacía blanca en los Estados Unidos. Conocida por las siglas KKK, comete actos de agresión contra los afroamericanos, los judíos y los católicos, entre otras minorías. (Estos Cacacá, tal como su nombre indica, no pasan de ser una banda de cernícalos acomplejados y con dificultades en la próstata. *ELP*)

otros demonios,[11] siempre habla en términos de «conseguir»), Maribel O'Hallorans o Mari «Jalorán», como le decían en el barrio, o simplemente Mari la Roja, bailarina, quien a su vez le consiguió a la Gofia la pinchita[12] en el cabaret. Aunque jamás había puesto un pie en una escuela de baile ni se le había ocurrido que bailar pudiera ser un trabajo, la Gofia llevaba la danza por dentro. Yo tendría que haberla visto –dijo Linda– en el Club de Esgrima. Qué ligera. Qué grácil. Parecía estar en muchos lugares a la vez. Manejaba el florete como si fuera la batuta de un director de orquesta. Sonreía al hacerlo. Tiraba, en fin, cual caballero de la corte de Versalles.[13] Si en la esgrima, como sucedía en la equitación, hubiera existido un premio a la elegancia, nadie en todo nuestro planeta lo hubiese merecido más que la Gofia.

Fui a decir que todo nuestro planeta era un lugar demasiado grande. No por disminuir a la Gofia, a quien respeto y admiro, sino por tirar la toalla[14], pues Alix (no olvidemos a Alix, silenciosa pero presente) al escuchar los elogios que con tanto desparpajo mi amiga tributaba a *la otra*, había puesto tremenda cara de tusa. Pero no fue necesario. Linda recogió velas[15] ella solita. Dijo que, en lo referente a la esgrima como espectáculo, ella prefería el estilo medieval, más sencillo, más bruto, más salvaje, que consistía en empuñar con las dos manos una inmensa espadona y repartir mandobles a diestra y siniestra, onda Juana de Arco. Aún preocupada, Alix preguntó quién era la tal Juana. Mi amiga, muerta de la risa,

---

11 Alusión al libro de Gabriel García Márquez *Del amor y otros demonios*, de 1994. (Que no me gusta tanto como otras historias suyas, v.g. *El coronel no tiene quién le escriba*, que es una joyita, o mejor aún, *Crónica de una muerte anunciada*, que me parece genial por su estructura. *ELP*)

12 En jerga coloquial cubana, trabajo relativamente fácil de ejecutar, o por el que se devenga poco salario. (Referenciada en la nota 11 del capítulo 4 de esta verídica historia, la «pincha», en cambio, es ya un trabajo más serio, que requiere de más esfuerzo y que tal vez sea mejor remunerado. Aunque esto último, en los tiempos que corren, no es muy seguro. *ELP*)

13 En el palacio de Versalles estuvo instalada la corte de Luis XIV a finales del siglo XVII, cuando los caballeros se batían en duelo para defender su honor. En la esgrima, instituida como deporte a fines del siglo XIX, pueden utilizarse el sable, la espada o el florete, sin filo ni punta. (Aun así, es un deporte bien rudo y a veces no tan elegante, sobre todo cuando, en el fragor del combate, resbalas y te caes de culo. *ELP*)

14 Para evitar problemas. (Viene del boxeo, naturalmente, donde se tira la toalla cuando uno de los púgiles parece estar a punto de asesinar al otro. *ELP*)

15 Moderó su afirmación. (Matizó, relativizó, aflojó la mano, se replegó, se acogió al buen vivir. *ELP*)

le explicó que la tal Juana era el héroe nacional de Francia –así dijo, «el héroe»–, una tipa de lo más corajuda, y que si bien a ella, Linda, le hubiera encantado conocerla en persona, eso no era posible, pues a la tal Juana la habían quemado en la hoguera hacía una pila de años.[16]

Alix respiró aliviada y mi amiga reanudó su relato desde el punto en que la Gofia había empezado a trabajar en el cabaret y ganaba dinero, no mucho, pero sí el suficiente para mantenerse a sí misma y mantener a Sebastián. Que no era ningún zángano –aclaró–, pues realizaba las labores del hogar con encomiable esmero. Cocinaba, hacía mandados, le lavaba la ropa a la Gofia, lo mantenía todo limpio y arregladito. Un primor de muchacho. Seguía soñando con ser peluquero estilista, aunque no estaba dispuesto a empeñarse en ninguna clase de esfuerzo, tal vez porque en el fondo no creía en sus propias capacidades. En la esperanza de que Dios lo hiciera peluquero, dejaba su destino íntegro en manos de Él. Mientras tanto la Gofia, un poco azorada, le permitía experimentar con ella. Qué valiente. A fin de cuentas –pensaba para darse ánimo y no salir huyendo–, un mal corte, una «cucaracha», no se notaba mucho en el pelo rizado. El peinado de los tres moños, verde perico el de la izquierda, rojo mamey el de la derecha y amarillo pollito el del centro, fue idea de Sebastián. Muy fino. Exquisito. Perrísimo.[17] No hay duda de que el aprendiz de estilista tenía muy buen gusto. Y también muchos amantes. Un batallón de tipos que, por algún extraño motivo que la Gofia no alcanzaba a comprender, siempre terminaban recelosos, enfurecidos, bestializados, con ganas de exterminar al Ángel Exterminador. De vez en cuando le propinaban una que otra paliza. O trataban de estrangularlo. Cualquiera hubiese creído que el auténtico destino de Sebastián, más que en ser peluquero, consistía en ser atropellado. El infeliz ni siquiera se quejaba. Como la Gofia no podía fajarse con toda aquella caterva de energúmenos abusivos, le prohibió recibirlos en el apartamentico.

---

16   Juana de Arco encabezó el Ejército Real francés en la guerra contra los ingleses. Fue condenada por herejía y quemada viva en 1431, cuando apenas tenía 19 años. (Linda, al parecer, la encuentra muy sexy. Yo no. Ella dialogaba con Dios. Y vamos, que una cosa es rogarle a Él, lo cual significa tener fe, y otra muy distinta es que Él te responda. Las personas que reciben respuestas de Dios suelen ponerme, por algún motivo, un poquito nerviosa. *ELP*)

17   Primoroso, de rechupete. (Superlativo endémico del ambiente gay. *ELP*)

Para reforzar la prohibición, Mari la Roja colocó en la puerta un letrero que decía: «No se admiten machos ni otros animales apestosos». Esto, como es de suponer, causó escándalo en el barrio. Qué frescura. Qué atrevimiento. Qué depravación. Qué tortilleras más descaradas. Habría que avisar a la policía para que se las llevaran presas. Por exhibicionistas. Por degeneradas. Por asquerosas. Porque en el edificio y sus alrededores vivían familias decentes, normales, con chamas y todo. Ay, subió la temperatura. Y de qué manera. Las familias decentes les ripiaron[18] el letrerito audaz. Y si no las ripiaron también a ellas –apuntó Linda–, fue porque ambas eran guaposas, caimanas[19], luchadoras, unas pelandrujas de apaga y vámonos.[20] De las que se zumban, se mandan y se encaraman.[21] De las que toman sopa con tenedor.[22] Pese a los chismes de la gente, la suspicacia de la vieja fisgona del Comité[23] y otros vejestorios congregados en la bodega y en la cola del periódico, pese a los chiflidos y las miradas de reojo, a la Gofia le fascinó la iniciativa de Mari la Roja. Con esa declaración explícita comenzaba la era de las fiestas sólo para mujeres. Sin excluir a Se-

---

18   Les hicieron pedazos. (En jerga cubiche también se podría decir «les destoletaron», «les destimbalaron», «les desmoñingaron» o, incluso, «les descuarejingaron». *ELP*)

19   Persona que con astucia y disimulo procura salir con sus intentos (*DRAE*). (En Cuba también suele decirse del fulano(a) a quien se le aplica este término que tiene tremenda calle, un larguísimo kilometraje o muchas horas de vuelo. *ELP*)

20   Que intimidaban. (A la gentecilla timorata, desde luego. No a nosotros. *ELP*)

21   Una persona que «se zumba, se manda y se encarama» es alguien que se enfrenta con lo que sea, sin miedo, y que encima «sube la parada», es decir, que si le das un pellizquito te suena un tromponazo. *ELP*

22   Tomar sopa con tenedor es una curiosa y muy antigua habilidad exclusiva, según dicen, de los guapos cubiches. ¿Que cómo lo hacen? Ja, a mí también me gustaría saberlo. *ELP*

23   Según algunos académicos como Richard R. Fagen y Stephen Wilkinson, los Comités de Defensa de la Revolución (CDR) fueron creados en septiembre de 1960 en respuesta a actos de sabotaje y otros ataques contra la revolución. Para algunos promueven un sentido cívico y de participación colectiva, mientras que para otros representan un arma de vigilancia y represión a nivel de cuadra. (Fueron creados por el gobierno totalitario de la isla y sostienen una ideología específica como la única válida, lo que excluye cualquier sentido cívico real. Se dedican a espiar y chivatear al prójimo, y a organizar «mítines de repudio» que a menudo incluyen actos de violencia física contra disidentes y opositores pacíficos, del mismo modo que lo hicieron en 1980 contra ciudadanos que querían emigrar. Fue en aquella circunstancia en que varios «compañeros cederistas» le propinaron una golpiza a mi tía María Elena Portela, que entonces tenía seis meses de embarazo. He ahí sin duda, un buen ejemplo de participación colectiva. Organizaciones de esta índole funcionaron a toda máquina en la Italia de Mussolini y en la Alemania de Hitler. *ELP*)

bastián, claro. La era de las pachangas estridentes, los güiros escandalosos, el relajo, el despelote, la bulla una vez por semana. Se desgració el vecino de los altos, el que protestaba la noche del cumpleaños. Nunca más pudo pegar un ojo.

Para entrar a las fiestolangas de la Gofia no hacía falta presentación ni pasaporte ni cartas credenciales. Bastaba con pertenecer al sexo femenino. O al menos con intentarlo, pues también se admitían travestis. Aunque de ésos, a decir verdad, no hubo muchos. La entrada costaba diez pesos. O sea, una menudencia, una señal de buena voluntad, algo con que ayudar a cubrir los gastos, pues la anfitriona y su pareja no podían sufragarlo todo. También se aceptaban contribuciones en especie: una botella de ron, unas cajitas de cigarros, unos yerbajos, hasta un cake de chocolate. Esto no era legal, desde luego. Si bien la homosexualidad ya estaba casi despenalizada y quién prueba que un pago no es un regalo, hubo rollos con la policía, con el mismísimo jefe del sector. Porque en aquel barrio de la puñeta ya había suficientes problemas –debió pensar el hombrín– para que, arriba, vinieran unas tortilleras locas a formar lío. Así, la Gofia y Mari la Roja recibieron improperios, amenazas, actas de advertencia, un par de multas, incluso fueron detenidas una vez, acusadas de... –Linda hizo una pausa estratégica– acusadas de perturbar la tranquilidad. ¿Cómo? ¿Qué escuchaban mis atentas orejas? ¿La tranquilidad de Centro Habana?[24] Me eché a reír, aunque Linda no le veía nada de cómico al asunto. Pienso que no hubiera sido mala idea invitar a ese jefe de sector, tan amante de la tranquilidad, a darse una vueltecita por la Esquina del Martillo Alegre, a cualquier hora. Tendría que llevar una furgoneta, o quizá dos, para cargar con todos los intranquilos, empezando por el megaterio.

Ellas perseveraron. Se cuidaban mucho de no hablar de política, por más que alguien las provocara. No sólo porque la política no les interesaba en lo más mínimo, porque les parecía un tema propio de machos y otros animales apestosos, sino también porque en una fiesta donde entra cualquiera, entra efectivamente

---

24 Centro Habana es uno de los municipios más densamente poblados y menos tranquilos de La Habana. (Lo cual no es nada extraño si tomamos en cuenta que una cosa va con la otra, además del estado deplorable en el que se encuentran la inmensa mayoría de las viviendas allí, que tal parece Varsovia recién terminada la Segunda Guerra Mundial. *ELP*)

cualquiera. Siempre hay un ojo que te ve y las paredes tienen oídos. No es que en general estuviera prohibido hablar de política. No del todo y no en todas partes. Que yo recuerde, incluso en la época más dura, antes de extinguirse la Unión Soviética, papá y el padre Ignacio se la pasaban echando pestes contra el gobierno. A veces se les unía mi tío abuelo W., el nieto del marqués, para incluir a Urano y en ocasiones a Saturno en la diatriba. Y nunca sucedió nada. Claro, ellos eran tres bichos insignificantes, sin ambiciones de ninguna índole, ¿a quién iba a importarle lo que dijeran? Pero en el caso de la Gofia, Mari la Roja y otras muchachas que se habían ido sumando a la comparsa, el jefe del sector, a quien probablemente tampoco le interesaba la política, andaba a la caza de un pretexto para dispersarlas y poner fin al jolgorio. Acusarlas de conspiradoras, subversivas, agentes del enemigo, en fin, «grupúsculas», no hubiera estado nada mal. Qué tipo más aguafiestas.

Pero se quedó en ésa el mostrenco –Linda sonrió feliz–, no pudo con ellas. La noticia corrió de boca en boca y el apartamentico se hizo célebre en toda la ciudad. Acudían chiquillas lo mismo del centro que de los municipios más remotos. A veces no cabían todas y el fetecún se prolongaba hasta el pasillo y la escalera, hasta la calle incluso. No porque La Habana fuera la capital más lesbiana del mundo –explica mi amiga–, ¡ja ja!, sino porque allí, en casa de la Gofia, se había abierto un espacio permisivo. Un sitio donde expresar con entera libertad sentimientos y deseos que muy a menudo se ocultaban o se reprimían. Un lugar donde conocerse unas a otras y tal vez pescar una pareja. Un islote dentro de la isla. El puntillazo lo dio la visita de una famosa actriz alemana, cuyo nombre me confió Linda pero yo prefiero reservármelo, pues ella es de veras *muy* famosa y no sé si asume en público sus andanzas por el lado más recóndito de la nocturnidad habanera. El hecho es que la aparición de esta mujer con su pareja cubana y la generosidad de pagar de su bolsillo un par de fiestas completas, dio a conocer el apartamentico en todo el archipiélago, lo hizo celebérrimo. A las familias decentes no les quedó más remedio que acostumbrarse.

Una tarde, poco antes de que empezara la pachanga, Mari la Roja se apareció con su hermanita adolescente, que no era lesbiana ni lo sería jamás, pero estaba muy aburrida, la pobre, y también tenía derecho a divertirse. La Gofia la recibió igual que a mí años después, con mucha amabilidad y el tacto suficiente para evitar malentendidos. La «Jalorán» más pequeña, Mari la Rojita o Marilú a secas, se parecía bastante a la mayor. No sólo en el pelo rojo, refulgente, rojísimo, el incendio característico de las hijas de Changó, el orisha colora'o[25] (o de Marte, el planeta escarlata, como diría mi tío abuelo W., el nieto del marqués), sino también en la vivacidad, el entusiasmo, la pasión que ponía en todos sus empeños. Una de esas muchachas decididas y optimistas que siempre logran lo que se proponen, que serían capaces de escalar el Everest si el objeto de sus deseos estuviera por allá arriba, que con gran naturalidad aspiran a pasar por la vida sin ver jamás la cara del fracaso. La Marilú actual, la que nosotras habíamos visto en kimono de felpa, anunciando una y otra vez la llegada o, más bien, *el regreso* del ángel –subrayó Linda–, no era sino un deshecho, un despojo, una cáscara vacía. Ni la sombra de la otra.

La otra, la decidida y optimista, enseguida encontró entretenimiento en casa de su cuñada: se enamoró de Sebastián. Así de simple. Un flechazo. Amor a primera vista. El rayo siciliano –en este punto de la narración Alix miró a Linda con cara de loca, tal vez para indicarle que sentía lo mismo que Marilú había sentido por Sebastián–. Nuestro amiguito, pacífico y gentil, incapaz de matar una mosca, siempre le había caído bien a las mujeres. Despertaba instintos maternales o algo así. Tan desvalido, tan afable, tan dócil, todas lo consentían. Era el niño lindo de los güiros escandalosos. Ahora, ¿enamorarse de él? Eso nunca había ocurrido. A la Gofia le pareció un gran chiste, el mejor del año. Aquella rojita debía estar bromeando, ¿no? Pues no. Marilú no bromeaba. ¿Ah, no? ¿Acaso no veía que el muchacho era gay, ortodoxa y definitivamente gay? Sí, claro, pero eso no tenía la menor importancia. Seguro se debía a la falta de experiencia. Ya se encargaría ella de

---

25   Dios del rayo en la Regla de Ocha, viste siempre de rojo. (En nuestra isla, cada uno de los orishas se asimila, de manera sincrética, a un santo católico en particular. Y Changó, el supermacho del panteón yoruba, equivalente al Ares del panteón griego, se asimila nada menos que a Santa Bárbara, también roja y tonante. Me pregunto si él estará de acuerdo con eso. *ELP*)

mostrarle otros horizontes. En fin, que se le metió entre ceja y ceja engatusar a Sebastián, domesticarlo, apropiárselo. Porque sí. Porque le salía de los ovarios. Porque a ella le gustaba lo difícil. Mientras más difícil, mejor. Nada ni nadie logró hacerle entender la diferencia entre lo difícil y lo imposible.

De ahí en adelante, Marilú no se perdió ni una de las fiestas de la Gofia. No satisfecha con eso, visitaba el apartamentico todos los días. Aparecía por la mañana, al mediodía, por la tarde, por la madrugada, a cualquier hora, siempre en pos de su adorado tormento. Si por alguna inconcebible razón (la escuela, por ejemplo) no podía ir, llamaba por teléfono y disparaba unas muelas kilométricas acerca del amor que disculpa todo, todo lo cree, todo lo espera y todo lo soporta.[26] Qué manera de dar lata, ¡ja ja! –a Linda le divierte muchísimo, pero me pregunto si no será un poquito sacrílego eso de utilizar las Epístolas de San Pablo para estos menesteres; aunque, si bien se mira, la verdad es que suena de lo más romántico–. Mari la Roja concluyó que su hermanita, la pobre, tenía los tornillos un poco flojos. Demencia adolescente. La locura de los dieciséis. Nada grave. Ya se le pasaría el arrebato. La Gofia también suscribía ese diagnóstico.

¿Y Sebastián? En un principio el adorado tormento se había quedado perplejo y algo asustado ante aquella persecución hecha de suspiros, insinuaciones, bellas palabras, escotes y minifaldas. Vaya novedad. Porque los machos y otros animales apestosos casi siempre lo acosaban con una convulsa mezcla de ruegos y amenazas, a cada rato le ofrecían dinero (que él aceptaba para comprarle, digamos, un vestido o un par de aretes a la Gofia), todo bien explícito, puro y duro, directo al grano. Pero no se dio a la fuga ni trató mal a Marilú. De ningún modo. Aprovechaba, el muy pillo, para experimentar

---

26   «El amor disculpa todo; todo lo cree, todo lo espera y todo lo soporta», frase extraída de la primera epístola de San Pablo a los Corintios, que trata sobre las bondades del sentimiento amoroso. (Dio título a la Pastoral de la COCC (Conferencia de Obispos Católicos de Cuba) del 8 de septiembre de 1993, que levantó una chirriante oleada de histeria en la prensa oficialista, ya que los obispos instaban a Fidel Castro a un diálogo nacional que pasara por la misericordia, la amnistía y la reconciliación, palabras que para nuestro máximo líder y sus secuaces equivalen a insultos. Diez años más tarde el comandante en jefe dio una respuesta aún más frenética a esta Pastoral ordenando la ejecución sumaria de 3 jóvenes negros que habían intentado huir de la isla y el encarcelamiento de 75 opositores pacíficos, muchos de los cuales aún están presos, en lo que se conoce como «la Primavera Negra de La Habana». ELP)

su peluquería delirante en aquellos pelos rojos y hermosos que se le entregaban sin temor alguno. Qué suerte. Desde hacía tiempo le había echado el ojo a los de la hermana mayor, sin que ella, la muy egoísta, cuatrera, pérfida, le permitiera tocarlos. Ahora se desquitaba. A cambio de unos cuantos besitos bastante mediocrones e insípidos, sin el más mínimo ardor, Sebastián le hizo a Marilú decenas de peinados, cada uno más esquizofrénico que el anterior.

El brigadier, entretanto, no quería saber nada del sinvergüenza. Por él, que se pudriera allá lejos, en el quinto infierno. Pero no pudo evitar que los rumores del desenfreno llegaran hasta sus oídos. Alguien le contó que Sebastián vivía de chulo en Centro Habana, en un barrio malísimo, casi marginal, con una mulata cabaretera que lo mantenía y lo trataba como si fuera el príncipe de Gales.[27] Que siempre tenía la casa o, mejor dicho, el ballú, repleto de mujeres. Blancas, negras, mulatas y chinas, la mayoría jóvenes y algunas muy lindas, todas para él solo. Que organizaba orgías descomunales una vez por semana. Así, al descaro, de lo más ostentoso. Que lo llamaban El Ángel Exterminador, seguramente porque llevaba a las putas de la mano y corriendo, porque las tenía muy bien controladas. Que hasta Fulana de Tal, la actriz alemana, había caído en el jamo y le soltaba los fulas a manos llenas. Que la favorita, la estrella del burdel, una pelirroja con un peinado medio extravagante, onda erizo con algunos mechones pintados de azul, parecía menor de edad. Que aquella vida de maharajá[28] no lo conduciría a nada bueno, a lo mejor terminaba en la cárcel por vago, proxeneta y corruptor de menores.

Me imagino la cara del brigadier. ¿Acaso se estaban burlando de él, de la desgracia de su familia? ¿O habían confundido al sinvergüenza, al suyo, con otro sinvergüenza de distinto calibre? ¿Hasta cuándo tendría que soportar oprobios por causa de los tarros que le había pegado su primera esposa con el carnicero de la esquina? Qué jodienda con el cabrón chiquillo. Decidió ir a verlo con sus propios ojos, para saber a qué atenerse y que no le hicieran un cuento más. Así, en una hermosa mañana primaveral, sin

---

27   Título nobiliario del heredero al trono británico. (Sin duda que la vida del pobre Sebastián se parecía por lo aperreada a la del infeliz Carlos de Inglaterra, el hijo mayor, para su desgracia, de Isabel II. *ELP*)

28   Del sánscrito *maha*, grande, y *rajá*, príncipe o rey. Título que llevan los grandes príncipes hindúes. (Que tienen fama de ser los mejores amantes del mundo. *ELP*)

previo aviso, se dio un saltico hasta Centro Habana. Dejó al chofer en la calle sucia y llena de baches, cuidando el carro para que no le robaran la antena ni el espejo retrovisor ni el carro mismo... –Linda me dedicó una mirada suspicaz, pero me hice la desentendida–, y se presentó en el ballú. A esa hora, alrededor de las once, la mulata cabaretera se pintaba de negro con brillitos las uñas de los pies, el príncipe de Gales pensaba en las musarañas y la estrella del burdel, sentada en las rodillas del príncipe, se comía un plátano. Todos en la sala, cogiendo fresquito con la puerta abierta. El brigadier los observó desde el umbral. ¡Se veían tan felices!

Al ver a su papá, Sebastián dijo «¡ay, Dios mío!», se puso pálido y se echó a temblar. El corazón quería salírsele del pecho, por poco le da un soponcio. Asustada, no tanto por la increíble presencia de un militar en la puerta, como por los efectos que dicha presencia ocasionaba en Sebastián, Marilú tiró por la ventana la cáscara del plátano –a mi amiga le gusta imaginar que esta cáscara le cayó en la cabeza al chofer y que los negritos de la calle se rieron de lo lindo–, se volteó sobre su adorado tormento y lo abrazó con fuerza. La Gofia no supo si saludar o no al intruso, pues lo conocía de vista aunque él no a ella. El brigadier no le dio tiempo a decidirse. Con un mohín de asco, apreció por unos instantes el lamentable espectáculo que ofrecía su hijo, mejor dicho, el hijo del carnicero de la esquina, ocultándose tembloroso detrás de una muchacha, y le ordenó bajar. Sí, bajar de inmediato y montarse en el carro. Porque tendrían una conversación muy seria, de hombre a hombre. Bueno, más bien de hombre a mamarracho. Dio media vuelta y se fue. Cual autómata al que hubiesen dado cuerda, Sebastián apartó a Marilú y siguió al brigadier. La Gofia tuvo que sujetar a la pequeña para que ella, a su vez, no siguiera al autómata. «Es su padre, vieja, es su padre, tú no te puedes meter en eso.» En el jaleo se le estropeó la pintura negra con brillitos, qué tragedia.

Un par de horas después, Sebastián regresó de lo más contento: su encantador papá no lo había machucado esta vez. Qué milagro. Aún no podía creerlo. Pero sí. La conversación de hombre a mamarracho, más que seria, había resultado trascendental. Definitiva. Un éxito rotundo. Al brigadier le importaba un huevo la vida privada de Sebastián. No quería saber nada. Le daba igual que fuese maricón, chulo o cosmonauta. Pero, eso sí, nada de habitar en aquel barrio, entre tan malos elementos. Había que cuidar las apariencias, proteger la imagen pública o –un suspiro del brigadier– lo que de ella quedase. Ya que a Sebastián no le molestaba mucho vivir con una mujer, bien podía casarse, ¿no? Como las personas normales. ¿O acaso era mucho pedir? Si se casaba con la pelirroja, él les resolvería un apartamento en Miramar. Con todos los hierros[29], por supuesto. Y la luna de miel en Varadero. Y hasta la Luna misma si fuera preciso. ¿Por qué con la pelirroja? Bueno, verdad que la mulata era mejor hembra, sí, mucho mejor, pero a la legua se le notaba la cara de piruja. (Este comentario del brigadier ofendió por igual a Marilú y a la Gofia. El pobre tipo no debía ser muy carismático, aunque me lo imagino bien atractivo, sobre todo con el uniforme. Pero esto no se lo confieso a Linda. Qué va.) ¿Y entonces? ¿Sí o no? Sebastián no había tardado ni tres segundos en tomar la decisión. Así, en un abrir y cerrar de ojos, sin consultar a nadie, ni a la almohada, ni siquiera a su futura esposa, había prometido casarse. Ante la noticia, Marilú dio brincos de alegría y se lo comió a besos mientras la Gofia, estupefacta, soltaba un chiflido.

—Ahora sí –dijo–, ahora sí le cayó comején al piano[30].

La mamá de la novia no puso reparos. El tal Sebastián no le parecía el mejor de los yernos posibles, pero en fin. Ella se tomaba las cosas con calma y filosofía, no fuera a subirle la presión. Desde la muerte del viejo O'Hallorans, había renunciado a controlar a sus pelirrojas. Ambas le habían salido tercas, empecinadas, rebeldes, igualitas al viejo y a sus antepasados irlandeses. Si la mayor era lesbiana, ¿qué tenía de extraño que la menor se casara con un pájaro? Y a fin de cuentas, ¿qué podía pasarle? Nada. Por suerte existía el divorcio.

---

29 Con todo lo necesario. (Y hasta con lo superfluo, que ya se sabe como se las gastan los nuevos ricos de cualquier índole. *ELP*)

30 Ahora empeora la situación. (Y tanto, que no hay ninguna posibilidad de que se resuelva con éxito. *ELP*)

La boda no fue muy aparatosa. Apenas trescientos invitados en la residencia del brigadier, sin contar a los dispersos entre el jardín y la piscina, cosa de que todos supieran no sólo de la vuelta del hijo pródigo, sino también de su matrimonio con aquella muchacha tan enamorada de él. Para que vieran que no había trampa ni engaño. Para echar por tierra los rumores del pasado. Porque si de algo no cabía duda era de los sentimientos de Marilú, quien, boba y feliz con su vestidito blanco –cuenta Mari la Roja, pues la Gofia no asistió a la ceremonia–, no le quitaba los ojos de arriba a Sebastián. Como un conejo tras la zanahoria, lo seguía a todos lados. Se comportó de un modo tan ingenuo, tan infantil, que hasta los más suspicaces advirtieron que no fingía. A ella no le importaban ni el apartamento en Miramar ni la luna de miel en Varadero. Ni siquiera la Luna misma. Se casaba por amor, convencida de que su flamante esposo terminaría enamorándose de ella. Claro que sí. Porque el amor lo disculpa todo, todo lo cree, todo lo espera y todo lo soporta.

Lo irónico del asunto –prosiguió la escritora– es que también Sebastián se casaba por amor. No hacia Marilú, quien a esas alturas ya debía tenerlo bastante aburrido con toda aquella pegajosería, sino hacia el brigadier. Lo había decepcionado tanto, había sido tan mal hijo, que la culpa se lo estaba comiendo por una pata. De ahí las pesadillas, los terrores diurnos y nocturnos, la incapacidad de llevar a término tarea alguna. Recién ahora se le ofrecía, por primera vez en la vida, una oportunidad de complacerlo, de ganar su aprobación, de quedar bien ante aquel ser implacable que se le presentaba cual juez todopoderoso. ¿Cómo no aprovecharla? Para nada le interesaban, a él tampoco, el apartamento ni la luna de miel. Quizás la Luna sí, un poquito. Porque a la Luna, tan lejana, tan inalcanzable, se parecía el amor del brigadier hacia él. Se hubiera casado con cualquiera, hasta con una mona, y hubiera vivido en cualquier parte, hasta en una alcantarilla, con tal de que el brigadier lo aceptara. Se casaba convencido de que su papá terminaría queriéndolo. Porque el amor... ya se sabe.

Esto de la culpa me sonaba familiar, pero no lo comprendía del todo. ¿Culpa de qué, Dios mío, si lo único que el pobre muchacho había hecho, mal que bien, era existir? Le pregunté a Linda si ella, en el lugar de Sebastián, se hubiera casado. Me respondió que no, de ninguna manera. O al menos... –se quedó pensativa– no con alguien como Marilú. Desde un principio aquel matrimonio estuvo condenado al fracaso. Pero ella entendía a Sebastián. Sí, porque era del carajo tener a casi toda la sociedad en contra y, arriba, girar en la órbita de influencia de una persona fuerte, inescrupulosa y medio chantajista. Nada más y nada menos que el padre. Para enfrentar eso uno también debía ser fuerte, muy fuerte, y aún así... qué difícil. Porque todos, o casi, hubiéramos preferido ser amados por nuestros padres, contar con su apoyo... –un temblor casi imperceptible sacudía la voz de Linda–. Sólo faltaba saber a qué precio, cuánto podíamos pagar. Sebastián había cometido un error de cálculo. Su matrimonio duró un año. Fue un año infernal.

También lo fue para la Gofia. Por aquel entonces la salud de su novia comenzó a deteriorarse rápidamente. Aunque Mari la Roja salía poco durante el día, siempre con pamela, mangas largas y espejuelos oscuros, los rayos del sol ya habían realizado la parte insidiosa, secreta, de su labor destructiva sobre aquella piel tan frágil. Y tal vez con predisposición genética al desastre, pues al viejo O'Hallorans lo habían devorado los rayos solares. Podrá parecer una exageración, pero no. El sol del trópico, el «indio»[31], es un hijoeputa, un rufián, una bola de candela, un sol asesino que raja las piedras, derrite el asfalto (quien no lo crea que venga y mire las huellas de los neumáticos, se ven preciosas) y exige cada año su ración de pelirrojos. La Gofia estaba aterrada. ¿Le tocaría asistir, por segunda vez, a una larga y penosa agonía? ¿Consistiría la vida en esa mierda de que uno amaba a alguien y en eso aparecía el cangrejo –no se atrevía ni a pronunciar la palabra «cáncer»– y acababa con todo? Qué gran estafa, la vida. A Mari la Roja le practicaron varias operaciones en pocos meses. No se en-

---

31 Apelativo irónico pero cariñoso para referirse al Sol en nuestro país. Cada año, durante el mes de agosto, deja de ser cariñoso y pasa de irónico a sarcástico. Últimamente, con el cambio climático, la parte del sarcasmo ha trascendido el mes de agosto y dura casi todo el año. *ELP*

contró nada fatal, pero el pronóstico seguía siendo reservado. Lo benigno podía transformarse en maligno en cualquier momento. La única posibilidad de salvación consistía en huir del «indio», en darle esquinazo definitivamente. La Gofia se puso en contacto con la actriz alemana, quien movió cielo y tierra hasta conseguir, a través de la Cruz Roja, sacar de Cuba a Maribel y a su mamá y enviarlas a un sitio llamado Vancouver. Aún viven por allá, ambas, gracias a Dios.

El problema de Sebastián y Marilú, pues la convivencia no tardó en convertirse para ellos en un peliagudo problema, había pasado inadvertido para el resto de la familia en medio de este ajetreo. Mientras ayudaban en lo posible a Mari la Roja, porque en ese aspecto ambos cónyuges se portaron muy bien, no parecían en desacuerdo y mucho menos enfrascados en una especie de guerra civil. Cuál no sería, pues, la sorpresa de la Gofia cuando, una semana después de la partida de su novia y su suegra, se apareció Marilú en el apartamentico celebérrimo, deshecha en llanto y con tremendas ganas de *matar* al miserable asqueroso perro bruto malagradecido maricón de carroza. Incapaz de responder a ninguna pregunta concreta, la joven esposa repetía y repetía lo mismo y lo mismo, de modo que la Gofia no pudo sacar nada en claro. Al menos nada que ya no supiera: que Sebastián se acostaba con cuatrocientos millones de tipos y que muchos cogían fijación con él. Esa misma tarde había llamado uno por teléfono y, al escuchar una voz femenina del otro lado, le había preguntado quién era ella. Marilú había dicho: «Yo soy *la mujer* de Sebastián. ¿Y usted? ¿Quién es usted?» Y el tipo: «Conque la mujer de... ¡ja ja! Qué graciosa. Mucho gusto en conocerte, m'hijita. Yo soy *el marido* de Sebastián.» Con esas cosas, día tras día, Marilú empezaba a perder el control de sí misma. La Gofia le dio la razón en todo, le preparó una infusión de tilo y la puso a dormir. ¿Qué más podía haber hecho? En este punto de la historia, a un paso de la catástrofe, comienza *Nocturno Sebastián*.

Esa magnífica novela ha sido leída por muchísimas personas

en el mundo entero. Y mi amiga escribe mucho mejor que yo, por supuesto. No tiene caso, pues, que yo repita aquí punto por punto lo que ya ella contó. Para los que no hayan leído *Nocturno Sebastián*, a quienes de todo corazón recomiendo que lo hagan (aunque respeto su derecho a no hacerlo si no les da la gana), ahí va un breve resumen de los hechos fundamentales.

Cuando despertó de su largo sueño de tilo, al día siguiente por la mañana, Marilú (Sandra en la novela) se sentía mucho más despejada. Odiaba a su esposo porque el amor, de tan intenso y tan sin salida, sin válvula de escape, se le había podrido adentro. Pero no iba a renunciar a él así como así. De eso nada. Se marchó dispuesta a presentar batalla, si preciso fuera, a todos los bugarrones[32] de La Habana. Un rato después la Gofia (Zoe en la novela) recibió una llamada suya por teléfono. Otra vez el llanto, el pánico, la histeria. Sólo que ahora sí había ocurrido algo grave. Al llegar al apartamento de Miramar, Marilú había encontrado la puerta de par en par y luego, en la sala, el cadáver de Sebastián. Desnudo, con las manos esposadas a la espalda, una bolsa de nailon transparente en la cabeza y los ojos claros muy abiertos, espantados. Así, de repente en el verano[33] de 1995.

La Gofia se quedó muda. Los chillidos de Marilú atronaban en su cerebro, todo su entorno parecía tambalearse, los objetos chocaban unos con otros como sacudidos por un temblor de tierra. Le hubiera gustado colgar el teléfono, convencerse de que nunca había escuchado aquellas palabras o de que se trataba de una broma, eso, una broma de mal gusto. Pero no podía abandonar a Marilú en la desgracia. Algo se lo impidió y la comprendo, pues yo en su lugar hubiera actuado de igual manera. De algún sitio sacó la voz para aconsejarle que no tocara nada. Que saliera de allí inmediatamente. Que buscara a algún vecino y, juntos, dieran aviso a la policía. Por una vez, Marilú fue obediente.

La investigación preliminar arrojó los siguientes datos: ninguna puerta o ventana había sido forzada, lo cual hubiera resultado más bien arduo, puesto que todas tenían rejas; no faltaba

---

32 En Cuba, hombre que comete sodomía (*DRAE*). (¿Comete? ¿Como si fuera una fechoría? Pues vaya con el *DRAE*, qué liberal nos ha salido. *ELP*)

33 Alusión a *Suddenly, Last Summer* (De repente en el verano), obra de Tennessee Williams de 1958. (Que también trata sobre la muerte violenta de un joven homosexual. *ELP*)

ningún objeto de valor, ni las lámparas art nouveau ni la vajilla de porcelana de Sèvres ni los equipos electrodomésticos japoneses,[34] en general no faltaba nada; en la primera gaveta de una mesita de noche se hallaron cerca de quinientos dólares, un reloj suizo en la muñeca izquierda del occiso y una gruesa cadena de oro con una medalla de la virgen de El Cobre, también de oro, en el cuello del ídem; huellas dactilares, sin contar las del occiso y su mujer, por montones. La autopsia reveló como causa de muerte la asfixia, claro. Y también que el occiso había tenido relaciones sexuales (coito anal) poco antes del deceso, o quizá *durante*. En su interior se halló semen de otro hombre. Este detalle procede íntegramente de la tierna imaginación de Linda y más tarde se borró, él solito, oh misterio, del informe.

No había que ser un genio, como el Tte. Leví, para descartar el móvil del robo. Ni para suponer que Sebastián Loredo (porque al Tte. Leví no le hacía ninguna gracia aquello de «el occiso», las víctimas de los homicidios que él investigaba no eran simples tarecos o numeritos en alguna tabla estadística, sino personas con nombre y apellido) conocía, aunque fuera de vista, al misterioso visitante que había entrado al apartamento sin violentar ninguna cerradura. Ni aun para concebir la posibilidad de un crimen pasional o, quizás, de un accidente resultado de una práctica sadomasoquista demasiado ruda... –eso me estremeció, creo que pensé en Moisés–. En la libreta de teléfonos de Sebastián Loredo estaban anotados los números de decenas de hombres, lo cual, unido al tema de las huellas dactilares y al informe de la autopsia, pues la muestra de semen serviría para determinar el grupo sanguíneo o algo así, bastaba para comenzar. Pero todo quedó ahí. Después de algunas escaramuzas y sinsabores, puesto que muchos de aquellos tipos eran personajes importantes, civiles y militares, con esposas e hijos, con imágenes públicas que cuidar, el caso fue archivado. Y sanseacabó. ¿Qué era aquello de que un mísero tenientico narizón, una rata sionista, anduviera por ahí husmeando en las intimidades de los compañeros?

---

34   Artículos de lujo, todos difíciles de conseguir en Cuba. (Difíciles y hasta imposibles para el pueblo, por supuesto, no para los «mayimbes» o dirigentes como el brigadier. Los cacos insulares, por su parte, se pirran por esos cachivaches. *ELP*)

Ni siquiera el brigadier quiso colaborar. Trató al Tte. Leví como si en vez de un detective fuera un chismoso, un entrometido, un mierda. Se lo pasó por las suelas de los zapatos. En el velorio y más tarde en el entierro, mucho menos concurridos que la boda, se mostró impaciente con el berrinche de la viudita. «Cállate ya, m'hijita, cállate ya. ¿Por qué no te vas a dormir, eh? Vete, vete, que yo me ocupo de esto.» Parecía indignado. No con el asesino incógnito, sino con el difunto. El canalla. El infame. El sinvergüenza que, no conforme con haberlo desprestigiado a más y mejor en vida, se despedía ahora con tan repugnante jugarreta. ¡Una bolsa de nailon en la cabeza! ¡Qué barbaridad! El brigadier soltaba chispas de horror al pájaro.

La viudita, aun al borde del colapso nervioso, sí colaboró en todo lo que pudo. En medio de su arrebato, Marilú había confundido el odio y las ganas de matar con el hecho en sí de cometer un crimen. De un modo confuso y oscuro, se sentía culpable de la muerte de Sebastián. Esto me asombraba muchísimo hace un par de años, ya no. En los últimos tiempos he aprendido que la desgarradora sustancia de la culpa es casi infinita, que existen múltiples modos, algunos bastante descabellados, de acceder a ella. Para Marilú era muy importante que se descubriese al verdadero culpable. Sólo eso la hubiera salvado de la oscuridad total.

En la novela, tras una serie de complicadas maniobras, el Tte. Leví logra identificar al asesino, aunque no atraparlo. Termina como siempre, en la terraza del penthouse, en la depresión, con el cigarrillo y la utopía del año próximo en Jerusalén. Sandra, la viudita, sale maltrecha pero cuerda, pues el detective se ocupa de que al menos ella conozca la verdad. En la vida real, Marilú devolvió el apartamento al brigadier. Ya no podía vivir allí, simplemente *no podía*, y se mudó con la Gofia. Estuvo alrededor de un año persiguiendo, muy angustiada, al oficial a cargo del caso. ¿Habían adelantado algo? ¿Por qué tanta demora? ¿Cuándo le darían alguna respuesta? La Gofia intentó disuadirla. «Deja eso, chica, deja eso, que te vas a fundir. Lo que pasó, pasó. Que agarren al hijoeputa no le va a devolver la vida a Sebastián...» Pero nada. Marilú persistió. Y persistió. Y persistió. Hasta que el tipo, sintiéndose acorralado, muy tenso, perdió los estribos y le soltó a bocajarro que la única sospechosa era ella. No lo dijo en serio, claro que no, sólo para quitársela de encima y que no jodiera más. Para la muchacha, sin embargo, esta fue la gota que colmó la copa. Se arrebató completa. Se afeitó la cabeza y las cejas. Se recortó las pestañas con unas tijeritas de uñas. Tres veces trató de suicidarse y si no lo consiguió, se lo debe a la Gofia, quien la cuidó y la protegió durante mucho tiempo en el apartamentico celebérrimo, mientras realizaba las gestiones pertinentes para enviarla a Vancouver con su hermana y su mamá. Hace poco la pobre Marilú, más soplada que una cafetera, salió de Cuba por fin. Es posible que muy pronto comience el rodaje de una película basada en *Nocturno Sebastián*.

10. DISPAROS EN EL PISO VEINTE

Que Alix estuviera celosa de la Gofia tenía cierta lógica, pues Linda y su ex seguían siendo muy buenas amigas. Aún lo son. *Nocturno Sebastián* está dedicada a «Ana Cecilia Ramos, la más generosa entre las mujeres», lo cual me parece justo, pues a fin de cuentas fue ella quien le contó la historia a la escritora. Pero Alix no entendía esto. Bueno, ni esto ni ninguna otra cosa. Porque también sentía celos de mí. Aunque Linda le explicó setenta mil veces que yo no jugaba en esa novena[1], o sea, que yo no era tuerca[2] ni por casualidad, la muchachita del pelo negro no me tragaba. No podía verme ni en pintura. Apenas yo aparecía en el horizonte, ella se engrifaba[3] y ponía cara de tusa. Le molestaba especialmente que *El año próximo en Jerusalén* estuviera dedicada a «Z Álvarez, mi mejor amiga». Pensaba, aunque «pensar» tal vez no sea el vocablo más adecuado si nos referimos a Alix, que el hecho de que no me acostara con mujeres (suponiendo que fuera cierto, algo de lo cual ella no estaba muy segura) carecía de importancia. A su modo de ver, yo podía reconsiderar el asunto en cualquier momento. Y tratar, desde luego, de robarle a Linda. La Gofia se burlaba de ella. Se divertía haciéndola rabiar. La llamaba Alix Ostión. Porque si los ostiones no hablaban *nunca,*

---

1 Equipo de béisbol, aquí usado en sentido metafórico. (En realidad el equipo completo consta de muchos más jugadores y otros miembros, como entrenadores, auxiliares, etc. Pero se le llama así porque cuando está «defendiendo» hay nueve jugadores en el terreno: uno en cada base, tres en los files, uno en el campo corto, el catcher y el pitcher. *ELP)*

2 Lesbiana. (Es un término medio vulgarcito, aunque no tanto como «tortillera», «tortón», «maricona», «bombero» o «jefe del comando 4». Este último apelativo se usa sólo en El Vedado, en alusión al cuartel de bomberos sito en calle 23 entre 6 y 8, cuyos miembros son todos hombres y, cuando no están apagando fuegos, se la pasan en la acera frente al cuartel metiéndose con las mujeres y los travestis que pasan por ahí. *ELP)*

3 Encrespar, erizar, enfurecer.

no era por reserva ni por timidez, no. Según la Gofia, este silencio se debía a que nada tenían que decir. A la crasa imbecilidad de los ostiones. ¿Dónde se había visto una guajira tan burra –le decía muy seria, a la cara–, una campesina tan ñame y seboruca[4] estudiando en la universidad? ¡Ja ja! Qué pretensiosa. Porque si la koljosiana[5] socotroca[6] llegaba a caerse en cuatro patas, cual mula comería yerba. O tierra. ¡Ja ja! Tan babieca,[7] tan nativa de Pinar del Río, seguro no sabía ni leer. A ver, mi chiquitica, ¿cuánto son dos más dos? ¡Ja ja! Esta actitud no me parecía muy generosa por parte de la más generosa entre las mujeres, pero en fin, nadie es perfecto. Yo no le seguía la rima[8] porque me daba lástima con Alix. ¿Qué culpa tenía, la pobre, de haber nacido en el monte? Nunca me metí con ella. Apenas le saqué la lengua dos o tres veces. Pero la muchachita del pelo negro nos miraba con odio a ambas y luego le iba con las quejas a Linda. Para que nos regañara, supongo. Como si mi amiga fuera la maestra y la Gofia y yo, un par de chicas malas.

Linda no nos regañaba. Hasta le hizo gracia la teoría gofial de los ostiones. «¡Oyé! Eso sí es antropocentrismo y lo demás es bobería.» No se lo tomaba a pecho. Le decía a Alix que no fuera tan pazguata,[9] que no se dejara provocar. ¿Acaso no se daba cuenta de que le teníamos envidia? Sí, en-vi-dia. Porque Alix, sin ser precisamente bonita, era muy vistosa, con estampa de basquebolista, un mujerón de casi un metro ochenta que dejaba sin aliento a los tipos en la calle. Esto era cierto. Lo de la envidia no, claro que no. Lo de los tipos en la calle. Se la comían con los ojos,

---

4   En Cuba, persona que da muestra de poca inteligencia (*DRAE*). (También se dice «cayuco» o «canuto, mientras más viejo más bruto». *ELP*)

5   Miembro del koljós, cooperativa agrícola establecida en la Unión Soviética por Stalin después de 1928, cuando dejaron de existir las granjas privadas. En ruso, el vocablo es *koljóznitsa*. (Está la famosa escultura de Vera Mújina, *El obrero y la koljosiana*, icono de los estudios Soviexportfilm, cuyas películas y muñes se veían con frecuencia en la tele cubiche antes de 1991. El obrero y la koljosiana, como todos los personajes positivos del realismo socialista, eran hermosos. Pero quizá debido a sus expresiones, extáticas y visionarias, existían serias dudas en lo relativo a su inteligencia. *ELP*)

6   Otro sinónimo de «seboruca».

7   Persona floja y boba (*DRAE*). (Así mismitico, *Babieca*, se llamaba el caballo de Ruy Díaz, el Cid Campeador, y no hay noticia de que fuera ni flojo ni bobo, características más bien atribuibles a *Rocinante*, el de Don Quijote. *ELP*)

8   Seguir la corrriente, hacer el juego.

9   Simple, que se pasma y admira de lo que ve u oye (*DRAE*).

le gritaban cosas, hacían sonar los cláxones de carros, motos y bicicletas. Alix paraba el tráfico y Linda se sentía en la gloria, pues le encanta que sus novias entusiasmen a los machos, que los hagan babearse. Sobre todo porque *no pueden* tocarlas. Hubo una vez un fresco que se propasó con Alix, le pellizcó una nalga, creo, y... bueno, la muchachita del pelo negro lo regó[10] por el piso de una trompada que ni Mohamed Alí[11]. ¡Paf! Derecha recta al mentón y knockout. Ni qué decir lo contenta que se puso mi amiga. ¡Ésa era su muchacha!

Pero Alix no veía ninguna ventaja en su físico. Incluso creo que al principio estaba algo acomplejada. En la concreta —rezongaba—, en las cosas importantes, ¿para qué coño le servía el tamañazo? Como no fuera para llamar la atención justo donde no le interesaba, para buscarse problemas... Linda no tenía muy claro cuáles eran las cosas importantes para Alix. Le informó que Agatha Christie, la verdadera, medía más de seis pies (cerca de un metro ochenta, sólo que los ingleses no usan el sistema métrico decimal y por eso *a ellos* se les mide en pies y pulgadas), era una grandullona, lo cual no le impidió ser también la escritora más leída en el mundo, la más famosa de todos los tiempos y, además, una persona feliz. Alix se quedó rumiando el asunto durante varias semanas. Luego volvió a la carga. Ella no quería ser famosa ni escritora ni nada. Quería a Linda. Y que la Gofia y yo la dejáramos en paz. De ser posible no volver a vernos. Sólo eso la haría una persona feliz.

Ah, conque era eso lo importante. Qué tierno. Pues muy bien. Mi amiga le habló entonces de un arquetipo femenino que se conoce, según ella, como La Amante De La Escritora. La favorita. La compañera. La musa. Por ejemplo, Thelma Wood. Ni cantaba ni comía fruta, una perfecta inútil, una desastrada, pero fue el gran amor de Djuna Barnes. Inspiró una de las novelas más espléndidas

---

10 Lo tumbó.

11 Cassius Marcellus Clay Jr. (1942-), boxeador estadounidense, tres veces campeón mundial de los pesos pesados. Adoptó el nombre de Mohamed Alí en 1964, tras convertirse al islam. (Era un tipo divertido, muy bocón, o «bemba'e perro», como decimos en Cuba. Le encantaba cuchufletear a sus contrincantes fuera y dentro del cuadrilátero, acusándolos de ser muy feos. Entre el autobombo, su extraordinario talento como púgil y sus posiciones políticas en contra de la discriminación racial y a favor de la paz, se volvió una leyenda. Fue muy triste verlo aquí en la isla, ya afectado por el mal de Parkinson, permitiendo que Fidel Castro, quien nunca simpatizó con él, le hiciera bromas estúpidas. *ELP*)

del siglo XX, *El bosque de la noche*[12], y era una mujer muy alta, altísima, incluso más que Agatha Christie. Y, por supuesto, muy bella. En el cuarto había una foto. Pero a la muchachita del pelo negro no le decían nada aquellos nombres. Ni la foto. Y se berreó. Dio tremendo bateo[13] (algo que jamás hubiera hecho un ostión, supongo). Que la matraca[14] de la estatura podía irse al diablo. Que Linda, por favor, no le hablara de más gente rara. Que pusiera los pies sobre la tierra. Que la puta resbalosa y la gorda socarrona la mirábamos como si ella, Alix, fuera un bicho. Que le decíamos Ostión y analfabeta y ñame y koljosiana y una pila de barbaridades más. Que le sacábamos la lengua, así... –Sacó la lengua para que Linda advirtiera hasta dónde podíamos llegar en nuestras depravaciones–. Que se deshiciera de nosotras de una vez y para siempre, pues no le hacíamos ninguna falta a nadie.

—O ellas o yo –fue el ultimátum.

De nada valieron las explicaciones. Alix se mantuvo en sus trece.[15] O nosotras o ella. Así, a lo bestia. Por primera vez en su vida, Linda sintió que perdía el control, que la situación se le iba de las manos. Estaba loca por Alix, sí, loquísima, enamorada como nunca antes lo había estado y como probablemente, según ella, nunca volvería a estarlo. Pero no resiste los chantajes ni las amenazas ni las disyuntivas terroristas. No soporta que nadie, absolutamente nadie, intente ejercer algún poder sobre ella para obligarla a actuar en contra de sus propios deseos. Hasta donde la conozco, mi amiga es de esas personas que, cuando se presenta la mafia, cualquier mafia, a proponerles un negocio «imposible de rechazar», lo rechazan. Aunque les interese, aunque les parezca atractivo, útil o ventajoso, lo rechazan. Y si las matan, que suele ser la alternativa mafiosa, no importa. Para nada sirve la vida una

---

12   La novela de Barnes, *Nightwood* (El bosque de la noche), se publicó en Londres en 1936, en Faber and Faber, y un año después, en los Estados Unidos, en Harcourt, Brace. En ambas ediciones, con un prólogo elogioso de T. S. Eliot. (Uno de los tesoros de mi biblioteca es un ejemplar de esa primera edición norteamericana, perfectamente nuevo y, aunque ustedes no lo crean, aún con olor a tinta. *ELP*)

13   Escándalo, gritería. (Sinónimo de «lepelepe», «belebele» y «ñeñeñé», entre otras pintorescas voces onomatopéyicas insulares. *ELP*)

14   Importunación, insistencia molesta en un tema o pretensión (*DRAE*). (También se dice «matraquilla», «linga», «pituita» o «pejiguera». A las personas que practican con frecuencia estas actividades se les llama «ladilla con spikes», «ladilla eléctrica en un culo moja'o», o, simplemente, «masinguilla». *ELP*)

15   Mantener a todo trance su opinión (*DRAE*).

vez que se ha agachado la cabeza. Según la definición de Mario Puzo,[16] mi amiga es un siciliano. O, como decía Yadelis, una pingúa. Habrá quien encuentre estúpida esta actitud. A mí me parece admirable.

Lo del ultimátum lo supe hace poco. En su momento Linda no me contó nada. Por aquel entonces nuestra amistad había hecho crisis. Pasajera, pero crisis. No por causa de Alix, sino de Moisés. Ella se enfadó muchísimo, ya lo he contado, cuando se enteró de que él me pegaba. Y eso que nunca supo ni de la misa la media,[17] ni la mitad de las perrerías y locuras del yuyito. Aún hoy ignora que estoy casi sorda del oído izquierdo. Su disgusto creció y creció hasta alcanzar proporciones descomunales según fue descubriendo, poco a poco, de un modo intuitivo, que el rollo no tenía arreglo, que yo *nunca* me iba a separar de Moisés. Y no lo hice. No sé con exactitud qué me unía a aquel hombre. Pero sé que era algo fuerte, muy fuerte. Algo contra lo que yo no podía (quizás no quería) luchar. Fueron las circunstancias, las horribles circunstancias, las que finalmente nos separaron.

Cuando ella regresó de Alemania, de la Feria de Fráncfort, luego de varias semanas habaneras en que apenas me dirigía la palabra, fue a verme a la Esquina del Martillo Alegre. Durante su última y tempestuosa visita había fregado el piso[18] conmigo. Que si la imbécil, que si la víctima, que si las mujeres de los países islámicos. Me había tratado muy mal, casi con el mismo desprecio que Moisés, como si yo fuera una cucaracha o algo así. Y lo peor es que yo la quiero muchísimo, más que a nadie. Que tengo muy en cuenta sus opiniones y, por tanto, *me sentía* cucaracha. No molesta, sino triste. Una cucaracha triste. Qué patético. No sabía qué hacer para recuperarla, para que todo volviera a ser como antes. Y entonces reapareció. Así, tan campante, como si no hubiera ocurrido

---

16 Autor y guionista italoamericano, Mario Puzo (1920-1999) escribió *The Godfather* (El padrino), una novela sobre la mafia siciliana que fue llevada al cine en 1972 por Francis Ford Coppola. Puzo y Coppola colaboraron en el guión de la película, el cual les valió un Óscar. (A muchos por ahí les gusta creer, para no afrontar su propia cobardía, que esto de ser un «siciliano» es pose, que los «sicilianos» no existen y que *todos*, tarde o temprano, agachamos la cabeza. Se trata de una creencia ciertamente peligrosa, que los compulsa a desafiar a quien no deben. Yo, por si las moscas, jamás subestimo a nadie. *ELP*)

17 Ignorar algo o no poder dar razón de ello (*DRAE*).

18 La había tratado muy mal.

nada. Me había comprado una enorme caja de bombones, muy lujosa (que yo compartiría con Leidi Hamilton, pero no con Pancholo, pues mi socito del alma considera que los bombones son un infantilismo y una perdedera de tiempo), y una botella de Domecq.[19] Ah, y una sorpresa. Un vestido negro, largo hasta los tobillos, superelegante, obsequio de «cierta persona».

Si no me lo dice, yo jamás lo hubiera adivinado. Cierta persona y Linda se habían encontrado en Berlín. Cierta persona seguía igual de bellaco. Soltero y sin compromiso, con montones de mujeres de diversas nacionalidades, de lo más democrático. Pero estudiaba ocho horas diarias. Le había sacado el pie[20] a la Filarmónica de Tel Aviv[21] para emprender una carrera de solista. Le gustaba arriesgarse. Se había negado a hacer el servicio militar en Israel. Objeción de conciencia o algo por el estilo. Y también que había jodienda. Vamos, la misma de siempre, con sus altibajos, pero jodienda al fin y al cabo. Le gustaba arriesgarse, pero no tanto. No se imaginaba disparándole a nadie. Le había ido bien y pronto le iría mejor. Ahora ganaba mucho dinero y tenía planes de instalarse en Nueva York. Le había dado por hacerse el loco, el genio desorbitado, por reventarle una cuerda al violín en cada concierto, como hacía en sus tiempos el cara'e guagua de Isaac Stern. Eso era una reverenda mierda –admitía cierta persona–, pero al público le encantaba, sobre todo a los norteamericanos, enseguidita se ponían a delirar. ¡Je je! Y se acordaba de mí, claro que se acordaba de mí. No cualquiera se dejaba sostener por él a veinte pisos del suelo. Ah, Zetica. Una muchacha muy pacífica, divertidísima, con un sentido del humor bastante peculiar y con tremendo... no, nada. A propósito de mí, él siempre se había preguntado cómo me las arreglaba para soportar a su encantadora hermanita.

Me alegró enterarme de todo eso, de veras que sí. Y más aún

---

19   Famoso brandy producido en viñedos de Cádiz, España. (Delicioso. *ELP*)

20   Abandonar, dar de lado. (Sinónimo de «desmayar» como verbo transitivo. Aquí en la isla, por estrafalario que suene, podemos decir que el tipo «había desmayado la talla de la orquesta». *ELP*)

21   También conocida como Filarmónica de Israel, debutó en 1936 y ha sido dirigida por célebres conductores de orquesta, v.g., Zubin Mehta. (Bajo la batuta de este señor la escuché por vez primera en 1992. No recuerdo qué interpretaba. Algo de Mendelssohn, creo. Sonaba genial. *ELP*)

que la encantadora hermanita de Félix viniera a disculparse, aunque fuera de un modo algo indirecto. Ella es así, muy orgullosa, y no hay que pedirle peras al olmo. Porque había cosas –reconoció el olmo– que rebasaban su comprensión. O quizás no. Quizás *no quería* entender. Porque si una le metía el coco [22] de verdad, en serio, a cualquier conducta humana, por muy estrafalaria o criminal que pareciera, siempre terminaría por encontrarle alguna justificación. Cómo no. Porque el ser humano, por suerte o por desgracia, incluía todo lo bueno y todo lo malo. Hasta los más hijoeputas –insistió– debían tener *sus* razones. Por eso mismo no había que escucharlos. Porque no. Para ella un hombre que golpeaba habitualmente a una mujer merecía ser castrado. Y punto. No había atenuantes ni nada que entender. Se trataba de un principio. Ella pensaba así –dio un puñetazo encima de la mesa– y no quería pensar de otra manera.

Yo no compartía ese criterio. Tal vez por influencia del padre Ignacio, tal vez por mi propia naturaleza de muchacha muy pacífica, no sé, el hecho es que me parecía atroz, poco civilizado, responder a la barbarie con más barbarie. Y en última instancia, aun suponiendo que hubiera alguna justicia en lo del ojo por ojo y diente por diente, el hombre que golpeaba a una mujer sólo merecía ser golpeado. Cuestión de proporciones, supongo. Lo curioso de todo este asunto, al menos para mí, es que Moisés también participaba de la intransigencia de mi amiga, de su carácter de halcón. En otros ámbitos, claro. Su tema eran «ellos». Los mentirosos farsantes mendaces fulleros hipócritas embrollones tahúres fucking bastards. Los mismos de siempre. Todos, según él, merecían la muerte. Y punto. Aquí tampoco había atenuantes ni nada que entender. Al patíbulo con ellos. Paredón, guillotina, horca, silla eléctrica, inyección letal... para que aprendieran a ser sinceros. Como decían los antiguos romanos: *Dura lex, sed lex.**

No le comenté nada de esto a Linda para no fastidiarla. No creo que le hubiera fascinado saber que tenía algo en común con el Cavernícola. También permanecí callada, y hasta sonriente, porque

---

22   Meter el coco: reflexionar.
*   La ley es dura, pero es la ley. (Noticia de Zeta)

me agradó su increíble promesa de no meterse más en mi vida. Yo era libre –afirmó para mi gran asombro– de hacer conmigo misma lo que me diera la real gana. Aguantar palos, insultos y humillaciones. Comer toda la mierda del mundo. Echar a la basura mi talento literario. Hundirme en la oscuridad. Era mi opción. Sí, era mi opción, por más que le pesara admitirlo. Aunque ella no se lavaría las manos como Poncio Pilatos[23] –me advirtió–, no señorita, de ninguna manera. Si algún día yo cambiaba de idea, o si la cosa se ponía demasiado horrible, sólo tendría que llamarla por teléfono. Un timbrazo y, ¡zas!, ella acudiría volando en mi rescate –sonrió–, igualitica que Supermán. Y, por supuesto, yo siempre podría refugiarme en su casa. Para algo estaban las amigas, ¿no? Me sentí muy feliz, profundamente emocionada, al escucharla. Qué maravilla tener una amiga así. Cuando la cosa se puso demasiado horrible, sin embargo, ya Linda había vuelto a pelearse conmigo y no me atreví a llamarla. Pero ya hablaré de eso más adelante.

Desde aquel día, no recuerdo si a finales del 98 o a principios del 99, hasta hace unos meses, Linda no volvió a subir a mi cuarto con tal de evitar algún encuentro desafortunado. Porque si llegaba a tropezarse con el gorila... ¡Ja! Ahí mismo se hubiera armado la de San Quintín. Seguro. Él sería grande y fuerte, pero ella tenía sus mañas y un hierro (¿descargado?) en la cartera. No dejó de venir a la Esquina del Martillo Alegre, pero se quedaba en los bajos, en el antro de Pancholo. No le gustaba mucho el sitio, ni los borrachos cantores, que la saludaban con aquello de «No la llores... / no la llores... / que fue una gran bandolera... / enterrador, no la llores...»,[24] ni el estilo apacible de mi socito, ni la doctrina del

---

23 Según los Evangelios, Poncio Pilatos, prefecto de la provincia romana de Judea, le dio al pueblo a escoger entre liberar a Barrabás o a Jesús. El pueblo decidió liberar al primero y crucificar al segundo. Pilatos declaró entonces que no era responsable de la muerte de Jesús. (Sí lo era y la idea no lo entusiasmaba, pero le tenía miedo a Caifás, el del Sanedrín, que siempre le iba con chismes a Tiberio César, quien a su vez tenía muy mal carácter y la cogía con el pobre Pilatos. Al menos así lo cuenta Mijaíl Bulgákov en su novela *El maestro y Margarita*, donde también afirma que Mateo, el evangelista, era un cernícalo que lo trastocaba todo. *ELP*)

24 Estribillo del tema «Sobre una tumba una rumba», grabado por la trovadora cubana María Teresa Vera (1895-1965), y años después por su compatriota Celeste Mendoza (1930-1998), original de Ignacio Piñeiro (1888-1969), uno de los más grandes creadores de la música popular cubana, autor de rumbas, claves y sones, y fundador del Sexteto Nacional. (La introducción de «Échale salsita», otro tema suyo muy conocido, fue usada por George Gershwin en su obra *Obertura cubana*. Asimismo, «Mentira Salomé» fue un éxito en la voz de Toña la Negra, la gran cantante mexicana. *ELP*)

triste carapacho. Pero no quería dejar de ver a Leidi. Ay, esta niñita, tan inteligente –suspiraba– y tan rodeada de malos ejemplos. ¿Qué iría a depararle el futuro? Leidi, ajena al futuro y encantada con que tía Linda la visitara *a ella*, tampoco subía. Porque tía Zeta era muy buena, sí, un pedazo de pan con mantequilla, pero tío Moisés era tremendo pesa'o. Tan imperfecto, siempre con cara de tranca.[25] ¡Ni siquiera quería que lo llamaran «tío»! Así las cosas, era yo quien bajaba a reunirme con ellas. Pancholo me avisaba a gritos, «¡Eeeeh! ¡Ecobiaaaa! ¡Visitaaaa!», y yo iba. Estuviera sola o acompañada, iba. Tío Moisés nunca trató de impedírmelo. Si acaso, aprovechaba para mandarme a comprar ron o cigarros, sin mucho apuro. Le importaban un cuerno[26] mis visitas.

La primera crisis entre Linda y yo, ésta, coincidió en el tiempo con el ultimátum de Alix. La Gofia, entretanto, había conocido a una pintora muy interesada en tomarla de modelo. Esta mujer pinta cuadros abstractos. Onda lírica, relajada, suave, parecida a la de Kandinsky y El Jinete Azul.[27] Unos garabatos de lo más bonitos, excelentes según Linda. No sé por qué tengo la impresión de que para eso no hace falta modelo. Pero sí. Porque se trata –dicen ellas– de una artista muy sensible, emotiva y temperamental. Ver a la Gofia desnuda le servía entonces, y aún le sirve, de inspiración. La ayuda a crear más y mejores garabatos. Y la más generosa entre las mujeres no podía rehusarse a contribuir con el arte. Qué va. Se hubiera sentido culpable por el resto de sus días. En un final este asunto de la pintora sensible le pareció a la Gofia mucho más entretenido que mortificar a Alix. Y se alejó del penthouse. Sin pelearse con Linda, desde luego.

De ese modo ambas, la Gofia y yo, desaparecimos del campo

---

25   Muy serio. (Al punto de lucir amenazador. *ELP*)
26   Un ápice. (Un bledo, un chícharo, un alpiste, un pepino, un rábano, un huevo, un carajo, un culo... *ELP*)
27   Wassily Kandinsky (1866-1944), pintor ruso de arte abstracto, fundó, junto a otros artistas como Franz Marc y August Macke, el grupo Der Blaue Reiter (El jinete azul) en Alemania en 1911. Los artistas que se reunieron alrededor de este movimiento creían en la capacidad del arte para expresar la espiritualidad humana y en la conexión entre la plástica y la música. (Vi algunos cuadros del primer período abstracto de Kandinsky, más fluido y menos geométrico que lo que vino a continuación, en el Centro Pompidou en París. Entre tanto arte moderno chirriante e inquietante, estos óleos resultan de lo más pacíficos y tranquilizadores. *ELP*)

visual de la muchachita del pelo negro justo cuando ella lo exigía. Debió sentirse muy satisfecha: la puta resbalosa y la gorda socarrona quedaban fuera, out, multiplicadas por cero, dos pájaras de un tiro. Fue por azar. Una inmensa casualidad que le sacó las castañas del fuego a Linda, que la libró de tomar una decisión drástica. Pero Alix creyó que lo del ultimátum había funcionado y, lo más grave, que ella ejercía algún poder sobre mi amiga, que muy bien podía dominarla a su antojo. Craso error. ¿Cómo no sentir lástima por ella? Por qué Linda no la desengañó en aquel momento, por qué no puso las cartas sobre la mesa, lo cual le hubiera evitado un sinnúmero de trastornos más adelante, es algo que me intriga. Ella estaba muy al tanto de la equivocación de Alix y no movió un dedo por remediarla. Como se dice por ahí, la dejó correr. Yo en su lugar hubiera actuado del mismo modo, claro. Si el conflicto se había resuelto por sí solo, ¿para qué correr el riesgo de que volviera a surgir? Ah, pero sucede que Linda y yo somos dos personas muy distintas. Mientras yo vivo al día, aferrada al presente, que tan a menudo me parece la única forma de seguir viviendo, ella lo observa todo con vista larga, proyecta, calcula, edifica, traza planes para el futuro. ¿Qué le falló entonces en este caso?

Nadie lo sabe, ni siquiera ella misma. En su tercer gran parlamento, el de la peligrosa confusión entre vida y literatura, entre la guajira Alix y el gitano Heathcliff, Linda atribuyó su extraña conducta a la locura propia de las escritoras. Eso, un ataque de locura, un episodio esquizofrénico, un extravío mental, un blackout. Un delirante afán de habitar en el páramo de *Cumbres Borrascosas*.[28] Mientras más inaguantable fuera el comportamiento de Alix para con ella, mejor. Más se parecía a Heathcliff, más alimentaba su fantasía. Hasta que llegó demasiado lejos. Hasta que, como quien dice, se fue de rosca. Y el sueño terminó. Esta versión le encanta a mi amiga. Sospecho que ha tratado de inducirme a que la dé por buena con vistas a su futura biografía, el libro que, según ella, nadie podrá escribir mejor que yo dentro de veinte años o algo así, cuando le otorguen el premio Nobel.

---

28 La trama de la única novela de Emily Brontë, *Wuthering Heights*, de 1847, se desarrolla en los páramos de Yorkshire, en el norte de Inglaterra.

Sé muy bien que, si no ocurre algún imprevisto, Linda arramblará con el Nobel y me obligará a escribir su biografía y a poner allí lo que ella quiera. Hay tareas de las que no se puede escapar: al que nace pa' tamal, del cielo le caen las hojas.[29] Ahora, esa paparrucha[30] de la locura no me la trago. ¿Chiflada Linda Roth? Qué va. Si bien no podría explicar por qué, lo cierto es que me suena un poco a falso. Demasiado literario. Verdad que algunas personas han hecho cosas extrañas, cosas que quizás nadie hubiera esperado de ellas, para luego decir que fueron motivadas por un libro. Pero yo desconfío de esas personas. ¿Cómo un libro va a ser tan importante, tan decisivo, si a fin de cuentas no es más que eso, un libro? A no ser la Biblia, quizás. No sé. En realidad no sé. Por lo pronto, se me ocurre otra versión. Con el mayor respeto, dejemos a un lado *Cumbres Borrascosas*. Linda se enamoró de Alix sin motivo alguno. Porque sí. Porque la gente se enamora y para eso no hace falta ningún motivo, ninguna justificación. Linda, acostumbrada a romper los corazones ajenos (JJ, la guayaba puertorriqueña, Danai, la Gofia y quién sabe cuántos más), nunca se había enamorado. Le dio muy fuerte. Alix se convirtió para ella en alguien terriblemente especial. Linda no se tomó el trabajo de ocultarlo, de protegerse, como suelen hacer los amantes que ya han sufrido alguna decepción. Al contrario, se mostró vulnerable. Y Alix, pobrecita, trató de utilizar esta circunstancia a su favor, para satisfacer un capricho. No por mala, sino por inmadura. Linda se sintió traicionada. Algo dentro de ella hizo «crac» y sacó a relucir su lado oscuro, su lado cruel y vengativo. Dejó que Alix se confundiera a propósito. Que se creyera poderosa. Mientras más alto volara la muchachita del pelo negro, más dura sería su caída... Todo esto, desde luego, es sólo una hipótesis. Una simple conjetura. El hecho es que, a partir del ultimátum, aquel romance estuvo montado en un polvorín. La ruptura sería cuestión de tiempo.

En este punto de la historia, como es de suponer, desaparezco. Linda me ha contado algunos detalles. Alix, nada. ¿Cómo pro-

---

29 No puede evadir su destino. (En la isla también se dice «Al que nace para i, del cielo le cae el punto» o «La yagua que está pa' ti no hay vaca que se la coma». *ELP*)

30 Tontería, estupidez, cosa insustancial y desatinada (*DRAE*). (Esta palabrita no se usa mucho en Cuba. La leí por primera vez en *Tradiciones peruanas*, de Ricardo Palma, cuando era muy jovencita. Y tanto me gustó, que desde entonces no he dejado de escribirla cada vez que tengo un chancecito. *ELP*)

seguir el relato sin arriesgar mi credibilidad? Porque lo que sucedió entre ellas, a solas en el penthouse, a ciencia cierta sólo lo
saben ellas. Y Dios. Pero Dios habla aún menos que Alix o, en
cualquier caso, nunca se me ha aparecido para contarme chismes
sobre la vida privada de los demás. Lo que sigue a continuación
se aproxima, pues, a la realidad. Quizás se aproxime bastante. Pero
no me atrevo a asegurar que *sea* la realidad.

Según parece, la muchachita del pelo negro no tardó mucho
en hacer de mi amiga el centro de su mundo. No concebía su
propia existencia sin Linda. La necesitaba, o creía necesitarla, como
al oxígeno. Un lugar donde Linda no estuviese era un lugar absurdo, tenebroso, definitivamente inhabitable. Trataba de imitarla.
Igual que Leidi. Sólo que Leidi es una niña y en algunos aspectos
de veras se parece a mi amiga. Así, lo que en mi sobrinita resulta
gracioso (Yadelis vino de visita hace unos meses y por primera vez
se fijó en su hija, está encantada, «a esta negrita no habrá un ma-
charrán[31] que le ponga el pie encima, ¡y cómo sabe cosas!, ¡se ve
que salió a mí!», creo que planea llevársela para las brumas de
Malmö), en Alix debió resultar caricaturesco. Me la imagino di-
sertando sobre la falsedad intrínseca de Virginia Woolf, esa lagartija inglesa tan hipocritona que se tiró en un río, según Linda,
porque ya no se soportaba más a sí misma. O sobre los errores políticos de Simone de Beauvoir[32] y del primer feminismo europeo.
O sobre cómo logró en su pintura Frida Khalo[33] hacer transferible
la experiencia del dolor físico. O sobre... No. En realidad no me la
imagino. Creo que la pequeña Alix, con sólo abrir el pico, hubiera
cometido tres o cuatro errores políticos, hubiera padecido un te-

---

31   Término despectivo para referirse a los hombres con conducta «machista» exa-
      gerada, incluso para los parámetros de nuestra isla. *ELP*

32   Simone de Beauvoir (1908-1986), escritora, filósofa y feminista francesa, autora de
      novelas, ensayos y una autobiografía. Su libro *Le Deuxième sexe* (El segundo sexo)
      es un texto básico del feminismo. Ella y Jean-Paul Sartre, con quien tuvo una larga
      relación amorosa e intelectual, visitaron Cuba en 1960. (Y quedaron encantados
      con lo que vieron aquí. Pero ambos fueron distanciándose de la dictadura castrista
      debido a las persecuciones contra los homosexuales, entre otros desmanes perpe-
      trados por el régimen a partir del 63, y le retiraron su apoyo del todo en el 68,
      cuando Fidel Castro aplaudió públicamente la presencia de los tanques soviéticos
      en las calles de Praga. *ELP*)

33   Frida Kahlo y Calderón (1907-1954), pintora mexicana cuyos lienzos reflejan el
      sufrimiento físico que tuvo que soportar toda su vida luego de un serio accidente
      que sufrió en 1925. (Vi uno de sus autorretratos en el MoMA en Nueva York.
      Muestra una fuerza expresiva impresionante, más notable aun dado su pequeño
      formato. *ELP*)

rrible dolor físico y no se hubiera soportado más a sí misma hasta acabar tirándose en un río. En el Almendares. Pobrecita.

Pero había otros modos más fáciles de imitar a Linda. Comer sólo vegetales. Escuchar música clásica. Hacer ejercicios. No fumar. Sonreír de medio lado, con la boca un poco torcida. Mirar con aire de superioridad por encima de los espejuelos... Bueno, eso no, porque Alix no usaba espejuelos. En fin, detalles. Pero hay más. Cuando sobrevino el éxito de *Nocturno Sebastián*, y con el éxito el dinero, mi amiga dejó de trabajar como profesora de idiomas. Estaba harta de los hijos de los diplomáticos y de la tropa de jineteros. No me extraña. Ella nunca ha tenido paciencia para enseñarle nada a nadie, a no ser que se trate de una discípula *muy* inteligente, como Leidi. Cuando estudiábamos en la Facultad de Artes y Letras prefería soplarme en los exámenes antes que explicarme algo. Y lo mismo en la Alliance Française. Por cierto, de ahí no me gradué. Muy arduo. Yo debía saber francés, según Linda, igual que ella sabe alemán: por ósmosis, porque sí, porque era la lengua de mis antepasados por parte de madre y toda esa trova. A propósito de los ancestros, los de ella son bien curiosos. En Cuba les llamamos «polacos», pero no tienen nada que ver con Polonia. Vivían en Praga, pero no eran checos. Hablaban alemán, pero no eran alemanes. Praga pertenecía al Imperio Austro Húngaro, pero ellos no eran austríacos ni húngaros. Después de la I Guerra Mundial se mudaron para Viena, donde florecieron hasta que Hitler la cogió con ellos. Algunos lograron escapar y vinieron para acá. Los descendientes de esos escaparon de aquí y se fueron para Israel. Cierta persona escapó de Israel, vive en Berlín y proyecta instalarse en Nueva York. Y volviendo a las imitaciones de Alix, apenas Linda dejó la pinchita de profesora, ella abandonó la UH. Funesta decisión.

A la muchachita del pelo negro nunca le había interesado estudiar Periodismo. Ni ninguna otra carrera. Su papá poseía una finquita y algunos animales en lo más intrincado de la floresta pinareña. Todo tranquilo, muy bucólico, sin gente martillando ni nada de eso. Si por ella hubiera sido, jamás habría puesto un pie fuera de la finquita. Desde niña se fugaba de la escuela para ir a jugar en el surco, recolectar florecillas, cazar mariposas, comer tierra, etc. Pero el papá, un canario[34] bruto, la agarraba por una oreja y la zumbaba de nuevo para la escuela. Porque allí estaba el progreso, el adelanto, la civilización. Creo que este canario bruto se hubiera entendido de lo más bien con Petronila. Puesto que él nada más había llegado hasta el segundo grado de la primaria y va que chifla, obligó a la pobre Alix a estudiar como una caballa hasta concluir el Pre en el campo y luego la exportó para acá, para La Habana, donde los ñames se transforman en médicos o ingenieros por arte de magia. Depositó en ella todas sus esperanzas, no admitiría un fracaso después de tanto esfuerzo y sacrificio. La muchacha aterrizó cual OVNI en la Facultad de Periodismo por pura casualidad. Igual pudo haberlo hecho en cualquier otra. No quería ser periodista. No quería nada. Más tarde supo que quería a Linda y eso le pareció suficiente. La deserción de la UH implicó para ella una ruptura total con su papá y, por tanto, con toda la familia. Nunca le permitirían volver a la finquita. A esto en buen español se le denomina «quemar las naves». No hay regreso. O conquistas la capital, tan agresiva, o pereces.

Si se hubiese tratado de mí, Linda hubiera puesto el grito en el cielo, estoy segura. Pero en el caso de Alix no hizo nada. Ni trató de disuadirla ni formó un escándalo ni nada. Se cruzó de brazos. Sí, en sentido literal. Como la muchachita del pelo negro carecía de habilidades manuales y también de astucia para el trapicheo, como no tenía la menor intención de trabajar en la calle o hacer negocios, mi amiga despidió a la viejuca medio sorda que la ayudaba con las labores domésticas y se las cargó a Alix. Lavar, planchar, fregar platos, limpiar el piso... todo. Sin ayuda. Sin cobrar un mísero centavo. Sí, así mismitico –gruñó la escritora–, porque estaba bueno ya de descaro y sinvergüenzura. ¿Qué se había creído aquella vaga? ¿Que se iba a quedar de recostona hasta el fin de los tiempos? ¿Acaso esperaba que ella, Linda, le

---

34   Nativo de las Islas Canarias. (A los canarios también se les llama «isleños» en jerga cubiche, con una onda medio despectiva, como si Cuba no fuera tan isla como Canarias, lo mismo que Inglaterra y Japón. *ELP*)

pagara por...? Ni cojones. Entre ellas la diferencia de edad era sólo de siete años, así que ni cojones. Si ella, Linda, la mantenía, le compraba ropa, zapatos, perfumes, en fin, de todo, si la tenía como una reina, lo menos que podía hacer aquella haragana era atender la casa. El que no pinchaba, no comía. Ni una coliflor ni un pepino encurtido ni un cebollino ni nada. En el penthouse nadie iba a vivir de guaguancó.³⁵ ¡Nadie! Tales eran las reglas del juego. Y al que no le gustaran, ya sabía dónde quedaba la puerta. Cuando mi amiga dijo esto, bajitico, suavecito, pronunciando todas las letras, sabía perfectamente que ya Alix no tenía adónde ir. Porque al renunciar a la UH, la perezosa había renunciado a la beca de G y Malecón, donde se pasaba mucha hambre y a menudo faltaban el agua y la luz, pero al menos había paredes y techo. Tampoco le sobraban amigos que le echaran un cabo³⁶ en situaciones difíciles ni dinero para costearse un alquiler, que estaban altísimos, por los cielos. Sus opciones quedaban reducidas a obedecer a Linda o irse a vivir debajo de un puente.

Pensándolo bien, a la muchachita del pelo negro no le parecía tan horrible hacer de ama de casa. A fin de cuentas, en el penthouse nunca faltaba el agua (a quienes conozcan La Habana, la auténtica, la profunda, la seca, esto les parecerá mentira, ¿agua en un piso veinte?, ¡bah!, ¡patrañas!, pero sí, había agua, mucha agua, H O, agüita rica, que para acceder a ella mi amiga se había ripiado³⁷ los pesos en un costosísimo trabajo de plomería, o más bien de ingeniería hidráulica, con motor y cisterna y todo) y también había lavadora, aspiradora, lavaplatos, buenos detergentes, ambientadores, productos de limpieza de toda clase, en fin, esas cosas tan exquisitas que se ven en las películas americanas y que supongo facilitan la vida de las amas de casa. Alix dejó la poltronería sin chistar y se dispuso a mantenerlo todo reluciente. Pero no debió complacerla demasiado *el tono* de Linda. ¿Por qué la trataba tan mal? ¿Por qué tanta hostilidad? ¿Acaso ya no la quería? Creo que fue entonces cuando empezó a sospechar que su poder sobre mi

---

35   Vivir de guaguancó: gratuitamente. (También se dice «de guagua» o «de gratiñán». *ELP*)

36   Ayudarle en situación comprometida o dificultosa (*DRAE*).

37   Gastado en abundancia, sin regatear. Para otros significados de la palabra ver capítulo 1, nota 1, y capítulo 7, nota 5. (Sinónimo de «pasmar el baro». *ELP*)

amiga, si alguna vez existió, ahora se había esfumado. O al menos se debilitaba, perdía eficacia. Ay. Qué miedo. Sólo de imaginarlo se le ponía la carne de gallina. Mejor ni pensar en eso.

Pero se le volvió una idea fija. Sentía que su amante se alejaba, lenta, subrepticia, inexorable se alejaba sin que ella pudiera impedirlo y se fue poniendo cada vez más latosa, más insistente, más posesiva. Sobre todo porque había otras personas alrededor de Linda. Editores, críticos, periodistas, otros escritores, cubanos y extranjeros. Muchachas conocidas antaño en las fiestas de la Gofia. Asiduos al Club de Esgrima. Un viejito cultivador de brócoli. Polacos de la sinagoga. Traficantes de vídeos con muchas escenas de violencia. Un ciego que afinaba el piano. Funcionarios de la Embajada de Austria. Libreros de La Habana Vieja. Músicos, poetas y pintores. Un dentista. Locos que habían leído sus novelas y querían invitarla a tomarse unos tragos, templársela, asesinarla o contarle nuevas historias horripilantes para que ella las escribiera. Y muchos más. Estos sujetos aparecían y desaparecían de improviso, sin horario ni calendario, y no había modo de controlarlos. Alix, que con tanta firmeza se había deshecho de la puta resbalosa y de la gorda socarrona, no atinaba a fumigar a estos bichos tan molestos que le robaban parcelas, cada vez más y más, de la atención de Linda. Se sentía celosa de todos. Hasta del viejito cultivador de brócoli. Hubiera querido borrarlos del mapa, destruirlos, desintegrarlos sin perdonar a ninguno. Les ponía mala cara, les reviraba los ojos, les colgaba el teléfono, insistía en presionar a mi amiga para que los soplara fuera de su vida. Pero no conseguía nada. Linda, de suyo tan solitaria y alérgica a las tertulias, se complacía en atender incluso a aquéllos que pretendían asesinarla. Sorda a cualquier reclamo de Alix, ciega para cualquier mirada suplicante o furiosa, la mandaba a hervir agua para el té. Y allá iba la muchachita del pelo negro, tal vez preguntándose qué había sido de su antiguo poder.

Algunos de los tertulianos no disimulaban el asombro que les provocaba La Amante De La Escritora. Qué pareja tan estrambótica. Porque era evidente el abismo que las separaba desde el punto de vista intelectual. ¿De qué hablarían a solas? ¿Qué carajo encontraba Linda Roth, tan admiradora de la inteligencia, tan genial ella misma, en aquella grandullona imbécil y obstinada, en aquella palurda incapaz hasta de leer sus novelas? (Alix no sólo no las leía, sino que estaba en contra de que mi amiga las escribiera, pues le ocupaban mucho tiempo y atraían a todos aquellos moscones.) Ignoro en qué términos expresaban sus inquietudes los moscones, hasta dónde llegaba su perplejidad. Sólo sé que mi amiga, qué extraño, no se ofendía con estas injerencias en su vida privada. No les reprochaba a los asombrados su falta de urbanidad, sus malos modales. Tampoco defendía ante ellos su relación con Alix. Se limitaba a poner su mejor cara de aburrimiento.

Asegura que nunca le fue infiel a Alix. No por falta de oportunidades ni por alguna convicción al respecto. Claro que no. Ella no era de las que se reprimían. Pero jamás encontró a nadie –me ha dicho–, ni aquí ni el extranjero, a nadie, que le gustara tanto como la muchachita del pelo negro. Esto puede ser mentira. La Gofia, por ejemplo, no lo cree. «¿Fidelidad? ¿El Ángel Exterminador? ¡Ja ja! ¡Mira que tú eres crédula, gordi!» Según ella, mi amiga es una viciosa empedernida –así dice la Gofia, «viciosa»–, una polaca bandolera, cimarrona,[38] escurridiza, y nadie cambia tanto de un día para otro. Pero también puede ser cierto. ¿Por qué no? A mí, contra todo pronóstico, me sucedió lo mismo con Moisés. Fidelidad absoluta. Con la diferencia de que mientras a Moisés le importaba un pito lo que yo hiciera a sus espaldas, Alix siempre vivió aterrada con la posibilidad de que Linda la engañara. De hecho, estaba convencida de que mi amiga se acostaba con todas las mujeres que veía. Al principio, antes del malhadado ultimátum, Linda le decía que no, que las cosas no eran así, que el amor sí transformaba a las personas. Más tarde no le decía nada. ¿Para qué? Si aquella comemierda quería calentarse la cabeza –razonaba la escritora–, problema suyo. Si tanto se empeñaba en sufrir, ¿por qué tratar de impedírselo? Y se instaló en un silencio

---

38   Se decía del esclavo que se refugiaba en los montes buscando la libertad (*DRAE*). (En Cuba se emplea para aludir en general a lo que es huidizo, salvaje y montaraz, no domesticado. A veces creo que yo soy un poquito cimarrona, je je. *ELP*)

enigmático. Alix interpretó este cambio de actitud como otra señal de desapego. ¿Acaso a Linda ya no le importaba lo que ella creyera? Qué horror. Entonces apareció a lo lejos, en lontananza, un fantasma terrible. El más peligroso de los fantasmas, el destructor. El que daría, en virtud de su sola existencia, el tiro de gracia a este romance moribundo. Se hacía llamar N. Cohen.

Antes de hablar de N. Cohen, debo decir que Linda fue uno de los primeros habitantes de nuestro archipiélago en conectar su computadora a Internet. No estoy muy segura, pero creo que esto no es del todo legal. En Cuba, quiero decir. Sólo se le permite a las instituciones estatales y a personas «autorizadas» o algo por el estilo. Hay usuarios –me ha contado mi amiga– que se enganchan de manera clandestina. A veces los pescan. Irrumpe alguien, no se sabe exactamente *quién*, profiere algunas amenazas y los desengancha. Pero los usuarios no se rinden. Qué va. Enseguida vuelven a engancharse. Muy alegres navegan por las avenidas virtuales hasta que vuelven a pescarlos. Y así. Mi amiga nunca se ha visto envuelta en tales escaramuzas. Técnicamente extranjera, la prohibición no la afecta. ¡Ay de quien intente desengancharla! Porque le encanta curiosear en el ciberespacio o como sea que le llamen. Es una gran navegante. Cristóbal Colón.[39] Y yo el grumete. Confieso que al principio me asustaba aquella cosa tan rara. No la entendía. Aún no la entiendo. Pero mi amiga me ha explicado que no hay nada que entender. Se utiliza y ya. No muerde. Para utilizarla no hace falta más de media neurona –afirma–, de ahí su popularidad. Hasta Alix, que también le tenía miedo, aprendió. Y con Internet vino el correo electrónico, a través del cual Linda se comunica con sus amigos de todos los continentes, incluso de Australia, y le sale mucho más barato que el teléfono. Tal vez esto último suene muy obvio, puesto que millones de personas saben bien qué es un correo electrónico. Pero también hay millones que

---

39   Cristóbal Colón (c. 1451-1506), famoso navegante genovés al servicio de la corona de Castilla, a quien se considera el «descubridor» del Nuevo Mundo. Tocó tierra americana el 12 de octubre de 1492 en la isla Guanahaní, de las Bahamas, y llegó a Cuba el 28 de octubre de ese mismo año. (Según la Enciclopedia Encarta, tan interesante como siempre, Colón «nació probablemente en Génova. Algunos autores, sin embargo, defienden que era catalán, mallorquín, judío, gallego, castellano, extremeño, corso, francés, inglés, griego y hasta suizo». En cuanto a mí, sigo sosteniendo la tesis de que era chino. Me sorprende que a alguien más no se le haya ocurrido esta idea. *ELP*)

no lo saben. En la Esquina del Martillo Alegre, por no ir más lejos, las únicas que lo hemos visto somos Leidi y yo.

La cuestión es que Alix aprendió a usarlo. Ella y Linda se cruzaban mensajes casi todos los días cuando mi amiga estaba de viaje, lo cual sucedía cada vez con mayor frecuencia. Desde Roma, la escritora contaba su primera impresión frente a la Capilla Sixtina:[40] «¡Ooooh!». Desde acá, Alix le exigía que no se liara con ninguna italiana y que volviera de inmediato. Desde Estambul, la escritora comentaba el rutilante aspecto de la catedral de Santa Sofía a pleno sol. Desde acá, Alix le exigía que no se liara con ninguna turca y que volviera de inmediato. Desde París, la escritora reseñaba el escándalo que había suscitado, ¡a fines del siglo XX!, la exhibición en el d'Orsay[41] de un óleo de Courbet[42] que hasta hacía muy poco había permanecido oculto en alguna bóveda por la espantosa indecencia de su tema: un chocho.[43] Muy realista. Y bien pelúo. Espléndido. Un genuino chocho occidental que despertaba gran entusiasmo en las bandadas de turistas japoneses. Desde acá, Alix le exigía que no se liara con ninguna francesa, sobre todo no con la

---

40　La Capilla Sixtina, situada en el palacio del Vaticano, fue construida por encargo del papa y mecenas Sixto IV en 1473. Debe su fama, sobre todo, a la espléndida colección de frescos que cubren sus paredes y techo, entre los que destacan de manera especial los pintados por el gran maestro del renacimiento Miguel Ángel Buonarroti. (Entre todas las manifestaciones de las artes plásticas de su época, Miguel Ángel prefería la escultura. Aun siendo un magnífico pintor, no le gustaba ejercer ese oficio, ya que era alérgico a las sustancias químicas con que se fabricaban los colorantes y al revoque que se desprendía de las paredes y techos. Su trabajo en la Capilla Sixtina, que le tomó alrededor de seis meses, supuso para él un auténtico calvario. Pero claro que no podía decirle al papa «oye, compadre, hazlo tú». *ELP*)

41　Construido entre 1898 y 1900, el Musée d'Orsay en París es conocido sobre todo por su colección de arte impresionista y postimpresionista francés. (Tuve ocasión de visitarlo en 1999 y luego, nuevamente, en 2003. Fue emocionante ver en vivo y en directo tantas y tantas obras que hasta entonces sólo conocía por álbumes de reproducciones. *ELP*)

42　Gustave Courbet (1819-1877), pintor francés de la escuela realista del siglo XIX. Muchos de sus cuadros suscitaron controversia por los temas sociales y a veces provocadores e irreverentes que trató. (También se autorretrató muchísimo, siempre con su peculiar barba puntiaguda y fálica, que a saber cómo lograba mantener enhiesta a tiempo completo. *ELP*)

43　El lienzo «L'Origine du monde» (El origen del mundo) de 1866, presenta en primer plano el pubis de una mujer. Fue exhibido por primera vez en 1988. (El hecho de que no se vea el rostro de la modelo me hace sospechar que se trata de una prostituta árabe, ya que ellas, tradicionalmente, pueden mostrarlo todo salvo la cara, lo cual para la cultura islámica constituye una indecencia inadmisible. Aunque igual podría tratarse de una francesa que no quería que le tiraran tomates en la calle por culpa de Courbet. *ELP*)

tal Courbet, tan descarada la pintora de chochos, y que volviera de inmediato. Linda se divertía en grande.

Pero la muchachita del pelo negro se servía del correo electrónico no sólo para formular demandas y prohibiciones a larga distancia. Muy interesada en saber quién se comunicaba con Linda, por qué y para qué, pronto adquirió la costumbre de escudriñar en los otros mensajes que recibía mi amiga. Ahora me pregunto si eso es correcto. El padre Ignacio considera que no, que la correspondencia ajena *siempre* debe ser inviolable. Pero él no sabe ni hostia de correos electrónicos y a lo mejor el hecho mismo de que sean electrónicos introduce variaciones en lo relativo a su privacidad. ¿Podría ser? No sé. En lo que respecta a Linda, desde luego muy al tanto del feroz espionaje de Alix, no se molestaba. O tal vez sí, pero no lo decía. Cuando Alix, sin mirar de frente, haciéndose la casual (o la pícara, como diría Moisés), preguntaba por la identidad de alguien que a su juicio enviaba demasiados mensajes, mi amiga le respondía con entera franqueza.

Una pregunta en el estilo de «¿Quién es Fulanita?», por muy simple que parezca, en general no resulta fácil de responder. Tiene su complejidad, su moñafilosófica, su aire de Gran Pregunta. ¿Cómo saber quién es Fulanita si probablemente ni la misma Fulanita lo sabe? A mí, por lo menos, me sería en extremo difícil explicarle quién soy a una persona que no me conozca de nada. Para salir del paso, Linda hablaba de profesiones. Así, Fulanita era una traductora, una periodista, la secretaria de su agente, etc. Y se encogía de hombros, como restándole importancia al tema. Pero cuando Alix preguntó quién era N. Cohen, la respuesta vino por otro lado. Otra vez con entera franqueza, mi amiga dijo:

—Cohen es... ¡Ah! Cohen es como tú no te imaginas. Una persona maravillosa. Sí, eso. Una persona maravillosa.

A la pobre Alix se le pusieron los pelos de punta. Jamás había escuchado a Linda hablar así de nadie (a decir verdad, yo tampoco). Se alarmó como los animalejos del bosque ante la proximidad del fuego. Olfateaba peligro. Una oscura sensación de naufragio, terremoto, desastre inminente. Enseguida le cogió tremendo odio a N. Cohen. Un odio con mucho de miedo. Nunca le habían gustado las personas maravillosas. Esas malvadas, entrometidas, invasoras, putas de mierda, que ponían aquel brillo de felicidad en la mirada de su amante. Que le dibujaban aquella sonrisa lejana, un poco misteriosa (sí, yo también he visto la sonrisa interior de Linda, se la han dibujado Leidi, N. Cohen y la misma Alix). Que pretendían robársela. Alejarla de ella para siempre. Sí, porque las personas maravillosas no se conformaban con una noche de infidelidad. Ni siquiera con un fin de semana. No, lo querían *todo*. Las personas maravillosas lo querían todo. Y eso no podía ser. De ninguna manera. Porque Linda era suya. Suya y de nadie más. Propiedad privada.

Tras el primer impacto, la propietaria de mi amiga trató de averiguar algo más acerca de N. Cohen. ¿De dónde había salido? ¿A qué se dedicaba? ¿Era bonita? ¿Por qué le enviaba tantos mensajes a Linda, casi uno por semana? ¿De qué color tenía el pelo? ¿Cómo eran sus piernas? ¿Qué perfume usaba? ¿Cómo se vestía? ¿Por qué aquellas cartas kilométricas? ¿Por qué las escribía en inglés? ¿Para hacerse la sabihonda, la bicha? ¿O acaso para que ella, Alix, no las entendiera y se quedara en Babia? Linda, tan hablantina a sus horas, sólo dijo que N. Cohen le escribía *a ella*. Que lo hacía en inglés porque le daba la gana. Que Alix y sus pataletas y sus caprichos y sus ataques de histeria no existían para N. Cohen. El colmo de Alix –añadió– era que, arriba de husmear donde no la llamaban, sin permiso de nadie, tenía el tremendísimo descaro de pedir explicaciones. ¿Con qué derecho? No y mil veces no. Se habían acabado las explicaciones. Fin de la película. Estupefacta, muy dolida, Alix intentó volver a aplicar la técnica del ultimátum: o N. Cohen o ella. Pero esta vez el tiro le salió por la culata. Linda la mandó al carajo.

—Si quieres irte, vete. Por mí no hay inconveniente.

Como les sucede en el póker a los jugadores que, seguros del triunfo, lo apuestan *todo* a una sola carta y el azar los aplasta, la muchachita del pelo negro debió sentir que le quitaban el suelo de abajo de los pies. Qué vértigo. No podía cubrir la apuesta. No podía irse. De ningún modo podía irse. No sólo porque no tuviese adónde, que para ella era lo de menos. Sí, podrá sonar algo loco de tan romántico, tan de novela rosa, pero a los veinte años Alix no tenía el menor interés en las ventajas materiales que le proporcionaba su relación con Linda. Se consideraba capaz de prescindir de todo. Incluso de un techo. Bueno, de todo no. Existía algo de lo que no podía prescindir: Linda. Por eso no podía irse. Porque Linda era su vida. ¿Cómo arreglárselas para vivir sin su vida? Y no se fue. Dispuesta a recobrar a mi amiga, de cualquier manera y a cualquier precio, se quedó en el penthouse. A defender su territorio. A lucharlo como gato bocarriba. No iba a salirse con la suya aquella puta arrogante que escribía cartas en inglés. No mientras ella pudiera impedirlo. Si N. Cohen quería guerra, la tendría.

Lo que sucedió luego es bastante confuso. Entre el último intento de chantaje por parte de Alix y el encontronazo final, aquella escena espantosa que parece extraída de una novela de Linda, transcurrieron varias semanas durante las cuales la atmósfera del penthouse se cargó muchísimo. De tan denso, cada vez más irrespirable, el aire se podía cortar en lascas.[44] Ellas apenas se dirigían la palabra. Evitaban tropezar, se rehuían, se miraban de reojo. Hasta que estalló la tormenta. Según parece, la iniciativa la tomó Alix al borrar de la computadora un par de cartas de N. Cohen antes que mi amiga las leyera. Quizás creyó que al desaparecer las cartas desaparecía también a su rival, aquella infame persona maravillosa que, sin rostro ni voz, sólo existía en sus malévolas e indescifrables epístolas. Como era de esperar, Linda se percató enseguida de lo que más tarde llamaría «una compulsiva, estúpida y sucia jugarreta». Lo que más le molestó no fue la pérdida de los mensajes (N. Cohen volvió a enviárselos), sino el hecho de que un ser tan imbécil —así me dijo— pretendiera engañarla. ¿Cómo se atrevía? Alix le había llenado la cachimba de tierra. Había llegado el momento de darle la patada.

---

44   Lasca: cosa larga, ancha y poco gruesa que se corta de otra (*DRAE*). (Significa que el aire estaba tan enrarecido que había dejado de ser gaseoso para solidificarse. Terrible metáfora. *ELP*)

—Recoge tus cosas y lárgate.

Pero Alix resultó una amante difícil de eliminar. Dificilísima. Para empezar, negó de plano sus travesuras en la computadora. ¿Ella? ¿Borrar los mensajes ella? ¿Cómo se le ocurría a Linda acusarla? ¡Qué maldad! ¡Qué injusticia! «Ok. No hiciste nada. Es una maldad y una injusticia mía. Pero igual vete. Ya me aburrí. Vete.» Alix lloró, gritó, pataleó, aulló, berreó, amenazó con tirarse por el balcón. Mi amiga le hizo el caso del perro. «Dale, tírate, anda, así te vas más rápido que por el ascensor.» Entonces Alix cambió de táctica. Amenazó con tirarla *a ella*. Linda se echó a reír. «Ah sí, cómo no.» Y ahí vino lo bueno. Quizás Alix se le encimó con siniestras intenciones reflejadas en el rostro, quizás sólo fue un amago, quién sabe. Lo cierto es que, de pronto, Linda dejó de reírse. Algo debió asustarla. Como no podía enfrentar a puñetazo limpio a semejante grandullona, sacó el hierro. «Échate p'allá, repinga. No te me acerques. ¡No te me acerques!» Pero Alix nunca había visto un arma de fuego. Tal vez ignoraba para qué sirven. O no le importaba. O... En fin, intentó arrebatársela. Hubo un forcejeo. Y sonaron disparos en el piso veinte.

Un balazo alcanzó a Linda. En la sien izquierda, a sedal.[45] Aún tiene la cicatriz y supongo que la tendrá por el resto de su vida (según la Gofia le queda bien). Pero qué espanto el de Alix cuando vio la sangre. ¡Ay! Se paralizó. ¿Qué había hecho, por Dios, qué coño había hecho? Linda, que no sentía dolor sino pánico, aprovechó esta inmovilidad momentánea para rajarle un búcaro en la cabeza a su gran amor. ¡Crash! Alix cayó redonda en el piso. Mi amiga no perdió tiempo preguntándose qué había hecho. Se bestializó. Había acumulado mucho rencor y estuvo dándole patadas y más patadas a la muchachita del pelo negro, patadas por el estómago, por el pecho, por la cara, hasta el cansancio (esta escena me resulta familiar, pero no se lo diré a Linda, qué va). Luego la arrastró cual saco de papas hasta el ascensor, bajó con ella al garaje, la montó en el Mercedes y la echó a la calle, medio inconsciente y bañada en sangre, a un par de kilómetros de allí.

---

45   Le rozó la piel.

No me explico por qué nadie avisó a la policía. Me parece muy extraño. Porque los disparos *sonaron*. La pistola no tenía silenciador ni nada por el estilo. De que sonaron, sonaron. No sé. Tal vez no había ningún vecino en el edificio en aquel momento. O tal vez sí, pero no querían buscarse problemas. Mejor, pues aunque a Linda no le falta experiencia en eso de confundir a la policía, quizás se hubiera complicado con el asunto del arma.

En lo que respecta a N. Cohen, no hay mucho que decir. No sé cuál será su aspecto físico. Anda por los cuarenta y pico. Ha viajado el mundo entero y ha leído miles de libros. Domina varias lenguas, entre ellas el hebreo. Imparte clases de filosofía en Harvard o algo así. Entiende lo que nadie entiende. Su inteligencia, según mi amiga, resulta sencillamente aterradora. Eso por no hablar de sensibilidad, gracia, talento, simpatía, sentido del humor. Un dechado de virtudes. Una joya. Un sol. Pero en esta vida nada es perfecto. Desde el punto de vista de Linda, hay una pequeña falla en esta persona maravillosa: la N significa Nathaniel.

11. Mi marido, una amiga

Ridículo, grotesco, irrisorio, definitivamente patético el modo de mirar de aquellos tipejos. De observarlo a él –a Moisés, ahora sentado en el borde de la bañadera con una botella de ron en la mano–, como si tuvieran rayos X en los ojos. Como si pudiesen *ver* a través de la materia opaca, divisar lo oculto, distinguir formas en la oscuridad de lo profundo, cuando en realidad no veían más allá de sus muy estúpidas narices. Qué infames. Osaban fijar sus ojuelos en él como si le radiografiaran el cerebro, las ideas, los pensamientos a través del cráneo. O el corazón a través del pecho. Las emociones, los sentimientos y todas esas imbecilidades que los cretinos atribuían al miserable músculo cardíaco... ¡Ah, qué rabia! Aquello era ofensivo. Una insolencia. Un descaro. Una falta de respeto.

Pero había más. Claro que había más. Dada su carencia de sentido del límite... –se dio un trago a pico–, dada su infinita petulancia, con ellos siempre había más. Porque los hijoeputas mostrencos no sólo se dedicaban a mirarlo en la onda idiota de los rayos X. No, qué va. También adivinaban. Oh, sí. Adivinaban. Eran tremendos augures[1] –encendió un cigarro–, clarividentes, hechiceros, profetas. Los brujos de la tribu. No como el viejo lunático, el pariente mío –me apuntó con un dedo, como si yo tuviera la culpa–, el de los horóscopos y el xilófono y el marqués y toda la gansada esa. No, lo de ellos era mucho peor. Al viejo tal vez hasta podíamos perdonarlo, pasarle la mano. (Cuando mi tío abuelo W. le advirtió a Moisés que se cuidara de Saturno, el yuyito no le bajó un piñazo por no desencuadernarlo. En lugar de eso le

---

1 Personas que vaticinan (*DRAE*). (Aquí se trata más bien de personas que *se creen* que vaticinan, conducta harto frecuente en la mayor de las Antillas, donde te encuentras un futurólogo detrás de cada mata. *ELP*)

dio unas palmaditas en la calva como diciendo «te salvaste porque eres una momia, que si no...». La momia se disgustó mucho.) Sí, porque la verdad que ya estaba *demasiado* viejo, arcaico, más del lado de allá que del lado de acá. Pero a ellos no. ¡A ellos sí que no! —otro trago y me pasó la botella—. Tan falsarios, charlatanes, pretendían nada más y nada menos que leerle la mente. Ellos, que no podían ni leerse la suya propia porque no la tenían... —se quitó la camisa, la miró con odio y la tiró en un rincón—. Partida de estafadores. Haciéndose los telépatas. Qué asquerosa desfachatez.

Y las caras que ponían. De sabios. De visionarios. De tipos con larga experiencia. Había que ver aquellas caras —encendió el segundo cigarro—, aquellas caretas, aquellas máscaras de cemento. Sobre todo si uno quería que le entraran ganas de vomitar. ¡Puaf! Aunque experiencia quizás no les faltaba. Al menos no en la patraña, en el embuste, en la sinvergüenzura. En la hedentina de sus puercas mentiras. Y hasta se atrevían a darle consejos en tono doctoral, a predecirle el futuro, a entrometerse en sus decisiones, a dictaminar lo que estaba bien y lo que estaba mal, a escupir criterios acerca de un montón de asuntos de los cuales no conocían ni el abecé. Malditos degenerados. Por eso había que molerlos a palos. Retorcerles el pescuezo. Patearles el culo. Zambullirlos en una piscina de ácido sulfúrico. ¡Ji ji! ¡Por eso había que aplicarles cuña, bolsón y aniquilamiento! (Esta frase tan angelical tiene que ver, según me ha explicado alguien, con los ejércitos nazis. Cuando sentían irrefrenables deseos de arrasar una ciudad, le aplicaban «cuña» con los tanques, «bolsón» con la infantería y «aniquilamiento» desde los aviones. El método no me queda del todo claro, pero me hago una idea. Creo que no me hubiera gustado estar allí.) ¡Sí, eso! Aniquilarlos. Exterminarlos. Suprimirlos. ¡Zas! ¡Zas! —un manoteo en el aire, típico del cazador de moscas—. Que no quedara ni el polvo de sus huesos. Nada. La tierra baldía. La tierra mezclada con sal. Para que no pudieran reproducirse, brotar de nuevo como las lombrices, como la mala yerba que eran. Como decían los antiguos romanos: *Delenda est Carthago.**

---

*   Hay que destruir Cartago. Los antiguos romanos mezclaron con sal la tierra de Cartago. La salaron. (Noticia de Zeta). (Frase que Catón el Viejo pronunciaba al final de cada uno de sus discursos en el Senado Romano durante los últimos años de las Guerras Púnicas (150 a. C.), de la misma manera que sucesivos gobernantes israelíes han repetido una y otra vez en la Asamblea General de la ONU que «Je-

En cuanto a nosotras –nos miró con asombro, quizá preguntándose que hacíamos allí, de pie frente a él–, ¿por qué seguíamos despiertas? ¿No sería mejor que nos volviéramos a dormir? Así lo dejábamos tranquilo. Ya nos mandaría a buscar cuando quisiera tener el baño lleno de mujeres soñolientas. De momento prefería estar solo. Porque sí. Porque el abyecto ser humano nacía solo y se moría solo. Ya eran cerca de las tres de la mañana, hora de soledad. Hasta el canalla aquel, el de la cornetica y la tumbadora y las maracas, debía estar durmiendo. Ah, qué tipo. Un día él iba a matarlo. Sí, iba a aplastarlo cual sabandija, escarabajo estercolero –aplastó las dos colillas contra el piso–, un día. Ahora no. Ahora quería estar solo –y señaló la puerta con gesto cansado.

Nosotras, muy obedientes, regresamos a la cama. Cuando Alix, algo inquieta, me susurró que no entendía ni jota de lo que hablaba mi marido, le pasé la botella y le dije que no se preocupara, que no cogiera lucha[2] con él, que yo tampoco lo entendía. Se encogió de hombros y bostezó. Hasta donde la conocí, no era gente de exprimirse mucho los sesos en el intento de comprender a nadie. La Habana para ella estaba repleta de locos, monstruos y seres perversos, explicación más que suficiente para cualquier conducta desaforada y al carajo la psicología. Se dio un trago y puso la botella encima de la mesa. Entre la fatiga y el ron, pues se había pasado la tarde acarreando cubos de agua por la escalera y gran parte de la noche bebiendo conmigo y con Pancholo, mientras los borrachos del antro nos cantaban muy alegres aquello de «Pude ser feliz... / y estoy en vida muriendo... / entre lágrimas viviendo... / el pasaje más horrendo... / de este drama sin finaaaal...»,[3] volvió a quedarse dormida apenas cayó en la cama. Qué afortunada. Ojalá yo hubiera podido hacer lo mismo. Pero no. Me había agarrado algo parecido a la angustia. Quizás por el silencio, una calma inquietante donde

---

rusalén es la capital de Israel», mientras que el señor presidente de Bolivia, Evo Morales, persiste en cuanto foro internacional aparece en que «Coca no es cocaína». Son las cuestiones de principios, las que no se negocian. *ELP*)

2   Que no se inquietara.

3   Versos de «Sombras», la canción ecuatoriana más cantada en el mundo. La letra es un poema de Rosario Sansores (1889-1972), poeta y periodista mexicana que vivió en Cuba de 1909 a 1932; y la música, que originalmente era un «pasillo», fue compuesta por Carlos E. Brito (1891-1943), pianista y compositor ecuatoriano. (Arreglada en tiempo de bolero, a inicios de la década del 60 fue interpretada magistralmente por la cancionera cubana Blanca Rosa Gil, y años después por Javier Solís, Chavela Vargas y Rocío Durcal, entre otros muchos cantantes. *ELP*)

sólo se escuchaban el leve ronroneo del equipo de aire acondicionado y los ecos de Moisés conversando consigo mismo dentro del baño. Ah, insólita quietud en la Esquina del Martillo Alegre. Cuando se ha vivido por años y años en el ruido, el anhelado silencio puede resultar perturbador. No sé, es como si algo anduviera mal.

Tendida junto a Alix y más despierta que un búho en medio de la noche, yo pensaba en Moisés. Había desaparecido un par de semanas atrás, lo cual en sí no tenía nada de raro. No en él, que se perdía de la Esquina cada vez que se le antojaba. Era un artista de la desaparición. Luego regresaba tan iracundo como al partir, a veces con huellas de pelea, de alguna zaragata[4] en barrios lejanos, siempre con dinero y con ganas de templar. Eso último era lo mejor de todo. Aunque yo, a decir verdad, hubiera preferido que las cosas fueran diferentes. Que se quedara más tiempo conmigo, por ejemplo. O que me dijera dónde había estado. Quizás en el fondo del corazón, del miserable músculo cardíaco, yo quería vivir como las personas normales. Pero nunca me atreví a sugerirle nada en ese sentido. Qué va. Me daba miedo no sólo que me hiciera daño por fresca e intrusa, sino también que me abandonara por latosa,[5] que se aburriera de mí y me mandara a freír espárragos. En lugar de perseguirlo, traté de adaptarme. Y lo conseguí. Cómo no. A estas alturas de la vida, cuatro años después de nuestro clinch[6] en el Parque John Lennon, ya me había acostumbrado a su rutina. Con todo el cuerpo y el espíritu, hormonas y neuronas. Así, cada vez que él regresaba de sus escaramuzas secretas, me encontraba disponible, atenta, deseosa, excitada sólo de verlo. Esto podrá sonar un poco excesivo, onda ninfomaníaca, pero es cierto. Apenas retornaba Moisés, sobre todo si la ausencia había sido muy larga, yo me humedecía, me erizaba, me estremecía por dentro, hasta me temblaban las rodillas. Igual que el perro de Pávlov, el que se babeaba nada más de oír la campanita de la merienda.[7]

---

4   Gresca, alboroto, tumulto (*DRAE*). (También se puede decir «piñacera», «salpafuera», «dale al que no te dio», «jálame la colcha» y «huéleme la alpargata». *ELP*)

5   Fastidiosa, molesta, pesada (*DRAE*).

6   Voz inglesa que significa «abrazo apasionado». (En términos boxísticos es el llamado «cuerpo a cuerpo», cuando los púgiles se quedan enganchados el uno con el otro y, o bien se separan ellos mismos, o bien los separa el árbitro. *ELP*)

7   Referencia al tan citado experimento de Iván Pávlov (1849-1936), médico y fisiólogo ruso que probó, gracias al mismo, el condicionamiento y los reflejos invo-

Moisés podía regresar a cualquier hora del día o de la noche. La madrugada, sin embargo, parecía ser su momento predilecto. ¿Hora de soledad? Falso. Hora de andar sigiloso, en puntillas de pies, evitando tropezar con la mesa u otro tareco. Hora de moverse cual felino entre las sombras hasta caer sobre la presa desprevenida, la que tal vez en ese mismo instante soñaba con un tipo muy alto y muy fuerte, barba blanca y ojos negros, que la mordía en la boca (porque a las fieras feroces las excita el sabor de la sangre, tan parecido al del hierro oxidado) y la penetraba con toda la brutalidad del mundo. Rápido, muy rápido, para que no tuviera chance de calentarse, para clavarla en seco, para que le doliera. Y dolía, sí, dolía bastante. Porque el tipo muy alto y muy fuerte, para decirlo suave, era rigurosamente proporcionado. Cómo no iba a doler. Eso sin contar los apretones, los pellizcos, los golpes. ¡Ah! Yo siempre había soñado con estas cosas tan lindas, pero no se lo confesaba a nadie. Excepto al padre Ignacio, claro, quien se lo tomaba con calma, sin horrorizarse ni nada, pues peores blasfemias había escuchado y a fin de cuentas –gruñía– era lógico que hijo de gato cazara ratón.[8]

Mis sueños eróticos eran magníficos. Muy crudos, muy realistas, a todo color. Sólo les faltaba el sonido. Pero no importa. Debajo de Moisés atravesé muchas veces, de madrugada, la tenue frontera que los separaba de la vigilia. Entonces aparecía la banda sonora. Su voz de locutor de radio murmurando deliciosas barbaridades. En ocasiones hasta me daba tiempo a encender la lámpara de bambú con pantalla de seda roja. Eso era lo ideal, lo perfecto, porque me encanta *ver* y, sobre todo, que *me vean*. No porque tenga el cuerpo más espectacular del Vedado ni nada de eso. Me gusta simplemente porque sí. Porque me llevo bien conmigo misma, supongo, a pesar del exceso de kilogramos. Creo que los hombres se dan cuenta de esto y en general les atrae. Hasta Moisés,

---

luntarios. (Hacía sonar la campanita diariamente a una hora específica, segundos antes de darle la comida al perro, y éste se ponía a salivar con gran entusiasmo. Después de repetir eso varias veces, el malvado Pávlov quitó la comida y dejó solamente la campanita, pero el pobre perro ya salivaba igual. Menuda decepción debió llevarse. Me da una lástima... *ELP*)

8   Que los hijos tengan igual comportamiento que los padres. (Generalmente porque los imitan. Pero a veces ocurre lo mismo con padres ausentes, lo que hace sospechar que también el carácter podría estar determinado por la genética. *ELP*)

quien se la pasaba acusándome de gorda y de tener un culo de negra, parecía bastante complacido. Ahora que de vez en cuando me siento muy deprimida pese a las pastillas que me ha recetado el Dr. Frumento, recuerdo aquellas escenas con lujo de detalles, lo cual me levanta el ánimo de manera increíble. La memoria tiene muchos inconvenientes, pero también sus ventajas. Hubo madrugadas espléndidas y eso nadie podrá quitármelo.

Al volver en esta ocasión, a eso de las dos y media, mi amante se había equivocado. En lugar de poner las manos sobre mí, en medio de la oscuridad las había puesto sobre Alix. Un error garrafal, aunque comprensible. (Hace poco se lo conté a Linda y a la Gofia. Mi amiga opina que no fue ningún error, sino un descaro del Cavernícola, pues Alix y yo éramos muy distintas, incluso en las tinieblas, y como error eso nada más ocurre en los cuentos del *Decamerón*.[9] La Gofia no dijo nada: por poco se muere de la risa.) Alix dormía en posición fetal, abrazada a sí misma, como protegiéndose de las crueldades del universo, pobrecita, y pegó un grito espantoso. Un alarido que resonó como si brotara del infierno, que hizo añicos el silencio de la noche y que vino a dar, por desgracia, en mi mismísima oreja. ¡Ay! Me desperté en un sobresalto, firmemente convencida de que había llegado el fin del mundo o algo así. Moisés retrocedió de inmediato y encendió la luz.

Yo dormía con un pulóver medio ripiado para no resfriarme. Alix dormía desnuda, pues le encantaba congelarse en el aire acondicionado, onda pingüino. Yo no había puesto ninguna objeción. En primera porque ella había sufrido muchísimo y no me parecía justo prohibirle, además, un pequeño placer con el que no hacía daño a nadie. Y en segunda porque creo que cada cual está en su derecho a dormir como le plazca, cuestión de democracia según las enseñanzas de papá. Moisés, en cambio, se quedó estupefacto. Sentada en la cama, Alix no atinaba a cubrirse. Nada más lo

---

9   El famoso libro del poeta y humanista italiano Giovanni Boccaccio (1313-1375) comprende cien cuentos terminados en 1351 ó 1352. Es la primera obra cabalmente renacentista de la literatura occidental, pues sólo trata de temas humanos, sin aludir a cuestiones religiosas o teológicas. (Ora divertido, ora conmovedor, muy rico de leer. En ocasiones, sin embargo, resulta un tanto inverosímil. Que una mujer tenga relaciones sexuales en medio de la oscuridad con un hombre que no es su marido pero creyendo que se trata de éste simplemente porque no lo ve, o sea, sin la intervención de droga alguna, es algo que yo, con el mayor respeto para Boccaccio, no me trago. *ELP*)

miraba con miedo, casi con horror, como si se tratara del diablo, de Satanás en persona. Durante varios segundos la expresión del rostro de él me recordó la que imagino debieron poner los tres osos cuando llegaron a *su* casa y encontraron a la bellaca de Ricitos de Oro en *su* cama. Y eso que Ricitos de Oro, si mal no recuerdo, no se había quitado la ropa.[10]

A pesar del susto me pareció gracioso. Con tal de no reírme, no fuera a ser que el yuyito se molestara y la cogiera conmigo, los presenté. Mi marido, una amiga. Esto cambió la situación. Nada como el absurdo para deshacer el absurdo. No se dieron las manos ni se sonrieron ni se guiñaron un ojo, pero fue como si despertaran a la realidad, como si cada uno se diera cuenta de que el otro no era un demonio ni un extraterrestre ni nada por el estilo. Un hombre y una mujer, así de sencillo. Él la observó con interés, incluso con admiración. Ella se cubrió con la sábana, hasta la barbilla, mientras murmuraba alguna disculpa. Una actitud muy amable de su parte, aunque del todo innecesaria. Moisés la miró con sospecha, como dudando de su sinceridad, pero sólo por un instante.—No hay lío, niñita, no hay lío... —extrajo de un bolsillo un billete de cincuenta dólares, me lo dio (me puse de lo más contenta, pues la cara de Ulysses Grant[11] es una de mis caras favoritas), agarró una botella que antes había dejado encima de la mesa y se metió en el baño hablando mal de «ellos».

Alix llevaba nueve días viviendo conmigo y era la primera vez que se veían. No es que yo esperara alguna reacción específica por parte de él. Al contrario, durante aquellos nueve días había evitado minuciosamente cualquier especulación al respecto. ¿Para

---

10   Referencia a *The Story of the Three Bears* (Los tres osos), recogida de la tradición oral por Robert Southey (1774-1843), poeta del romanticismo británico, quien la publicó en 1837. (La leí por primera vez en la enciclopedia infantil *El Tesoro de la Juventud*, cuando tenía más o menos la edad de Ricitos de Oro, la protagonista. Durante años creí que se trataba de una historia mundialmente famosa. Pero parece que no lo es tanto, puesto que varios de los traductores de esta novela me han escrito e-mails preguntándome perplejos de qué rayos hablo aquí. *ELP*)

11   La imagen de Ulysses S. Grant (1822-1885), general en jefe del ejército de la Unión durante la Guerra de Secesión en los Estados Unidos, y luego décimo octavo presidente de este país, aparece en los billetes de esa denominación. (En realidad simpatizo mucho más con Robert E. Lee (1807-1870), comandante general de todos los ejércitos confederados, quien a diferencia de Grant, vaya curiosa paradoja, no tenía esclavos. Pero perdió la guerra, por lo que no llegó a la Casa Blanca y su efigie no figura en ningún billete. *ELP*)

qué atormentarme por gusto? Con Moisés nunca se sabía lo que iba a pasar, cuándo estaba por los pies y cuándo por la cabeza. Pero me sorprendió su urbanidad, es decir, que no tratara de ahorcar a Alix. Yo no lo había consultado antes de traerla. No porque el cuartico fuera mío. No, eso me habría parecido demasiado mezquino, estrecho, roñoso,[12] de baja estofa.[13] No lo había consultado simplemente porque no estaba. Por fantasmal. Ahora creí que le debía al menos una explicación. Me levanté, le di una camisa a Alix y fui al baño. Ella me siguió, sin preguntar nada, al tiempo que se abrochaba los botones. Desde que la traje le había dado por seguirme a todos lados, siempre en silencio, como un cachorro a su mamá. Esto a veces me ponía un poco nerviosa, me entraba una especie de complejo de persecución, pero en fin, tampoco iba a empujarla ni a decirle «échate p'allá, tú» ni ninguna pesadez. Luego resultó que no me atreví a interrumpir la perorata de Moisés contra sus enemigos de los rayos X. Terminamos por regresar a la cama, Alix y yo. Ella a su rico sueñito, ahora con camisa. Yo al insomnio.

La luz del baño permanecía encendida. La puerta, semiabierta. ¿A qué se dedicaba el yuyito? Aparte de vituperar a los canallas y urdir el aplastamiento del divino Poliéster, ¿no estaría tramando alguna malevolencia contra la pobre Alix? De pronto lo imaginé masturbándose. ¡Ah, las cosas que se me ocurren! ¿Quién ha visto a un tipo rayándose una yuca[14] al tiempo que farfulla injurias y planea un crimen? Aunque podía ser, ¿por qué no? La sexualidad humana es muy compleja. Lo incómodo de esa imagen tan interesante de Moisés fue que me excitó. De nuevo, quiero decir, pues ya me había excitado antes, desde que lo vi frente a mí, pasmado por la presencia de Alix. ¿Cómo dormir así? Hice lo posible por enfriarme. Pensé en una nevera. Un témpano. Un iglú. Escarcha, granizo, copos de nieve. Pero no dio resultado.

---

12 Miserable, tacaño (*DRAE*).
13 De baja calidad, de baja clase (*DRAE*). (Propio de la chusma, la gentuza, el populacho o, como decimos en Cuba, la «furrumalla». Esta condición no la determina el estatus económico, sino el comportamiento. Vamos, que entre nuestros altos dirigentes no es raro encontrar actitudes bastante furrumallescas. *ELP*)
14 Masturbándose. (Quizás debamos consultar con algún psiquiatra forense o con algún especialista en ciencias del comportamiento, pero creo que quien se masturba *planeando* un crimen, difícilmente llegará a cometerlo. *ELP*)

Me sentía empapada, un estremecimiento en el bajo vientre, por oleadas, y los pezones rígidos. Qué angustia. Qué desesperación. Si algo divertido estaba sucediendo en el baño, yo *no podía* perdérmelo. De ninguna manera. Así que me levanté, con mucho sigilo para no despertar a Alix, y partí en pos de nuevas aventuras.

Lo encontré sentado en el borde de la bañadera, en la misma posición de antes. No se había movido un milímetro. Hablaba, creo, de unos rufianes pícaros que se hacían los inteligentes para darse importancia cuando en realidad lo que alojaban dentro de la cavidad craneana –así dijo– era pura mierda, un inmenso mojón de parietal a parietal. Eso parecía ofenderlo muchísimo. Pero al verme se olvidó de los rufianes pícaros. Me lanzó una mirada atroz, de rabia contenida. El gesto de quien ha estado esperando más de la cuenta por algo que es suyo, muy suyo, definitivamente suyo. La mueca de alguien cuya paciencia ha llegado al límite y se ha convertido en una bomba a punto de estallar. No hubo palabras. No hacían falta. Ni los antiguos romanos hubieran tenido nada que decir. Caímos enredados en el piso y... bueno, ya se sabe.

Al principio traté de no hacer ruido. No por mí, sino por Alix. Al igual que al resto de los vecinos de la Esquina del Martillo Alegre, me importa un rábano que *me oigan*. Aquí eso es normal. Cuando se vive en «condiciones de hacinamiento», como decía Moisés, no hay remilgos ni escrúpulos que valgan. Lo de Pancholo y Yadelis, según recuerdo, se escuchaba hasta en la azotea a pesar de los martillazos. Y qué decir del megaterio y el cerdo. ¡Ellos sí que gozaban la papeleta![15] Pero me daba pena con Alix. Si armábamos demasiado escándalo, ella podía tomárselo como una muy vulgar insinuación de que su presencia en el cuartico no era bienvenida. Y esas no son formas de tratar a un huésped. Ah, pero no dependía sólo de mí. Nada como el silencio de la noche para amplificar suspiros, fricciones, jadeos, la voz de bajo de Moisés mascullando que yo era una puta sucia con el culo grandísimo y que él me iba a preñar, etc. Si al menos hubiera estado sonando alguna orquestica de salsa (ahora mismo, justo cuando no la necesito, re-

---

15   Se divertían de lo lindo.

tumba una que dice algo parecido a esto: «Por qué tú me quieres tanto... / si yo soy malo cantidá... / si yo soy malo malo malo... / si yo soy malo cantidá...»),[16] o el Concierto para corneta y bongó Op. N° 2001 de Poliéster, o alguna riña, o los macaos del dominó, o Radio Reloj con la hora de Nueva Zelandia, o el mismo Schöenberg... Pero no. El silencio era abrumador. Y pasó lo que tenía que pasar. Cuando salí del baño, un par de horas después, encontré el cuartico vacío. Recuerdo que busqué hasta debajo de la cama. Y nada. Ni sombra de Alix.

Me puse un short y salí a ver si la capturaba por los alrededores antes que se metiera en algún lío. Yo estaba hecha leña, desbaratada, molida, con tremendo sueño (aunque sin angustia) y por poco me destarro[17] en la oscuridad de la escalera. Qué jodienda –pensé– con estos delincuentes que se fachan[18] los bombillos. No me iba a quedar más remedio que conseguirme una linterna. Desemboqué en el portal, gracias a Dios, con todos los huesos y huesitos sanos. Y allí estaba la fugitiva, menos mal, sólo con la camisa, descalza, acurrucada entre los borrachos durmientes y la peste a orine. Parecía un animalito asustado, perseguido por una jauría sanguinaria, una legión infernal, una caterva de espíritus malignos. Le hice señas para que se dejara de locura y subiera conmigo, pero qué va. De eso nada. Se negó en redondo. Cualquiera hubiese creído que en mi cuarto la esperaba, tenedor en mano, el caníbal que untaba mayonesa.

Me senté junto a ella en el suelo mugriento. ¿Cuál era el pánico, a ver? No me dijo, desde luego, ni media sílaba. Por algo lo de Alix Ostión. No estoy segura, pero creo que por su mala maña de seguirme a todos lados, además de oír, nos había *visto* a Moisés y a mí. Un espectáculo tal vez exuberante, desaforado, vertiginoso, pero nada extraordinario a fin de cuentas. Aunque, según

---

16   Tema titulado «Malo cantidad», perteneciente a un género musical bailable conocido como «timba», muy popular en Cuba a partir de la década del 90. Era interpretado por la orquesta cubana Carlos Manuel y su Clan, disuelta hace algunos años, cuando su líder y otros músicos partieron al exilio. *ELP*

17   Caer de bruces, golpeándose la cara. (Se usa también en sentido general como sinónimo de sufrir algún descalabro, lo mismo físico que moral, económico, etc. *ELP*)

18   «Roban», en el lenguaje popular. (Más próximo al hurto al descuido que al robo con fractura o con fuerza en las personas, o al atraco a mano armada. *ELP*)

Linda, la muchachita del pelo negro jamás se había acostado con un tipo, de todas formas era mayor de edad. Y campesina, o sea, mal que bien acostumbrada a ver al toro con la vaca y al caballo con la yegua, cópulas muy violentas, salvajismo, naturaleza, pura animalada. ¿Qué podía haberla aterrorizado así? Nunca me lo explicó. Me miraba con ojos desorbitados y se mordía los labios como quien se esfuerza por impedir la fuga de algún sonido revelador. Empecé a sentirme culpable, avergonzada por haber cedido a la tentación y haber trastornado de aquella manera a la infeliz criatura, que sólo Dios sabe cuáles serían sus traumas. ¿Qué hacer?

Le acaricié el pelo, le di un besito en la mejilla, le aseguré que me complacía tenerla en casa, le prometí que al día siguiente iríamos a comprar un cake de chocolate. Se tranquilizó un poco, pero igual no quiso subir. No suelo ser muy convincente, mucho menos cuando estoy agotada, con un dolor difuso por todo el cuerpo y los párpados a media asta, de modo que no insistí. Puesto que me daba lástima dejarla sola con los borrachines en aquel portal inhóspito y pestilente, me acomodé a su lado y me dispuse a dormir allí. Sólo esperaba que los guayabitos[19] y las cucarachas tuvieran piedad y no fueran a caminarnos por arriba con el descaro que los caracteriza. Un ratico después, al filo del amanecer, Alix me sacudió por un hombro para comunicarme, escueta, que había cambiado de idea. Subimos. Le eché una ojeada a Moisés, quien dormía dentro de la bañadera de lo más tranquilito, y me dejé caer en la cama con el sano propósito de no levantarme nunca más.

No es difícil suponer que, desde su destierro del penthouse, Alix había pasado las de Caín. Imagino su maltrecho despertar en una calle extraña, con una herida en la cabeza, quizás un diente mellado, pegajosa por el embarrotiño[20] de sangre, sin dinero, sin carnet de identidad, sin una sola pertenencia, sin un lugar adonde ir, sofocada por un ruedo de curiosos que no se apartaban de ella pero tampoco se atrevían a parar un carro y conducirla a un hos-

---

19   Ratón pequeño (*DRAE*). (Muy lindos, pero traviesos y destructivos. No los puedes dejar vivir en tu casa, pues capaz que te despierten de noche mordiéndote el dedo gordo del pie. *ELP*)

20   En lenguaje coloquial cubano, acción del verbo embarrar. (También se usa «embarrijo», y cuando es en el piso, «patiñero». *ELP*)

pital por no involucrarse en rollos ajenos. Por ahí se dice que los cubanos en general somos solidarios, generosos, buena gente, que le tendemos la mano a cualquier persona en desgracia, pero eso no es del todo cierto. Quizás lo fue alguna vez, ya no. A partir de la crisis de los noventa por lo menos La Habana se ha endurecido bastante. Cada cual está en su asunto, en su forrajeo, en su búsqueda particular. Escasean los favores. Pobre Alix. Qué desamparo el suyo. Qué abrupta soledad. Qué manera de tocar fondo. Y así, tan de repente, tan de ahora para ahorita... Si se hubiera tratado de una situación límite para cualquiera, cuánto más no debió serlo para una muchacha que siempre había vivido protegida, segura, sin necesidad de luchar por nada. Sobrevivió, sí. Pero eso no demuestra su fortaleza ni su fibra ni su gran suerte ni nada por el estilo. Sólo prueba que morirse no resulta a veces tan fácil como podría parecer.

No es mucho lo que he conseguido averiguar sobre los tres o cuatro meses que Alix pasó en la calle. Nunca me contó nada. A través de la Gofia, quien tiene amigas en todas partes, desde las altas esferas hasta debajo de las piedras, casi una red de informantes (Linda las llama «el hampa tuerca», aunque también se incluyen algunos travestis), supe que la muchachita del pelo negro vivió de manera clandestina durante un par de semanas en la beca de G y Malecón. Cuando aquello pululaban por allá muchos ilegales, socios, amantes o simples compañeros de aula de los residentes legales. Jóvenes, la mayoría, con domicilio en las afueras de la ciudad o al otro lado de la bahía, en Habana del Este, que necesitaban llegar con vida a las aulas de la UH y se ahorraban así la tremebunda odisea del transporte urbano día tras día, el azar del autostop o «botella», el molote del «camello» o el martirio de pedalear kilómetros y kilómetros con el estómago vacío bajo un sol implacable. La administración no ignoraba esto, pero se hacía de la vista gorda.

De mi época de estudiante recuerdo la beca de G y Malecón. Fui algunas veces, pues en la Facultad de Artes y Letras me había hecho de unas cuantas amiguitas que habitaban allí. Con tremendo optimismo y plena convicción ellas decían «vamos a estudiar», pero no estudiábamos ni papa. En lugar de rompernos el coco con la semiótica de Umberto Eco[21], la dialectología de Labov[22] o la abstrusa gramática de Chomsky,[23] nos dedicábamos al chachareo, al ron y a los varones de otras facultades. Allí se cambiaba de pareja sin mucho lío, se proponían brindis a nuestra propia salud, se contaban historias escabrosas, se vacilaba la onda trovadoresca de Joaquín Sabina[24] (nos sabíamos de memoria todas las canciones de su disco *Física y química*), se festejaba el mero hecho de existir. Ávidas de libertad, de nuevas experiencias, aquellas muchachas venían del interior a desinhibirse aquí, en la capital, en el desorden perpetuo, en la sentina de todos los vicios. Recuerdo un ambiente relajado, hambriento pero divertido, sucio pero jovial, en cierto modo ingenuo, de comuna hippie. Luego nos graduamos, por increíble que parezca, y cada una cogió su rumbo. Mas la pachanga de G y Malecón persistió. Fue en crescendo. Irrumpieron los tatuajes, los aros en la nariz y en otros sitios, los colores psicodélicos, los pelos que más bien parecían plumas, a la moda del

---

21 Umberto Eco (1932-), novelista, ensayista, medievalista y teórico italiano, exponente de la semiótica, ciencia que interpreta los signos. Autor de la conocida novela *Il nome della rosa* (El nombre de la rosa), de 1980, entre otras. (Llevada al cine en 1986 por Jean-Jacques Annaud, con Sean Connery en el papel del fraile franciscano Guillermo de Baskerville, personaje basado en Sherlock Holmes, de la misma manera que su contrincante, el fraile benedictino Jorge de Burgos, es una caricatura del escritor argentino Jorge Luis Borges. La película no es gran cosa, pero la novela no tiene desperdicio. *ELP*)

22 William Labov (1927-), lingüista estadounidense que se especializa en la sociolingüística, la dialectología y la evolución de la lengua. (Célebre, entre otros estudios, por aquel donde analiza la forma en que las personas comunes estructuran las historias narrativas de sus propias vidas. *ELP*)

23 Noam Chomsky (1928-), lingüista, pensador y activista político estadounidense, creador de la teoría de la gramática generativa y transformacional. Uno de los fundadores de la lingüística moderna. (Pese a su brillante cerebro y a sus extraordinarios conocimientos de lingüística, aún no ha logrado captar la abismal diferencia semántica que existe entre las expresiones «Cuba» y «gobierno de Cuba». Esta confusión lo lleva a adoptar posturas políticas muy deplorables, pues cuando pone su firma al pie de un manifiesto que bajo el lema «En defensa de Cuba» intenta justificar los actos criminales de la dictadura castrista, no está defendiendo a mi pueblo, como sin duda él cree, sino más bien todo lo contrario. *ELP*)

24 Conocido cantautor español, nacido en 1949. Su álbum *Física y química* salió a la venta en 1992. (Muy popular en Cuba en la década del 90. Ahora ha decepcionado muchísimo a buena parte de quienes entonces lo admirábamos, al «defender» públicamente a mi país excusando que el régimen haya dejado morir a un preso político en huelga de hambre. *ELP*)

último de los mohicanos.[25] Irrumpió la marihuana, no sólo el consumo, las volutas de humo dulzón que ayudan a encontrar la gracia de los chistes malos, sino también el trapicheo. Irrumpieron el jineterismo al descaro y, según rumores, las drogas duras. Al final, irrumpió la violencia. A esto yo lo llamo despelote.[26] Linda, que prefiere los nombres científicos, lo llama «posmodernidad».

Allí se infiltró Alix. Cómo se las arreglaba para subsistir, lo ignoro. La Gofia la vio una vez, en la «boda» de dos amigas suyas, una de las fiestas más sonadas y escandalosas en la historia de G y Malecón, y no pudo evitar un respingo. El Ángel Exterminador había cobrado otras víctimas, cierto –cuenta la Gofia–, pero jamás había sido tan rotunda, completa y fulminante su labor destructiva. La muchachita del pelo negro, otrora reina del penthouse, lucía fatal. Muy flaca, harapienta, churriosa, más sombría que nunca, con las pupilas dilatadas y cayéndose de borracha. Un espectáculo desolador para quien la hubiera conocido antes.

—Ésa es loca –le advirtieron a la Gofia sus amigas–. No está nada mal. ¿Verdad? Así, destartalada y todo, se ve que no está nada mal. Le dicen Little John, por el socito de Robin Hood, el gigantón.[27] Pero es loca, asere. El otro día se quimbó[28] a Chicha la Mofeta. La del sexto piso, la que... –caritas de asco–. Pues sí, se la quimbó, lo que ya de por sí es locura. ¿Tú te imaginas eso? Qué clase de estómago. Pero ahí no termina la cosa. Qué va. Dice Chicha que en el momento más emocionante, tú sabes, Little John

---

25 Referencia a *The Last of the Mohicans*, novela histórica de James Fenimore Cooper (1789-1851) sobre el jefe de una tribu indígena. (Clásico de la novela de aventuras, ha hecho las delicias de varias generaciones de grandes y pequeños lectores, entre los que me cuento. En su época, sin embargo, aun cuando fue best seller, recibió una crítica demoledora por parte de su contemporáneo Mark Twain, que no escatimó denuestos e invectivas contra el libro e incluso contra el autor, quien a lo que parece le caía un poquito gordo, algo similar a la diatriba del escritor satírico austriaco Karl Krauss contra su compatriota Felix Salten, el creador de *Bambi*. *ELP*)

26 «Despelotarse», de donde proviene el coloquialismo, significa «alborotarse, disparatar, perder el tino o la formalidad» (*DRAE*).

27 Personaje de las baladas y leyendas sobre Robin Hood. Se dice que medía siete pies de alto. (Su nombre original era John Little, lo que en lengua inglesa no significa propiamente nada. Pero sus compinches, encabezados por William Scarlet, lugarteniente de Robin Hood, decidieron invertir los términos para fabricarle un alias justo a su medida: Little John, que significa «Pequeño Juan», con lo cual posiblemente hayan perpetrado el primer «chiste inglés» de la historia. *ELP*)

28 En argot cubano, «fornicó con». (También se puede decir «se jamó», que significa lo mismo tener relaciones sexuales con alguien que comerse algo. O a alguien, llegado el caso. *ELP*)

dijo hasta aquí, se acabó la función, y le pidió cinco pesos para comprarse una pizza. ¡Del carajo! –risitas–. Y eso no es nada. Allá fue la pobre Chicha a comprarle una pizza. Claro, no iba a dejar pasar la oportunidad. Le dijo quédate aquí, yo viro[29] enseguida. Y viró enseguida, triunfante, con la pizza. Little John no se había ido, pero no se acordaba de nada. Así, mi vida, como lo oyes. De nada. Amnesia galopante. Cuando vio a la otra se acurrucó en una esquina y empezó a llorar. ¡Con ese tamañazo! Berreaba como si la estuvieran destripando. Chicha no entendía. Qué coño iba a entender. Y en eso Little John pegó un brinco, agarró la pizza, se la incrustó en la cara a Chicha y salió corriendo. A ver, asere, di tú. ¿Es loca o no es loca?

Horrorizada, la Gofia habló con Linda. Aquello no podía continuar. Por muy estúpida que fuera Alix, por muchos errores que hubiese cometido, no merecía semejante destrucción. ¿Qué clase de persona era mi amiga, que dejaba tirada así, a la buena de Dios, a la que había sido su pareja durante cuatro años? Linda se encogió de hombros. Le importaba un comino lo que la Gofia pensara de ella –puso una cara muy triste, seria, dolida, como si en el fondo le importara muchísimo–. ¿La creía malvada por carecer de virtudes cristianas? Pues muy bien. Malvada era –gesto de resignación–. Una perra infame, una sinvergüenza, un alacrán. Ella, la peor de todas.[30] Mas, ¿por qué se alarmaba tanto la piadosa Ana Cecilia? Durante siglos y siglos las multitudes cristianas habían tenido a los de su raza por malvados y como a tales los habían tratado... –se apartó los rizos para que su interlocutora viera la cicatriz en la sien izquierda, aún muy reciente, como si eso hubiera sido culpa de las multitudes cristianas. La Gofia se quedó boquiabierta y mi amiga discurseó largo rato, bajitico, suavecito, pronunciando todas las letras. Habló de la diáspora, de los pogroms[31], de Auschwitz. No

---

29 Regreso.

30 «Yo, la peor de todas» es una frase que se le atribuye a Juana Inés de Asbaje, más conocida como Sor Juana Inés de la Cruz (1648/51-1695). Una película con dicha frase como título, dirigida por la cineasta argentina María Luisa Bemberg, se estrenó en 1995. (Aquí la frase aparece en sentido irónico, puesto que Linda Roth no se considera en absoluto peor que nadie, al igual que la narradora de mi cuento «El viejo, el asesino y yo», quien emplea la misma cita en igual tono. *ELP*)

31 Matanza y robo de los habitantes de guetos judíos por una multitud enfurecida. (El término viene de Rusia, que tuvo el récord de mayor ensañamiento en esta actividad antes de la entrada en escena de los nazis. *ELP*)

tuvo reparos en intercalar algunos versos de Shakespeare (traducidos), los del célebre parlamento de Shylock en el acto III de *El mercader de Venecia*, como si fueran suyos, palabras ardientes que le brotaban del corazón. «Ha arrojado el desprecio sobre mí... ha insultado... se ha burlado... me ha impedido...»[32] Y así hasta confundir a la piadosa Ana Cecilia. Hasta conmoverla e inducirla a aceptar que era ella, Linda, y no la imbécil de Alix, la verdadera víctima. Terminaron haciendo el amor.

Entretanto, irrumpió la violencia en G y Malecón. Era algo que se veía venir. Los vecinos del edificio contiguo ya habían presentado varias denuncias en la policía contra los revoltosos de la beca, quienes se la pasaban haciendo ruido, salsa combinada con samba brasileña, tangos argentinos, corridos mexicanos, boleros, guarachas, jazz, rock latino, heavy metal, rap, canciones de la OTI,[33] la más abominable música disco y la *Novena Sinfonía* de Beethoven,[34] todos a la vez, hasta bien entrada la madrugada, siete días a la semana. Era tal la barahúnda, de tal magnitud el estruendo, que los infelices vecinos habían llegado a desear el apagón con tal que los malandrines no pudieran conectar los equipos de música o, más bien, de tortura. Pero los malandrines no se dejaban amedrentar por el apagón. De eso nada. Se ponían a tocar rumba mientras cantaban, a voz en cuello y con gran entusiasmo, aquello de «Quiero quiero quiero... / bailar con un mechero... / háblame de amores... / de amores con faroles...

---

32 Se refiere al parlamento en la escena I del acto III de *The Merchant of Venice*, escrita entre 1596 y 1598, en el que Shylock se queja del trato que recibe por ser judío y defiende su condición humana. (Una obra donde se muestran diversas marginalidades: Shylock, a pesar de su elocuencia, pierde el proceso; Porcia, la mujer inteligente, sólo es escuchada cuando se disfraza de hombre, en tanto que el protagonista, Antonio, solterón empedernido que arriesga la vida para satisfacer los caprichos del joven y bello Basanio, al final se queda solo y triste. Aunque, desde luego, el término «homosexual» no se menciona en el texto. *ELP*)

33 La Organización de la Televisión Iberoamericana (OTI), fundada en la ciudad de México en 1971, reúne a instituciones televisivas de distintos países cuya producción se realiza en lengua española y portuguesa. Entre las actividades públicas de la OTI, la más conocida es el festival de la canción popular que celebra cada año desde 1973, cuando fue inaugurado en la ciudad brasileña de Belo Horizonte. (Es difícil encontrar alguna canción de buen gusto entre las ganadoras de este certamen. No me explico por qué. Debe ser alguna especie de *iettatura*. *ELP*)

34 La Sinfonía n° 9 en re menor, opus 125, es la última sinfonía completa de Ludwig van Beethoven (1770-1827), y fue terminada en 1824. Es una de las obras musicales más célebres en el mundo entero. (Incluye el famosísimo movimiento coral *Oda a la alegría*, cuyo texto es un poema de Friedrich von Schiller, y que verdaderamente lo pone a uno de buen humor. *ELP*)

/ quiero que me cantes un blues... / antes que vuelva la luz...».[35] Nada, que le hacían la competencia a la Esquina del Martillo Alegre.

No conformes con eso, desde hacía varios meses habían cogido el hábito de lanzar por las ventanas toda clase de proyectiles. No lo hacían con mala intención. Puesto que el ascensor no funcionaba ni en las grandes ocasiones, habían encontrado en el lanzamiento una espléndida solución al problema de cómo deshacerse de la basura sin necesidad de bajarla ocho, nueve, diez pisos a través de la escalera estrecha, apestosa, oscura y abundante en cucarachas y quién sabe en cuántos bicharracos más. Así, en las proximidades de G y Malecón llovían papeles cagados, preservativos usados, almohadillas sanitarias también usadas, cáscaras de plátano o de huevo, latas vacías, borra de café y otras bellezas que los vientos alisios, tan burlones, a menudo hacían entrar por las ventanas del edificio contiguo, más pequeño y más indefenso. El uso del paraguas se volvió imprescindible a la hora de transitar por la acera convertida en basural.

Los vecinos, enfurecidos, continuaban con las denuncias. Pero nada. La policía, al parecer, andaba muy enmarañada persiguiendo forajidos de verdad, como los que asaltaron el Banco Financiero o los que le dieron candela a la Manzana de Gómez o los que plantaron cargas explosivas en varios hoteles, según rumores de Radio Bemba, y no podían perder el tiempo con unos insignificantes renacuajos universitarios.[36] De este modo, sin que nadie lo impidiera, los renacuajos fueron descubriendo el inefable placer implícito en el acto de tirar objetos por las ventanas. Un cosquilleo interior, un gozo profundo, una sabrosona, voluptuosa, casi orgiástica sensación de poder. Qué rico. Llovían zapatos

---

35   De «Cuando se vaya la luz, mi negra», tema de Frank Delgado (1960-), cantautor cubano, integrante del movimiento de la novísima trova. (Aborda el tema del apagón de un modo jocoso, típicamente cubiche. Es el que dice aquello de: «Cuando se vaya la luz, mi negra.../ mi abuela va a comenzar.../ a desatar su mal genio hablando mal del gobierno.../ y mi abuelo que es ñángara le va a ripostar.../ que es culpa del imperialismo, de la OPEP y del mercado mundial». El juglar no toma partido, se limita a hacer el cuento, dejando que cada cual saque sus propias conclusiones. *ELP*)

36   En la década del 90 corrieron rumores en La Habana sobre los tres incidentes mencionados. Se dijo que la Manzana de Gómez, célebre centro comercial construido en 1910 por el empresario José Gómez Mena, el primero de su tipo en la Isla, había sido incendiado. (Lo de las bombas en los hoteles es cierto. Lo del siniestro en la Manzana de Gómez es falso. Lo del asalto al banco está en duda. No sabemos si ocurrió o no. ¿Cómo averiguarlo, a través de qué medios? *ELP*)

viejos, cajones, libros, bombillos fundidos, percheros, sillas rotas, cubos, mesas... Y un día cayó una bolsita de polietileno llena de tierra. Cual meteorito se precipitó desde gran altura y fue a dar en el suelo, sí, pero a escasos centímetros de un niñito de tres años que en ese preciso momento llegaba a casa con su papá, el presidente del consejo de vecinos del edificio contiguo.

Este buen señor no lo pensó dos veces. Ni siquiera una. Entró al edificio con el niño, salió medio minuto después con un bate de béisbol de los que se usaban antes, de aluminio, y partió hacia la beca infame. Cuentan que, por la expresión de su rostro, iba dispuesto a machacarle el cráneo como si fuera un ajo al primero que se cruzara en su camino. ¡Porque estaba bueno ya de tanta blandengá[37] y tanta mariconá! ¿Qué cojones se habían creído los descara'os esos? Y enarboló el bate cual maza de cazar mamuts... ¡Ay! Los descara'os que merodeaban por el vestíbulo huyeron a toda prisa hacia sus respectivas guaridas y allí se atrincheraron. Nadie quería enfrentar al vengador anónimo. Qué va. Alguien, quizás la vieja portera, se apresuró a cerrar la entrada antes de darse a la fuga. El vengador anónimo, aún más iracundo ante la cobardía del enemigo, vociferaba que le abrieran, sí, que le abrieran de inmediato, partida de pendejos, para despingarlos[38] a todos. Pero no le abrieron. Entonces, hecho un diablo, la emprendió a batazos contra los cristales del vestíbulo. ¡Crash! ¡Crash! Los redujo a talco.

El estrépito alertó a los demás vecinos, quienes acudieron volando con palos y piedras en apoyo de su presidente. Iban listos a vencer o morir,[39] pues había llegado la hora cero, la hora de triturar a los hijoeputas cochambrosos pestíferos cabrones que usaban areticos en la nariz y hacían bulla y tiraban inmundicias y se pintaban los pelos de verde y querían bailar con un mechero. De buenas a primeras la beca se transformó en una plaza sitiada. Los de afuera no lograban entrar, a pesar de los cristales rotos, y los de adentro no se atrevían a salir. Enardecidos por el espantoso calor

---

37 Debilidad de fuerza física o de carácter. (Es otra forma de «blandenguería». *ELP*)

38 Castrarlos. (Esto, en sentido literal. Pero se usa genéricamente como sinónimo de aniquilar, desintegrar o reducir a pulpa. *ELP*)

39 «Vencer o morir», consigna revolucionaria, aquí usada en sentido paródico. (Derivación de la antigua consigna espartana: «Con el escudo o sobre el escudo», que es uno de los lemas favoritos de nuestro eximio comandante en jefe. Acá en la isla hay otro lema con la misma connotación: «¡Socialismo o muerte!», al que algunos burlones le agregan sotto'voce la coletilla: «¡Valga la redundancia!». *ELP*)

del mediodía, ambos bandos se lanzaban injurias y proyectiles. Se reunió una multitud considerable. Un turista filmaba los acontecimientos con su cámara de vídeo. Alguien aprovechó la confusión para despotricar en contra del gobierno. Otros le hicieron eco. Y al fin llegó la policía, varios patrulleros haciendo sonar las sirenas. Qué show. Cuando se lo conté a Moisés, en calidad de chisme, de noticia de segunda mano, estuvo como tres horas lamentándose por no haber estado allí. Qué perra suerte la suya.

Tras la batalla de G y Malecón, Alix se vio precisada a abandonar la beca. Pese a los interrogatorios y las amenazas, jamás se pudo averiguar la identidad del criminal que había dejado caer la bolsita de polietileno llena de tierra con el deliberado propósito de asesinar al niño. He ahí, creo, un buen caso para el Tte. Leví. Aunque tal vez no, pues el hombrecito de larga nariz sólo se ocupa de homicidios ya consumados y en este combate, a Dios gracias, no hubo muertos. La bolsita, sin embargo, resultó sospechosa de por sí. ¿Por qué se encontraba en una residencia estudiantil semejante artefacto? ¿No estaría destinado al cultivo clandestino de *Cannabis indica* o cáñamo indio, o sea, marihuana? La policía a veces es muy mal pensada. Por sí o por no, se procedió a una pesquisa bastante rigurosa, en el transcurso de la cual salieron a relucir montones de irregularidades y negligencias. Nadie fue a juicio, pero las «autoridades competentes» –frase de Linda que sirve para designar al poder sin nombre, al inaccesible, al que cae del cielo como lluvia ácida y nos perfora la piel– decidieron restaurar el orden y poner fin al despelote, es decir, a la posmodernidad. Como primera medida se decretó la expulsión inmediata de todos los ilegales. La Gofia me contó que Chicha la Mofeta, quien no era rencorosa, le propuso a Little John esconderla debajo de la litera, pero la muchachita del pelo negro con su metro ochenta no sólo no cabía en tan reducido espacio, sino que al no ser ya estudiante de la UH, y careciendo de familia en La Habana, si la policía le echaba el guante muy bien podían enviarla de vuelta a su provincia y no, eso sí que no, prefirió poner pies en polvorosa.

No dejó ningún rastro. Sólo volví a saber de ella meses después, cuando la encontré por casualidad con una cuadrilla de pordioseros en el portal de La Pelota, triste fonducha en la esquina de 23 y 12, a unas cuadras de la Esquina. A menudo paso por ahí. Voy a comprar pan, o a estirar las piernas cuando cae la tarde, o a llevar a Leidi a ver los muñe del Rey León con sus compinches los hipindangos que comen sabandijas y Pocahontas con el mapache y Aladino (mi sobrinita asegura, y no le falta razón, que yo debo empatarme con el genio de la lámpara, un tipo simpático y resolvedor, pues ése y no otro es el tío que ella necesita) en la matiné infantil de los sábados en el cine 23 y 12,[40] o a tomarme una cervecita en el bar que está frente al cementerio de Colón mientras observo el panorama urbano, los transeúntes, los carros, el movimiento, a ver qué se presenta. El tropel de mendigos es habitual en esta zona desde hace varios años. Algunos se aposentan en el suelo con su imagen de San Lázaro y su cajita de recolectar limosnas, otros extienden la mano y te dicen que les apura una medicina, otros pregonan baratijas, otros hablan solos, otros escarban en los latones de basura, hay uno con labio leporino, dos enanos, un hidrocefálico y un cantante que imita, creo, a Freddie Mercury,[41] aunque no se le parece demasiado. En fin, gente como uno, quizás con la existencia un poco más jodida. Cuando puedo les doy algo. No me creo por esto la gran benefactora de la humanidad, la Santa Zeta del Vedado, como dice Linda en tono sarcástico. No me engaño de esa manera. Sé muy bien que lo hago por mí, porque me place quedar lo mejor posible conmigo misma.

Quizás por ese motivo, por seguir los dictados de mi conciencia católica y apostólica y habanera (y estúpida a juicio de mi amiga), fue que me acerqué a Alix en el portal de La Pelota y le ofrecí ayuda. No veía por ningún lado a la gitana taciturna que

---

40   *The Lion King* (El rey león), *Pocahontas* y *Aladdin* (Aladino) son todas películas infantiles de Disney ambientadas en África, Norteamérica y el Medio Oriente, respectivamente. (Y que yo, aunque las vi ya de grandecita, disfruté enormemente. Mis favoritos siempre son algunos personajes secundarios. A saber: Timón y Pumba, los hipindangos que andaban con Simba; el mapache de Pocahontas; y el perico del maligno visir Giafar. *ELP*)

41   Frederick Bulsara, mundialmente conocido como Freddie Mercury (1946-1991), músico británico de origen hindú, fue el líder de la banda de rock sinfónico Queen durante 20 años. Su gran talento como showman lo convirtió en una figura central del glam rock de la década del 70. (En su dúo con la gran soprano española Montserrat Caballé en la canción «Barcelona», demostró como nunca antes sus extraordinarias dotes como vocalista. Fue, lamentablemente, su canto de cisne. *ELP*)

me empujó en el trigésimo cumpleaños de la Gofia, ni a la pesada que me llamaba «gorda socarrona», ni a la salvaje que por poco mata a Linda, ni a la loquita que le plantó una pizza en la cara a Chicha la Mofeta. Sólo veía a una muchacha desvalida, andrajosa, tiznada, flaquísima, con marcas de golpes en la cara y en los brazos, con los ojos ardientes de la fiebre y casi irreconocible en su devastación. Aunque a veces lo preferiría, lo cierto es que no tengo el corazón de piedra. Me extrañó enormemente que ella no hubiese regresado a Pinar del Río, que persistiera en su conquista de la capital como Hernán Cortés después de la Noche Triste.[42] Hay personas muy empecinadas. Algunas triunfan, v.g. Linda o el mismo Cortés, pero esto se debe, creo, a que poseen una especie de sexto sentido que les indica el momento del repliegue engañoso, de la retirada estratégica. A menos que uno desee suicidarse, no es recomendable ir de frente todo el tiempo.

Yo esperaba convencer a Alix para que regresara a la finquita. Por muy bruto que fuese el canario —pensé—, era su papá. No iba a condenarla a quién sabe qué clase de muerte en el sórdido mundo callejero. Y en última instancia, ¿por qué no hacer el intento? ¿Por qué no darle una oportunidad al hombre? Ya sé que persuadir a alguien de algo no es exactamente mi especialidad, pero supuse que una idea tan sensata acabaría cayendo por su propio peso en el nublado entendimiento de Alix. Lo único que se necesitaba —creí— era paciencia. Ella, en principio, viviría conmigo hasta que yo la convenciera de que *debía* regresar a Pinar, al menos para coger un respiro, para recobrar el aliento, que ya se le presentarían otras magníficas oportunidades de volver a La Habana a meterse en problemas. El padre Ignacio estuvo de acuerdo con este plan. Sólo me exigió respetar la elección de Alix, cualquiera que fuese, y no perder nunca de vista el hecho de que se trataba de un ser humano adulto, es decir, dotado de libertad y responsabilidad. No un perrito ni un gatico —insistió—. Porque una cosa es ser católico y otra, bien distinta, Viridiana. Y, sin que yo le preguntara, pasó a explicarme que la tal Viridiana era una tonta inventada por el sinver-

---

42 Episodio ocurrido durante la conquista de México, la Noche Triste se refiere al 20 de junio de 1520 cuando Cortés y su ejército tuvieron que huir de Tenochtitlán, con los aztecas o mexicas pisándoles los talones. (Fue triste para los españoles, pues supongo que para los aztecas capitaneados por Cuauhtémoc debió ser una noche bastante alegre y divertida. *ELP*)

güenza de Luis Buñuel, una que recogía vagabundos en la calle para luego tratarlos como si fueran mascotas,[43] y por esa gracia se llevaba un buen sofocón.[44]

Pero con el padre Ignacio conversé más tarde. Allí, en el portal de la fonducha, tuve que decidir por mí misma. Sentada o más bien derrumbada en el suelo, Alix me miraba con miedo, como si no me reconociera. Pude haber virado la espalda y ya, como hubiese hecho cualquier persona medianamente cuerda. Pero no. Le tendí una mano –retrocedió asustada– y le dije yo soy Zeta, ¿no te acuerdas?, Zeta, la amiga de Linda… –sus ojos brillaron más aún–, ahora sí te acuerdas, ¿verdad? –no respondió nada–, bueno, da igual, no es imprescindible que te acuerdes, la cosa es que yo vivo por aquí y tú puedes venir conmigo, si quieres, ahora mismo, y bañarte y comer en una mesa y dormir en una cama y todas esas boberías… –me miró asombrada, no sin temor–, bueno, mira, no te asustes, lo de bañarse no es obligatorio, pero comer, tú sabes, comer, ñam ñam, no me parece que sea del todo una mala idea, ¿qué tú crees? Lo pensó por unos instantes y luego sonrió. Con mucha tristeza, pero sonrió. Qué bien. La ayudé a levantarse y la traje para la Esquina del Martillo Alegre. Así de simple. ¿Fue un acto compulsivo? Lo ignoro. Sólo sé que aún hoy, después de todo lo ocurrido, sigo pensando que tomé la decisión correcta.

Mi huésped no se había adaptado por completo a la vida de clochard.[45] A pesar de las desgracias, seguía siendo una cubana típica en el sentido de que *hay* que bañarse todos los días, así llueva, truene o relampaguee. Le encantaba el agua. Por suerte yo había recogido un poco esa mañana en la pilita de los bajos. Sólo para lavarse la cabeza utilizó tres cubos. Se sentía muy débil, medio mareada, y tuve que ayudarla. El agua salía negra, como si su largo pelo endrino, casi azul, comenzara a desteñirse mientras ella se reía de felicidad y me salpicaba y formaba el gran aspaviento. Eso me

---

43 Película dirigida por Luis Buñuel en 1961, *Viridiana* fue protagonizada por Silvia Pinal, Fernando Rey y Francisco Rabal. Pinal interpreta a una novicia que pierde sus ilusiones de dedicar su vida a Dios y a los desamparados. El filme se prohibió en España durante16 años. (Dado su tema, era bastante improbable que entusiasmara a los censores franquistas. Pero ese mismo año obtuvo la Palma de Oro en el Festival de Cannes. *ELP*)

44 Desazón (*DRAE*). (Acá en la isla se usa más bien en el sentido de susto terrible. «Pasar un sofocón» es, en jerga cubiche, sinónimo de «cagar pelos» *ELP*)

45 «Vagabundo» en francés.

alegró. Pese a las marcas de golpes (no podía tratarse de la pateadura que le propinó Linda, pues había transcurrido demasiado tiempo desde aquello; *algo* debió sucederle por ahí), pese a que no le hubieran venido mal unos cuantos kilogramos, ella tenía un cuerpo muy bonito, mucho más de lo que cabría imaginar por su paso desgarbado y un tanto brusco, onda yeti.[46] Pero lo más impresionante, al menos para mí, era el tatuaje. Una serpiente de escamas verdeáureas, muy bien dibujada, muy fina, con una rosa roja en la boca, una auténtica obra de arte, le cubría todo el lado derecho de la espalda, desde el hombro hasta la cadera. Junto a la rosa, un letrero en negro: LINDA, MI AMOR. No sé muy bien por qué, tal vez por su condición irreversible, pero eso del letrero me asustó. Quizás me estoy poniendo vieja, anticuada, retrógrada, y me intimidan las extravagancias de los jóvenes.

Su ropa, harapos que se caían a pedazos, hubo que botarla. Nada mío le servía, por supuesto. Aquella noche le presté una camisa de Moisés y de alguna parte saqué valor para presentarme al día siguiente en el penthouse con el objetivo de recoger sus cosas, si aún mi amiga las conservaba. Tal como había supuesto, a la escritora le entró el arrebato. Más sibilina que la serpiente de escamas verdeáureas, me escupió todas las injurias, denuestos, ofensas, vituperios y vilipendios que pudo recordar. Se metió con mi cara mofletuda, con mi cerebro reblandecido, con mi alma traicionera. Con mi religión. Porque todos los católicos, empezando por Karol Wojtyla,[47] éramos una banda de hipócritas, intolerantes,

---

46   «Abominable hombre de las nieves», legendario homínido salvaje del Himalaya, conocido por los nepaleses como *Yeti*. Existen también testimonios de su presencia en Norteamérica, donde se le conoce como *Bigfoot* en Estados Unidos y *Sasquatch* en Canadá. (Lo de «abominable» siempre me ha parecido un tanto excesivo, ya que el tipo no se mete con nadie. Muy sociable ciertamente no es, pero alguna razón tendrá, digo yo, para su comportamiento escurridizo. *ELP*)

47   Karol Józef Wojtyla (1920-2005) ocupó el solio pontificio a partir de 1978 con el nombre de Juan Pablo II. Durante su visita apostólica a Cuba en 1998, abordó temas de gran interés para el pueblo cubano, como los derechos humanos, la situación de los exiliados y sus familias, la libertad de educación, la situación de la Iglesia cubana y el embargo económico sufrido por la isla, que consideró «éticamente inaceptable». (Discrepo de sus opiniones en lo relativo al aborto, los métodos anticonceptivos y la homosexualidad, que me parecen incompatibles con la misericordia que él tanto preconizaba. Su visita apostólica a mi país, sin embargo, resultó muy positiva y esperanzadora para muchísimos cubanos, ya fuesen católicos o no. «Que Cuba se abra con todas sus magníficas posibilidades al mundo y que el mundo se abra a Cuba», dijo el 21 de enero de 1998 a su llegada al Aeropuerto Internacional José Martí, en La Habana. *ELP*)

pervertidos, matreros... No voy a repetir aquí todo lo que dijo, pues podría parecer que Linda es una mala persona, lo cual no es cierto. Si lo fuera no me hubiese entregado una de sus maletas de viaje con toda la ropa, los zapatos, los perfumes, el estuche de maquillaje, el cepillo de dientes y el carnet de identidad de Alix. Verdad que me dio un halón de pelos[48], la muy abusadora, pero lo hizo para no estrangularme. Cualquiera tiene un mal día. Luego me introdujo en el bolsillo de la blusa dos billetes de cien dólares, lo cual, tratándose de ella, equivale a una montaña de lingotes de oro, y me aseguró que nunca más quería saber de mí ni de «aquella imbécil» ni de nadie.

De este modo, Alix se instaló en la Esquina del Martillo Alegre por tiempo indefinido. Después del tropiezo en la madrugada, Moisés la aceptó como si fuera parte del paisaje y, excepto lo de pernoctar en la bañadera, no cambió sus hábitos en lo más mínimo. Siguió en la oscuridad cual vampiro, con la sempiterna botella y los dos cigarros, maltratándome de palabra y de obra, urdiendo sus masacres contra «ellos», en fin, lo de siempre. Una vez me preguntó si a la muchacha nueva *también* le gustaban los tipos. Le respondí que, hasta donde yo sabía, no. Entonces, de lo más entusiasmado, me preguntó si los odiaba. Le respondí que, hasta donde yo sabía, tampoco. Los tipos le eran indiferentes. Esto pareció decepcionarlo y a partir de ahí perdió el interés. Si bien no fue especialmente amable con ella, lo cierto es que nunca la agredió. A no ser que Alix tomara por agresión el hecho de que me golpeara un par de veces en su presencia, como si ella fuera aire o algo así. En esas ocasiones se agazapaba en un rincón, pobrecita, y se mordía los puños sin atreverse a intervenir. Quizás los tipos en general le resultaban indiferentes, pero a Moisés llegó a odiarlo tanto o más que Linda. Sólo que ella, a diferencia de la escritora, carecía de palabras para expresar el odio. Por aquel entonces comenzaron las náuseas.

---

48   Tirón de pelos.

12. Para escapar al vértigo del tiempo

Nadie me cree. De entrada debo advertirlo: nadie me cree. Ni el padre Ignacio, quien asegura que por causa del alcohol y la marihuana me la paso viendo cosas que no existen. Ni el Dr. Frumento, quien atribuye lo que él considera figuraciones y delirios míos al lado maníaco de mi personalidad, en esencia depresiva. Ni Linda, quien insiste en que poseo una exuberante imaginación, una fantasía fuera de serie que debo aprovechar en *escribir* relatos en vez de andar por ahí propalando rumores que en nada me benefician y que, en última instancia, hasta podrían costarme ir a la cárcel.

En cuanto a la policía... bueno, desde el primer momento se conformaron mal que bien con la hipótesis de *dos* muertes accidentales, quizás porque les hubiera quedado muy difícil probar lo contrario y no anhelaban meterse en camisa de once varas. Fueron al hospital, cierto, a mirarme con tremenda intriga y a hacerme pregunticas capciosas. Pero entonces yo no podía hablar. Oía y entendía, al menos eso creo, pero de hablar nada. Me había quedado muda del espanto y la presencia de dos oficiales vestidos de paisano revoloteando a mi alrededor no era algo que precisamente me ayudara a salir de ese estado. Por alguna extraña razón me asustan más los policías disfrazados de civiles. Si no es posible evadirlos, si de todos modos están ahí, los prefiero con sus uniformes azulitos.

Luego recuperé el habla. Fue bien rápido. Después de vivir lo que yo viví, o episodios similares —afirma el Dr. Frumento—, hay personas que se quedan tiesas y no vuelven a abrir el pico durante una buena temporada. A mí lo que me sacó del shock fue enterarme de que no había perdido al niño. Pero los policías no volvieron. El Dr. Frumento, muy gentil, se había tomado la molestia de hablar por mí. De decir que yo ni sabía ni comprendía nada. Qué bien. Un poco más y me declara incompetente, fuera de mis cabales, lo cual, si bien se mira, en ciertas circunstancias resulta bastante cómodo. Lo mejor, sin embargo, fue cuando añadió que no estaba en mi naturaleza agredir a los demás y que nadie había querido a Moisés tanto como yo. El Dr. Frumento es un psiquiatra muy prestigioso y durante años ha trabajado en eso de explicar en los tribunales cuán loco está un acusado o un testigo o el mismo juez. No tenía caso, pues, que yo insistiera con la policía. Por otra parte, si gracias a Dios me habían dejado tranquila, ¿para qué enredarme de nuevo? ¿A quién ayudaría? Como dice el padre Ignacio, tampoco hay que exagerar.

Volviendo al asunto de la férrea incredulidad que me rodea, quizás mi amiga tenga razón y deba dedicarme a la literatura, o sea, a escribir lo que nadie se presta a escuchar con un mínimo de fe. Lo estrafalario. Lo novelesco. Lo increíble. Pero no estoy muy segura. Si este libro fuese una novela, es probable que tampoco me creyeran. A ver si nos entendemos. Ya sé que la ficción está más allá de lo verdadero y lo falso. Es ficción y punto. Pero de algún modo debe convencer, por lo menos mientras se lee, si no qué gracia tiene. A eso le llaman, creo, «verosimilitud». Contar lo que tal vez no fue, pero bien pudo haber sido. Cuando no hay verosimilitud se dice que el novelista es un torpe, un inepto, un paquetero, un descara'o. Que mejor se dedica a estibar sacos en el muelle o a vender cucuruchos de maní en la Terminal de Ómnibus. Y no sé por qué recelo de mi capacidad para convencer al prójimo, a menudo tan desconfiado, tan escéptico, tan suspicaz, incluso en un plano ficticio.

Linda, por el contrario, suele resultar convincente. La sublime embustera fabrica ilusiones con la maestría del más pícaro guionista de Hollywood. A muchos lectores les encantan (en el sentido de lo que hace el encantador con la serpiente) sus infundios, incluso los más descabellados. Ella hubiera relatado esta historia, la mía, de un modo muy distinto a como yo he venido haciéndolo. Sin tomar en cuenta las inevitables diferencias de estilo, hubiera comenzado más o menos así:

«A las 7:32 a.m. del martes 19 de diciembre del año 2000, un día espléndido, precioso, el mejor del invierno habanero*, el ciudadano Poliéster, alias el Hijoeputa del Cornetín, salió de su cuarto en la ciudadela conocida como la Esquina del Martillo Alegre. Iba de lo más jovial, cornetín en mano, saltando en un solo pie de puro entusiasmo. Pero no llegó muy lejos. Para desgracia suya, estupor de su madre, fastidio del Tte. Leví y regocijo del resto de la humanidad —más adelante se verá por qué—, se le ocurrió detenerse justo debajo de la enorme ventana de mi amiga Z. Quizás se proponía darle una serenata, o cazar un mosquito de los que transmiten la fiebre amarilla, o rascarse una oreja, o algo. Nunca lo sabremos. Porque de la enorme ventana de mi amiga Z salió disparado cual misil, a las 7:33 a.m., el ciudadano Moisés, alias el Cavernícola, y le cayó arriba con sus 91 kilogramos desde una altura de nueve metros, y lo aplastó.» ¿Qué tal? Tanto como creíble no parece. Sólo que a uno —pienso—, por un poquito de morbosidad que lo adorne, enseguida le entran ganas de saber qué pasó después, o qué había pasado antes, y no se preocupa demasiado por la posible tomadura de pelo.

Pero no es eso lo que no me creen ni mi confesor ni mi terapeuta ni mi amiga. De la caída de Moisés y el aplastamiento de Poliéster hay testigos oculares, o sea, gentes que vieron el fenómeno con sus propios ojitos. Los borrachines del portal (éstos debieron verlo medio borroso, tal vez alguno pensó que debía quitarse del alcohol), los vejetes del barrio que hacen cola todas las mañanas para comprar el periódico en el estanquillo y de paso chismorrear

---

* ¡Lo que son las casualidades! El desenlace de este drama tuvo lugar, en efecto, un 19 de diciembre, Gran Día de la Literatura Cubana según Linda. Es su cumpleaños y también el de un poeta inmenso que se llamó José Lezama Lima. (Noticia de Zeta) (Este año, 2010, se conmemora el centenario del natalicio del poeta, cuyo onomástico coincide con el del novelista y dramaturgo francés Jean Genet, con el de su compatriota la cantante Edith Piaf y con el de cierta escritora cubanita que se hace llamar... *ELP*)

un poco, Usnavy en su trapicheo matutino, el chino que vende frituritas chinas[1] enfrente, junto a la Biblioteca de la Ciencia Cristiana, unos cuantos negritos del solar de Los Muchos, el testigo de Jehová en su prédica mañanera, el amolador de tijeras que pasa cada martes por nuestra calle con su particular musiquita de filarmónica, varios transeúntes y, para mi gran inquietud, Leidi Hamilton, quien a esa hora siempre parte rumbo a la escuela. Aunque algunos quizás no estén muy interesados en declarar, todos ellos pueden dar fe de que no miento, por lo menos hasta aquí.

Me desperté con la algarabía. Alix no estaba. En ese momento pude haberme acercado a la ventana, que *parecía* cerrada, para abrirla y asomarme y averiguar qué sucedía, cuál era el motivo de tanto alboroto. La cortina negra, doble, triple, densa, impenetrable y estrictamente corrida de izquierda a derecha, como siempre desde que Moisés la instaló allí para aliviar su fotofobia o lo que fuera, no dejaba pasar el menor atisbo de claridad, el más mínimo rayito de sol. La luz del meridiano, la radiante, cegadora, asesina, la que hace estallar todos los colores, la que obnubila a los turistas y adormece a los nativos, la del «indio», hubiese atravesado la cortina del mismo modo en que atraviesa los párpados cuando cerramos los ojos con tal de no verla. En otras palabras, el mediodía hubiera delatado la ventana abierta pese al engañoso velo. Pero la luz indecisa de un amanecer invernal se presta a confusiones. A espejismos, errores de perspectiva, cálculos fallidos. Fue esto lo que desgració al ciudadano Moisés y, por carambola,[2] al ciudadano Poliéster. Mi amante debió intentar apoyarse en la superficie negra, convencido de que detrás había un objeto sólido, y... se precipitó al vacío. Pura inercia (Linda, que jamás se interesa por las ciencias, hizo algunos comentarios más bien cínicos sobre las implacables Leyes de Newton). La ventana era, y es, lo bastante amplia como para que su cuerpo cupiese a través de ella. El poyo, tan bajo, no alcanzaba, ni alcanza, a constituir una barrera de protección.

---

1   En Cuba, plato preparado con una masa de harina y huevo combinada con productos diversos, como sesos, calabaza, maíz, pescado, etcétera, sazonados con sal o rociados con azúcar, y fritos en manteca. (Éstas son las frituritas en general. Las «chinas» son las que se hacen con boniato o con harina de frijoles «caritas». Éstas últimas, sobre todo, son deliciosas. Bueno, como casi todos los platos chinos cubanizados. *ELP*)

2   Doble resultado que se alcanza mediante una sola acción (*DRAE*). (Lo que se dice matar dos pájaros de un tiro. *ELP*)

Por qué andaba Moisés tan temprano deambulando por la negrura del cuarto y apoyándose en las paredes, supongo que para orientarse y no tropezar con ningún tareco, lo ignoro. Se me ocurre que dentro de la bañadera, donde solía dormir desde el arribo de Alix, advirtió quizás que la temperatura ascendía de un modo sospechoso, como si el aparato de aire acondicionado se hubiera descompuesto. Este ascenso probablemente se debía a la falta de hermetismo en la habitación, a la fuga del aire frío por algún invisible resquicio, en fin, a la ventana abierta. Pero él desconocía el detalle y tal vez se levantó con la intención de propinarle un par de puntapiés al equipo. A ver si funcionaba como era debido, qué cojones. Porque así trataba el yuyito a los objetos, incluido el carro: a patada limpia. Su idea de la mecánica se parecía muchísimo a su idea del amor. Todo esto no es más que una hipótesis, desde luego, pues mientras él se paseaba cual fantasma por las tinieblas, yo dormía profunda, gloriosa, irresponsablemente ajena a los cambios de temperatura.

Decía, a propósito de mi despertar, que pude haberme acercado a la ventana traidora y quizás haberme caído igual que Moisés. Pero no. Algo me detuvo. En aquel instante no logré precisar el origen de la información, del dato escondido entre los vapores de la borrachera de la víspera, pero allá lejos, en el fondo de mi conciencia, yo *sabía* que la ventana estaba abierta. Que había truco, maraña, juego de manos y, tras la cortina, sólo aire. En unos segundos, poco antes de que tocaran a la puerta con mucha perentoriedad, tuve como un vislumbre de lo que había sucedido. Una especie de iluminación, ¡zas!, un relámpago. Y me alegré. Puede que ésta sea la más ruin de mis confesiones, la más perversa, la más horrible: me alegré. En el pasillo había un tumulto que me llegaba en forma de pasos, un rumor grave, agitado, creciente, parecido a las olas del mar en época de huracanes. Por encima, gritos. «¡Eh! ¡Mi ecobia! ¡Mi hermanita! ¿Qué pasa? ¡Abre!» Y me asusté por haberme alegrado. Entre los golpes en la puerta, las voces, los ladridos del megaterio, el cacareo de las gallinas y los berridos del chivo de la campanita, me asusté de mí misma. De mi bestia interior. De mi espíritu pagano. De mi lado oscuro recién descubierto.

Fue una conmoción muy violenta. Y muy difícil de explicar. Una de esas experiencias intransferibles que sólo pueden concebir, si acaso, quienes hayan sufrido algo semejante. Me imagino que se compara con la de alguien que, tras un accidente, se enfrenta por primera vez al espejo y pugna por reconocer ese rostro desfigurado, asimétrico, vagamente familiar, que desde allí lo observa con miedo. Quién sabe. Lo cierto es que sobrevino un espasmo en el bajo vientre y enseguida el dolor agudo, intermitente, feroz, como si me introdujeran un punzón en la vagina para pincharme el útero una y otra vez. Ay. El mismo estremecimiento, quizás amplificado, de cuando perdí mi primer embarazo. De cuando el pánico y la regulación sin anestesia y la culpa y la morfina. Qué horror. Pensé, aunque tal vez «pensar» no sea el vocablo más adecuado (como de costumbre), que no, que otra vez no, que no podría soportarlo. ¡Nooooo!

En medio del arrebato me arrastré hasta la ventana, no con el propósito de lanzarme por ella, sino de echarle un vistazo al panorama para confirmar lo que ya sabía y, al mismo tiempo, qué locura, para asistir al milagro de que no hubiera ocurrido nada. ¡Ah, qué bien si todo no hubiera sido más que una pesadilla! Susurré mi conjuro mágico: «Cien botellas en una pared... / cien botellas en una pared... / si una botella se ha de...». Con la respiración anhelante (el punzón se había transformado en taladro, la boca me sabía a sangre, ay), descorrí un poco la cortina y, con sumo cuidado, como quien se apresta a clavar una ojeada en la cabeza de Medusa,[3] la que convertía a los fisgones en piedra, miré hacia abajo. Qué vértigo. Allí, en mitad de la pendiente de concreto que conduce al apartamento del garaje, por debajo del nivel de la calle, dos cuerpos inmóviles. Dos cuerpos en posiciones anómalas (desde aquel ángulo parecían torcidos, contrahechos, un par de marionetas con los hilos rotos, un amasijo de chatarra), uno encima del otro, en cruz. Yo esperaba uno solo, o ninguno si se producía el

---

3   Una de las gorgonas, monstruo ctónico de la mitología griega, que convertía en piedra a quienes la miraran. (Hay gente así, antisociales, de mal carácter, que no les gusta ni que los miren. *ELP*)

milagro, y esta sorpresa fue el puntillazo. No traté de aguzar la vista, de repente nublada, para identificar el segundo cuerpo, el de abajo, el imprevisto. No distinguí siluetas en la multitud de curiosos que se aglomeraban como auras tiñosas alrededor de la muerte, sólo bultos. Quizás oí la sirena de un patrullero, o de una ambulancia, no sé, no vi ningún vehículo. Ni siquiera noté que desde el pasillo habían terminado por forzar la puerta de mi cuarto. Me senté en el piso, de espaldas a la ventana maléfica, y me hundí en la oscuridad. Lo último que recuerdo es el rostro preocupado de mi socito Pancholo.

Más tarde supe que el segundo cuerpo, el que dejó una mancha parda en el concreto, pertenecía a Poliéster. No me alegré esta vez. No di brincos de júbilo ni palmadas de regocijo ni aullidos de felicidad, no canté aquello de «No, no hay que llorar... / que la vida es un carnaval...»,[4] aunque Dios sabe que motivos no me faltaban. Permanecí impávida. Quizás mi bestia interior ya había retornado a su redil. Supe también que la muerte del artista fue instantánea, por fractura de cráneo. Que a Moisés, en cambio, lo trasladaron inconsciente en una ambulancia. El cuerpo del músico había amortiguado el impacto de su caída, no mucho, pero sí lo suficiente para prolongarle la vida un poco más. Estuvo un par de horas en coma y se hubiera salvado, según los médicos, si no llega a fallarle el corazón. Infarto masivo. No asistí a ninguno de los dos velorios.

Todo esto constituye lo que pudiera llamarse, como el filme argentino, «la historia oficial».[5] La única aceptada, la menos ho-

---

4 De la cumbia «La vida es un carnaval», del compositor de origen argentino Víctor Daniel, que alcanzó la fama en la voz de Celia Cruz. Fue el tema que cantó el puertorriqueño Víctor Manuelle en el funeral de la gran cantante cubana celebrado en la catedral de San Patricio, Nueva York, en julio de 2003. (Compuesto a raíz del atentado al edificio de la Ania (Unión Israelita) en la Argentina, donde murieron muchas personas, que ocurrió simultáneamente a una oleada de atentados terroristas en Colombia, que también causaron innumerables víctimas. A Celia le fascinó su mensaje optimista, dirigido a los familiares de los muertos y a los seres humanos en general. *ELP*)

5 La película del realizador Luis Puenzo, *La historia oficial*, de 1985, trata sobre los desaparecidos durante «la guerra sucia» en Argentina, tras el golpe de estado de Jorge Rafael Videla en 1976. La protagonista, una profesora de historia, va descubriendo poco a poco, por vías extraoficiales, el impacto personal de la brutal represión militar. (Un filme extraordinario tanto por el guión como por la realización, que obtuvo, entre otros prestigiosos galardones internacionales, el Oscar a la mejor película extranjera. Curiosamente, no fue muy del agrado de la oficialidad culturosa cubiche, que al parecer teme que sean puestas en solfa las historias oficiales, vengan de donde vengan. *ELP*)

rripilante, la visible. Quedan, sin embargo, cuestiones por aclarar. En el hospital los policías de paisano formularon ciertas preguntas que no andaban del todo descaminadas: ¿Por qué la ventana abierta si teníamos encendido el equipo de aire acondicionado? ¿Quién la había dejado así, aun sabiendo que la cortina, bien estrambótica por cierto, podía confundir a alguien y provocar un accidente fatal? ¿A quién beneficiaba la muerte de Moisés? ¿Quién era y dónde se había metido la otra persona que, según sus informes, vivía con nosotros? Esta última interrogante no puedo responderla. Además de la hija de un canario bruto con una finquita en Pinar del Río, además del gran amor de Linda, no sé quién era Alix. Ni adónde fue. Ella simplemente desapareció. Pero las demás respuestas sí las tengo. Conforman «la otra historia», la subterránea, la que se oculta bajo la oficial. La que no me creen. Si ahora la cuento no es con el propósito de perjudicar a nadie, sino de poner un poco de orden en mi cabeza. Cuestión de salud mental. Porque no resulta nada fácil vivir entre los incrédulos que me tildan de alcohólica, drogadicta, delirante, maníaca y mitómana. Soy muy sugestionable. Entre el padre Ignacio, el Dr. Frumento y Linda, es muy posible que un día de estos me convenzan y termine por no creerme a mí misma, por desconfiar de mis propios sentidos, de mi vista, de mi oído, lo cual se parece bastante a la locura y me aterra.

El rollo empezó con las náuseas. Para asegurarme fui a la consulta en el Sagrado Corazón y, en efecto, ya tenía cinco semanas. La primera reacción fue de alegría. Una alegría loca, la mayor de mi vida. Hasta le di un besito al ginecólogo. En aquella fiesta había mucho de alivio. Como quien dice la luz al final del túnel. Porque llevaba cuatro años con Moisés, cuatro años de relativa estabilidad, una relación continua, intensa, persistente, sin usar ningún anticonceptivo, y nada. La mera posibilidad de haber quedado estéril (¿cómo?), o de que él se hubiera sometido sin que yo lo supiera a esa operación que llaman «vasectomía», una de las peores infamias que se han inventado según el padre Ignacio, me horrorizaba de tal manera que había decidido no dedicarle un solo pensamiento. Este lío, como tantos otros, lo dejaba en manos de Dios. Y de pronto, aquello. Cinco semanas. Toda una personita. ¡Ah! Me sentí, si cabe una pequeña blasfemia, como debió sentirse la virgen María cuando se enteró del Milagro.[6] Luego dudé. Moisés y yo nunca habíamos discutido el asunto. Sobre todo porque yo sabía que él no deseaba más hijos y evitar cualquier declaración explícita al respecto por parte suya me parecía un excelente modo, si bien algo jesuítico, de no impedir un embarazo y mantener, al mismo tiempo, la conciencia tranquila. Así no hay engaño, me decía.

Pero a la hora de la verdad me entró el pánico. No era que el yuyito no deseara otro hijo, como tantos hombres, por falta de recursos para criarlo o por miedo a alguna tara familiar o por no asumir responsabilidades. No. Para él, que odiaba a la humanidad, el no a la reproducción era un principio moral absoluto, inamovible, casi religioso, un NO en letras de neón. Porque en el mundo ya había suficientes canallas —más o menos era ésta la tesis— para que uno de ellos, él mismitico, anduviera por ahí fabricando otros nuevos. Cierto que una vez fue joven y tonto y se casó con una imbécil —así dijo en una ocasión—, rubia, flaca, muy bonita, que ni siquiera le gustaba, y tuvo dos chamas con ella, dos perfectos cretinos que tampoco le gustaban, en fin, el desastre. Mas todo aquello había sido un grave error. Algo que había dejado atrás para siempre y que en modo alguno podía repetirse. Encima de mí, o debajo, o de lado, o de cualquier manera, mascullaba que él me iba a preñar y eso, pero qué va. La *idea* le parecía excitante (a mí también), pero nada de tomárselo al pie de la letra. Como dicen en mi barrio, no había que confundir la gimnasia con la magnesia.

Así las cosas, ¿cómo recibiría el moñito la espléndida noticia? No sé. Nunca se la di. Lo intenté varias veces, pero en vano. Empezaba a hablar y de pronto el pánico no me dejaba proseguir. Se me enredaba la lengua. Me perdía entre balbuceos, interjecciones, sílabas sueltas. Qué calamidad. Casi me vuelvo tartamuda. Él me miraba con furia y gruñía cosas tan estimulantes como esta:

---

6   El milagro de la concepción de María siendo virgen, un dogma de la doctrina católica. (Que siempre me recuerda un grafitti en forma de plegaria que decía así: «Virgen María, tú que concebiste sin pecar, permítenos a nosotras pecar sin concebir». *ELP*)

—Si vas a decir alguna de tus estupideces, dila. Si no, cállate. ¿O quieres que te destrabe de un piñazo?

No, un piñazo no. Prefería quedarme trabada. O en silencio, como terminé. Alguien podría pensar que a estas alturas, después de tantas golpizas, un piñazo más o uno menos qué relevancia iba a tener. Pero sí. Para entonces el estilo de Moisés había empezado a preocuparme. No porque él se hubiese vuelto más salvaje de lo que ya era (algo difícil de imaginar), sino por la nueva situación. Antes no había mucho que perder. Ahora sí. La personita de cinco semanas, concebida en medio de la violencia, necesitaba ser protegida de esa misma violencia, que sin querer, o incluso a propósito, podía acabar con ella en un dos por tres. Ay. Nada más de imaginarlo se me erizaban los pelos y me venía la taquicardia, el ahogo, un baño de sudor frío por todo el cuerpo. Sólo contaba conmigo, la personita. Conmigo, que me sentía más frágil, más vulnerable, más indefensa que en cualquier otra época de mi vida. No es por tocar violines[7] ni por compadecerme de mí misma ni por imitar la onda llorona de algunos personajes de Dostoievski,[8] de veras que no. Para esas veleidades no me alcanzaba el tiempo. Mañana, tarde y noche mis pensamientos se retorcían, giraban alrededor del conflicto como quien trata de armar un rompecabezas especialmente difícil. Me preguntaba qué hacer.

El padre Ignacio me aconsejó, por enésima vez y ahora con más firmeza, en tono severo, intransigente, definitivo, que mandara a la porra[9] al ateo malvado, que a fin de cuentas –farfulló– ni siquiera estábamos casados como era correcto. Él lo hubiera pensado dos veces –aclaró– antes de sugerirle a una feligresa que largara al padre de su futuro hijo, por muy sinvergüenza, vago, beodo o adúltero que fuera el individuo en cuestión. Pero

---

7   Poner un fondo musical triste, melodramático. (Suele decirse de alguien que quiere conmover e inspirar lástima. *ELP*)

8   Fiódor Mijáilovich Dostoievski (1821-1881), novelista ruso, autor de *Prestuplenie i nakazanie* (Crimen y castigo) y *Brat'ya Karamazovy* (Los hermanos Karamasov), entre otras obras, las cuales giran alrededor de conflictos espirituales, de la maldad y de la búsqueda de un ser supremo. (Algunos de sus personajes, como el joven Aliosha Karamazov y Liov Mishkin, el príncipe idiota, se cuentan entre los más enjundiosos «tocadores de violines» de la literatura universal. Con ellos se llora más que picando cebolla. *ELP*)

9   Mandar a paseo. (También se usa «mandar al diablo» o «a casa'el carajo» o «a la mierda» o «a que le den por el culo», pero no es correcto que un cura vaya por ahí profiriendo tales blasfemias. *ELP*)

en este caso no había nada que pensar. Mi amante era el diablo. Sin metáforas. El diablo en serio –se persignó–, el diablo diabólico, el Anticristo.[10] Yo debía expulsarlo de mi vida antes que ocurriera alguna desgracia. Y nada de hablarle acerca del niño. Ojo, mucho ojo con eso, eh. Ni media palabra. Alejarlo y ya, justo por el bien del niño. ¿No conocía yo la famosa frase de José Martí, la de la carta al amigo mexicano, la que decía que en silencio ha tenido que ser, pues hay cosas que para lograrlas han de andar ocultas?[11] Pues sí, al niño no había por qué mencionarlo. Que Dios lo perdonara por aconsejarme esto –volvió a persignarse–, pero me hablaba con el corazón en la mano. ¿Le haría yo caso, aunque fuese por una vez?

Se lo prometí. Incluso me lo prometí a mí misma. Pero no lo hice. No porque no me pareciera razonable. Al contrario. Abandonar a Moisés implicaba para mí lo que para otros quitarse de la heroína. La misma sensatez. El mismo beneficio en términos de salud. El mismo desafío. La misma imposibilidad. Por un tiempo traté de engañarme, igual que los adictos, con la paparrucha de que, dueña de mis actos, en plena posesión de mis facultades mentales, podía dejarlo cuando quisiera. ¿Mas por qué así, de sopetón? No, así no. Mejor esperar el momento idóneo. Eso, el momento idóneo. Cada vez que me acostaba con él (en tales ocasiones, a diferencia de lo que les sucede a otras mujeres, las náuseas desaparecían como por arte de magia), me juraba que nunca más. Que no reincidiría ni

---

10   Adversario o antagonista de Jesús, según las cartas del apóstol Juan. (Cuyo advenimiento esperaban algunos con la llegada del tercer milenio. Para mí, sin embargo, que ya había «advenido» hacía mucho tiempo, tal como estaban las cosas y como siguen estando. *ELP*)

11   Referencia a la famosa carta dirigida por Martí a Manuel Mercado, el 18 de mayo de 1895, en vísperas de su muerte, desde el campamento de los mambises en Dos Ríos, cerca de Palma Soriano, en la región oriental de la isla. La frase aparece en el siguiente contexto: «...ya estoy todos los días en peligro de dar mi vida por mi país, y por mi deber —puesto que lo entiendo y tengo ánimos con que realizarlo— de impedir a tiempo con la independencia de Cuba que se extiendan por las Antillas los Estados Unidos y caigan, con esa fuerza más, sobre nuestras tierras de América. Cuanto hice hasta hoy, y haré, es para eso. En silencio ha tenido que ser, y como indirectamente, porque hay cosas que para lograrlas han de andar ocultas ...». (El fragmento en cuestión dio título a la serie televisiva de espionaje *En silencio ha tenido que ser*, muy popular en la isla en la década del 70, cuyo protagonista, interpretado por Sergio Corrieri, venía siendo como una especie de Richard Sorge. Lo mejor del realismo socialista posiblemente sean las historias de espías. El protagonista de *En silencio...*, al igual que Stirlitz, el de *Diecisiete instantes de una primavera*, teleserie soviética basada en la novela homónima de Iulian Semionov, es tan carismático y seductor, que nos hace olvidar para quién trabaja. *ELP*)

aunque me pagaran un millón de pesos. Que esa vez era la última. Y, puesto que era la última, debía ser *muy* buena. Algo memorable. Algo para recordar más tarde, cuando lo dejara, cuando estuviera sola. Y todo iba de maravilla en el mejor de los mundos posibles.[12]

El momento idóneo, tantas veces pospuesto, se presentó una tarde. Tras un largo abrazo ferviente de pasión, estábamos exhaustos, agotados, casi aburridos el uno del otro en el piso del baño, él bocarriba y yo de costado, observando su perfil de moneda antigua. Ajeno a mí, al fandango[13] de la Esquina, a sus planes contra «ellos», a la pobre Alix (que debía andar por el portal como un cachorro huérfano para no oírnos), fumaba un solo cigarro y se entretenía en la contemplación minuciosa de las volutas de humo. Fabricaba anillos, unos dentro de otros, lo cual siempre me dio mucha envidia, pues jamás he sabido hacerlo. Ahora –pensé–, justo ahora que no lo deseo, que no necesito que me toque, ahora que está ahí derrumbado, haciéndose el interesante, el tipo duro, el señor de los anillos[14], ahora que le faltarían fuerzas y ánimo para crear dificultades, sí, ahora o nunca. Me senté y se lo dije, mirándolo a los ojos. No quería seguir con él. No quería volver a verlo. Debía irse ya.

Me miró con asombro, con un signo de interrogación dibujado en el entrecejo. ¿Qué era lo que yo había dicho? Me alejé un poco y se lo repetí, palabra por palabra, como si fuera lo más natural del mundo. No quería seguir con él. No quería volver a verlo. Debía irse ya. El asombro se transformó en incredulidad. Pero... ¿y eso? ¿Qué bicho me había picado? ¿Hablaba yo en

---

12   «Le meilleur des mondes possibles», frase extraída de la obra satírica *Candide, ou l'Optimisme* (Cándido o el Optimismo) de 1759, del filósofo francés Voltaire. (La frase procede originalmente del filósofo alemán Gottfried Willhelm Leibniz, y el travieso Voltaire la cita de manera burlesca, sacándola de su contexto y torciéndole el sentido. Maña habitual entre los propagandistas y agitadores políticos de todos los tiempos, que recibe el nombre de «reflector», pues ilumina sólo parte del discurso que se busca demoler, dejando a oscuras el resto. *ELP*)

13   Bullicio, alboroto. (También se dice «mojiganga». *ELP*)

14   Alusión a la la trilogía *The Lord of the Rings* (El señor de los anillos) de 1954-55, del escritor británico de origen surafricano John Ronald Reuel Tolkien (1892-1973), especialista en historia medieval, filólogo y cultivador del género fantástico. Es una narración imaginativa y profunda acerca de la lucha entre el bien y el mal por la posesión de un anillo mágico en un mundo de elfos, hadas y dragones. (Best seller instantáneo que cautivó a un público de todas las edades. Libro ideal para mantener a los chamas leyendo tranquilitos y no correteando junto con el perro por toda la casa y rompiendo los adornos. Algunos prefieren a Harry Potter para esta noble función pacificadora, pero los héroes de Tolkien son, en mi opinión, mucho más atractivos. *ELP*)

serio? Su expresión se parecía a la de alguien que le busca y le busca la gracia a un chiste sin acabar de encontrársela. Entonces vino la gran pregunta:

—¿Por qué?

Y la gran respuesta:

—¿Por qué? Bueno, porque... hum... hum... porque yo soy cristiana y tú... porque tú... hum... tú eres el Anticristo.

Ahora que lo recuerdo me parece una forma un poco rara de despedir a alguien. Por lo general se aducen otras razones. Porque eres muy mandona, le dijo Pancholo a Yadelis. Porque amo a otra, le dijo JJ a Martica. Porque me aburres, le dijo Linda a la muchachita del pelo negro. Porque eres un insensible que trataste de matar a Gruñi, le dije a uno ahí. Porque eres muy buena y no te merezco, me dijo Félix Roth. Motivos humanos. Pero aquello del Anticristo... A Moisés le pareció de lo más erótico. El muy impío se lo tomó por un halago, un guiño, una provocación, y sonrió como si por fin le hubiera encontrado la gracia al chiste. Qué puta yo era. Con esta nueva, sorprendente, inesperada inyección de adrenalina, se incorporó a medias y me atrajo hacia él para reanudar la fiesta. Y yo, que no soy de hielo... Se me hizo muy claro que nunca podría dejarlo.

Pero entonces, ¿qué hacer? Cuando no funcionan ni la verdad ni la mentira, ¿qué opción nos resta? Alix, que estaba al tanto de mis desventuras, pues me había acompañado a la consulta en el Sagrado Corazón, se ofreció con muy buena voluntad para donar la sangre y que yo me hiciera un legrado a espaldas del monstruo. Un recurso discreto, legal y gratis. ¡Bingo! Esta luminosa idea no me sonó tan criminal o repugnante (el padre Ignacio hubiera puesto el grito en el cielo, en la mismísima oreja de Dios) como disparatada. Algo similar a recomendarle a alguien que se suicide porque le teme a la muerte. Vamos, señor mío, ahórquese usted, que así es como se quita el miedo. Lo que más me asustaba era la posibilidad de que Moisés, en uno de sus ataques de furia destructiva, me provocara un aborto y esta muchacha me sugería, con su mejor sonrisa, que le tomara la delantera. Sacrificar lo que no se puede proteger y sólo sirve para alimentar angustias y quebrantos. Así de sencillo. Como si la personita de cinco semanas fuera culpable de algo. Para Alix, desde luego, no se trataba de ninguna personita, sino de un ente desechable, sin alma, sin derechos, un mísero embrión que ni siquiera alcanzaba la categoría de feto. De más está decir que rechacé su oferta. Con la mayor amabilidad, para no herirla. Se lo agradecía mucho –le dije en tono emocionado, con una de sus manos entre las mías–, de veras se lo agradecía, pero no. De eso nada. *Nunca* me haría un legrado. ¿Por qué? ¿Cómo que por qué? Porque... bueno, porque mi religión lo prohibía. Esto era verdad, aunque no toda la verdad: me paso la vida haciendo cosas que mi religión prohíbe. Pero me pareció un buen argumento para zanjar la cuestión y que Alix no insistiera. Y no insistió. Desde entonces empezó a mirarme con cara de lástima.

Así, por una u otra razón, todas las alternativas, o al menos las que yo era capaz de imaginar, quedaron canceladas. No podía confesarle a Moisés lo del embarazo, porque lo más seguro es que lo sacara de quicio y ocurriera una tragedia. No podía separarme de él, porque lo adoraba; no exactamente yo, sino mi cuerpo, mas el cuerpo es muchas veces quien gobierna, quien decide y ejecuta. Y no podía abortar, porque no. ¿Qué hacer? La pregunta escalofriante seguía en pie y el plazo para tomar alguna decisión era cada vez más breve. Aun en el caso de que a Moisés no le diera la locura por entrarme a patadas y liquidar a la personita ignorada por él, tarde o temprano llegaría el momento en que ya no podría esconderla. Y entonces... Oh, Dios, ¿qué hacer?

Por un instante cruzó por mi mente la idea de pedirle auxilio a Linda. A ella, que a diferencia de mí –afirma– no sólo usa la cabeza para llevar pelo, siempre se le ocurren las soluciones más ingeniosas para los más enrevesados acertijos. Pero en aquella época estaba furiosa conmigo por haber acogido a Alix y no me atreví ni a llamarla por teléfono. Esta actitud huidiza, quizás un tanto apresurada, me ha valido innumerables reproches por parte de ella durante los últimos tiempos. ¿Qué extraño juicio me he formado acerca de su carácter? ¿Acaso la tengo por fría, dura, cruel y vengativa? Sus enemigos (otros escritores, por supuesto) la ven así, como una especie de zorra, siempre agazapada, al acecho, ¿también yo? ¿O es que pienso que no me quiere? ¿Será posible que después de tantos años no la conozca para nada? Ella me hubiera ayudado. Sí, desde luego que sí. A pesar de mi imperdonable traición –asegura–, me hubiera ayudado. Se lo creo. Ahora se lo creo. Incluso miro hacia atrás y me pregunto cómo pude no llamarla. No sé, tal vez para entonces ya había empezado a perder el control.

No leo mucha poesía, no me atrae. Pero hay un poeta que me fascina: Charles Baudelaire.[15] Un tipo muy angustiado y muy apasionado. Su existencia es una de las escasas razones por las que a veces me arrepiento de haber desertado de la Alliance Française. Pero en fin, para algo están las traducciones. En uno de sus libros, quizás *Los paraísos artificiales* (no estoy segura, no lo tengo a mano), él exhorta a emborracharse con vino, con poesía o con virtud, da igual, lo importante es la borrachera, para escapar al vértigo del tiempo. Una manera muy elegante, creo, de expresar la doctrina del triste carapacho. Mis recuerdos de la etapa posterior al convencimiento de que todas las puertas estaban cerradas, de que no había salida para mí, son bastante fragmentarios y quizá distorsionados, como aseguran el padre Ignacio, el Dr. Frumento y Linda. Ello se debe, lo reconozco, a que seguí al pie de la letra el sabio consejo de Baudelaire. Me emborraché rigurosamente. No con vino y mucho menos con poesía o virtud. Con ron. Charcos, lagos, ríos, cascadas de ron. Un auténtico Niagara Falls. Para olvidar a Moisés que andaba más o menos por el estilo, a mi confesor que no me comprendía, a Alix que no acababa de irse a Pinar del Río, a Linda tan ausente, a Poliéster tan presente con su corneta y sus instrumentos de percusión, a W. demasiado viejo para endilgarle situaciones conflictivas y terrícolas, al megaterio sinvergüenza que no paraba de

---

15   Charles Baudelaire (1821-1867), el poeta más significativo del simbolismo francés, conocido por la visión del mal que permea su obra y por su vida disoluta. Su libro *Les paradis artificiels* (Los paraísos artificiales), de 1860, gira en torno a sus experiencias con las drogas. (Al igual que Zeta, no estoy segura de que esta cita provenga de ese libro. Es de Baudelaire, sin duda, pero podría provenir de *El spleen de París*, de *Las flores del mal* o de *Del vino y del hachís*. Podría averiguarlo, más no lo haré. A veces me complazco en la indefinición, las brumas y el misterio. *ELP*)

ladrar. Para olvidarme de mí misma, de mis incapacidades y mis faltas y mis deseos contradictorios. Para seguir arrastrando ya se sabe qué por los asquerosos andurriales de esta perra vida. Podrá parecer una conducta algo irresponsable y probablemente lo fue, muy egoísta con la personita, la pobre personita de seis, siete, ocho, nueve semanas y media, que por poco se me ahoga en alcohol, pero el vértigo del tiempo estaba acabando conmigo.

Fue una juerga descomunal, continua, trepidante, enloquecedora. Día tras día, desde muy temprano hasta muy tarde. A veces en casa, a veces por ahí, de bares y cantinas, siempre con Alix a retortero. Hubiera preferido andar sola, pero debo admitir que su perruna compañía no me resultaba especialmente desagradable. La muchachita del pelo negro tenía tremendo aguante, bebía como un veterano, un profesional de la curda, uno de esos que batean para quinientos y hasta compiten a ver quién es el más duro, el más macho, quién desprestigia más botellas sin desprestigiarse a sí mismo. Nunca se desplomó. Ni yo tampoco. Y eso que apenas comíamos. Todas las mañanas me despertaba con una resaca de los mil demonios y entonces, para aplacarla, desayunaba ron. Terapia eficaz. Suerte que no me faltaba dinero (he llegado a creer que Moisés lo fabricaba con una maquinita, lástima que no me enseñara) y nunca tuve que apelar al matarratas de Pancholo. Aunque no me hubiera importado hacerlo. Ni a la warfarina,[16] ni al alcohol de farmacia, ni al repelente pediculicida[17] de plátano le hubiera hecho ascos. Para nada. Venid a mí, brebajes malsanos. Venid a mí, que me los beberé a todos sin dejar una gota. Porque la cuestión no estaba en el sabor ni en la quemadura en el gaznate o la bomba en el estómago, sino en aturdirme, olvidar, escapar. Coger una gran nota que me instalara en otro espacio y en otra época. En el siglo XVIII, por ejemplo.

Con semejante background, hice cosas que nunca antes se me habían ocurrido. Entre otras fechorías dejé de confesarme y, por supuesto, de comulgar y hasta de ir a misa. A punta de chancle-

---

16   Un anticoagulante. (En jerga cubiche se le llamaba «warfarina» a cualquier brebaje alcohólico malojero, ya que a los curdas parecía gustarles la sonoridad de la palabra. Ahora ha caído en desuso. Claro que los bebistrajos alcohólicos siguen existiendo, pero se les conoce por otros nombres. *ELP*)

17   Insecticida para combatir los piojos (*DRAE*). (O las ladillas. Dado su alto contenido de alcohol, los borrachines insulares que no tenían dinero para comprar algo mejor, se lo tomaban alegremente en la década del 90. *ELP*)

tazos aplasté a tres cucarachas, dos prietas y una albina, que les tengo fobia. Me sumé un par de veces a la comparsa del antro para cantar a coro el himno de los borrachos cubanos, el que empieza así: «Aunque tú... / me has echado en el abandono... / aunque ya... / han muerto todas mis ilusiones... / en vez... / de maldecirte con justo encono... / en mis sueños te colmo... / en mis sueños te colmo... / de bendiciones...».[18] Le saqué la lengua a un policía, quien no me hizo el más mínimo caso. Le halé la cola al megaterio con la intención de huir acto seguido, aun sabiendo que me alcanzaría y me comería, pues él tiene cuatro patas y yo sólo dos. Pero no tuve que dar un paso. Cuando el bicho se viró, indignado por la falta de respeto y listo para el degüello, se encontró a Alix enfrente. Ella no hizo ademán de moverse, no esbozó ninguna mueca, no dijo nada. Simplemente *lo miró*. Directo a los ojos. Qué impacto. El pobre animalito, porque a tal se redujo la fiera, se pegó al piso y fue reculando poco a poco mientras gemía de un modo lastimero, como si hubiera reconocido al ángel de la muerte en aquella figura taciturna, esbelta, vestida de negro. Si me lo cuentan no lo creo. Pero resulta que lo vi. Juro que lo vi. Y Usnavy también lo vio. Y se quedó espantada. ¿Con qué clase de fenómenos –debió preguntarse– yo me reunía? Un orangután enfurecido, una pistolera, una bruja... Bien podía organizar un circo. La Carpa de los Endiablados. Ahora pienso que tal vez los animales se huelen el peligro en sentido literal, que perciben ciertas ondas oscuras con mucha más nitidez que nosotros.

Pero lo más emocionante de todo, mi mayor hazaña, fue el robo del camión de flores. Lo recuerdo borroso, como a través de una nube o unos cristales ahumados. Sucedió una mañana en que el ángel de la muerte y yo merodeábamos por los alrededores del cementerio de Colón, cerca de la entrada principal, donde dice IANUA SVM PACIS[19] o algo por el estilo. Desde allí, a pesar del

---

18 Del bolero-son «Lágrimas negras». Ver nota 10, capítulo 1. (Continúa así: «Sufro la inmensa pena de tu extravío.../ siento el dolor profundo de tu partida.../ y lloro sin que sepas que el llanto mío.../ tiene lágrimas negras.../ tiene lágrimas negras como mi vi–i–da», y ahí termina la parte del bolero y empieza la parte del son, mucho más alegre. *ELP*)

19 «Soy la puerta de la paz». Figura en lo alto del frontispicio. (Por causa de la mugre acumulada en la piedra, dicha inscripción resultó ilegible durante años. De pronto un día, a la altura de 1995, amaneció limpia y fue sumamente inspiradora para trovadores, prosistas y poetas deprimidos, acá en La Habana. *ELP*)

tráfico, se divisa bastante bien la última cuadra de la calle 12. Un bar, una licorera, tiendas. La florería. Un camión que se detiene justo delante de la florería. Uno se acerca, aún sin malas intenciones, sólo por acercarse, y ve cómo el chofer se apea y entra en el establecimiento con unos papeles y una tablilla en la mano. Como guiado por un pálpito, una corazonada, uno se aproxima un poco más y entonces descubre, oh sorpresa, que el camión, cargado de gladiolos, tiene la portezuela abierta y hasta el motor encendido. Huy, qué belleza. Quizás el tipo ande con prisa o no sea ésta una zona de parqueo o... qué más da. El tipo es un gil.[20] Pobrecito. Sin dudar un segundo, uno se trepa al camión, arranca velozmente con Alix de copiloto (uno hubiese preferido que ella no se inmiscuyera, pero no es momento para discutir) y no para hasta Marianao, donde negocia los gladiolos por cuenta propia en otra florería y se gana su buen dinerito. Luego deja el camión por ahí, donde no llame demasiado la atención, y colorín colora'o. ¡Je je! ¡Uno es lo máximo!

Ahora me horripila, quizás porque entonces no me horripiló, el peligro que corrimos. No porque yo no supiera conducir un camión. Qué va. Con excepción de los trenes, yo manejo cualquier vehículo terrestre, desde un velocípedo hasta una rastra. Nunca he tenido accidentes. No he atropellado ni a un gato. No es por alardear, sólo se trata de un oficio. Uno de esos hábitos que llegan a convertirse en segunda naturaleza. Pero lo adquirí de modo clandestino, con Pancholo Quincatrece y otros cuatreros de ciudad, y no poseo licencia para manejar camiones ni guaguas ni grúas ni «camellos» ni nada de eso. Automóviles y va que chifla. Si un policía me hubiese detenido por llevarme la roja o algo así, me hubiera encontrado en un gran aprieto. Sin licencia, con aliento etílico, en un camión ajeno y con unos gladiolos ajenos... creo que me hubieran clavado unos sesenta o setenta años de cárcel. Qué locura. Menos mal que todo salió a pedir de boca. Porque no pensaba en el riesgo mientras conducía. No pensaba en nada. Con la mente en blanco, iba cantando aquello de «Soy Alí

---

20 Simple, incauto. (Esta palabrita, originaria de la jerga rioplatense, llegó a Cuba hace unas cuantas décadas vía letras de tangos. *ELP*)

Babá... / soy el rey de los majá... / voy montado en un burrito... / voy comiendo platanito...».[21] Qué clase de suene.[22]

Mi copiloto se reía de lo lindo. Si al principio, cuando vivía en el penthouse, me miraba con odio, más tarde con miedo en el portal de La Pelota, luego con gratitud y después con lástima, ahora lo hacía con admiración. Al final de la aventura, mientras celebrábamos el triunfo de Alí Babá con una botella de Paticruzao[23] en el muro del Malecón, sólo hizo un comentario que en aquel momento me pareció enigmático:

—Ah, entonces tú no dependes de él para vivir, tú te defiendes sola...

No le presté demasiada atención. Y llegó, tres días después, la noche del 18 de diciembre, vísperas del fin.

Qué nochecita. Alix y yo habíamos estado bebiendo en un bar de mala muerte próximo a la Esquina. No recuerdo de qué hablamos, si acaso lo hicimos. En general conversábamos muy poco. Aunque en nuestro silencio nunca hubo nada incómodo, ni ansiedad ni tedio ni ese vacío molesto que a veces se crea entre las personas que permanecen juntas sin tener qué decirse. Con Alix Ostión era como si viviésemos en las profundidades marinas, como si el silencio fuera el estado natural de los seres humanos. Ya para entonces yo había desistido de hacerle entender la conveniencia de su retorno a Pinar. A decir verdad, me tenía sin cuidado si se iba o si se quedaba hasta el fin de los tiempos.

Regresamos a la Esquina al filo de las doce. A lo lejos, un martilleo. El equipo de aire acondicionado ronroneaba rítmico, muy leve. Entré al baño en puntillas de pies. El yuyito, quien había vuelto de una de sus escapadas la tarde anterior, dormía plácidamente en la bañadera. Mientras orinaba sigilosa, me entretuve en

---

21 Melodía burlesca sin autor conocido que se usaba en los años 40 y 50 en la radio cubana para caricaturizar a los árabes. (Volvió a ponerse de moda a mediados de los 80, cuando a mi generación le tocó ir a trabajar al campo, pero con esta nueva letra: «Trabajar, qué horror.../ majasear es lo mejor...». Estaba prohibido cantarla por su nocivo mensaje ideológico, pero igual mis compañeros y yo la entonábamos con alegría. *ELP*)

22 Borrachera monumental. (También se aplica a ensoñaciones y conductas extravagantes provocadas por drogas. *ELP*)

23 Marca de ron cubano procedente de Santiago de Cuba. (De mucha mayor calidad que los espantosos brebajes etílicos antes mencionados. Y también más caro, por supuesto. *ELP*)

observarlo. Sólo tenía puesto un short de mezclilla. Al igual que a Alix, le encantaba el frío, congelarse a más y mejor, hacerla de oso polar. Aseguraba que el nuestro, con humedad, ciclones, un calor de la puñeta[24] y los árboles siempre verdes, era un clima para insectos y que por eso –añadía– abundaban entre nosotros los individuos con cerebros de insectos. Nunca me di por aludida. Ahora lo miraba y, pese a la costumbre y todos los rollos, no podía contener la fascinación. Qué bello era. Qué sólido, qué majestuoso, qué perfecto. ¿Cómo habría sido a los veinte, o sea, antes que yo naciera? Porque a los cincuenta aún los años no lo habían golpeado. Al menos no por fuera. En mi vida sólo he visto (en persona, quiero decir) a otro hombre que pueda compararse con él en cuanto al físico: Cheo Piculín, la estrella del basquet de Puerto Rico.[25] ¿Por qué Moisés, con aquella anatomía espléndida, no se había dedicado también al deporte? Quizás hubiera sido menos infeliz. Sé que practicó boxeo durante algún tiempo, cuando era muy joven, pero después lo cambió por la filosofía, el derecho penal, la oratoria, el Código Napoleónico, los antiguos romanos y otras insensateces. En fin, la vida tiende sus trampas. Si no fuera así –pensé mientras salía del baño–, no valdría la pena vivirla.

Cansada, pero muy tranquila, me metí en la cama, donde me esperaba Alix cayéndose de sueño. Le di las buenas noches y me dormí con la conciencia en paz, libre de culpas y temores, desinfectada por el alcohol. Soñé, creo, con un gatico abandonado, pobre minino sin papá y mamá, que no dejaba de gemir. Yo lo acariciaba y le decía «misu, misu, misu...», pero nada. El desdichado animalejo seguía en las mismas. Hasta que me despertó. No dejé de oír los quejidos y por un momento pensé que había, en efecto, un gatico en la habitación. Pero no. Claro que no. Era Alix quien gimoteaba en sueños, muy bajito pero justo en mi oreja. Me levanté y encendí la lámpara de bambú con pantalla de seda roja. Abrazada a sí misma, la muchachita del pelo negro parecía estar sufriendo muchísimo. Regresé a la cama y traté de despertarla con la mayor delicadeza posible:

---

24 En demasía, exagerado. (¡Absolutamente insoportable! *ELP*)

25 José Rafael Ortiz (1963-), también conocido como «Piculín», participó con el equipo de su país en cinco Campeonatos del Mundo y cuatro Juegos Olímpicos. (Lo de «Piculín» viene siendo como un chiste inglés en el estilo de «Little John», ya que esta gloria de la naturaleza mide 2,07 m. En persona es algo de veras impresionante. *ELP*)

—Alix... Alix... Niñita... Es una pesadilla... Alix... –mientras la acariciaba como antes al gatico.

Pero entre las personas y los gaticos, como bien dice el padre Ignacio, existe cierta diferencia. Aún en sueños, Alix se volteó hacia mí y me abrazó y me besó en las mejillas, en el mentón, en la boca... ¡Santísima Trinidad! ¡Justo lo que faltaba! ¡Que a la ex novia de la escritora le diera por el romanticismo conmigo! Más que cualquier otra cosa, lo que sentí fue asombro. Porque Alix, por más alcohol que le corriera por las venas, nunca me había hecho ni la menor insinuación, ni el más imperceptible de los gestos equívocos. Y ahora me besaba de lo más apasionadamente, al descaro, con los ojos cerrados. Entre beso y beso decía que me amaba, sí, como a nadie, que nunca volveríamos a separarnos, porque ella era mía y yo suya, para siempre, amor eterno, y otras extravagancias. Me quedé más fría que la pata de un muerto. Y también asustada, no lo niego. ¿Por qué tenía que ser a mí a quien le ocurriera esto, a ver, por qué? No atinaba a quitármela de encima ni a escabullirme ni a nada. Me vinieron las náuseas mientras ella prometía dejar en paz a N. Cohen y leerse todas mis novelas. Yo hubiera preferido que me dejara en paz a mí. Así lo hizo, de un modo abrupto, cuando me tocó las teticas por encima del pulóver y algo en su cabeza loca sonó «clic», como avisándole que no, que se trataba de un error. Linda tendrá muchas virtudes, pero su pecho es casi plano.

La sonámbula abrió los ojos y me miró aterrada, cual si acabara de cometer un crimen. La misma cara que imagino debió poner cuando se disparó aquella pistola supuestamente descargada y la sangre corrió por el rostro de mi amiga. De inmediato apartó las manos, como si el contacto con mi cuerpo se las quemara. Balbuceó algunas incoherencias en tono de excusa, pero sin mucha fe, con la resignación de quien se cree condenado y sin derecho a apelar. Tal vez supuso que yo armaría un escándalo o algo así, la pobre. Me dio lástima.

—Oye, oye, no es para tanto –le dije al tiempo que trataba

de contener las arqueadas, no fuera a pensar que yo sentía asco
de ella o cualquier atrocidad–, cambia esa cara. No es la primera
vez que me confunden con Linda. Si tú supieras... Figúrate, es que
ella y yo nos parecemos tanto...

Alzó una ceja. Luego ladeó la cabeza como suelen hacer los
perros cuando escuchan ruiditos extraños. Apuesto a que pensó
que me burlaba. A las personas, no sé por qué, les encanta pensar
eso de mí. Acorté la distancia que de repente había surgido entre
ella y yo.

—Mira Alix, aquí no ha pasado nada. ¿Tú me entiendes?
Nada. Si por un momento fui Linda, pues muy bien. Linda es una
gente extraordinaria en muchos sentidos. Es lúcida, talentosa, valiente, fuerte, bonita y, aunque a veces no lo parezca, buena. ¿Por
qué iba a ofenderme que me confundieran con ella? Lo único que
lamento, y te lo digo con entera franqueza, es no ser ella de verdad.
Por lo menos aquí y ahora, para ti.

Se le aguaron los ojos. La abracé antes de que empezara a
llorar, como antes, muy bajito. Mientras le pasaba la mano por la
espalda, «ya, ya, tranquila, tranquilita...», me susurró al oído, en-
trecortada, que yo era la persona más amable que ella hubiera conocido jamás, que no merecía lo que me estaba pasando y que ella
iba a resolver mi problema de una vez por todas, pues ya lo tenía
muy bien pensado y amarrado. No entendí ni hostia de lo que hablaba. ¿A qué problema se refería? ¿Quién estaba amarrado? No
le pregunté en aquel momento porque me sentía muy cansada,
con náuseas y mareo. Le pedí por favor que apagara la lámpara,
a ver si echábamos un pestañazo. Lo del problema y el amarre ya
me lo explicaría al día siguiente.

No hubo día siguiente. No hubo más días con Alix. Ella desapareció, así de simple. No he vuelto a verla y me gusta pensar
que volvió a la finquita. En cuanto a mí, estoy quitada del alcohol,
de la yerba y hasta del cigarro. Falta poco para que nazca el niño,
que será varón y se llamará Luis Enrique, igual que papá. Linda
me ha propuesto que vaya a vivir con ella, porque la Esquina del

Martillo Alegre no es sitio para un bebé. Lo estoy pensando. Al padre Ignacio no le parece mala idea, pero no sé si resulte. Ya veremos. Por ahora trato de olvidar, aun cuando me temo que esa imagen del ángel de la muerte, una figura taciturna, esbelta, vestida de negro, que se desliza entre las sombras y se acerca a mi duermevela para advertirme que la ventana está abierta, no me abandonará jamás.

ENA LUCÍA PORTELA
La Habana, 9 de julio de 2001

Thank you for acquiring

CIEN BOTELLAS EN UNA PARED

from the
Stockcero collection of Spanish and Latin American significant books of the past and present.

This book is one of a large and ever-expanding list of titles Stockcero regards as classics of Spanish and Latin American literature, history, economics, and cultural studies. A series of important books are being brought back into print with modern readers and students in mind, and thus including updated footnotes, prefaces, and bibliographies.

We invite you to look for more complete information on our website, **www.stockcero.com**, where you can view a list of titles currently available, as well as those in preparation. On this website, you may register to receive desk copies, view additional information about the books, and suggest titles you would like to see brought back into print. We are most eager to receive these suggestions, and if possible, to discuss them with you. Any comments you wish to make about Stockcero books would be most helpful.

The Stockcero website will also provide access to an increasing number of links to critical articles, libraries, databanks, bibliographies and other materials relating to the texts we are publishing.

By registering on our website, you will allow us to inform you of services and connections that will enhance your reading and teaching of an expanding list of important books.

You may additionally help us improve the way we serve your needs by registering your purchase at:
http://www.stockcero.com/bookregister.htm

CPSIA information can be obtained at www.ICGtesting.com
Printed in the USA
BVOW011238150212

282982BV00002B/107/P